Karl-May-Studien Bd. 4
Hg. v. D. Sudhoff (†) u. H. Vollmer

Dieter Sudhoff (†) / Hartmut Vollmer (Hg.)

Karl Mays
„Ardistan und Dschinnistan"

Dieter Sudhoff/Hartmut Vollmer (Hg.)
Karl Mays „Ardistan und Dschinnistan" Karl-May-Studien; Bd. 4
1. Auflage 1997 | 2. Auflage 2010
ISBN: 978-3-86815- 504-4
© IGEL Verlag Literatur & Wissenschaft, Hamburg, www.igelverlag.com
Alle Rechte vorbehalten.
Igel Verlag Literatur & Wissenschaft ist ein Imprint der Diplomica Verlagsgruppe
Herrmanstal 119 k, 22119 Hamburg
Printed in Germany

Die Deutsche Bibliothek verzeichnet diesen Titel in der Deutschen Nationalbibliografie.
Bibliografische Daten sind unter http://dnb.d-nb.de verfügbar.

INHALT

Dieter Sudhoff / Hartmut Vollmer
Einleitung 7

Karl May
Karl May, Ardistan und Dschinnistan 30

Franz Sättler
Ardistân und Dschinnistân 32

Amand von Ozoróczy
Neues von Karl May 35

Werner von Krenski
Der Weg nach Dschinnistan 40

Wilhelm Koch
Karl Mays Baukunst und ihre Symbolik 46

Heinz Stolte
Karl Mays ‚Ardistan und Dschinnistan‘
und sein Weltfriedensgedanke 54

Hansotto Hatzig
Der 'Mir von Dschinnistan. Karl Mays Textvarianten 69

Helmut Schmiedt
‚Ardistan und Dschinnistan‘, Seite 1–3 86

Christoph F. Lorenz
Die Weihnacht des Gewaltherrschers
Symbole, Motive, Assoziationen aus dem Weihnachts-
festkreis in Karl Mays ‚Ardistan und Dschinnistan‘ 97

Gudrun Keindorf
„Für mich sind Sagen heilig"
Zu Idee und Programm der Sagen in ‚Ardistan und
Dschinnistan' 107

Joachim Biermann
Das ‚wilde Tier'
Überlegungen zur Darstellung des Bösen bei Karl May 126

Martin Lowsky
Geometrie und Utopie
Über Abstrakta in Karl Mays Altersroman ‚Ardistan
und Dschinnistan' 159

Jürgen Hahn
„aber ich kenne die Schrift und das geheime Zeichen
des letzten Wortes"
Prolegomena zu einer Sprache der Zeichen und Bilder
in Karl Mays Roman ‚Ardistan und Dschinnistan' 180

Bibliographie 219

Dieter Sudhoff / Hartmut Vollmer

Einleitung

I

Mit seinem zweibändigen Roman *Ardistan und Dschinnistan* hat Karl May die Idee des neuen, symbolisch-allegorischen Schreibens in einer literarästhetischen Qualität und epischen Geschlossenheit wie in keinem anderen seiner späten Erzählwerke verwirklicht und so die künstlerische Progression vom Reiseschriftsteller zum visionären Dichter zu einem Höhepunkt geführt. In seiner erzählgestalterischen Konsequenz ist der Roman zugleich *das* Paradigma des ‚anderen' May geworden, an dem sich die Geister der (populären und kritischen) Rezeption, zwischen Unverständnis und Bewunderung, bis heute geschieden haben. Während einerseits schon die zeitgenössischen Leser das Fehlen der erwarteten und gewünschten effektvollen abenteuerlichen Spannung, die sie vom ‚Reiseschriftsteller' gewohnt waren, vehement beklagten und sich enttäuscht oder gelangweilt von diesem ‚befremdlichen' Roman abwandten, hat *Ardistan und Dschinnistan* andererseits den Anspruch legitim erscheinen lassen, zumindest den späten May aus den Niederungen der Trivialliteratur zu befreien und in den Kanon der Hochliteratur aufzunehmen. Dabei macht eine derartige Kanonisierung des Romans aber auch dessen Spezifik evident. Beispielhaft konstatiert Wolfgang Clauß in *Kindlers Literaturlexikon*, daß der „ursprüngliche und eigentümliche Reiz" von *Ardistan und Dschinnistan* „in der Reihe gedanklich kühner und bildkräftiger, zum Teil aber schwer erschließbarer Symbolkomplexe" liege, „deren vielfältig verflochtene Sinnbeziehungen ins Transzendent-Mystische weisen": „So findet sich in der deutschen Literatur eigentlich keine Parallele für das eigenartige und in mancher Hinsicht recht kuriose Werk".[1] Die hier proklamierte ‚Eigenartigkeit' und ‚Kuriosität' liegt primär in der kryptisch-enigmatischen Fabel des Romans und in seiner Ästhetik der mythisch-allegorischen Verschlüsselung begründet, die sich einer oberflächlichen Lektüre widersetzt und sich erst auf tieferen, mehrschichtigen Deutungsebenen erschließt. Die Handlung des als ‚Reiseerzählung' bezeichneten Werks verbirgt das *eigentliche* Geschehen, die innere Wahrheit, bei der es an einem imaginären Schauplatz um die Entfaltung der Menschheitsgeschichte und die Exemplifikation der geistig-seelischen Entwicklung des Individuums geht. Heinz Stolte hat den Roman als ein „rein visionäres, surreales Phantasiegebilde" charakterisiert, „das in einem mythenhaften Nirgendwo, hier *Sitara* genannt, angesiedelt ist".[2]

Eine erste konkrete literarische Topographie des orientalisch gefärbten, mythisch-utopischen und zugleich die Realität verschlüsselnden Handlungsortes Sitara, der für den alten May zur Heimat der Phantasie wurde, findet sich im 1906 erschienenen Drama *Babel und Bibel*. Diese ‚Arabische Fantasia', die als allegorisches Schauspiel das Ideal einer Wandlung des Gewaltmenschen zum Edelmenschen und die Erforschung von Geist und Seele der Menschheit lehrstückartig inszeniert, ist von May als der eigentliche Beginn seiner *künstlerischen* Arbeit verstanden worden.[3] Das Bündnis des im Drama auftretenden ‚Hakawati' mit der allmächtigen ‚Menschheitsseele' Marah Durimeh erhebt den alten ‚Märchenerzähler' (das ideale Dichterselbstbildnis des späten May) zur „Schreibtafel für göttliche Offenbarungen".[4]

Trotz des Mißerfolgs von *Babel und Bibel* blieb die Phantasiewelt des allegorischen Schauspiels für May fortan bestimmend, so daß er später gar seiner Selbstbiographie das *Märchen von Sitara* voranstellte und sein erzähltes Leben zum Kampf zwischen Ardistan und Dschinnistan stilisierte. Vor dem biographischen Hintergrund einer immer brutaler sich darstellenden Presse- und Prozeßhetze suchte der Schriftsteller Rettung in den realitätserhöhenden und erlösungsverkündenden Gegenprojektionen der Imagination, die das unbegreifliche persönliche Schicksal und das leidvolle Chaos der Wirklichkeit zur sinnstiftenden Erklärung führen und die zerbrochene Ordnung durch eine metaphysische Perspektive restituieren sollten. Die zermürbenden biographischen Ereignisse[5] sowie die Tatsache, daß *Babel und Bibel* – und damit die neue, künstlerische Prätention – beim Publikum nicht den erhofften Erfolg fand, hemmten aber zunächst Mays weitere literarische Produktion. Ein seinem Verleger Friedrich Ernst Fehsenfeld Anfang 1907 angekündigter zweibändiger Roman *Abu Kital, der Scheik der An'allah*, der in breiter Form die Geschichte um den Gewaltmenschen des *Babel-und-Bibel*-Dramas erzählen und Ende des Jahres vorliegen sollte, kam über Titelblatt und Textansatz nicht hinaus. In einer Verlagsannonce hieß es dazu:

Die bisherigen Bücher Karl Mays enthalten bekanntlich *nur die Vorstudien und Vorübungen* zu seinem eigentlichen Lebenswerke, welches er nun mit „*Abu Kital*" beginnt. Durch diesen hochinteressanten, zweibändigen Versuch, *die „Menschheitsfrage" am eigenen „Ich" zu erläutern,* wird der Mythus, in den man die Person und die Absichten des Verfassers hüllte, für immer beseitigt sein.[6]

In dem erhaltenen Manuskriptfragment, das den *Abu-Kital*-Roman einleitet, differenziert May seine Leser – die allegorische Chiffrierung aus dem *Silberlöwen III/IV* aufgreifend – in die ‚Dschamikun', die Verstehenden, denen es „eine Freude" ist, „zuweilen in die Ferne oder in die Höhe sehen zu dürfen, um sich dem eigentlichen Lebenszwecke bewußt zu werden", und in die ‚Haddedihn', die zur „Einsicht" der Dschamikun, also zum *richtigen* Verständnis der symbolisch-allegorischen Spätwerke, erst noch geleitet werden müssen.[7] Die hier als ästhetisch-ethische Lesererziehung apostrophierte Intention weitete sich auf der Ebene literarischer Gestaltung zur menschlichen Entwicklungsgeschichte aus, die den Weg von ‚Ardistan', dem „Land der Gewalt- und Egoismusmenschen", zum hochgelegenen, paradiesischen ‚Dschinnistan', dem „Land der Edelmenschen", zeichnet.[8] Der postulierte erkennende Blick „in die Ferne oder in die Höhe" entdeckt – so Mays literarisches Ziel – den ‚Seelenplaneten' Sitara, wo die ‚eigentlichen' Erzählwerke, die Geschichten der ‚verkleideten Wahrheiten', beginnen und enden.

Was May in seinem geplanten *Abu-Kital*-Roman konkret zu erzählen gedachte und in welcher Form sich die Fabel um den Scheik der An'allah entwickeln sollte, ist ungewiß. Ein äußeres Geschehen bewegte den Schriftsteller 1907 zu einem anderen Romanprojekt, das in mancherlei Hinsicht die ungeschriebene Geschichte des Gewaltmenschen Abu Kital und seine Bekehrung zum Edelmenschen entfaltete. Zweifellos als nicht geringe Überraschung erfuhr Karl May das Bemühen von Verlag und Redaktion des *Deutschen Hausschatz*, ihn nach dem Bruch mit der katholischen Familienzeitschrift (1898) für einen neuen Beitrag zu gewinnen. Nachdem er auf einen ersten Brief des Chefredakteurs Otto Denk im April 1907 noch eher reserviert reagiert hatte, stand fünf Monate später, nach einem persönlichen Treffen mit Denk in München am 13. September, die Mitarbeiterschaft des umworbenen Schriftstellers – wie auch der Titel der geplanten Erzählung: *Der 'Mir von Dschinnistan* – bereits fest. Die Freude der *Hausschatz*-Redaktion über diesen Erfolg, durch den man sich eine beträchtliche Steigerung der Abonnentenzahl erhoffte, wurde allerdings rasch getrübt: Zum einen sah sich Denk unaufhörlich genötigt, May zur Manuskriptabgabe für den Druck in den einzelnen Zeitschriftenheften zu drängen; zum anderen entwickelte sich *Der 'Mir von Dschinnistan* zu einer ganz anderen ‚Reiseerzählung' als von der Redaktion erwartet.[9]

Der Abdruck des *'Mir* begann im dritten Heft des 34. *Hausschatz*-Jahrgangs, im November 1907 (H. 3-24, 1907/08), und erstreckte sich kontinuierlich bis zum letzten, im September 1909 veröffentlichten Heft des 35. Jahrgangs (H. 1-24, 1908/09).[10]

Denks permanente Manuskriptforderungen, die redaktionellen Texteingriffe, Vorwürfe konfessioneller „Entgleisungen"[11] sowie die stetig mitgeteilten Zeugnisse wachsender Leserenttäuschung lösten recht bald auch bei May Reaktionen des zunehmenden Unmuts und der Empörung aus.[12] Auf neuerliche Vorwürfe Denks entgegnete May in einem Brief vom 17. Mai 1908:

Warum gleich so nervös? Sie brauchen blos nicht zu warten, bis keine Seite Manuscript mehr vorhanden ist. Je eher Sie es mir sagen; desto eher schreibe ich weiter. Vorrath habe ich nie daliegen, keine Seite; meine Zeit erlaubt das nicht. Und den „Mir" gleich hinter einander fertig schreiben, das ist unmöglich; dazu ist das Honorar zu gering. Fehsenfeld z. B. zahlt grad fünfmal so viel. Ich schreibe das nur Ihnen und Herrn Kommerzienrath Pustet zu Liebe!
  Daß der „Mir" nicht allen Ihren Lesern gefällt, das glaube ich wohl. Es giebt eben Leute, die nicht warten können. Wir haben erst den Grund gegraben und das Souterrain fertig gestellt. Die obern Stockwerke und das Dach – also das eigentliche Gebäude – soll erst noch folgen. Wie kann man da schon ein Urtheil fällen wollen?! Solche Leser soll man um gotteswillen laufen lassen. Sie sind nicht begeisterungsfähig, nicht treu. Sie fallen um eines Quarkes willen ab, zu jeder Zeit, und verwirren nur das Urtheil der Redaction und des Verlages! Solchen Leuten kann ich die Opfer unmöglich noch einmal bringen, die ich ihnen früher brachte. Den Lohn habe ich gesehen! Ich habe Ihnen versprochen, daß der „Mir von Dschinnistan" *gut* wird, und ich halte Wort.[13]

Die Einlösung dieses Versprechens, die im 'Mir erreichte literarische Qualität, wurde vom breiten Publikum indes nicht anerkannt. Immer deutlicher erfuhr der Radebeuler ‚Hakawati', daß er mit seiner anspruchsvollen und ambitionierten Erzählung, die er als einen „Hinweis auf den Welt- und Völkerfrieden", als „ein hohes Lied auf die wahre Humanität" und als „eine Beleuchtung der klaren, edeln Religiosität" verstand[14], ein „Schmerzenskind" geboren hatte[15], dessen Eigenart er erklärend verteidigen und rechtfertigen mußte.

Im August 1908, vor seiner Amerika-Reise (Anfang September bis Anfang Dezember 1908), hatte May den 1014 Manuskriptseiten umfassenden ersten Teil des 'Mir, der lediglich aus zwei Kapiteln bestand (*Eine Mission* und *Auf, zum Kampf!*), abgeschlossen.

Nach seiner Rückkehr von der Reise verschärfte sich die problematische Beziehung zum *Hausschatz* in dramatischer Weise: „Die Verurteilung des Romans ist eine allgemeine", teilte ihm Pustet am 8. Januar 1909 mit: „Abbestellungen und Entrüstungsäußerungen über die Zumutung einer solchen Lektüre sind an der Tagesordnung. Man kann ohne Übertreibung sagen, der Hausschatz ist ruinirt; er hat in katholischen Kreisen alles Vertrauen verloren."[16] Um das Unglück nicht zu vergrößern, drängte Pustet May zu einem baldigen Abschluß des Werks, woraufhin ihm der heftig Gescholtene in einem über hundertseitigen Antwortbrief eine schonungslose Abrechnung mit dem *Hausschatz* vorlegte und überdies darauf bestand, den 'Mir wie vereinbart zu Ende zu führen.[17]

In beiderseitigem Interesse scheinen sich Verlag/Redaktion und Autor noch einmal arrangiert zu haben. Bei der weiteren Arbeit am Roman kam May nun der Aufforderung Otto Denks nach, „durch mehr Zwischentitel den

Text für die Leser übersichtlicher zu gestalten"[18], indem er den zweiten Romanteil in acht Kapitel gliederte. Am 6. Juli 1909, mit Manuskriptseite 2050, war das Werk abgeschlossen. Die erzwungene Beendigung ist freilich nicht zu übersehen, liest man die Schlußsätze des 'Mir:

> Und einige Monate später ging das erste Schiff den Fluß hinab. Es hieß „Marah Durimeh" und trug Marah Durimeh, Schakara, Halef, mich und einige neue, gute Bekannte aus El Hadd. Als wir an der oberen Brücke der „Stadt der Toten" anlegten, wurden wir von dem 'Mir von Ardistan, seiner Frau, dem Fürsten von Halihm und Merhameh empfangen. Das Weitere liest man später. – – –[19]

Noch während des Abdrucks im *Hausschatz* bereitete May für den Fehsenfeld-Verlag die Buchausgabe des Romans vor. Hierzu benutzte er allerdings nicht das Originalmanuskript, sondern die Fahnen des *Hausschatz*-Drucks, die er auf Blätter klebte und zum Teil gravierend überarbeitete. Am 18. Juli 1909 sandte er Fehsenfeld die „beiden ersten Kapitel" von *Ardistan und Dschinnistan*: „Es werden 2 Bände, der 31. und 32. Lassen Sie *sofort* beginnen! Sie müssen schon lange vor Weihnacht fertig sein."[20] Am 23. Juli lag der Text des ersten Bandes bereits vollständig vor, am 17. September auch das Manuskript für den zweiten Band, so daß der Roman – mit dem Marah-Durimeh-Porträt Sascha Schneiders als Deckelbild[21] – wie geplant zum Weihnachtsgeschäft 1909 erscheinen konnte.

Die Bandteilung der Buchausgabe entsprach der Zäsur durch die beiden *Hausschatz*-Jahrgänge; die ungleiche Kapitelanordnung in den beiden Romanteilen der Zeitschriftenfassung änderte May jedoch: Während er für den zweiten Band der Buchausgabe die acht Kapitel des *Hausschatz*-Textes beibehielt (lediglich drei Titel korrigierte er), teilte er für den ersten Band das umfangreiche erste Kapitel der Zeitschriftenfassung in vier auf, denen sich das vormalige zweite Kapitel nun als fünftes anschloß.

Das abrupte Romanende im *Hausschatz* gestaltete May überdies jetzt zum offenen Schluß:

> Der Friede war geschlossen, und zwar für ewige Zeit. –
> Einige Monate hierauf ging das erste Schiff den Fluß hinab. Es hieß [...] „Marah Durimeh" und leitete die neue, von jetzt an nicht wieder unterbrochene Verbindung zwischen El Hadd und den abwärts liegenden Gegenden ein. Wir aber wendeten unsern weitern Aufstieg nun den Bergen, über deren Pässe der Weg nach Dschinnistan führte, und unsrem hohen, weiteren Ziele zu. – – – (XXXII 650f.)

Die Mission des von Marah Durimeh ausgesandten Ich-Helden, zwischen Ardistan und Dschinnistan Frieden zu stiften und dem Mir von Dschinnistan „von den tiefgelegenen Sümpfen der Ussul aus entgegen[zu]steigen, um Ardistan und seinen Herrscher auf ihn vorzubereiten" (XXXI 24), ist erfüllt und bleibt dennoch als ein ewiger Auftrag der Humanität bestehen. Allegorisch entschlüsselt, hat die von der ‚Menschheitsseele' (Marah Durimeh) beauftragte ‚Menschheitsfrage' (das ‚Ich') den Gewaltmenschen (den Mir von Ardistan) zum Edelmenschentum, zu Gott (dem Mir von Dschinnistan) zu weisen, wobei der Weg des Ich-Helden, der vom elysischen ‚Ikbal' mit dem Schiff ‚Wilahde' (= Geburt) ‚ins Leben' aufbricht, vom Urgebiet Ussulistan, dem ethisch-kulturellen Sumpfland, zum göttlichen Hochland führt, zu den Bergen Dschinnistans. Da das Erreichen dieses höchsten Ziels den Menschen deifizieren würde, entziehen sich Dschinnistan und sein Herrscher der Erzählung am Ende als ein unbeschreibliches Geheimnis, das niemals vollkommen zu lösen ist. Der Mensch – und dies gilt paradigmatisch für den Ich-Helden Mays – sieht sich bei seiner Persönlichkeitsentwicklung auf einer stetigen Suche nach neuen, fernen und hohen Zielen; er ist immer unterwegs, befindet sich auf einer unentwegten ‚Lebensreise', die aufwärts zu führen hat. Mays Credo dieser ethischen Elevation lautet: „Denn Berge müssen wir haben, Ideale, hochgelegene Haltepunkte und Ziele."[22]

Die in *Ardistan und Dschinnistan* erzählten Sagen, Märchen, Gleichnisse und Legenden, die arkanischen Bauwerke (wie die Brunnenengel oder die ‚Stadt der Toten') und die eigentümlichen Landschaften, welche vom entschwundenen und wiederkehrenden Fluß ‚Ssul' (= Frieden) geprägt werden, sind zu entziffernde und enträtselnde Zeichen, Botschaften einer höheren Welt, durch die das Romangeschehen eine schicksalhafte Deutung erfährt.

Bestanden die Reiseziele für die früheren May-Helden im Erlebnis kühner Abenteuer und in geographischen oder ethnographischen Forschungen, bei denen *auch* die Macht humaner Gerechtigkeit und christlicher Nächstenliebe demonstriert wurde, verwandeln sich diese Ziele im Spätwerk, in philosophisch-religiöser Akzentuierung, zu Menschheitsfragen, die es zu beantworten gilt. Die Handlungsmotive und -konflikte, die für Mays Reiseerzählungen konstitutiv sind – der Kampf zwischen Gut und Böse, die Identitätssuche und die Katharsis seelisch verirrter, instabiler Charaktere –, lassen sich freilich auch im symbolisch-allegorischen Alterswerk wiederfinden. In autobiographisch-psychologischer Deutungsperspektive resultiert diese Kontinuität aus schweren seelischen Konflikten des Autors, die dieser im literarischen Werk zu bewältigen versuchte, ohne allerdings je zu einer endgültigen Erlösung zu gelangen. Zwar klärt sich für den ‚Dschirbani', den ‚Räudigen' (ein Selbstporträt des verstoßenen May), am Ende des *Dschinnistan*-Romans das quälende Rätsel seiner Identität, indem er seine verlorenen Eltern wiederfindet, aber diese Schicksalslösung war letztlich nur eine Fiktion, welche die drückende Realität des Autors nicht wirklich ersetzen konnte.

Der offene Schluß von *Ardistan und Dschinnistan* ist Zeugnis dafür, daß May – auf einer „Stilhöhe" „wie in keinem anderen seiner früheren Werke"[23] – Erzählgrenzen erreicht hatte, die zugleich ein Weiterschreiben motivierten und Projektionen des zukünftigen literarischen Schaffens entwarfen. „Diese Erzählung schaut nicht zurück, sondern vorwärts", erklärte May den Impetus und die Dynamik des *'Mir*: „Sie ist für die seelische Jugend geschrieben, der die Zukunft gehört."[24] Mays utopische ‚Friedenssymphonie' am Vorabend des Ersten Weltkriegs kündet noch heute von dem Traum und der Aktualität eines ‚dschinnistanischen' Idealismus als Korrektiv zu einer inhumanen, kriegerischen Realität. „Die Erde sehnt sich nach Ruhe, die Menschheit nach Frieden, und die Geschichte will nicht mehr Taten der Gewalt und des Hasses, sondern Taten der Liebe verzeichnen", verkündet Marah Durimeh am Schluß des Romans das utopische Gesetz der Humanität (XXXII 633). Denn: „Es gibt nur einen einzigen Sieg, der wirklich Sieg bedeutet; das ist der Sieg der Liebe." (646)

II

Obwohl ihn eigentlich schon die unverständigen Reaktionen der *Hausschatz*-Leser skeptisch hätten stimmen müssen, waren die Erwartungen, die Karl May mit dem Erscheinen der Buchausgabe von *Ardistan und Dschinnistan* verband, ungebrochen geblieben. In Briefen kündigte er den Doppelroman einmal mehr als den Beginn seines ‚eigentlichen Werks' an, vorab erbat er sich von der Druckerei Abzüge einzelner Bogen, „um sie einigen hohen Geistlichen vorzulegen"[25], und im August 1909, mit dem Erscheinen der Lieferungsausgabe, ließ er eine ganzseitige Annonce in das *Börsenblatt für den Deutschen Buchhandel* einrücken: „Der Name Karl May bedarf keiner Empfehlung. Dies neue Werk wird von vielen Tausenden mit Begeisterung erwartet."[26] Wie wichtig dem Schriftsteller gerade dieser Roman war, mit dem er sich endgültig als „Entdecker vollständig neuer Sujet-Welten" durchsetzen wollte, zeigt aber vor allem der Umstand, daß er entgegen bisheriger Gepflogenheit den ‚Waschzettel', der den zahlreich verschickten Besprechungsexemplaren beigegeben wurde, diesmal selber verfaßte, um das ‚richtige' Verständnis seines ‚Friedenswerkes' – nicht zufällig verkürzte er den Titel ‚Emir' zum ‚Mir', dem russischen Wort für ‚Frieden' – bei seinen Lesern vorzubereiten.[27] Aus dem gleichen Grund scheint es auch uns angemessen, diesen Studienband über Karl Mays wohl bedeutendsten Altersroman mit der programmatischen Selbstaussage des Autors zu eröffnen, ehe seine Exegeten zu Wort kommen.

Obwohl *Ardistan und Dschinnistan* im Vergleich zu den dialoglastigen, gedankenschweren, symbolbefrachteten und in ihrer biographischen Verschlüsselung allzu hermetischen Schlußbänden des *Silbernen Löwen* durchaus wieder mehr auf Elemente der abenteuerlich-spannenden Reiseerzählung setzt – mit Recht konzedierte Lorenz Krapp, hier sei „alles wieder präziser, jünger, fröhlicher, greifbarer"[28] –, gab es offenbar unter den alten Lesern Mays nur wenige, die sich ernsthaft „mit den Lebensfragen und mit der Zukunft des Menschengeschlechtes" beschäftigen wollten, und auch ein neues, aufgeschlosseneres Publikum vermochte der Roman nicht zu erreichen, da er von der seriösen Literaturkritik totgeschwiegen wurde und die Journaille sich lieber an den Prozeßenthüllungen delektierte als ein Werk vorzustellen, zu dessen Verständnis ihr ohnehin das intellektuelle Rüstzeug fehlte. Einige wohlgesinnte Blätter, darunter die *Augsburger Postzeitung*, die eben erst (Oktober 1909) mit dem Abdruck der letzten Reiseerzählung *Winnetou, Band IV* begonnen hatte und deren Feuilletonredakteur Hans Rost auch Mays eng mit der Gedankenwelt von *Ardistan und Dschinnistan* verbundenen Vortrag *Sitara, das Land der Menschheitsseele* im Augsburger Schießgrabensaal (8. Dezember 1909) initiiert hatte[29], brachten immerhin die Selbstrezension des Autors.[30]

Die *Augsburger Postzeitung* war es aber auch, die im April 1910, also mit einiger Verspätung, unter dem nichtssagenden Titel *Neues von Karl May* einen Aufsatz des aus Wien stammenden Schauspielers und Laienphilologen Amand von Ozoróczy (1885-1977)[31] veröffentlichte, der es schon deshalb wert ist, hier wieder vorgelegt zu werden, weil er über eine reine Buchbesprechung hinausgehend auch eine allgemeine Einführung in die „Zwecke und Ziele" des Spätwerks bietet.[32] Seit 1907 mit Karl May in Verbindung stehend, war Ozoróczy über diese recht genau im Bilde, und so verwundert es nicht, daß er mit der Charakterisierung als ‚Märchen' und der Betonung des Friedensgedankens formale und inhaltliche Wesenheiten erfaßte, die tatsächlich Zentralkoordinaten nicht nur von *Ardistan und Dschinnistan* darstellen.[33]

Neben dem Aufsatz Ozoróczys verdient unter den zeitgenössischen Pressereaktionen allenfalls noch die kürzere und inhaltlich weniger ausschreitende Rezension von Franz Sättler (geb. 1884) einen Neudruck, die er unter seinem Pseudonym ‚Nemo' bereits im Januar 1910 in der Warnsdorfer *Oesterreichischen Volkszeitung* veröffentlichte.[34] Ähnlich wie Ozoróczy stand auch Sättler, der sich schon durch die überkorrekte Schreibweise ‚Ardistân und Dschinnistân' als Orientalist ausweist, seit 1906 in Kontakt mit May; seine ‚Kritik', die zu einem Drittel aus einem Originalzitat besteht und insgesamt eine einzige Eloge auf den sächsischen ‚Hakawati' ist (in der dessen angeblich einzig wahre „christliche Kunst" gegen Nietzsche und die „zweifelhafte Moderne" ausgespielt wird), mag hier als Beispiel dafür stehen, wie sehr der alte May einige seiner ‚Jünger' schon damals in seinen Bann zu ziehen vermochte.[35]

Natürlich konnten derartige Hymnen aus dem engsten Verehrerkreis nicht über die insgesamt desolate Reaktion auf das großgedachte ‚Friedenswerk' *Ardistan und Dschinnistan* hinwegtrösten; um so mehr verdient es unseren Respekt, daß Karl May tatsächlich – ganz so, wie in seiner Selbstrezension angekündigt – trotz „Feindschaft, Haß und Spott [...] unbeirrt seinen eigenen, vorher von keinem Anderen betretenen Weg" weiterging: Schon Ende März 1910 konnte er den im August 1909 begonnenen vierten *Winnetou*-Band abschließen, gleich darauf machte er sich an die Niederschrift seiner Selbstbiographie *Mein Leben und Streben* und noch bei seinem Tod im März 1912 war er voller ehrgeiziger Pläne, wollte er nicht weniger als zwei jeweils zehnbändige Serien *Fern im Westen* und *Fern im Osten* schreiben. Während uns heute gerade *Ardistan und Dschinnistan* als Karl Mays literarisches Vermächtnis erscheint, war der Roman für ihn selbst nur ein weiterer Schritt auf dem Weg in das „ferne und doch so nahe Land der ‚Menschheitsrätsel'", das er erst im Sterben wirklich erreichen sollte.

Die Gelegenheit, nach Karl Mays Tod nicht nur seine biographische, sondern auch seine künstlerische Entwicklung als zielbewußten Weg vom niederen ‚Ardistan' der Kolportage bis zum ‚Dschinnistan' der Hochliteratur zu begreifen, wurde jahrzehntelang versäumt. Im Bewußtsein, daß schon zu Lebzeiten des Autors die abenteuerlichen Reiseerzählungen am erfolgreichsten gewesen waren, bemühten sich die Witwe Klara May und der Radebeuler Karl-May-Verlag vielmehr, einseitig das publikumsträchtige Image des ‚Volks-' und ‚Jugendschriftstellers' aufzubauen, eine Nivellierung, bei der dann sowohl die Münchmeyer-Romane wie das artifizielle Spätwerk nur noch als Aberrationen vorkommen konnten, zu ‚retten' allenfalls durch einschneidende ‚Bearbeitungen'. Angesichts solcher geistigen Verengung erstaunt es fast schon wieder, daß zu *Ardistan und Dschinnistan* in den populistischen *Karl-May-Jahrbüchern* (1918-1933) immerhin drei, zum Teil noch heute lesenswerte Beiträge erschienen: gleich im ersten *Jahrbuch* der Aufsatz *Karl Mays Baukunst und ihre Symbolik* (1918) des Lehrers Wilhelm Koch, von dem auch das aufschlußreiche Kapitel *Der Schlüssel* im Radebeuler Band *„Ich"* (1916) stammen soll, dort aber autorisiert von Euchar Albrecht Schmid[36]; Willy Schlüters mystisch raunende Arbeit *„Ardistan und Dschinnistan": – eine Denkerbotschaft* (1923)[37], auf deren Wiederabdruck hier verzichtet wird, weil uns dieser bemühte Vergleich mit der Geschichtsphilosophie Oswald Spenglers denn doch zu zeitgebunden, abwegig und unergiebig vorkommt; schließlich die hermeneutisch dichte Beschreibung des *Wegs nach Dschinnistan* (1928) von Werner von Krenski, der bereits 1925 im *Karl-May-Jahrbuch* eine interessante, wenn auch nicht unanfechtbare Gegenüberstellung *Friedrich Nietzsche – Karl May* unternommen hatte.[38] Mögen alle drei Beiträge inzwischen auch reichlich Staub und Patina angesetzt haben, bleiben sie doch bemerkenswert, weil Karl May hier – zu einer Zeit gezielter Popularisierung – wie selbstverständlich als *Dichter* und *Denker* ernstgenommen wird (eine Einsicht, zu der weite Teile des Feuilletons und der Germanistik sich noch heute nicht durchringen können), und besonders die von uns wieder vorgelegten Aufsätze Krenskis und Kochs enthalten Deutungshinweise, die manche weit späteren Forschungsergebnisse antizipierten oder sogar immer noch innovativ sein könnten, sei es die von Krenski postulierte utopische Trias „Goethe – Nietzsche – May" und seine metaphysische ‚Wegweisung' oder seien es Kochs Überlegungen zur architektonischen ‚Raumkunst' und ihrer Monumentalität, die – wenn auch vergleichsweise naiv – schon vorausweisen auf die mathematischen Abstraktionstheorien Martin Lowskys.

Zwischen den damals ohnehin nur als abseitig empfundenen Aufsätzen Kochs, Schlüters und Krenskis und der ‚Entdeckung' des Spätwerks durch Arno Schmidt Ende der fünfziger, Anfang der sechziger Jahre (dem freilich gerade zu diesem neben dem *Silberlöwen* höchstgeschätzten Werk erstaunlich wenig einfiel[39]) klafft in der Rezeption von *Ardistan und Dschinnistan* eine jahrzehntelange Lücke, die im Sinne einer Kontinuität allenfalls durch die Forschungsarbeiten des Germanisten und Gründungsmitglieds der Karl-May-Gesellschaft Heinz Stolte (1914-1992) überbrückt wird. Bereits in seiner Dissertation über den *Volksschriftsteller Karl May* (1936), mit der (verspätet und lange Zeit folgenlos) die universitäre May-Forschung einsetzte, widmete Stolte dem Roman, den er hier als ‚Märchenlegende' kategorisiert, einen eigenen Abschnitt und wertete ihn als „zweifellos das bei weitem bedeutendste" Werk des Dichters, das allein es schon rechtfertige, May zu den „bemerkenswertesten Gestalten unserer Literatur" zu rechnen.[40] Als ein halbes Jahrhundert später im *Karl-May-Handbuch* (1987) versucht wurde, die Summe des derzeitigen Forschungsstandes zu Leben, Werk und Wirkung des Schriftstellers zu ziehen, war es wie selbstverständlich Heinz Stolte, der den Artikel über *Ardistan und Dschinnistan I-II* verfaßte, und im selben Jahr, am 21. November 1987, hielt er dann auch auf der 9. Tagung der Karl-May-Gesellschaft in Wien seinen vielakklamierten, von Klaviermusik umrahmten und hier wieder vorgelegten Festvortrag *Karl Mays ‚Ardistan und Dschinnistan' und sein Weltfriedensgedanke*, der im Jahr darauf im *Jahrbuch der Karl-May-Gesellschaft* erschien. Vergleicht man diesen Vortrag (dessen rhetorische Form auch für den Druck beibehalten wurde) mit Stoltes frühen Überlegungen in seiner Dissertation, so erstaunt es, mit welcher Konsequenz er diese in einer lebenslangen Forschungsarbeit weiterentwickelte, und so läßt er sich *auch* lesen als Summe einer persönlichen Auseinandersetzung mit diesem Roman, den er hier fast mit den gleichen Worten wie einst „zweifellos das herausragendste Werk aus der Altersperiode" nennt.

Die Charakterisierung als ‚legendarische Sage' wird hier weiter ausgeführt, vor allem aber scheint uns die Perspektivverschiebung bemerkenswert, die sich nun auf Mays ‚Weltfriedensgedanken' und dessen Umsetzung in dichterische Visionen konzentriert: Unverkennbar ist der letzten Arbeit Stoltes über *Ardistan und Dschinnistan* die leidvolle Erfahrung des Zweiten Weltkriegs eingeschrieben, die zwischen beiden Texten liegt, und vielleicht ist es gerade diese persönliche Dimension, die den eigentlichen Wert dieser Wiener ‚Friedensrede' – 75 Jahre nach Mays Vortrag *Empor ins Reich der Edelmenschen* – ausmacht.

Es ist nicht ohne Ironie, daß die Gründung der Karl-May-Gesellschaft (1969) – und damit auch der Wiener Festvortrag – womöglich nie erfolgt wäre ohne die üblen Provokationen Arno Schmidts in seinem Buch *Sitara und der Weg dorthin* (1963), auf die Heinz Stolte zusammen mit Gerhard Klußmeier 1973 mit der ‚notwendigen Klarstellung' *Arno Schmidt & Karl May* antwortete. Bei allen mehr als berechtigten Einwänden gegenüber Schmidts abstruser Theorie ‚permanenter Sexberieselung' darf nicht vergessen werden, daß es eben dieser janusköpfige Avantgardeschriftsteller war, der zu einer Zeit, als Karl May im öffentlichen Bewußtsein auf das Niveau der ‚Kinderbelustigung' herabgesunken war, sein in der literarischen Welt durchaus etwas geltendes Wort erhob für die überfällige Anerkennung der Altersromane und sich sogar selbst erbot, eine textkritische Ausgabe von *Ardistan und Dschinnistan* zu besorgen – was der mittlerweile in Bamberg ansässige Karl-May-Verlag leider für untunlich hielt. Bekanntlich hat Schmidts ‚Schüler' Hans Wollschläger unter anderen Voraussetzungen diese Anregung inzwischen aufgegriffen und gibt seit 1987 zusammen mit Hermann Wiedenroth – nicht zufällig neuerdings in Bargfeld, dem ehemaligen Domizil des ‚Haidedichters' – eine historisch-kritische Werkausgabe heraus, die freilich noch weit entfernt sein dürfte von den Gefilden Dschinnistans, da ihm die Handschriften nicht (mehr) zugänglich sind. Hans Wollschläger war es auch, der 1955 – als ihm das Bamberger Elysium noch offen stand – ein (vom Verlag bearbeitetes) anonymes *Nachwort* für den 32. Band der ‚Grünen Reihe', *Der Mir von Dschinnistan*, verfaßte[41], und in seiner fundamentalen Bildmonographie *Karl May* (1965), die bezeichnend genug mit dem Kapitel *Ussulistan* einsetzt und zur guten Hälfte der Altersphase Mays gewidmet ist, nennt er den *Mir* die „zweite, unstreitig bedeutende Literatur-Leistung" des Schriftstellers (neben dem *Silberlöwen*) und einen Roman, der „in seinen obersten Augenblicken jene sonderbare Schwelle [erreicht], an der die Kunstwerke so etwas wie direkte Schöpfungs-Konkurrenzen werden: – diese späte Konzeption Mays wird für den Kenner immer wunderlich-ehrwürdig sein..."[42] Ob man es als eigene Form der ‚Konkurrenz' werten darf, daß Wollschläger auch seine *Herzgewächse* mit dem Signalwort „*Us-*

sul" beginnen läßt – *„eins von den ersten Worten, die einmal die letzten sein werden"*.[43] Sein noch immer gewichtigstes Wort zu *Ardistan und Dschinnistan* aber hat Wollschläger 1975 auf der 3. Tagung der Karl-May-Gesellschaft in Gelsenkirchen gesprochen. Wir hätten seinen Vortrag über *Das „eigentliche Werk"* – das dann doch nicht das ‚eigentliche Werk' wurde – trotz des ‚vorläufigen' Charakters einer ‚Skizze' gerne in unserem Studienband, der ja nicht nur den aktuellen, sondern auch den historischen Diskurs dokumentieren soll, wiederveröffentlicht, zumal dieser Blick in die ‚psychische Innenstruktur' des Romans noch immer erhellende Einsichten bietet, mußten aber den Wunsch des Autors respektieren, der diesen und seine weiteren May-Beiträge für die in Bargfeld geplanten *Gesammelten Schriften* reservieren möchte. Der Verzicht wird dadurch erleichtert, daß der Vortrag ohnehin leicht und gleich zweifach zugänglich ist[44], beinahe mehr noch aber dadurch, daß auch diese Annäherung an das *„Eigentliche Werk"* selbst nur der Vorschein eines seit langem angekündigten ‚eigentlichen Werks' über *Ardistan und Dschinnistan* ist, das wir alle hoffentlich noch ebenso erleben dürfen wie das ‚Zweite Buch' der *Herzgewächse*.

Wenngleich die Aufwertung des Spätwerks durch ‚Schriftstellerkollegen' wie Arno Schmidt und Hans Wollschläger nicht darüber hinwegtäuschen kann, daß die Masse der May-Leser und gewiß auch die Mehrzahl der May-Forscher den Altersromanen Karl Mays noch immer ignorant, irritiert oder aversiv gegenüberstehen, blieb sie doch nicht folgenlos. So machte es sich die Karl-May-Gesellschaft, zu deren ersten Mitgliedern die ausgewiesenen *Dschinnistan*-Experten Stolte, Wollschläger und Hansotto Hatzig gehörten, bei ihrer Gründung ausdrücklich zu einer vorrangigen Aufgabe, „den Kunstwerkcharakter der Altersromane zu verdeutlichen", und wie selbstverständlich war es 1976 der *Mir von Dschinnistan*, eingeleitet von Hansotto Hatzig und dem damaligen wie heutigen Vorsitzenden Claus Roxin, der die beachtliche Reihe der Regensburger *Hausschatz*-Reprints eröffnete. Lange Zeit vergriffen, erschien 1997 eine zweite, mit einem zusätzlichen Vorwort Hatzigs versehene Ausgabe dieses für die Forschung so unerläßlichen Faksimiledrucks. Diese Neuausgabe ist um so mehr zu begrüßen, als gerade in den letzten Jahren sich auch in der Karl-May-Gesellschaft gegenläufige Tendenzen vordrängten, die den Autor zwar unter allen möglichen Aspekten ernstnehmen wollen (vornehmlich wieder unter dem der Reise- und Abenteuerschriftstellerei), kaum aber unter dem eines abgehobenen ‚Kunstwerkcharakters': Seit 1993 der katholische Pfarrer Hermann Wohlgschaft im *Jahrbuch der Karl-May-Gesellschaft* seine theologische Interpretation von *Ardistan und Dschinnistan* vorlegte[45], ist dort bis heute jedenfalls keine weitere analytische Arbeit zu einem der späten Werke Karl Mays erschienen, so daß sich der vermutlich nicht ganz unberechtigte Verdacht aufdrängt, die entsprechende Forschung werde nur von einer Handvoll abseitiger Enthusiasten getragen und hänge allein von deren Produktivität ab: Noch immer hat sich die Anerkennung des Spätwerks nicht wirklich durchsetzen können.

Wie der Blick auf die Werkgeschichte zeigt, gehört *Ardistan und Dschinnistan* zu den nicht eben zahlreichen Romanen Karl Mays, die eine deutliche und sowohl psychologisch wie literarästhetisch deutbare Entwicklung erfahren haben. Eine Vergleichslesung zwischen der *Hausschatz*-Fassung und der Buchausgabe ist daher zum tieferen Verständnis unerläßlich, eine Aufgabe, der sich – gestützt auf Unterlagen Hans Wollschlägers aus dem Jahr 1959 – bereits 1976 Hansotto Hatzig anläßlich des ersten Regensburger Reprints widmete.[46] Eindrucksvoll zeigt seine Untersuchung, die hier in einer korrigierten und um zwei Kapitel erweiterten Fassung erscheinen kann, daß Mays Diktum, er „verändere" und „feile nie", „befleißige" sich also „keiner sogenannten künstlerischen Form"[47], zumindest im Blick auf die *Dschinnistan*-V0arianten, diese laut Hatzig „sinnvollste und klarste Textüberarbeitung", keineswegs zutrifft und allenfalls als nachträgliche ‚Entschuldigung' für das subjektiv empfundene Scheitern an seinem eigenen Anspruch einzuschätzen ist. Nicht zuletzt erweist Hatzigs penible Dokumentation, wie wichtig eine echte historisch-kritische Edition des Romans wäre, zu der sie bereits eine erste Vorarbeit leistet.

Wenngleich uns Hans Wollschlägers Ansicht, die in Gleichnisse, Märchen und Legenden gekleidete ‚Botschaft' von *Ardistan und Dschinnistan* bleibe „gerade in ihren wichtigsten, von May immer wieder als Zentren genannten Partien dunkel und auch dem bemühten Verständnis [...] einfach unzugänglich", denn doch ein wenig zu apodiktisch vorkommt (oder zutreffend nur in dem Maße, wie jedes ‚echte Kunstwerk' sein Geheimnis bewahrt), ist es trotz der genannten und einiger weiterer Arbeiten doch auffällig, wie „vorsichtig" ausgerechnet dieser weithin als ‚Gipfelleistung' geltende Roman von der Sekundärliteratur umgangen wurde, ganz so, als sei er „tabuisiert durch sich selber und entbinde Achtung nur in Gestalten der schweigenden Verehrung des Unerforschlichen".[48] Auch Wollschlägers eigener Essay ist mehr eine erste, von hingebungsvoller Bewunderung geleitete Richtungsweisung als eine kühl diagnostizierende Exegese, und wenn Heinz Stolte wie schon Franz Sättler so ausführlich aus dem Roman selbst zitiert, so wohl auch deshalb, weil in dessen allegorischen Beschreibungen etwas Unbeschreibliches miteingeschlossen ist. Es wäre mehr als vermessen, wenn der vorliegende Studienband mit seinen Neubeiträgen nun den Anspruch ‚endgültiger Wahrheiten' erheben würde, der wahrscheinlich nie einzulösen sein wird. Mehr noch als bei den Vorgängerbänden kann es allein darum gehen, den aktuellen Erkenntnisstand aufzuzeigen und womöglich der künftigen Forschung neue Wege zum Verständnis zu weisen.

Wie komplex und wie vertrackt allein schon die ersten Absätze des Romans mit der Beschreibung Ikbals sind, zeigt Helmut Schmiedt in seiner strukturanalytischen Untersuchung über *„Ardistan und Dschinnistan', Seite 1–3*. Obwohl Schmiedt bisher keineswegs zu den Apologeten des Spätwerks gehörte[49] und auch hier Schwächen wie die sprachliche Redundanz zur kritischen Diskussion stellt, ist auch seinen Überlegungen etwas anzumerken von der Faszination, die in diesem Roman noch von den früher oft nur illustrativen oder handlungsrelevanten, hier aber ‚hochbedeutsamen' Landschaftsschilderungen ausgehen kann, sofern man sie nur zu ‚lesen' versteht. Schmiedt selbst, kongenial zu seinem Gegenstand, genügen wenige Seiten, um überzeugend nachzuweisen, wie bereits in der Romanintroduktion geradezu programmatisch wesentliche strukturelle und inhaltliche Elemente des Romanganzen beschlossen sind, und seine Feststellung, es handle sich um „eine der besten Prosapassagen" Mays überhaupt, läßt wünschen, daß er sich in ähnlicher Weise auch einmal anderen Landschaftsallegorien im Spätwerk widmet, die allesamt erst bei näherer Betrachtung ihren tieferen Sinn offenbaren.

Ganz auf ein einzelnes, für May aber seit jeher wichtiges Motiv konzentriert sich Christoph F. Lorenz in seinem Aufsatz *Die Weihnacht des Gewaltherrschers*, in dem er den *Symbolen, Motiven, Assoziationen aus dem Weihnachtsfestkreis* nachgeht.[50] Mag das etwas naive (besser: kindliche) Kapitel *Weihnacht* vielleicht auch nicht den ‚Schlüssel zum Ganzen' verbergen, so erstaunt es doch, wie sehr die Struktur des zweiten Bandes von *Ardistan und Dschinnistan* dem christlichen Weihnachtszyklus entspricht. Auch in dieser Hinsicht gibt sich der Roman in buchstäblichem Sinne als ‚Erlösungswerk' zu erkennen, und man wird Lorenz zustimmen können, wenn er im Weg von Ardistan nach Dschinnistan abseits biographischer und menschheitsgeschichtlicher Implikationen *auch* eine bewußte Abbildung des ‚Weihnachtsweges' von der adventlichen Verheißung bis zur Lichtoffenbarung Christi erblickt. Andererseits dürfte Mays frei assoziierender Umgang mit diesem Motivkreis (zu dem etwa auch die Konnotation mit anderen Religionsvorstellungen gehört) exemplarisch das fundamentale Unbehagen erklären, mit dem seinerzeit nicht nur ultramontane Katholiken auf den Roman reagierten, und nicht zuletzt sollte er davor warnen, den in seinem religiösen Glauben doch eher naiv-romantischen ‚Hakawati' einseitig an der Elle theologischer Dogmen zu messen und zu einem christlichen ‚Priesterdichter' zu stilisieren.

Aus ganz anderer Richtung nähert sich die Volkskundlerin Gudrun Keindorf dem Roman. Ausgehend von den neueren Erkenntnissen der volkskundlichen Erzählforschung – hierin an Heinz Stoltes Dissertation anschließend und zugleich über sie hinausweisend – untersucht sie in ihrem Beitrag *„Für mich sind Sagen heilig"* die Funktion der Sagen in *Ardistan und*

Dschinnistan, die hier bekanntlich eine elementare, für das Textverständnis geradezu zentrale Rolle spielen.[51] Wie der Roman insgesamt utopischen Charakter aufweist, so unterscheiden sich auch die leitmotivisch integrierten Sagen durch ihre gesellschaftspolitische Relevanz und ihre Zukunftsperspektive von den herkömmlichen Mustern des Genres. Auffällige Korrespondenzen jedoch erkennt Gudrun Keindorf im Vergleich mit der Kyffhäuser-Überlieferung, und überzeugend weist sie nach, daß May in seinem Roman sehr bewußt und konsequent assoziative Gegenbilder zur wilhelminischen Interpretation der ‚Sage von der Reichsgründung' entwarf.

Als Inkarnation der zeitgenössischen, auf den Krieg zusteuernden Machtpolitik figuriert in *Ardistan und Dschinnistan* der ‚Panther', der aber noch weit darüber hinausgehend ‚das Böse' schlechthin repräsentiert. In seiner großangelegten Arbeit über *Das ‚wilde Tier'*, die auch frühere Darstellungen des Panther-Motivs einbezieht und so zu einer grundlegenden Poetologie des Bösen bei May wird, gelingt es Joachim Biermann, die ganze, sich auf mehreren Ebenen realisierende Bedeutungsvielfalt dieser dämonischen Figur zu entwickeln und dabei eine Grundkonzeption sichtbar zu machen, die bis zu den frühen Fragmenten aus der Haftzeit zurückreicht. Nicht zuletzt verrät sich in der analytischen Konzentration auf *eine* Figur und ihre romaninterne Entwicklung, daß in Teilen auch *Ardistan und Dschinnistan* bei aller geistigen Durchdachtheit ein ‚work in progress' mit Brüchen und Widersprüchen darstellt, dessen ursprüngliche Konzeption sich im Verlauf des Schreibaktes nicht wenig veränderte. Wenn der Roman dennoch in sich geschlossen wirkt wie kaum ein anderes Werk Mays, so liegt dies, wie Biermann mit Recht feststellt, vor allem an der „großen Idee des Ganzen" und an der „Intensität und Stimmigkeit der Bildersprache".

Mit der „Bildersprache" des Romans im weitesten Sinn befassen sich auch die beiden abschließenden Beiträge von Martin Lowsky und Jürgen Hahn, und nebenbei dürften sie den jüngst erhobenen Vorwurf entkräften, die May-Forschung verweigere sich weitgehend „neuere[n] Konzepte[n] und Reflexionen der Literaturwissenschaft" wie dem Poststrukturalismus, der Dekonstruktion und der Diskursanalyse.[52] Wie schon in seinem *Horen*-Essay *More geometrico*, der sich nun wie ein Präludium liest[53], kollationiert Martin Lowsky in seinem Aufsatz *Geometrie und Utopie* unerwartet erkenntnisstiftend Mays scheinbar freischweifendes Fabulieren mit der geregelten Koordinatenwelt der reinen Mathematik. Auch wenn wir über Mays Mathematikverständnis wenig genug wissen, ist es unverkennbar, daß er sich schreibend seit jeher von geometrischen Formen inspirieren ließ, und in seinem utopischen Altersroman scheint er, wie die Beispiele Lowskys lehren, einen Abstraktionsgrad erreicht zu haben, der sich wie der Aufstieg aus der traditionellen euklidischen Geometrie zu neuen, ‚nichteuklidischen' Regionen ausnimmt. Daß Mays utopische Perspektive sich auch in der Dynamik geometrischer Abstraktionen abbildet, ist jedenfalls eine so unvermutete wie überzeugende Erkenntnis, die allein es schon rechtfertigt, im Methodenpluralismus der May-Forschung auch dem streng mathematischen Diskurs einen Platz einzuräumen.

Fordert schon Lowskys Essay dem Normalleser ein hohes Maß an Abstraktionsfähigkeit ab, so dürfte dies erst recht für die *Prolegomena zu einer Sprache der Zeichen und Bilder* von Jürgen Hahn gelten, aber auch hier lohnt die Erkenntnis jede Mühe. Gar nicht so weit entfernt von den Überlegungen Lowskys, ordnet Hahn, der auch eine größere Monographie über *Ardistan und Dschinnistan* vorbereitet, Karl May in jene Reihe von Theoretikern und Schriftstellern ein, die seit dem 12. Jahrhundert mit der ‚chiffrierten' Darstellung von Realität experimentierten, also in eine Linie, die sich von den Künstlern der Renaissance und den Dichtern des Barock über Hamann, Herder und die Romantiker bis zu den Surrealisten ziehen läßt. Mit den Mitteln ‚philologischer Mikroskopie' unternimmt Hahn die Enträtselung der enigmatischen Embleme (‚Chiffren', ‚Hieroglyphen') in Mays Roman, um so der Fährte des Zeitgeistes nachzuspüren. Ausgehend von Albertis Emblem des ‚geflügelten Auges' und der eng damit verbundenen Lehre von der ‚Sehpyramide' (Zentralperspektive) spannt er dabei den Bogen bis zum ‚symbolischen', das Gegensätzliche in sich ‚zusammenwerfenden' Blick in der Welt des Cyberspace als einer Art theologischer Versuchsinstallation, in der Gott selber simuliert wird. ‚Dschinnistan' erscheint so als ein kybernetisches Modell, dem die Zentralperspektive Albertis zugrunde liegt und das bebildert ist durch religiöse Piktogramme einer noch ganz dem szientistischen 19. Jahrhundert verpflichteten technischen Entwicklung. Wird man den Ausführungen Hahns auch nicht immer folgen wollen oder können, so zeigen sie doch nachdrücklich, wie sehr Karl May mit seinem Spätwerk Anteil hat an den ‚weltanschaulichen' Diskursen nicht nur seiner Zeit.

Mag der vorliegende Studienband mit seinen alten und neuen Beiträgen auch nur mosaikartig einige Teilaspekte des komplexen und widersprüchlichen Romans *Ardistan und Dschinnistan* und wohl auch diese nur in ersten Ansätzen erschließen können[54], so scheint uns dieser mühsame Weg doch die einzige Möglichkeit, sich überhaupt dem Verständnis der sternfern entrückten Gedankenwelt des späten Karl May zu nähern. Daran, daß es ein ertragreicher Weg ist, lassen die Aufsätze keinen Zweifel, erweisen sie doch jeder für sich, daß es im Kosmos von Sitara keine analytischen Nebenschauplätze gibt, sondern wie in einer Zelle auf jeder Seite, in jedem Motiv und in jedem Zeichen oder Bild das ganze Geheimnis dieses Kunstwerks und vielleicht das der Welt verborgen ist. Viel aber wäre schon erreicht, wenn sie zu einer erneuten Begegnung mit diesem Geheimnis anregten, sei es auch nur in ‚staunender Bewunderung'.

Paderborn, im Mai 1997

Anmerkungen

1 Vgl. W[olfgang] Cl[auß]: *Ardistan und Dschinnistan* (Werkartikel). In: *Kindlers Literaturlexikon.* Bd. 1. Zürich 1964, S. 1150f.
2 Heinz Stolte: *Ardistan und Dschinnistan I-II.* In: *Karl-May-Handbuch*, hg. v. Gert Ueding. Stuttgart 1987, S. 308-320 (309).
3 Vgl. Karl May: *Mein Leben und Streben.* Freiburg i. Br. 1910; Reprint, hg. v. Hainer Plaul. Hildesheim, New York 1975, S. 229. Daß May sich zur Zeit der Entstehung von *Babel und Bibel* verstärkt mit ästhetischen Fragen befaßte und sein symbolisches Schreiben theoretisch reflektierte, bezeugen seine *Briefe über Kunst*, die 1906/07 in der Innsbrucker Zeitschrift *Der Kunstfreund* erschienen.
4 Karl May: *Erläuterung zu Babel und Bibel.* In: ders: *Lichte Höhen.* Bamberg 1956, S. 270.
5 Die Zuspitzung des Münchmeyer-Prozesses – Reichsgerichtsentscheidung am 9. Januar 1907, am 15. April Anzeige des Münchmeyer-Anwalts Gerlach gegen May wegen Meineids – führte bei dem Schriftsteller zu einem Nervenzusammenbruch, der ihn nach eigener Aussage „an den Rand des Todes" brachte (vgl. Hans Wollschläger: *Karl May. Grundriß eines gebrochenen Lebens.* Zürich 1976, S. 144).
6 Vgl. das Faksimile bei Ekkehard Bartsch: *Ardistan und Dschinnistan. Entstehung und Geschichte.* In: JbKMG 1977, S. 84.
7 Das *Abu-Kital*-Fragment ist abgedruckt bei Hansotto Hatzig: *Karl May und Sascha Schneider. Dokumente einer Freundschaft.* Bamberg 1967, S. 152.
8 May: *Mein Leben und Streben* [Anm. 3], S. 2.
9 Diese Erwartungen äußerte Denk etwa in einem Brief an May vom 5. Oktober 1907: „Ich selbst freue mich schon auf die nächste Partie des ‚'Mir' und auf die in Aussicht gestellten Abenteuer. *Diese* sind es ja besonders, die Ihrem Namen eine so bedeutende Zugkraft verleihen. Das Publikum will spannende, abwechslungsreiche Handlung, die seine Phantasie beschäftigt." Abgedruckt bei Roland Schmid: *Nachwort zur Reprint-Ausgabe* v. Karl May: *Ardistan und Dschinnistan I*. Bamberg 1984, S. N10.
10 Vgl. den *Hausschatz*-Reprint: Karl May: *Der Mir von Dschinnistan.* Hamburg, Regensburg 1976 (Neuausgabe 1997).
11 Vgl. Mays Brief an Otto Denk vom 15. Juli 1908. In: Karl May: *Briefe an Karl Pustet und Otto Denk.* Mit einer Einführung von Hans Wollschläger. In: JbKMG 1985, S. 30.
12 Vgl. Mays Briefe an Denk und Pustet. In: ebd., S. 19-62.
13 Ebd., S. 23.

14 Brief Mays an Pustet vom 5. Juli 1908. In: ebd., S. 28.
15 Brief Mays an Pustet vom 11. Januar 1909. In: ebd., S. 33.
16 Abgedruckt bei Schmid [Anm. 9], S. N12.
17 Vgl. Mays Brief an Pustet vom 11. Januar 1909. In: May: *Briefe* [Anm. 11], S. 32-60.
18 Schmid [Anm. 9], S. N15.
19 May: *Der Mir von Dschinnistan* [Anm. 10], S. 322.
20 Abgedruckt bei Schmid [Anm. 9], S. N13f.
21 Einen von Fehsenfeld vorgeschlagenen Deckelbild-Entwurf hatte May zuvor als *„gänzlich unbrauchbar"* zurückgewiesen: „Ich denke, daß ‚Ardistan und Dschinnistan' einen vollen Künstler verlangt!" (Brief an Felix Krais vom 23. September 1909; Archiv des KMV)
22 May: *Mein Leben und Streben* [Anm. 3], S. 227.
23 Stolte: *Ardistan und Dschinnistan I-II* [Anm. 2], S. 317.
24 Brief Mays an Pustet vom 5. Juli 1908. In: May: *Briefe* [Anm. 11], S. 27.
25 Brief Mays an Krais vom 25. August 1909 (Archiv des KMV).
26 *Börsenblatt für den Deutschen Buchhandel*, Leipzig, Jg. 76, 6. 8. 1909, Nr. 180.
27 Der ‚Waschzettel' ist in mehreren Exemplaren überliefert, faksimiliert findet er sich im JbKMG 1977, S. 66f. Obwohl der Text nicht gezeichnet ist, besteht an der Autorschaft Karl Mays kein Zweifel; im Exemplar des Autographenarchivs der KMG, das uns als Druckvorlage diente, enthält das zugehörige Anschreiben des Verlegers eine handschriftliche Ergänzung: „Umseitige Inhaltsangabe ist aus der Feder des Autors (K. May)".
28 Vgl. Lorenz Krapp: *Ein Schlußwort zum Problem Karl May*. In: *Augsburger Postzeitung*, 2. 10. 1908, Nr. 44, Lit. Beilage, S. 347.
29 Vgl. *Karl Mays Augsburger Vortrag. 8. Dezember 1909. Sitara. Das Land der Menschheitsseele (ein orientalisches Märchen). Eine Dokumentation für die Karl-May-Forschung*, hg. v. Roland Schmid. Bamberg 1989.
30 Vgl. *Augsburger Postzeitung*, 16. 12. 1909, Nr. 285.
31 Vgl. Franz Cornaro: *Amand von Ozoróczy zur 90. Wiederkehr seines Geburtstages am 13. Oktober 1975.* In: MKMG 26 (1975), S. 11f.; Hansotto Hatzig: *Amand von Ozoróczy zum Gedenken.* In: MKMG 34 (1977), S. 38f.
32 Ein Faksimile des Abdrucks in der *Augsburger Postzeitung* (6. 4. 1910, Nr. 76) findet sich in MKMG 23 (1975), S. 21-24.
33 Ozoróczy selbst unterstrich die Gültigkeit seines Aufsatzes dadurch, daß er Zitate daraus noch Jahrzehnte später in seinem großen Essay *Karl May und der Friede* (KMJb 1928, S. 88) aufgriff.
34 Bekannt ist noch ein Abdruck in der *Driburger Zeitung* vom 22. Januar 1910.
35 Tatsächlich gehört Franz Sättler, der im nordböhmischen Brüx geboren wurde und hier auch das Gymnasium besuchte, zu den wahrscheinlich nicht einmal allzu seltenen Menschen, deren Lebensweg ohne die Begegnung mit Karl May sicher eine andere – in diesem Fall weniger abenteuerliche, aber auch weniger abseitige – Richtung genommen hätte. Angeregt durch seine May-Lektüre, hatte schon der Knabe sich im Selbststudium mehrere Sprachen angeeignet; seine Begeisterung vor allem für die orientalischen Reiseerzählungen ließ Sättler dann 1903 an der Deutschen Universität in Prag ein Studium der Orientalistik begin-

nen, das er 1909 mit einer Dissertation über den *Arabischen Dialekt von Hadramût* abschloß. In den folgenden Jahren unternahm er mehrere Reisen in den Orient und veröffentlichte erste Reiseskizzen; seit 1912 erschienen seine gesammelten Reiseberichte in einer fünfbändigen Buchausgabe *Reisen und Abenteuer* (Weißensee-Berlin: Bartels, o. J.), in der er auch Karl May mehrfach Reverenz erwies. Ende 1914 in Saloniki (Albanien) festgesetzt, war Sättler während des Weltkriegs in Südfrankreich interniert und konnte erst 1920 nach Deutschland zurückkehren. Unter noch nicht näher geklärten Umständen geriet er hier in Konflikt mit den Gesetzen und wurde wegen Spionage zu einer Zuchthausstrafe verurteilt, eine Erfahrung, mit der er in gewisser Weise auch die Nachfolge seines Idols antrat. Nach der Haftverbüßung gründete Sättler, der seit Jugendzeiten dem Okkultismus anhing (und sich hierin Karl May verbunden glaubte), als ‚Dr. Mussalam' die ‚Adonistische Gesellschaft', eine internationale okkultistisch-erotische Geheimorganisation mit Hauptsitz in Wien. 1932 wurde diese obskure Vereinigung als Betrugsunternehmen denunziert (oder entlarvt); über das weitere Schicksal Franz Sättlers, der steckbrieflich gesucht wurde, ist nichts bekannt.

36 Vgl. Euchar Albrecht Schmid: *Der Schlüssel*. In: Karl May: *„Ich"*. Radebeul 1916, S. 569ff.
37 Willy Schlüter: *„Ardistan und Dschinnistan":* – *eine Denkerbotschaft*. In: KMJb 1923, S. 64-75.
38 Vgl. Werner v. Krenski: *Friedrich Nietzsche – Karl May*. In: KMJb 1925, S. 198-237.
39 Vgl. etwa Arno Schmidt: *Abu Kital. Vom neuen Großmystiker*. In: ders.: *Dialoge 2 (Bargfelder Ausgabe*, Werkgruppe II/2). Zürich 1990, S. 35: „Karl May [wuchert] in blühender nackter Mystik [...], bei der man die Kühnheit und Anmut des Fortschreitens von einer Gedanken= und Bilderreihe zur anderen, ohne sich etwas zu vergeben, uneingeschränkt bewundern darf."
40 Heinz Stolte: *Der Volksschriftsteller Karl May. Beitrag zur literarischen Volkskunde*. Radebeul 1936, S. 104.
41 [Hans Wollschläger:] *Nachwort*. In: Karl May: *Der Mir von Dschinnistan*. Bamberg 1955 (51.-70. Tausend), S. 469-483.
42 Hans Wollschläger: *Karl May in Selbstzeugnissen und Bilddokumenten*. Reinbek b. Hamburg 1965, S. 118 (Neufassung Anm. 5, S. 146).
43 Hans Wollschläger: *Herzgewächse oder Der Fall Adams. Fragmentarische Biographik in unzufälligen Makulaturblättern*. Erstes Buch. Zürich 1982, S. 13.
44 Hans Wollschläger: *Das „eigentliche Werk". Vorläufige Bemerkungen zu ‚Ardistan und Dschinnistan'* (Materialien zu einer Charakteranalyse III). In: JbKMG 1977, S. 58-80; dass. in: Hans Wollschläger: *Karl May. Grundriß eines gebrochenen Lebens. Interpretation zu Persönlichkeit und Werk. Kritik*, hg. v. Klaus Hoffmann. Dresden 1989, S. 271-290.
45 Vgl. Hermann Wohlgschaft: *„Ich sah dann auch Gott selber kommen". Theologisches zu ‚Ardistan und Dschinnistan'*. In: JbKMG 1993, S. 281-337. Auf einen Neuabdruck dieser langen und noch nicht allzu weit zurückliegenden Analyse aus theologischer Sicht konnten wir guten Gewissens verzichten, da sie nicht nur im *Jahrbuch* leicht zugänglich ist, sondern Wohlgschaft sie auch fast unverändert in seine *Große Karl May Biographie* (Paderborn 1994, S. 503-518 u.

Kap. „*Ardistan und Dschinnistan*" oder ,*Da waren wir alle wie Träumende*', S. 682-711) übernommen hat.
46 Hansotto Hatzig: *Der 'Mir von Dschinnistan. Karl Mays Textvarianten.* In: MKMG 30 (1976), S. 23-32.
47 May: *Mein Leben und Streben* [Anm. 3], S. 228.
48 Wollschläger: *Das „eigentliche Werk"* [Anm. 44], S. 71.
49 In seiner grundlegenden Monographie über *Leben, Werk und Wirkung eines Erfolgsschriftstellers* (Königstein/Ts. 1979) etwa hat Schmiedt das Spätwerk bewußt ausgeklammert.
50 Ausdrücklich verwiesen sei auch auf Lorenz' Deutung der Totenstadt in seinem Essay *Von der Messingstadt zur Stadt der Toten*, in: *Karl May*, hg. v. Heinz Ludwig Arnold. Sonderband text + kritik. München 1987, S. 222-243.
51 Einige dieser Sagen finden sich gesammelt auch in der Anthologie *Der Hakawati. Die Märchen von Karl May*, hg. v. Klaus R. Meichsner. Heidelberg 1978, S. 119-140; 1974 legte Meichsner auch eine Examensarbeit über *Ardistan und Dschinnistan* (,*Unbewußte*' *Motive und ,gewollte Symbolik' in Karl Mays „Ardistan und Dschinnistan"*, Heidelberg) vor, die aber ebenso ungedruckt blieb wie eine Examensarbeit von Hans Uwe Arlinghaus (*Karl Mays „Ardistan und Dschinnistan". Interpretation und didaktische Reflexionen*, Münster 1972).
52 Vgl. Helmut Schmiedt: *Literaturbericht.* In: JbKMG 1996, S. 403f.
53 Vgl. Martin Lowsky: *More geometrico oder Der Brotlaib auf dem Schreibtisch. Über Karl Mays Erzählen.* In: *Die Horen* 40 (1995), Nr. 178, S. 37-43. Hingewiesen sei auch auf Lowskys Wiesbadener Vortrag „*Paris oder London*", der das Motiv *Weltstadt und Weltstädtisches in Karl Mays Ardistan* und dessen Bezüge zu Mythos und Aufklärung untersucht (JbKMG 1992, S. 183-198).
54 Zu weiteren formalen, inhaltlichen und gedanklichen Aspekten vgl. die *Bibliographie* im Anhang.

Abkürzungen

Römische Ziffern beziehen sich auf die im Verlag von Friedrich Ernst Fehsenfeld, Freiburg i. Br., seit 1892 erschienene Reihe ‚Karl May's gesammelte Reiseerzählungen' (bis 1896 ‚Reiseromane'); Reprint: Bamberg 1982-84:

I	Durch Wüste und Harem, 1892
II	Durchs wilde Kurdistan, 1892
III	Von Bagdad nach Stambul, 1892
IV	In den Schluchten des Balkan, 1892
V	Durch das Land der Skipetaren, 1892
VI	Der Schut, 1892
VII	Winnetou I, 1893
VIII	Winnetou II, 1893
IX	Winnetou III, 1893
X	Orangen und Datteln, 1894
XI	Am Stillen Ocean, 1894
XII	Am Rio de la Plata, 1894
XIII	In den Cordilleren, 1894
XIV	Old Surehand I, 1894
XV	Old Surehand II, 1895
XVI	Im Lande des Mahdi I, 1896
XVII	Im Lande des Mahdi II, 1896
XVIII	Im Lande des Mahdi III, 1896
XIX	Old Surehand III, 1896
XX	Satan und Ischariot I, 1897
XXI	Satan und Ischariot II, 1897
XXII	Satan und Ischariot III, 1897
XXIII	Auf fremden Pfaden, 1897
XXIV	„Weihnacht!", 1897
XXV	Am Jenseits, 1899
XXVI	Im Reiche des silbernen Löwen I, 1898
XXVII	Im Reiche des silbernen Löwen II, 1898
XXVIII	Im Reiche des silbernen Löwen III, 1902
XXIX	Im Reiche des silbernen Löwen IV, 1903
XXX	Und Friede auf Erden!, 1904
XXXI	Ardistan und Dschinnistan I, 1909
XXXII	Ardistan und Dschinnistan II, 1909
XXXIII	Winnetou IV, 1910

*

KMV	Karl-May-Verlag, Radebeul bzw. Bamberg
KMJb	Karl-May-Jahrbuch, hg. v. Rudolf Beissel u. Fritz Barthel, 1918-19: Breslau; hg. v. Euchar Albrecht Schmid u.a., 1920-33: Radebeul bei Dresden; hg. v. Thomas Ostwald u.a., 1978-79: Bamberg, Braunschweig
KMG	Karl-May-Gesellschaft e.V., Hamburg
MKMG	Mitteilungen der Karl-May-Gesellschaft, Hamburg 1969ff.
SoKMG	Sonderheft der Karl-May-Gesellschaft, Hamburg 1972ff.
JbKMG	Jahrbuch der Karl-May-Gesellschaft, hg. v. Claus Roxin, Hamburg 1970-73; hg. v. Claus Roxin u. Heinz Stolte, Hamburg 1974; hg. v. Claus Roxin, Heinz Stolte u. Hans Wollschläger, Hamburg 1975-81, Husum 1982-92; hg. v. Claus Roxin, Helmut Schmiedt u. Hans Wollschläger, Husum 1993ff.

Sperrdruck (im Original) wird grundsätzlich kursiv wiedergegeben.

Vorbemerkung zur zweiten Auflage

Dreizehn Jahre nach dem Erscheinen der Erstausgabe des ‚Studienbandes' zu Karl Mays *Ardistan und Dschinnistan* hat sich bei der Planung einer Neuauflage des schon seit längerem vergriffenen Buches unweigerlich die Frage gestellt, die Beiträge des Bandes zu überarbeiten und zu aktualisieren oder sie in unveränderter Fassung neu zu veröffentlichen. Angesichts der Tatsache, dass der Band trotz neuerer Forschungsarbeiten noch immer uneingeschränkte Gültigkeit beanspruchen darf, aber ebenso in der Intention, den Charakter einer ‚historischen Dokumentation' zu bewahren – was traurigerweise auch durch den Tod des Mitherausgebers der *Studien*-Reihe Dieter Sudhoff 2007 bedingt wird –, haben Verlag und Herausgeber sich für eine (abgesehen von kleineren formalen Korrekturen) unveränderte Neuauflage entschieden. Um den neuesten Stand der Forschung zu *Ardistan und Dschinnistan* zu dokumentieren, ist die Bibliographie allerdings aktualisiert worden. In diesem Zusammenhang sei auf vier neuere Publikationen besonders hingewiesen, von denen die Herausgeber in ihrer *Einleitung* zum ‚Studienband' 1997 noch als Desiderat gesprochen hatten. So liegt *Ardistan und Dschinnistan* inzwischen sowohl in der Manuskriptfassung (herausgegeben von Hans Wollschläger, der ebenfalls 2007 verstarb; 2 Bde., Bamberg, Radebeul 2005/2006 [recte: 2007]) als auch in der Edition der Historisch-kritischen Werkausgabe (herausgegeben von Hermann Wiedenroth, 2 Bde., Bargfeld 2007) vor. Zur Entstehungsgeschichte des Romans liefern darüber hinaus die von Dieter Sudhoff und Hans-Dieter Steinmetz verfasste *Karl-May-Chronik* (5 Bde., Bamberg, Radebeul 2005/2006) sowie der von ihnen edierte Briefwechsel Mays mit seinem Verleger Friedrich Ernst Fehsenfeld (2 Bde., Bamberg, Radebeul 2007/2008) wichtiges Material.

H. V. *Paderborn-Dahl, im März 2010*

Karl May
Karl May, Ardistan und Dschinnistan

In diesen beiden Bänden bestätigt sich Karl May nicht als das, wofür man ihn in gewissen Kreisen zu halten pflegt, sondern als das, was er in Wirklichkeit ist: Der Entdecker vollständig neuer Sujet-Welten. Der Pionier eines bisher unbekannten literarischen und künstlerischen far west. Der einzige Mensch, der es bisher gewagt hat, sich und sein „Ich" mit der „Menschheitsseele" zu identifizieren, obgleich er wohl wußte, daß ihm dafür zunächst Feindschaft, Haß und Spott zur Ernte stand. Er geht unbeirrt seinen eigenen, vorher von keinem Anderen betretenen Weg, ganz gleich, ob man sich über ihn freut oder ihn verlacht. Sein Ziel liegt in dem fernen und doch so nahem Land der „Menschheitsrätsel". Er ist kein Schriftsteller, sondern ein Rätsellöser. Und seine Lösungen sind so einfach, klar und selbstverständlich, sobald man nur begreift, daß er Aeußeres schildert, um Inneres zu erklären.

Er führt seine treue Gemeinde, nachdem er sie durch seine ersten, leichtgeschriebenen Bände gewonnen hat, aus den Niederungen des Lebens empor zu Wichtigerem und Schwererem. Da oben in den geheimnisvollen Bergen liegen die goldenen Bonanzen und die Granit-, Marmor- und Alabasterfelsen, aus denen er die Quadern zu seinen beispiellos, eigenartigen Gestaltungen bricht. Seiner Aufgaben sind so viele und so schwere. Darum fehlt ihm die Zeit für die Detailarbeit. Er kann nur im Großen schaffen. Er bricht gewaltige, zentnerschwere Blöcke aus dem Gestein, giebt ihnen die ersten, charakteristischen Konturen, um sie in Sujets zu verwandeln, und rollt sie dann den Zukünftigen zur feineren Ausmeißelung und künstlerischen Vollendung zu. Er liefert granitene, marmorene, alabasterne und goldene Kolossalgedanken; aber er verschmäht die Raspel, die Feile und das Schmirgelpapier, um Zeit für Größeres zu sparen. Das ist sein gutes Recht, und die Zukunft wird es ihm danken.

In dieser Weise entstand die Mehrzahl seiner Figuren, vor allen Dingen die Riesengestalt des „Eingemauerten Herrgotts", das „Alabasterzelt", das „Versteinerte Gebet", die „Verkalkten Seelen", die „Wage der Gerechtigkeit" und viele Andere mehr. Auch das neue Werk enthält Bilder von tief ergreifender Wucht und Schwere: „Die Stadt der Todten", die „Schlacht am Dschebel Allah", die „Wasserscheide von el Hadd", die „Dschemma der Verstorbenen", die „Dschemma der Lebenden" u.s.w. Die Wirksamkeit dieser Figuren und Scenen liegt in dem Umstande, daß sie der Wahrheit des Lebens entnommen sind und zur glückverheißenden Beantwortung aller gegenwärtig aufgeworfenen „Menschheitsfragen" führen. Vor allen Dingen soll darauf hingewiesen sein, daß der Verfasser in diesen beiden Bänden die Absicht verfolgt, die Frage des Weltfriedens zur Lösung zu bringen. Diese Lösung ist zwar außerordentlich frappierend, aber so einfach und selbstverständlich, daß sich der Leser baß verwundert, sie nicht selbst schon längst gefunden zu haben: Zwischen Ardistan und Dschinnistan bricht Krieg aus, und der Herrscher von Dschinnistan wird Sieger, indem er den Herrscher von Ardistan den Sieg gewinnen läßt. Man sieht, dieses Werk ist ein ächter Karl May. Ein Jeder, der sich mit den Lebensfragen und mit der Zukunft des Menschengeschlechtes beschäftigt, sollte es gelesen haben.

Franz Sättler
Ardistân und Dschinnistân

Wo liegen wohl diese beiden Länder? – Die Namen klingen orientalisch, wie Afghanistân oder Hindustân, aber dennoch würde der geneigte Leser vergeblich nach der Karte greifen...

Ardistân und Dschinnistân – der Titel der beiden neuesten Bände von Karl May – bedeutet Erden- und Geisterland. Nichts weiter. Und gewiß doch sehr vielversprechend für eine Reiseerzählung.

Es ist nicht meine Absicht, hier mit einer Inhaltsangabe zu dienen. Man gehe hin, kaufe und lese selbst; oder vielmehr – man studiere!

Wer den schriftstellerischen Entwicklungsgang Karl Mays nach seinen Werken verfolgt, der wird darin deutlich drei scharfabgegrenzte Perioden unterscheiden. Seine Erstlingswerke waren Humoresken, kleinere Erzählungen und mehrere literarisch bereits sehr hochstehende Gesellschaftsromane, deren Sammlung und authentische Neuausgabe dringend zu wünschen wäre. Ihnen schließen sich die berühmten und doch so lange mißverstandenen Reiseerzählungen an, etwa bis zum 24. Bande. Die weiteren: *Am Jenseits*, *Im Reiche des silbernen Löwen* und *Friede auf Erden* zeigen sich endlich unverhüllt als allegorisch-philosophische Untersuchungen auf streng christlicher Grundlage, ein ganz neues Genre, dessen Begründer eben Karl May ist und das er zu einer unerhörten Tiefe ausgebaut hat.

Und all diese zahlreichen Werke des gelesensten und zugleich fruchtbarsten deutschen Schriftstellers der Gegenwart zeigen nur *eine* gemeinsame Tendenz. Das ist: *die Erziehung des Gewaltmenschen zum Edelmenschen.*

Der Edelmensch! Eine leuchtend hehre Gestalt, der gegenüber Nietzsches Zerrbild des „Übermenschen" jäh verblassen muß. Und was die Hauptsache: kein unerreichbares Ideal, sondern ein wirkliches Ideal, dem jeder von uns zustreben soll und das jeder von uns erreichen kann.

Freilich ist der Weg nach diesem Ziel weit und beschwerlich, – voll Gefahren und Abenteuern ist die Reise von Ardistân nach Dschinnistân.

Ardistân ist Tiefland, das Land der Gewaltmenschen. Dschinnistân ist Hochland, das Land der Edelmenschen. An der Grenze zwischen beiden liegt Märdistân, das Land der Starken, der Willensmenschen. Hier nun aber, in dem geheimnisvollen Walde von Kulûb befindet sich die furchtbare Geisterschmiede, an der vorüber der einzige Weg aus der Tiefe zur Höhe führt. Und wer ihn wandelt, der muß sich hier auf den Amboß nehmen und vom Schmerz und seinen Gesellen glühen und hämmern lassen, bis er rein und schlackenfrei ist.

Ich nannte oben Karl Mays neuere Werke allegorisch-philosophische Untersuchungen; ebensogut könnte man sie als symbolische Märchen bezeichnen, deren poetischer Feingehalt sie zu unschätzbaren Kleinodien unserer Literatur macht.

Allen May-Lesern ist gewiß die herrliche Schilderung des versteinerten Gebetes, Bd. 3 *Im Reiche des silbernen Löwen* bekannt. Das neueste Werk enthält ähnliche Glanzstellen. Ich meine den Ausblick nach Dschinnistân, Bd. 1, Seite 330 und die Dschemma (arab.: Gerichtsversammlung) der Lebenden und Toten, Bd. 2, Seite 466.

Die erstere beschreibt einen nächtlichen Ausbruch der Vulkane von Dschinnistân; sie läßt sich leider nur im Auszug zitieren:

„Ich saß mit dem Rücken nach Süd, schaute also nach Norden, wo Ardistân liegt und über ihm sich Dschinnistân erhebt.... Da stieg es empor, nicht blitzartig, sondern langsam, aber mit Macht! Zunächst violett, aber doch leuchtend feurig, dann blau, dann dunkelrot, blutrot, glühend rot, orange, gelb und endlich als klares Licht zum Himmel strahlend. Es bildete eine gigantische Säule, die von unten nach oben in allen diesen Farben glänzte, unten violett, nach oben in der angegebenen Regenbogenskala immer heller werdend und oben in einer Art lebendiger, flockenreiner Flammenkrone zum Himmel zuckend, als ob es gelte, ihn zu umarmen und herabzuziehen. Und so langsam diese Säule entstanden war, so langsam kehrte sie wieder in sich selbst zurück. Kaum aber war sie verschwunden und wir, die wir von diesem Schauspiele tief ergriffen waren, holten tief Atem, so wiederholte sich dasselbe Phänomen in der gleichen Weise... Diese Feuersäulen bestanden aus strahlengefärbter, nach aufwärts immer reiner werdender Flammenglut. Sobald sie sich entwickelt hatten, standen sie wie Leuchttürme, die von ihrer Basis bis zur Spitze brennen, oder wie glühende Gebete hilfsbedürftiger Menschen, die sich zum himmelstürmenden Fanal vereinigen, um, sich im Steigen läuternd, in voller Reinheit Gott erreichen zu können. Sie wechselten im Aufstrahlen und Niedersinken miteinander ab. Bald wuchs und fackelte es hier, bald dort zum Himmel auf, erst in längeren, dann in immer kürzer werdenden Zwischenräumen, bis sich zuletzt feste, unbewegliche Mauern bildeten, die aus brennenden Regenbogenfarben bestanden und auf ihren Zinnen tausend weithin strahlende Fackeln trugen....."

Die andere Stelle bleibe lieber unzitiert. Es hat ja doch keinen Zweck, wenn der Zusammenhang fehlt, der ihr erst die volle, überwältigende Wirkung verleiht. Ich kann nur wiederholen: man lese selbst! Und man *denke* dabei! Eigentlich ist auch diese Mahnung überflüssig, denn das müßte schon der Gipfelpunkt von Indolenz sein, der einer solchen Lektüre widerstehen könnte.

Wenn man die beiden Bücher aus der Hand legt, so braucht man Zeit, sich wieder in die prosaischen Verhältnisse des Lebens zurückzufinden. Man fühlt, daß man gleichsam aus einer höheren Sphäre niedersteigt, in die uns die Kunst des Autors unvermerkt emporgehoben hatte.

Und darin gerade zeigt sich die echte, die wahre, die heilige Kunst. Das ist etwas ganz anderes als jene wohlfeilen Wirkungen einer zweifelhaften Moderne, die mit grellen Farbentönen, nackter Roheit u. ekelhafter Schlüpfrigkeit auf die niedrigsten Instinkte der Menge spekuliert.

Das ist *christliche* Kunst!

Amand von Ozoróczy
Neues von Karl May

Vor wenigen Wochen hat uns der Büchermarkt ein Werk gebracht, das wert war, nicht in der zur Zeit der Weihnachtshochflut üblichen Massenrezensierung abgetan, sondern einer länger verweilenden Betrachtung aufgespart zu werden: *Ardistan und Dschinnistan* von Karl May, den wir unseren Lesern nicht erst vorzustellen brauchen. Dieses Werk bestätigt alles, was wir uns in langer Forscherarbeit über May zu urteilen gewöhnt haben. Daß er ein Erzähler ist, dessen literarische Art der Kunstform des *Märchens* innig verwandt erscheint, mit seiner gesunden Naivität, mit seiner seelischen Wärme, mit seiner am Orient genährten Sinnbildlichkeit, die zu jener Charaktertypik führt, bei der an exotischen Individuen das allgemein Menschliche vorbildlich gezeigt, gegenwirkende Welten auf ihre verständlichste Formel gebracht werden. Den uralten, von Luzifer im Himmel und von Kain und Abel auf Erden begonnenen Kampf zwischen hell und dunkel, Licht und Nacht, Lenz und Reif findet man bei May, der allenthalben Christus und Mohammed, Allah und Scheitan, Ahura-Mazda und Ahriman, Shen und Hen, Dschinnistan und Ardistan, Bibel und Babel, Edel- und Gewaltmensch einander gegenüberstellt. So erfährt das Volksbewußtsein, an das sich May wendet und wenden will, eine klare und feste Anschauung menschheitsinnerlicher Werte und geistiger Wesenheiten aus den poetischen Hüllgestalten körperlicher Dinge.

Ein immerwährendes Bergwandern ist an May zu beobachten, von der Heerstraße ab ins Urgestein ungedachter Gedanken, und was er von dort mitbringt, sind Felsblöcke wie „Abu Kital", „Marah Durimeh", „Ben Tesalah", „Winnetou" und andere, die beweisen, daß Mays Kunst nicht zierlich stilisiertes Ornament ist, sondern Urwuchs; Art eines Menschen, der sich seine Anregungen aus dem Wildniszauber geholt hat, aus den einfachen Lebensbedingungen der Kulturränder, aus dem Primitiven, biblisch Gradlinigen des Pionierarbeit leistenden Naturmenschentums.

Es ist danach klar, daß Mays Schaffen so weit als möglich vom bloßen l'art pour l'art abliegt, daß keine Hypertrophie der Form den Innerlichkeitsgehalt seiner Kunst erdrückt, daß bei ihm keinerlei Gefahr droht, unter goldenem Flitter durch taube Nüsse enttäuscht zu werden, daß aber auch des Erzes Adern, ins Gestein gesprengt, sich nicht dem ersten oberflächlichen Blick offenbaren. May hat in Griechenland die Tempel der Alten betreten und vor all dem kühlen Ebenmaß strengster Klassizität kein Fünkchen Liebe in sich aufklimmen gefühlt, er, dessen gefühlsstarkes Temperament ihn auch die Klippen der Gedankenkunst vermeiden läßt, mit der Kraft schrankenloser Hingabe an eine Idee, so völlig mit sich einig, so selbstsicher, daß er seinen Leser vor allem *überzeugt* zu entlassen vermag. Der warme und darum auch erwärmende Herzschlag der Subjektivität ist da; denn wie schließlich jeder Dichter im Grunde subjektiv ist, so bringt auch May Ich-Erlebnisse, innere Erfahrungen aus ihrer Latenz ans Licht künstlerischer Befreiung.[1] Da seine Zwecke und Ziele im Ideal liegen, so trennt er z. B., um das Idealbild eines Kara Ben Nemsi zu gewinnen, die Fehler seiner eigenen Persönlichkeit gänzlich davon los, um sie in einer zweiten Gestalt, Hadschi Halef Omar, zu sammeln und das Miterleben des Emporringens zur Höhe einer harmonischen Persönlichkeit[2] zu ermöglichen. Da May die Kunst als Mittlerin zwischen Wissenschaft und Glaube faßt, so will er einerseits der ins Joch experimenteller Methode gebeugten Psychologie neue Wege weisen mit den Resultaten seiner dichterischen Selbstschau, anderseits dem Gottes- und Erlösungsgedanken Anhänger werben, Friede *in* uns schaffen, um zum Frieden *um* uns zu gelangen. Denn wenn man zum Herzmuskel der Werke Mays gelangen will, zum ihnen allen – ob zeitlich oder stofflich noch so auseinanderliegend – Gemeinsamen, so muß man sagen, daß heute May der einzige belletristische Träger der großen Friedensidee ist, der einzige, den sie als große Versöhnungsnotwendigkeit zwischen Orient und Okzident beschäftigt. Das brennende Erlösungsbedürfnis der Menschheit äußert sich in einem Bemühen verschiedentlicher Art um das Riesenproblem des Welt- und Völkerfriedens.[3] Ehe aber nicht die Läuterung zu Edelmenschen das alte „homo homini lupus"[4] unmöglich macht, hält May den Frieden nicht für möglich, und darum will er, in „Reden an die Völker", ein Führer zum Frieden auf dem Wege der Selbstveredelung, der Menschwerdung, der Erstarkung des Gemütslebens sein.

Dieses Laienapostolat[5] übt May von einer seelischen und geistigen Höhe herab, die ihm einen viel weiteren und umfassenderen Gesichtskreis gestattet, als er uns mit vielen unserer erbeingesessenen Anschauungen heute noch möglich ist. In der Raupe einer waffenstarrenden Welt sieht er die künftigen Schmetterlingsmöglichkeiten einer geeinten und verbrüderten Menschheit voraus und glaubt an sie mit einer einzigen strahlenden Lebensbejahung, die unsere Zukunft nicht – wie Klinger – mit einem lauernden Tigergesicht sieht, sondern ihr beglückende Freundeszüge verleiht: „Man wartet dort auf uns seit langer, langer Zeit. Man will uns dort des Lebens Rätsel lösen. Und wunderbar, was für Bekannte uns empfangen werden! *Wir sind es nämlich selbst, die auf uns warten.* Der Weg, auf dem wir uns befinden, er führt zu unseren – Seelen."

Dieser Weg wird auch Schritt für Schritt eine Verminderung des Stolzes auf das chamoisfarbene Sigment des Kaukasiers bringen müssen, um zum Verständnis fremder Völkercharaktere durchzudringen, und May sieht nicht zum letzten deshalb in den Deutschen das „Hoffnungsvolk der Erde" – um Herweghs Ausdruck zu gebrauchen – weil gerade sie verstehender, prüfbereiter und Fremdes würdigender gewesen sind als andere Nationen.

Ueber dem moorigen Grund verwickelter Kämpfe und blutiger Waffengänge hat bei May von Anfang an, vom *wilden Kurdistan* bis zur großen Variation über das Thema *Luc.* 2, 14 *Und Friede auf Erden*, der Stern dieser Feindes- und Friedensliebe geleuchtet; zur vollen hellen Sonne ist er aber erst in seiner letzten Schaffensperiode, Mays Reifezeit, geworden. Gerade an der Wende seines sechsten Jahrzehnts – eine Beobachtung, die bei vielen Schaffenden zu machen ist – scheint ein Riß durch sein Leben zu gehen, der sein ganzes Wirken in andere, höhere Bahnen reißt, vom Abenteuerroman empor zur *Dichtung*. Daß dieser Riß schmerzlich war, beweist wieder, daß jede vertiefte und geläuterte Kunst vom Leid gehämmert wird, wie es May in seinem grandiosen Bild der „Geisterschmiede" schildert[6], und eigenstes Erlebnis in seiner großen Selbstabrechnung *Im Reiche des silbernen Löwen*:[7] „Es ist geflackert worden. Wo? Ueber alten Sümpfen. Das schadet nichts, es reinigt sich die Luft. Dann sinken die Schwärme der stechenden Insekten nieder und freundliche Gedanken kommen, den hellen Tagesfaltern gleich, herbei, um Häßliches und Scharfes abzulösen." Versunken das frühere, ein Vineta, dessen Glocken May wohl noch klingen hört, das er aber nicht mehr bewohnt. Ein Don Carlos des fünften Aktes. Nun ist der Weg frei, der ihn zu seiner großgedachten Friedenssymphonie *Ardistan und Dschinnistan* führt. Wo sind diese Länder? „Ach, umsonst auf allen Länderkarten spähst du nach dem seeligen Gebiet".... muß man mit Schiller dem unorientierten Leser bedeuten und ihm sagen, daß sich May auch hier geographischer Ausdrucksformen bedient, um das Unvergängliche im Gleichnis zu zeigen. Nicht umsonst läßt May seine Bänderreihe in allertiefster Wüsteneinsamkeit beginnen, den Weg seines „Ich" dort in einer Art Turgenjewscher Flächen- und Steppenauffassung niederen Lebens anheben, um allmählich empor, von Ardistan nach Dschinnistan zu steigen, vom Tiefland ins Hochland.[8]

Die ganze Handlung des Buches ist als orientalisches *Märchen* zu denken; aber in seinen Tiefen ruht die Wahrheit, wie der Leib eines indischen Fürsten im Gewande von „gewebter Luft", oder in ihrer Schale die schimmernde Perle von Tschola-nandela.

Von seiner alten Schutzherrin Marah Durimeh wird Kara Ben Nemsi aus ihrem Sternenpalast in einer Mission entsandt. Mit seinem Halef an die öde Sumpfküste Ardistans ausgesetzt, ganz sich selbst überlassen, hat er durch die niederen Lebensäußerungen dieses von Ur- und Gewaltmenschen bewohnten Landes den Weg zum Emir von Dschinnistan zu finden. Alle noch roh und sinnlos waltenden Kräfte werden nach und nach in den Dienst seines höheren Zweckes gezogen, um die große Friedensfrage mit einem endlichen „Ja!" beantworten zu können. Denn alle 100 Jahre schallt nach der Sage diese Frage durch Engelsmund aus den geöffneten Paradiesestoren, und zu gleicher Zeit flammen und brennen die Vulkane der Dschinnistan-Berge. Es ist wunderbar und gewaltig, wenn Kara Ben Nemsi mit der alten Ussulpriesterin von hoher Tempelzinne nach diesem Schauspiel hinüberblickt – ein Seher; wenn in den alten Bauten am Maha-Lama-See der 'Mir von Ardistan als letzter einer endlosen Reihe von Kriegsfürsten seiner Väter Schuld auf sich nimmt und im weißen Buche des Friedens zu schreiben beginnt. Wie alle ihr Teil dazu beitragen, von den durch Güte bezwungenen Blut- und Hetzhunden der Ussul bis hinauf zum greisen Fürsten von Halîhm, zum „räudigen" Dschirbani und der wie ein Sonnenstrahl durch das Kampfgewölk huschenden Merhameh, die vereint alle Gegenzüge des „Panthers" und seiner Kriegsgesellen zum Guten hinausführen, bis die Posaunen eines morgensonnigen, ewigen „Dankestages" ertönen können.

Wie das im Einzelnen geschieht, dafür möchten wir mit diesen Zeilen das Interesse des Lesers wachgerufen und zum eigenen Suchen, Prüfen und Nachdenken angeregt haben.

Eine Gabe Mays, unvergeßliche Orte zu schaffen, wird man finden, eine Beseelung architektonischer Wahrzeichen etwa, die man kaum für möglich halten sollte[9]; den Brunnenengel El Melek, die Totenstadt, den Ussultempel, die Maha-Lama-Bauten und über allem die mystische Glut der fernen Feuerberge..... Dabei fehlen nicht alle die artistischen Vorzüge früherer Werke, die Sprache edel, schwungvoll, voll musikalischen Gefühls, eine stramme, oft dramatisch bewegte Dialogführung, ein ausgeprägt lyrischer Sinn, ein tiefes Naturgefühl[10], ein goldglänzender, jugendfrischer Humor, eine plastische, schier kinematographische Treue in der Wiedergabe von Mensch und Tier, daß man jedes Pferdehaar im Winde spielen zu sehen vermeint. Alles groß, breit und wuchtig, wie al fresco hingesetzt.

Des Werkes letzter Sinn und Schluß? In der endgültigen Abkehr von Kampf und Streit wird die Volksseele zu ihrer höchsten Gesundung gelangen und auf die unübersehbare Reihe von Kriegen wie auf eine böse Krankheitsgeschichte des Menschheitskörpers, wie auf eine einzige Verleugnung Christi[11], zurückblicken, emporgestiegen „zur großen Rotation um die Sonne der Liebe".[12]

Anmerkungen

1   Wohl zu unterscheiden von der Art des modernen handlungslosen *analytisch*-„psychologischen" Romans!
2   „Die Person ‚Geist' sollst du sein, und die Person ‚Seele' sollst du sein, beides zu Einem vereint, wie Licht und Wärme in der brennenden Flamme. Der Körper sei –

der Docht." (Bd. XXIX, 163). Hierzu auch das Gedicht *Entwickelung* (*Himmelsgedanken*, S. 251).
3   E. G. Seeliger läßt im *Schrecken der Völker* den Krieg am Kriege zugrunde gehen.
4   Man vergleiche *Abdahn Effendi* als Studie des Nur-Leibesmenschen (*Augsburger Postzeitung*, Feuilleton vom 28. Juli 1908).
5   Die daraus sich ergebende Bedeutung Mays im aktuellen Kampfe gegen Schmutz- und Schundliteratur ist im Feuilleton der *Augsburger Postzeitung* vom 20. Juli vor. Js. beleuchtet, seine pädagogische in den *Pädagogischen Zeitfragen* von Franz Weigl (Bd. IV, Heft 22). Ganz als Ethiker nimmt ihn auch Emil Kuh im *Neuen Wiener Tagblatt* (23. März 1908, Feuilleton) und Dr. A. Droop in *K. M. Eine Analyse seiner Reiseerzählungen* (Köln, H. J. Frenken, 1909. 199 S.). Dieses Werkchen, das erste, dem eine wirkliche Kenntnisnahme des Stoffes vorausgegangen ist, löst besonders die Frage nach den *Motiven* Mays, die bei einem nicht tendenzlosen Autor brennt, sehr klar und stellt fest, daß May „einen heiligen Zweck mit heiliger Begeisterung" verfolge (S. 100ff., 125, 150, 165, 189, 195), „höchste Fragen der Menschheit" mir „leidenschaftlichem, innigem Liebeswillen".
6   In seinem Psychodrama *Babel und Bibel* (vergl. *Augsburger Postzeitung* vom 28. Juli 1907).
7   Ebenda: 6. Februar 1909.
8   Schon in der *Apokalypse* begegnet „Berg" tropisch für „Sieg" und „Ebene" für „Niederlage". Es ist interessant, sich der Distanz bewußt zu werden, die May mit dieser Auffassung zu dem „in die Berge gehen" seiner frühesten Balkanerzählungen gewonnen hat.
9   Versucht hat das z. B. Wilhelmine v. Hillern in ihrem Romane *Der Gewaltigste*.
10 Bei Besprechung von Dr. S. Schultzes *Entwickelung des Naturgefühls* (Halle, 1907) vermißte der Rezensent die Erwähnung Karl Mays. (Lit. Beilage zur *Augsburger Postzeitung*, Nr. 38 vom 24. August vor. Js.)
11 Ein ähnliches Sujet nahm E. Debat-Ponsan für sein Gemälde *Le Christ sur la Montaque*. (Salon 1899)
12 Vergl. Mays Vortrag über *Sitara, das Land der Menschheitsseele*. (Bericht der *Augsburger Postzeitung* in Nr. 280 vom 10. Dezember vor. Js.)

Werner von Krenski
Der Weg nach Dschinnistan

„Es ist ein hartes Wort und dennoch sag ich's, weil es Wahrheit ist: ich kann kein Volk mir denken, das zerrissener wäre als das Deutsche. Handwerker siehst du, aber keine Menschen, Denker, aber keine Menschen, Herren und Knechte, Jungen und gesetzte Leute, aber keine Menschen – ist das nicht wie ein Schlachtfeld, wo Hände und Arme und alle Glieder zerstückelt untereinander liegen, indessen das vergoss'ne Lebensblut im Sande zerrinnt?"

Hölderlin vergißt nur, uns vor Augen zu führen, was das heißt: „Menschsein". Solch eine Verkündigung reinen Menschentums ist Karl Mays *Ardistan und Dschinnistan*. Es ist mehr noch: May zeigt uns nicht nur den Weg, unser Menschentum zu gewinnen, er lehrt es uns auch überwinden, um zu einer höheren und zur höchsten Stufe zu gelangen.

Ardistan und Dschinnistan gehört in eine Reihe mit dem *Faust* und *Also sprach Zarathustra*: Werke, die man nicht *lesen* darf, sondern *erleben* muß.

Abgesehen von Sprache und Stil, die Karl May dem seelischen Inhalt unterordnete, wird *Ardistan und Dschinnistan* an Symbolismen zwar vom *Zarathustra*, vom ‚esprit' Nietzsches übertroffen; trotzdem schäme ich mich der majestätsverbrecherischen Zusammenstellung Goethe – Nietzsche – May nicht. Alle drei kommen zur selben Forderung: Mensch sein heißt: Aufgehen in Arbeit für kommende Geschlechter, für die Zukunft der Menschheit. Und Nietzsche und May gehen noch weiter: darüber hinaus fordern und prophezeien sie den Aufstieg des einzelnen zum Edelmenschentum.

„Gedenke zu leben!" Dieses Wort Carlyles könnte Mays Werk *Ardistan und Dschinnistan* als Leitspruch voranstehen. Leben, nicht wie es Hölderlin geißelt, in stumpfem Wandel im engen Kreise, sondern tätig, mit hellen Augen, nicht im Tiefland verharrend, sondern hinaufstrebend zum Dschebel Marah Durimeh.

> Die Linien des Lebens sind verschieden
> wie Wege sind, und wie der Berge Grenzen.
> Was hier wir sind, kann dort ein Gott ergänzen
> mit Harmonien und ewigem Lohn und Frieden.

„Die Antwort auf die Menschheitsfrage suchen, heißt leben. Wer da stirbt, ohne gesucht zu haben, der hat nicht gelebt, sondern nur vegetiert"... (A. u. D. I, 7).

Die Menschheit lebt ohne Seele. Noch weiß sie nicht, was das ist: die Menschheitsfrage. Ohne Seele kann die Menschheit nicht zur Erkenntnis kommen. Die kleine Schar derer, die das Menschheitsproblem ahnen, lebt in Erniedrigung und Unterdrückung. Reichtum, Macht, Genuß auf der einen, körperliches und geistiges Knechttum auf der andern Seite. Formelkram, gedankenloses Geplapper, lächerlicher Aberglaube: übertünchte Gräber. Das ist Ardistan: die von der europäischen Zivilisation umspannte Erde, die moderne „Kultur"welt.

Aber das All lebt. Das kosmische Sein ist nicht erstarrt. Die Weltseele wacht, und durch sie kommt der Menschheit die Erlösung. Die Menschheitsseele steigt zur Erde nieder; wird sie aufgenommen, so ist auch die Menschheitsfrage gelöst. Das ist das „Ich". Aber es muß noch eine andre Rolle übernehmen. Es ist der erweckte Mensch[1], der zur Erkenntnis seines Selbst gekommen ist, zwar noch nicht von seiner Tierheit, der Anima, befreit ist – oder besser, diese noch nicht befreit hat – aber doch bereits auf dem Weg ins Edelmenschenreich weilt.

Der Mir von Dschinnistan ist der vollendete Edelmensch, der, frei von allen Gebrechen und ledig jeder menschlichen Schuld, in seinem Tun nur noch von der unirdischen, übermenschheitlichen Weltseele geleitet wird, der die Menschheitsfrage für sich und sein Reich gelöst und überwunden hat, in dessen Reich „jeder der Engel seines Nächsten" ist. Es wäre die Frage, inwieweit May hierin vielleicht von Dostojewskis „Alle sind an allem schuld" beeinflußt ist. Der Mir von Ardistan ist der Vertreter der in Stumpfheit und Dumpfheit versunkenen Menschheit, ein Durchschnittsmensch im Grunde, schlaff, untätig, ganz in den Händen des Gewaltmenschentums, ohne eignes Verdienst zur Macht gelangt, ohne Sinn für Menschheitsfragen. So sind auch seine Untertanen Wesen unsrer Erde, menschlich, allzumenschlich.

Sie zu erwecken, sie zu beseelen, in ihnen den Sinn für die Menschheitsfrage zu lösen, dazu wäre der Mir von Dschinnistan anscheinend der Berufene. Aber er kann nur behutsam, nur durch Mittelspersonen eingreifen, nur zurückhaltend Zeichen des Edelmenschentums geben, denn: zur Veredlung, Vergöttlichung führen kann die Menschheit nur, wer sich selber aus Unvollkommenheit zur Gottesidee durchgerungen hat. Das „Ich" allein, der erweckte Mensch, der die Menschheitsseele in sich trägt, hat diesen Kampf auf sich genommen und ist im Begriff, in ihm zu siegen: darum ist er der zur Menschheitserlösung bestimmte Held Faust. Der reife Mensch findet einen Helfer in der Gestalt des Dschirbani: des jungen, wachen Menschen, der das Edelmenschenreich in sich fühlt, aber noch nicht zu seiner Erkenntnis gekommen ist –, das Sinnbild der suchenden, geistig und seelisch heimatlosen Jugend.

Das „Ich" und die Anima verlassen das Reich der Weltseele und brechen nach Ardistan auf. Das erste bewohnte Gebiet, das sie betreten, ist das der Ussul, die die unterste, die Kindheitsstufe der Menschheit versinnbildlichen. Kindlich in ihrer Lebensauffassung, gerade, schlicht in ihren Gesetzen, seelisch gefesselt, in ihrer Einfachheit zu furchtbarem Unrecht befähigt. Zwar versuchen die Priesterin, die Schülerin Marah Durimehs, und Taldscha, der Typus der natürlichen, reinen Frau, die ihre Seele gewonnen hat, das Volk zu höheren Zielen zu leiten, aber der schwache Fraueneinfluß ist ohnmächtig gegenüber der düsteren Gestalt des Sahahr, der, Symbol einer barbarischgrotesken Urreligion, den Stamm in seinem Bann und den werdenden Edelmenschen in schwerer Gefangenschaft hält: seinen eignen Enkel.

Da erscheint die Menschheitsfrage. Die Naturmenschen, in ihren Führern, dem Sahahr und Amihn, besiegt, von altem, drückendem Zwang plötzlich befreit, nehmen die Menschheitsseele bei sich auf. Sie sind nun imstande, die Menschheitsfrage zu erkennen und zu lösen, können den weiten und beschwerlichen Weg nach Dschinnistan antreten. Der Dschirbani wird aus dem Zwinger erlöst, die *suchende* Jugend, von einem alten, erstarrten und überlebten Vorurteil niedergedrückt, kommt jetzt zu ihrem Recht und kann nun, frei von seelischen Hemmungen, ihre Heimat, ihr Dschinnistan aufsuchen.

Sie ist nicht führerlos auf ihrer Wanderung. Nicht nur, daß sich ihr die Menschheitsseele, die Menschheitsfrage, der Mensch selber anschließt; sie findet auf der „Insel der Heiden" das Vermächtnis des reinen Edelmenschen, dessen, der sie überhaupt erst erweckt hat. Nur wer als durchgeistigter Einzelner, „Einziger"[2], das Leben *im Metaphysischen* gewonnen hat, kann im seelischen Wollen das Edelmenschentum erreichen. Ein Einziger nur (das Wort kann hier unmöglich als Zahlwort zu fassen sein) hat das Leben verloren, hat den feinen Organismus der seelischen Elemente in roher Sinnlosigkeit zerreißen wollen. So gelangt er durch eigne Schuld nicht zur Vollendung; auf ewig verdammt, kann er nicht in die Heimat zurück. (Ahasver-Anklänge?)

Die Provinzen Ardistans befinden sich im Bürgerkrieg. Gegen die Ussul ziehen die Tschoban zu Felde, ein bereits auf höherer Stufe stehendes Volk: die Verkörperung des Islam. Die Dschunub, Vertreter der auf buddhistischer Grundlage sich aufbauenden Religionen Asiens, wollen als lachende Dritte am Kampf teilnehmen; doch das „Ich" und der junge Mensch machen den Plan zu schanden. Der Islam wird durch die allerbarmende Güte bezwungen, und auch die erstarrten, versteinten Religionen lassen neues Leben ahnen. Nur einer bleibt ungebrochen, unbekehrt: Palang, der „Panther". Eine überragende Gestalt.[3] Leidenschaftzerwühlt, ungestüm, aber doch berechnend, grausam, gewissenlos, vor keiner noch so teuflischen Tat zurückschreckend, nur das eine Ziel vor sich sehend.[4] Er ist der Typus des seelenlosen Intellektuellen, des Gewaltmenschen, der mit feinem Instinkt die Gefahren erkennt, die das Reich der Seele ihm bietet. Er glaubt, den Ruf von jenseits der Grenze durch den Donner seiner Kanonen übertönen zu können; das ist sein Untergang.

Die Grenzprovinzen Ardistans stehen vor dem Anheimfallen an den Verkünder und Sucher des Edelmenschentums. Die Menschheitsfrage aber hat sich nach Ardistan aufgemacht, um den Mir aus seinem dumpfen Traum von

Reichtum und Macht aufzurütteln. Mit einem Schlag bricht bei ihrem Erscheinen die Herrlichkeit in sich zusammen. Der Hofstaat des Mir flieht; die Vertreter einer überlebten Hierarchie, vor die Wahl gestellt – hier Gewaltmenschentum und Untergang alles Seelischen; dort Edelmenschentum und Seelenläuterung – fühlen ihre Herrschaft ins Wanken geraten und gehen zum „Panther" über. Die Grundlage der Herrschaft des Mir ändert sich. Doch die Änderung in seinem Charakter ist nur scheinbar; innerlich bleibt er der alte, schlaffe Tyrann. Er, Glied einer verfeinerten, aber im Innern rohen, verbildeten und vermorschten Zivilisation, bedarf einer schwereren Erschütterung als sie das Auftreten der Menschheitsfrage bedeutete. Diese Erschütterung kann nicht von außen kommen, er muß sie aus sich selber gewinnen. Und sie kommt für ihn im Brunnen des Maha-Lama-Sees. Er besinnt sich auf sich selber, erkennt die Menschheitsseele, und nun tritt die Menschheitsfrage vor ihn. In seiner Hand liegt es, sie zu lösen, und er löst sie, indem er sich zur Opferung seines Selbst bereit erklärt. So nimmt der einzelne das Vergehen aller auf sich, sühnt so ihr Verbrechen gegen das Weltgesetz. Damit ist die Menschheitsfrage verschwunden; sie besteht nicht mehr als Aufgabe, sondern als Antwort: die Menschheit ist die Antwort.

In der Person Kara Ben Nemsis vereinigen sich jetzt nur noch das „Ich", der Mensch, und die Menschheitsseele. Die Menschheitsfrage ist in dieser aufgegangen. Der Mir ist nur noch Figur; seine Rolle – die der Menschheit – hat das „Ich" übernommen, denn durch den Spruch Abu Schalems ist die Menschheit Seele geworden. Der Herrscher Dschinnistans kann jetzt offen den Gang der Ereignisse beeinflussen, da Ardistan und Dschinnistan im Begriff sind, eins zu werden. So bleibt nur noch eine Aufgabe: die der Unschädlichmachung des Gewaltmenschen. Von Posten zu Posten gedrängt, versucht der „Panther" durch Vernichtung der Gottesidee dem Edelmenschentum den Boden zu entziehen, auf dem es entstanden ist, und auf dem allein es bestehen kann. Mit der Gottesidee steht und fällt die Idee von „Dschinnistan"; ohne sie kann es keinen Völkerfrieden geben: aber das ist ja gerade das Ziel des Gewaltmenschen, der nur im Kampf aller gegen alle – und es braucht durchaus kein Kampf mit militärischen Waffen zu sein – seine Machtstellung begründen kann.

Der Verzweiflungskampf des Gewaltmenschen ist lächerlich und vergeblich; an der Gottesidee zerschellt seine Macht, und er kommt in den Fluten des von El Hadd herabströmenden Flusses, der der Erde Frieden und Segen bringen wird, elend um. Der Dschirbani findet seine Eltern: die suchende Jugend kommt zur Erkenntnis des Edelmenschentums, das für sie Wurzel und Krone zugleich ist. Die Menschheitsseele wird von der Weltseele aufgenommen, der Dschebel Muchallis verkündet das Nahen des Paradieses: Menschheitsseele, Weltseele und Gottesidee stehen vor ihrer Vereinigung. Das „Ich" ist zurückgekehrt zu der, die es aussandte. In der harmonischen Unendlichkeit des Alls, im kosmischen Urgrund alles Seienden findet der Mensch seine Heimat, seine Ruhe, seine Vollendung – und seinen Untergang.

Jeder kann Dschinnistan erreichen. Das ermöglicht ihm schon seine bloße Existenz, sein Sein; keiner braucht dazu einen besonderen Beruf. Der Weg aber ist allen vorgeschrieben. Wohl: es gibt noch einen zweiten Weg. Der führt nach Dschinnistan unter Umgehung Ardistans vom Madarisee aus. Madar aber heißt Schmutz, Schlamm.[5] Der einzelne kann das Edelmenschentum auch ohne Rücksicht auf die Menschheit gewinnen, aber nur, wenn er den wirklichen Schlamm, die Tiefe des Lebens durchkämpft hat. Ein entsetzlich weiter und schwerer Weg; wehe dem, der auf der Strecke liegen bleibt! Wer aber so sein Dschinnistan sich erringt, der ist dann auch fähig, die Menschheit zu sich emporzuziehen. Dem Durchschnittsmenschen freilich ist dieser Weg versperrt; zu schwach, allein zu kämpfen, muß er sich den andern anschließen.

Gewiß nimmt an der Erlösung eines Einzelmenschen auch jeglicher seiner Mitmenschen teil. Falsch jedoch wäre es, sich nun völlig auf den Erlösten als einen Erlöser zu verlassen.

> Einen Regenbogen, der, minder grell als die Sonne,
> strahlt in gedämpftem Licht, spann' ich über das Bild,
> aber er sollte nur funkeln und nimmer als Brücke dem Schicksal
> dienen, denn dieses entsteigt einzig der menschlichen Brust.

Wohl kann einer den Weg bereiten – ihn zurückzulegen, das ist jedes Menschen eigene Sache.

Anmerkungen

1 Es dürfte meines Erachtens nicht ganz von der Hand zu weisen sein, das Verhältnis von Mays „Ich" und Stirners „Einzigem" näher zu erörtern.

2 Ich komme noch einmal auf Max Stirner zurück. Wieweit sich sein „Einziger" und Mays „Ich", als Mensch gefaßt (wohlgemerkt: nur das „Ich" aus *Ardistan und Dschinnistan*), berühren, und wieweit sie Antagonisten sind, scheinen mir folgende Stellen zu zeigen: „Gott und die Menschheit haben ihre Sache auf nichts gestellt, auf nichts als auf sich. Stelle Ich denn meine Sache gleichfalls auf *Mich*, der Ich so gut wie Gott das Nichts von allem andern, der Ich mein alles, der Ich der Einzige bin." (*Der Einzige und sein Eigentum*, S. 14 der Reclam-Ausgabe.)

„... Im Gegenteil gehört dem Menschen, was er erlangen kann: *Mir* gehört die Welt. Sagt Ihr etwas anderes mit dem entgegengesetzten Satz: ‚Allen gehört die Welt'? Alle sind Ich und wieder Ich... Aber Ihr macht aus dem ‚Allen' einen Spuk, und macht ihn heilig, so daß dann die ‚Alle' zum fürchterlichen *Herrn* des Einzelnen werden. Auf ihre Seite stellt sich dann das Gespenst des ‚Rechtes'." (Ebenda 292)

„Das Ideal ‚Der Mensch' ist *realisiert*, wenn die christliche Anschauung umschlägt in den Satz: ‚Ich, dieser Einzige, bin der Mensch.' Die Begriffsfrage: ‚was ist der Mensch?' Bei ‚was' suchte man den Begriff, um ihn zu realisieren; bei ‚wer' ist's überhaupt keine Frage mehr, sondern die Antwort im Fragenden gleich persönlich vorhanden: die Frage beantwortet sich von selbst.

(Man sagt von Gott: ‚Namen nennen Dich nicht.' Das gilt von Mir: kein Begriff drückt Mich aus, nichts, was man als sein Wesen angibt, erschöpft Mich; es sind nur Namen. Gleichfalls sagt man von Gott, er sei vollkommen und habe keinen Beruf, nach Vollkommenheit zu streben. Auch das gilt allein von Mir." (Ebenda 429)

3 Er fällt in eine Linie mit Old Wabble und dem Reïs Effendina: mangelnde Folgerichtigkeit der Zeichnung.
4 Nicht ganz geglückt erscheint mir die Szene II, 41-50, die – übrigens merkwürdig abgebrochene – Unterredung zwischen dem „Panther" und Kara Ben Nemsi, da es sich hier um einen reinen Streit, um Begriffe handelt. Beide reden aneinander vorbei. Logisch wäre nur, wenn der „Panther" dem Kara Ben Nemsi entgegenwürfe: „.... Du hast recht, *vorzüglich weil ich muß*". Womit das „Ich" – ins Unrecht gesetzt wäre.
5 Edward William Lane: *An Arabic-English Lexicon*, London 1885: madar, „clay, or loam, or mud".

Wilhelm Koch
Karl Mays Baukunst und ihre Symbolik

Karl Mays unerschöpfliche Phantasie ist eines jener Geheimnisse, die seine Bücher so anziehend gestalten; die jugendliche Frische dieser Erfindungskraft ist es, die ihnen den weiten Leserkreis gewann. Ihren edelsten Ausdruck findet sie meines Erachtens in dem zweibändigen *Ardistan und Dschinnistan*, wo der Verfasser jede unmittelbare Anlehnung an die gewohnte Welt fallen läßt und Menschen, Tiere, Städte und Berge frei aus dem Reichtum und der Vielgestaltigkeit seiner Gedanken schafft. Wenn auch die Landschaft mit all ihren Erscheinungsformen und Lebewesen irdisch ist, so ruht doch über allem Geschehen ein geheimnisvoller, märchenhafter Schleier, der den Personen und Dingen einen eigenartigen Reiz verleiht. Dieser eigenartige Reiz der Unwirklichkeit, der sein Widerspiel in der lebhaften Darstellung und Plastik von Personen und Dingen findet, ist deutlich an den geschilderten Bauwerken zu spüren, in die uns May im Lauf der Handlung führt. May tritt uns da als kühner Architekt entgegen, wenngleich seine Bauwerke einzig und allein vor dem geistigen Auge seiner Leser zu entstehen haben und ihm hauptsächlich als Symbole für gewisse Ideen dienen.

Während der Reise durch Ardistan, das Land der Gewaltmenschen, lernen wir einige Bauten kennen, die uns vermöge ihrer gewaltigen architektonischen Wirkung ungemein fesseln und uns May als fein empfindenden Raumkünstler erblicken lassen. Wenn auch jene Gebäude nirgends in Wirklichkeit bestehen und nicht durch der Menschenhände Arbeit in sichtbare und greifbare Form umgesetzt wurden, so verlieren sie dadurch nichts von ihrem künstlerischen Wert, denn der Gedanke ist der eigentliche Kern, das Wesen jeder Tat und jeder geschaffenen Form. Letztere ist in vielen Fällen nur ein unerläßliches Mittel, um Gedanken für die große Menge verständlich zu machen. Die stoffliche Form bleibt stets irdisch, ist dem Verfall und der Veränderung unterworfen, während der Gedanke selbst von Ewigkeit zu Ewigkeit schwingt.

May wählt sich als besten Baumeister die Einbildungskraft seiner Leser. Durch Anschaulichkeit und Plastik seiner Schilderung, nicht zu allerletzt durch die Geschehnisse, deren Hintergrund sie bilden, verleiht er den Gebilden seiner Phantasie Wirklichkeitswert.

Fünf gewaltige Bauwerke sind es, die uns Karl May näher beschreibt: die beiden Ussultürme, der Brunnenengel in der Wüste, das Tempelschloß des Mirs in Ard, das ungeheure Rund des Maha-Lama-Sees und in dessen nächster Nähe der Spiralentempel. Der Wohnsitz Marah Durimehs in Ikbal, von dem die Erzählung ihren Ausgang nimmt, und das Wasserschloß von El Hadd, wo sie ihr Ende findet, sind viel flüchtiger beschrieben, nicht so bestimmt und klar umrissen wie die zuerst erwähnten Gebäude. –

Wir betreten mit Kara Ben Nemsi und seinem Begleiter Halef die Stadt Ussula, die Hauptansiedelung des Jägervolkes der Ussul, das die beiden Reisenden auf ihrem Wege durch Ardistan zuerst kennen lernen. Einander gegenüberliegend erheben sich auf dem Hauptplatz zwei gewaltige, kreisrunde, freistehende Gebäude, die folgendermaßen beschrieben sind[1]:

Sie bildeten genau nach dem Zirkel gebaute Mauerringe im äußeren Durchmesser von vielleicht 150 Schritten. Die Höhe der Mauer betrug ungefähr 20 Meter, aber die Höhe der Türme war viel beträchtlicher, denn aus der Mauer stiegen viele aus sehr starkem Holz gezimmerte Säulen empor, die das Dach trugen. Dieses Dach zeigte die Form eines riesigen Regenschirmes, dessen Stock aus den stärksten Bäumen zusammengesetzt war und im Innern der Türme genau auf dem Mittelpunkt des Kreises stand. An diesem Stock führte eine aus einzelnen Gliedern bestehende Holztreppe nach der Höhe empor, nach einer kleinen, mit Geländern versehenen Plattform, die hoch oben auf der Spitze des Schirmdaches lag. Die Säulen, auf denen das Dach ruhte, waren nicht durch Zwischenwände verbunden, sondern standen frei und ließen eine solche Fülle des Lichtes in das Innere fallen, daß man auf die Fenster allerdings verzichten konnte. Dennoch war das Innere vollständig gegen Regen geschützt, weil das Dach rundum weit über die Mauer hinausgriff und dadurch den Regen verhinderte, hineinzufallen. Auch die beiden sehr hohen und breiten Tore glichen einander vollständig; sie besaßen die allereinfachste Steinrahmung und enthielten keine Spur eines künstlerischen Schmucks oder Gedankens. Der Turm rechts von uns, der nur die nackte Mauer und kein einziges Fenster zeigte, war der sogenannte „Tempel", der andere, zur Linken von uns liegend, war der „Palast". Letzterer hatte rundum vier Reihen von Fensteröffnungen, aber kleine schießschartenähnliche und ohne Glas und Rahmen. Dieser Turm war innerlich ausgebaut, mit Balken und Wänden von Holz. Die Zimmer, Stuben, Gemächer oder wie man sie sonst nennen will, lehnten sich an die Mauer. Jedes von ihnen hatte ein, zwei oder auch mehrere Fenster. Es gab auch einige größere Räume, die als Säle dienten. Diese Zimmer füllten aber nicht den ganzen Innenraum, sondern es blieb in der Mitte, also um den Stock des Regenschirmes herum, ein freier Platz, so eine Art Innenhof, auf dem sich zwei mächtige Feuerherde befanden. Die auf dem Boden liegenden Matten und Kissen deuteten darauf hin, daß er bei schlechtem Wetter die Versammlungs-, Beratungs- und Unterhaltungshalle bilde.

Was bereits hier vor allem anderen unsere Aufmerksamkeit erregt, ist die gewaltige Größe der Maße, die May anwendet. Die Bodenfläche des Innenraumes, den wir uns bei dem Tempel, mit dem wir uns hier in der Hauptsache beschäftigen wollen, ungeteilt vorstellen müssen, kommt an Ausdehnung einem großen Marktplatz gleich. Die Höhe der Mauer allein ist die eines vierstöckigen Hauses, die Höhe der Säulen, die wir uns aus sehr dicken Urwaldstämmen roh behauen vorstellen müssen, kann man gut mit 8 bis 10 Meter annehmen, die Höhe des Daches an der Mittelsäule vielleicht mit 43–45 Meter. Eine wahrhaft gewaltige Halle ist der Innenraum dieses Ussultempels, der für May das Symbol der primitiven Religionsstufe, des einfachen Kultus (einfach in dem Sinn, als es sich bei den Urvölkern um eine gedanklich gar nicht komplizierte Auffassung des Verhältnisses von Gott und Mensch handelt) der Jäger- und Sammelvölker bedeutet.

Dem aufmerksamen, nachdenkenden Leser, der getreu nach Karl Mays Beschreibung sich diesen Tempel vorzustellen versucht, werden wahrscheinlich gewisse technische Schwierigkeiten in den Sinn kommen, die May in seiner Darstellung übergeht; ihm wird vielleicht auffallen, daß May bei der Erwähnung des Regenschirmdaches nur von einer mächtigen Mittelsäule spricht, daß er trotz der recht ausführlichen sonstigen Beschreibung nirgends eines weiteren, mehrfachen Säulenkranzes im Innern des Tempels gedenkt, der den Dachstuhl notwendigerweise tragen müßte. Dessen Fehlen würde ja sonst eine Balkenlänge von 50 bis 60 Meter für die Radialbalken bedingen, die von der Mittelsäule zum Säulenring der Mauer laufen.

Es wäre verkehrt, daran besonderen Anstoß nehmen zu wollen, da ja Karl May nicht ein in Wirklichkeit bestehendes oder zu errichtendes Gebäude schildert, sondern lediglich in der Phantasie seiner Leser den Tempel als das Symbol eines zu verbildlichenden Gedankens darzustellen bemüht ist; deshalb darf er auch mit vom allgemeinen realen Gebrauch abweichenden Mitteln auf das Zustandekommen des Eindrucks, den er hervorzurufen beabsichtigt, hinarbeiten. Überflüssige Einzelheiten, deren Erwähnung die Geschlossenheit und die beabsichtigte Wirkung des Bildes, das in des Lesers Geist entstehen soll, zersplittern oder auch nur herabmindern würden, müssen ausgeschaltet werden. Denselben Vorgang finden wir bei der bildlichen Wiedergabe eines Dinges durch ein Gemälde und durch eine Photographie. Auch hier scheidet der Maler wieder wichtige Einzelheiten aus zum Unterschied vom Lichtbilde, das auch Nebensächlichkeiten peinlich genau wiedergibt. Man erinnere sich stets daran, daß Mays Baukunst eine rein geistige ist, deren Verwirklichungsgebiet man in der Einbildungskraft des Lesers zu suchen hat. Treffend stimmen die Ausmaße des Ussultempels mit seiner gewollten Symbolik zusammen; bei der gewaltigen Breitenausdehnung wirkt er wohl wuchtig, aber nicht aufragend.

Das zweite Bauwerk, dem wir auf dem Weg nach Ard begegnen, ist der Brunnenengel, den wir jedoch hier übergehen können, weil wir ihn später im Maha-Lama-See aufs Neue antreffen.

Von allen Gebäuden in Ard, der Hauptstadt Ardistans, ist das Tempelschloß, der Wohnsitz des Mirs von Ardistan, das hervorragendste. May schildert den Eindruck, den sein Anblick auslöste, wie folgt[2]:

Vor uns lag ein weiter, weiter, rundum von Bergen eingeschlossener Talkessel, den vier Flüsse durchzogen, die sich grad unter uns vereinigten. An den Ufern dieser Flüsse lag Haus an Haus und Garten an Garten, soweit unsere Blicke reichten. In den Gärten herrschte die Palme vor. Es war fast so, wie wenn man von den Baradafelsen aus auf Damaskus herunterschaut, nur noch viel schöner. Die Häuser zeigten alle möglichen

Baustile. Auch Gotteswohnungen gab es in großer Zahl und, wie es schien, von jeder geschichtlichen Art. Wir sahen geschlossene und offene Säulentempel; links drüben ein Bau, der einem indianischen Teokalli glich, und rechts, auf der andern Seite, eine hoch und massig gebaute Chinesenpagode. Dazwischen ragten schlanke, mohammedanische Minaretts in die Lüfte. Hier und da stand auch ein kleineres, bescheideneres Haus, mit einem christlichen Kreuz auf dem Dach. Sollten das etwa Kirchen sein?

Vor allen Dingen stieg grad im Mittelpunkt der Stadt ein wunderbar komponierter und gegliederter Bau aus Stein zum Himmel auf, der unsere Blicke auf sich zog und gar nicht wieder von sich los lassen wollte. Sein Mittelstück, ein großes, kühnes Kuppelwerk, wurde nach Nord, Süd, Ost und West von vier gewaltigen Türmen flankiert, die ganz gewiß die Höhe des Kölner Domes hatten, einander auf das Genaueste glichen und, unten massig geschlossen, sich nach oben hin immer feiner und feiner filigranisierten, so daß ihre Spitzen sich in Äther zu verwandeln und ganz in ihm zu verschwinden schienen. An diese vier Haupttürme schlossen sich nach den vier Himmelsrichtungen wieder Kuppeln an, aber kleinere, die eine Interpunktion von gleichmäßig kleineren Türmen bekamen und in eine weitere Folge von immer tiefer herabsteigenden Kuppeln, Türmen und Türmchen verliefen, bis der hoch aufgeschwungene Grundgedanke die Erde wieder erreichte, aus der er gestiegen war.

Das Tempelschloß soll das Wahrzeichen der Stadt sein; es ist dazu bestimmt, den Blick des Beschauers auf sich zu ziehen. Gegen die Vielgestaltigkeit der Häusermasse einer Großstadt kann nur eine riesige, überragende Kuppel oder ein sehr hoher, mächtiger Turm wirksam aufkommen. Dies wird namentlich der Fall sein, wenn es sich um eine orientalische Stadt mit genügender Bewässerung handelt, wo zahlreiche Baumgruppen und große Gärten, dann die schlanken, weißen Nadeln der Minaretts und der lichte Farbton der Häuser die Buntheit des Stadtbildes erhöhen und die Blicke des Schauenden zu zerteilen, zu zerstreuen suchen. Verstärkend treten in diesem besonderen Fall auch noch die vielen anderen öffentlichen Bauten, meist Gotteshäuser aller Gattungen, hinzu, die May bei der Beschreibung der Stadt Ard erwähnt. Durch ihre Vielgestaltigkeit und oft absonderliche Bauart beanspruchen sie gleichfalls in hohem Maß die Aufmerksamkeit des Betrachtenden. Trotz all dieser Hemmungen will May das Hauptinteresse des Lesers ganz für das Tempelschloß gewinnen und er begnügt sich nicht damit, diesen Zweck durch ein besonderes, spannendes Erlebnis zu erreichen, er will auch eine hervorragende architektonische und malerische Wirkung in dem Phantasiebild des Lesers hervorrufen.

Diese Wirkung wird sich am vollkommensten durch die Verbindung der oben erwähnten beiden Formen erzielen lassen. May setzt an die Riesenkuppel vier mächtige, hochragende Türme. Gesteigert wird der Eindruck noch durch die geschilderten, anschließenden Nebengebäude, die, immer niedriger werdend, langsam den Übergang zum Häusermeer bilden und andererseits durch ihre pyramidenförmige Tendenz den Blick zwingend zur Kuppel und den Türmen hinlenken.

Symbolisch versteht May unter dem Tempelpalast die Beziehungen des Menschen zu Gott, die durch das Christentum noch nicht ihre höchste Weihe empfangen haben.

Aus Ard führen uns die Geschehnisse in die „Stadt der Toten". Zwei Bauwerke erwecken durch ihre Gewaltigkeit, namentlich aber durch ihre Seltsamkeit, unsere Teilnahme. Wenn wir es bei den Ussultürmen und beim Tempel in Ard immerhin mit der Anwendung und Zusammensetzung üblicher Bauformen zu tun haben, tritt uns beim Maha-Lama-See und beim Spiralentempel etwas ganz Neues und Ungewohntes entgegen, dessen Eigenart sich am besten durch einen Vergleich mit den „negativen Kristallen" mancher Mineralien ausdrücken läßt, wo die Körperform des Kristalls nicht von der Mineralmasse, sondern von einem leeren Raum mitten im Stein gebildet wird, dessen Inhalt höchstens durch Luft ausgefüllt ist. In großen, glashellen Kristallen des Kochsalzes kann man diese Erscheinung manchmal beobachten. Aus der unregelmäßigen Masse des Kraterberges ist die Form des Maha-Lama-Sees und des Spiralentempels herausgehauen worden.

Die geheimnisvolle, abenteuerliche Weise, in der wir mit den Reisenden den Maha-Lama-See kennen lernen, erhöht nur den Reiz, den dieses Bauwerk ausübt. Wir treten hinaus in das riesenhafte Rund des Maha-Lama-Sees mit dem Engel im Mittelpunkt[3]:

Der Platz des einstigen Sees war so groß, daß wir ihn grad noch überschauen konnten, aber die Perspektive verkleinerte uns die uns gegenüberliegende Seite derart, daß alles, was in unserer Nähe hundertfünfzig oder zweihundert Fuß hoch war, dort nur zwei bis drei Meter hoch zu sein schien. Die Oberfläche der früheren, nun ausgefüllten Tiefe bildete eine Fläche von der Ebenheit einer Tischplatte. Nicht die geringste Erhöhung war zu sehen, natürlich den Engel abgerechnet, der grad im Mittelpunkt stand. Um so höher und steiler aber stiegen die Felswände auf, die, ohne auch nur die kleinste, schmalste Lücke zu lassen, rundum emporragten wie Riesenmauern eines aus dem grauesten Altertum übrig gebliebenen Kolossalzirkus. Es fehlten, nicht aber die Raumausdehnungen für die blutigen Metzeleien zwischen Mensch und Tier, um das Menschentier und den Tiermenschen zu belustigen. Es erschien mir unmöglich, daß diese Felswände ihre große Ähnlichkeit mit einer Mauer nur allein von der Natur erhalten hatten. Es gab nicht den kleinsten Vorsprung, nicht die geringste Abweichung von der senkrechten Fläche. Ganz unbedingt hatten hier Menschenhände nachgeholfen. Aber wie viele, viele Tausende mußten das gewesen sein! Und wie man hier im Innern bemüht gewesen war, ein Emporkommen an dem Felsen zu verhindern, so sahen wir später, daß man auch auf der Außenseite jede Stelle abgetragen und ungangbar gemacht hatte, an der es vielleicht möglich gewesen wäre, von außen her über die hoch gezackten, scharfen Felsenzinnen hinüber nach dem See zu steigen.

Daß und wie lange hier Menschenhände gewaltet, geschafft und gearbeitet hatten, zeigte mir gleich schon der erste Blick, den ich rund um die Einfassung der Ebene sandte. Die Arbeit war eine doppelte gewesen; sie hatte sich teils auf das Felsenäußere, teils auf das Felseninnere erstreckt. Das Äußere war, wie bereits gesagt, zur glatten, senkrechten Mauer gehauen worden. Wo es Lücken gegeben hatte, waren sie ausgefüllt worden, und zwar in so vortrefflicher Weise, daß ein sehr scharfes Auge dazu gehörte, den Unterschied zwischen Natur- und Menschenwerk zu entdecken. Sodann hatte man einen sehr hohen und sehr tiefen verdeckten Gang ausgehauen, der unten zur ebenen Erde rund um den ganzen Seeplatz lief. Eine mehr als erstaunliche Leistung! Jedenfalls das Werk mehrerer Jahrhunderte! Von zwanzig zu zwanzig Schritten hatte man gewaltige Massivpfeiler stehen lassen, die oben in wohl abgemessenen Bogen nach beiden Seiten und nach innen griffen, um die auf ihnen ruhende Felsenlast zu tragen. Hierdurch war das Wunderwerk der Kolonnade entstanden, die sich, äußerlich betrachtet, wie eine ununterbrochene Säulenkette um den gigantischen Fuß der Felsenrunde legte. Sie war so breit, daß zwölf Mann, ohne einander zu berühren, nebeneinander hergehen konnten, und war zwei gewöhnliche Stockwerke hoch. Hieraus folgt, daß die Innenwand der Kolonnade ungefähr zehn Meter von der Hauptwand des Felsens eingerückt war.

Die Raumverhältnisse, mit denen May hier arbeitet, sind wahrhaft gigantisch, kaum noch irdisch. Er sagt von dem Platz, daß er sich gerade noch überblicken ließ. Demnach darf man ganz gut einen Durchmesser von 600–700 Meter annehmen. Rundum steigen die von Menschenhand bearbeiteten Felsen senkrecht bis zur Höhe eines recht ansehnlichen Kirchturms empor (200 Fuß sind 60 Meter). Die wie eine Perlenschnur sich ringsum ziehende Kolonnade ist eine wirksame Betonung der Grundlinie und fördert durch die scharfe Trennung, die sie zwischen wagerechter und senkrechter Fläche hervorruft, das klare, sofortige Erfassen der Szenerie. In derselben Weise wirkt die riesige Engelsgestalt im Mittelpunkt des Sees. Dieser Engel gleicht fast vollkommen dem Engel, den May auf dem Weg nach Ard in der Landenge von Chatar angetroffen hat. Dieser stand auf einem einzigen, kompakten, riesigen Felsenblock; seine Figur, die zwei Flügel hatte und einen Friedenszweig in der Hand trug, war nicht etwa nach ihrer Anfertigung auf den Felsen gestellt worden, sondern gehörte zu ihm. Sie war sein oberster Teil und bildete mit ihm ein Ganzes. Der untere Teil, das Postament, war breiter als der obere. Es war dort eine ebene Fläche gebildet worden, auf die sich das faltige Gewand des Engels stützte, ohne daß die Füße daraus hervortraten. Der Engel in der Totenstadt zeigte die doppelte Höhe des Wüstenengels; ein gemeinsamer Schlüssel öffnet das Geheimnis beider und erschließt den in ihnen verborgenen rettenden Quell.

Bildlich bedeutet der Maha-Lama-See die im Menschenherzen wohnenden Triebe und Fähigkeiten zum Guten und Edlen; ihr Mittelpunkt – der Engel – ist der feste Glaube an jene unbegreifliche, ewige Macht, an Gott; er birgt in sich einen unerschöpflichen Quell geistiger und seelischer Fruchtbarkeit. Es bedarf nur des rechten Schlüssels, um diese inneren Schätze zu heben und für die Allgemeinheit nutzbar zu machen.

Wir wollen uns jetzt dem letzten und gewiß eigenartigsten Bauwerk, dem Spiralentempel, zuwenden[4]:

Er bildete das Innere des höchsten und kompaktesten Berges der ganzen Runde und war in Form eines Kreiskegels, also eines Zuckerhutes, ganz aus dem Felsen gehauen. Auf seiner Grundfläche, also auf dem eigentlichen Fußboden, befand sich kein einziger Sitz: er war überhaupt nicht zur Aufnahme des Publikums, oder sagen wir, der Gemeinde der Gläubigen bestimmt. Hierzu war vielmehr eine Einrichtung vorhanden, die sich in Form einer ununterbrochenen, immerwährenden rundumlaufenden Spirallinie von unten bis hinauf zur höchsten Spitze zog. Diese Spirallinie war aus lauter Sitzen zusammengesetzt, die eine nicht wagerecht liegende, sondern nach und nach ansteigende Empore bildeten und zum Schutz mit einer starken Balustrade versehen waren. Vor jedem Sitz war in dieser Balustrade ein rundes Loch angebracht, das die Bestimmung hatte, ein Licht aufzunehmen. Diese Löcher zählten nach vielen Hunderten, und in jedem steckte ein ganzes Licht, das noch niemals angebrannt worden war. Das gab den Anschein, als ob in ungemessener, alter Zeit einmal ein Gottesdienst vorbereitet worden sei, der aber nicht abgehalten werden konnte, woraufhin der Tempel für immer verlassen werden mußte. Ganz unten auf der Grundfläche, da, wo die Spirale begann, stand eine kleine, sehr einfache Kanzel, jedenfalls für den Priester bestimmt....

Es war wohl selbstverständlich, daß in uns der Wunsch entstand, auf der rundum gewundenen Empore bis zur Spitze hinaufzusteigen. Wir taten es. Das heißt, zunächst taten es nur die andern, denn ich blieb noch unten, um einige akustische Proben zu machen. Nachdem ich sie unterwiesen hatte, wann und wie sie mir zu antworten hatten, begannen sie ihren langsamen Kreiselweg. Ich nenne ihn langsam, weil sie im Hinaufsteigen sämtliche Lichter anbrannten, eines immer am andern.

Es war inzwischen draußen Abend geworden. Darum befand ich mich hier unten im Innern des Tempels nicht nur in vollständiger Stille, sondern auch in ebenso vollständiger Dunkelheit. Aus dieser Finsternis stieg grad von da aus, wo ich stand, die Lichterlinie empor, einen immer weiter aufwärts dringenden, sich scheinbar unendlich oft wiederholenden und doch niemals zu sich selbst zurückkehrenden Kreis beschreibend. Daß dieser Kreis immer kleiner und enger wurde, kam mir nicht als Wirklichkeit, sondern wie eine optische Täuschung vor und verdoppelte, verzehnfachte, ja verhundertfachte die wirkliche Höhe des Tempels. Es war, als sei er mitten in den Himmel hineingebaut und als könne man von Licht zu Licht bis unmittelbar vor Gottes Thron gelangen.

Gleich dem Felsentempel der Inder ist dieses seltsame Bauwerk aus einem zusammenhängenden Felseninnern herausgehauen worden. Die Lichterspirale bietet dem Beschauer ein Bild von seltsamer Phantastik dar. Kein Laut, der von der Kanzel aus gesprochen wird, kann verloren gehen, alles ringt sich zur Höhe hinauf, wie ja der Tempel symbolisch nichts anderes bedeutet als das Aufwärtssteigen zu den Höhen des freien Menschentums, zu einer alle Tiefen überwindenden Weltanschauung, die wir nach dem Beschließen unserer geistigen und seelischen Kräfte zu erreichen befähigt sind.

Die Hauptursache der starken architektonischen Wirkung der Ussultürme, des Maha-Lama-Sees und des Spiralentempels auf alle jene Leser, deren gestaltende Phantasie lebhaft und stark genug ist, die Bauwerke vor ihrem geistigen Auge entstehen zu lassen, beruht in ihrer Einfachheit, in dem Außerachtlassen von Kleinigkeiten und Nebensächlichem. Die Grundformen der Bauwerke sind einfache Körper, Zylinder und Kegel; Raumgebilde, die wir sozusagen mit einem Blick, mit einem einzigen Gedanken zu erfassen imstande sind und die deshalb auf unser Raumempfinden den stärksten und nachhaltigsten Eindruck ausüben.

Das ist wohl auch das Geheimnis Karl Mays für seine großen Erfolge: fast nirgends kompliziert er künstlich die lebhaft fortschreitende Handlung, die sich, wie seine Bauwerke, auf die einfachsten seelischen Grundformen des menschlichen Lebens aufbaut und deren Krönung überall das Christenkreuz ist – der Sieg des Guten vereint mit der alles verzeihenden Liebe.

Anmerkungen

1   May, Ges. Werke Bd. 31 *Ardistan und Dschinnistan* I S. 291/2.
2   Ges. Werke Bd. 32 *Ardistan und Dschinnistan* II S. 91/2.
3   Ges. Werke Bd. 32 S. 335/7.
4   Ges. Werke Bd. 32 S. 370/3.

Heinz Stolte
Karl Mays ‚Ardistan und Dschinnistan'
und sein Weltfriedensgedanke

> Niemand kann geben, was er nicht hat. Ich kann meinem
> Volke keinen Frieden geben, wenn ich ihn nicht selbst be-
> sitze, in meinem eigenen Innern. (XXXII 331)

„Für heut verzichten wir auf diesen Ort der Marter und der Pein und wandeln durch die Gärten von Ikbal, um alles Leid der Erde zu vergessen." Der dieses schrieb, meine sehr verehrten Damen und Herren, der Autor Karl May zu Radebeul im Jahre 1907, und zwar zur Einleitung seines Werkes *Der 'Mir von Dschinnistan* in der Zeitschrift *Deutscher Hausschatz*, hatte, als er es schrieb, wahrlich Ursache und Bedürfnis, aus seinem ganz persönlichen „Leid der Erde" zu entfliehen und durch die „Gärten von Ikbal" zu wandeln. Zur gleichen Zeit, als diese hier zitierten Zeilen im *Hausschatz* gedruckt erschienen, hatte er im persönlichen Leben die größten Schrecken seines Alters zu erleiden, jenes ominöse Verfahren wegen angeblichen Meineides und die barbarische Hausdurchsuchung des Untersuchungsrichters Larrass im Zusammenhang mit diesem Verfahren. Auch liest man die Spuren des panischen Entsetzens, das ihn ergriffen hatte, noch deutlich genug aus der fast zur gleichen Zeit geschriebenen sogenannten ‚Psychologischen Studie' *Emma Pollmer* heraus. Vom „Ort der Marter und der Pein", dem er verfremdend und mythisierend den Namen ‚Geisterschmiede von Kulub' gegeben hat, wußte er aus schmerzlichsten Erfahrungen genug, um Rettung aus ihm zu suchen, wo er schon immer Schutz und Trost gefunden hatte, im imaginären Reich der unbegrenzten Möglichkeiten, in dem kein anderer Wille galt als der seine, und das er auf den Flügeln schöpferischer Traumkraft auch diesmal wieder erreichte: „Meine Erzählung beginnt in Sitara, dem in Europa fast gänzlich unbekannten ‚Land der Sternenblumen'".

Ardistan und Dschinnistan, wie er diese seine Erzählung in der Buchausgabe von 1909 nannte, ist ja zweifellos das herausragendste Werk aus der Altersperiode seines Schaffens, gilt aber auch allgemein als schwer verständlich, und manche Liebhaber seiner früheren Abenteuergeschichten haben seit jeher aus ihrer Enttäuschung und Abneigung gerade diesem Werk gegenüber kein Hehl gemacht; wie überhaupt Mays sogenannte ‚symbolische Reiseerzählungen' bei der Mehrzahl der Karl-May-Leser als eine bedauerliche Altersschrulle ihres Autors gelten. Hier eine Bresche zu schlagen, war immer ein Anliegen der Karl-May-Gesellschaft, und ich will versuchen, im Rahmen des Möglichen einiges vorzuführen, was mir besonders beachtlich erscheint.

Ja, mit rechten Dingen, wie man sie in unserer alltäglichen Lebenswirklichkeit gewohnt ist, geht es freilich in Ardistan und Dschinnistan nicht zu, und man hat in dem Satz, den ich anfangs zitiert habe, einen Schlüssel für das ganze Werk: aus dem Leid der Erde geht es ganz hinweg in die Gärten von Ikbal, nach Sitara also, einer Welt, die nicht mehr unsere Welt, nicht unsere Erde ist, sondern irgendwo im Nirgendwo gedacht werden soll. Und wenn es, wie May im Untertitel seines Werkes behauptet, eine ‚Reiseerzählung' sein soll, dann handelt es sich ganz gewiß um eine ‚Reise ins Innere', oder, um Karl Mays eigene Worte (XXXI 111) zu gebrauchen, seine Geschichte spielt „im fernen und doch so nahen Lande des Menschen-Inneren". Und: „ich erzähle [...] nur Wahrhaftiges und innerlich wirklich Geschehenes und Erwiesenes." Da dies sich tatsächlich so verhält, der ganze ungeheure Komplex eine schöpferische Vision aus dem eigenen Inneren dieses Autors ist, alles in allem eine Art Welterschaffung im Sinne eines Gegenmodells zu unserer von Streit und Krieg unheilschwangeren Erde, wird, wer sich mit diesem neuen Utopia einmal ernsthaft beschäftigt hat, nicht umhin können, die poetische Kraft, die das alles bewegte, zu bewundern. Ich sage nicht, daß dieses Alterswerk Mays etwa keine Schwächen zeige, will gerne zugeben, daß es auf weiten Strecken auch gelgentlich zurückfällt in die alten, abgegriffenen Klischees der frühen Reiseerzählungen wie Belauschungen, Haudegenstücken, Gefangennahmen und Befreiungen und so fort, die dann, weil ja alles nach Mays Willen *allegorisch-symbolisch* aufzufassen sein soll, den früher so reizvollen Kitzel epischer Spannung vermissen lassen. Was dennoch *Ardistan und Dschinnistan* – wie ich meine – lesenswert macht, ist die Technik, die epische Kunst, mit der dieser Erzähler den Leser mitnimmt auf die Reise in eine utopische Welt, und wie er dabei das eigentliche politisch-ethische Engagement, das ihn treibt, den Friedensappell an eine seit der Jahrhundertwende von permanenten Krisen und Kriegsdrohungen erfüllte Welt, aus einer bloßen Moralpredigt in eine so üppig aufblühende Poesie verwandelt. Da steigt ein ganzer Kosmos vor uns auf: Die Länder Ardistan und Dschinnistan, Ussulistan, Tschobanistan, El Hadd und Halihm, die Totenstadt und die Stadt Ard, alle die Volksstämme und Fürsten, die hier in Krieg und Frieden agieren, die Reisegesellschaft, die da immer tiefer ins Numinose, Magische, Mystische hineingeführt wird; und bei all diesen Vorgängen, die das Erringen des Weltfriedens zum Ziel haben, können Tote lebendig werden im Maha-Lama-See, spielen chthonische Mächte mit, Wüste und Wasser, die Sümpfe von Ussulistan und der Fluß Ssul (= der Friede), die Vulkane am Dschebel Allah und überhaupt die ganze sinnbildhaft aufgebaute Geographie von Tiefland und Hochland –: gerade hierin hat Karl May noch einmal nicht nur die ihm auch sonst schon immer eigene eidetische Schärfe in der Vergegenwärtigung bloß erträumter Welt-Szenarien bewiesen, sondern auch im sprachlichen Ausdruck manchmal eine Stilhöhe erreicht wie in keinem anderen seiner früheren Werke. Lesenswert also und literarhistorisch unverächtlich ist *Ardistan und Dschinnistan*.

Man muß freilich akzeptieren, daß sich der Autor hier allen Ernstes als ein *Hakawati*, ein orientalischer Märchenerzähler wie aus *Tausendundeiner Nacht* geriert, wobei er für das Märchen Irreales und Wunderbares in Anspruch nimmt, so daß hier auch drei Pferde und vier Hunde fast nach Menschenart mit zu den entscheidend handelnden Personen gehören, jedes von ihnen in seiner Individualität unverwechselbar charakterisiert. Auch gehört nach Karl Mays Auffassung zur Form des Märchens, daß es, wie er sagt, himmlische Wahrheiten in irdisches Gewand kleide, weshalb denn auch alle Personen und Dinge außer ihrer sinnlich wahrnehmbaren Erscheinung noch gleichnishafte Bedeutungen besitzen. So wimmelt es von allegorischen Verkörperungen, ist Kara zugleich der ‚Geist' und die ‚Menschheitsfrage'; Halef die ‚Anima'; Ussul-Scheik-Amihn, der Riese, das Urtümlich-Körperhafte; der Dschirbani die aus dem Göttlichen stammende ‚Seele'; der Mir von Dschinnistan so etwas wie die göttliche Vorsehung; der Fluß Ssul der segenspendende ‚Friede'; der Abd el Fadl, Fürst von Halihm, die ‚Güte'; Merhameh die ‚Barmherzigkeit'; die Märchenkönigin Marah Durimeh hoch oben in Sitara (dem Stern) die Verkörperung der Menschheits-Idee etwa im Sinne Platons; sind die Brunnen-Engel Heilsbotschaften, die feuerspeienden Vulkane das ‚geöffnete Paradies'; das Wasser ist zugleich die himmlische Gnade, die Wüste Gottes Strafe für die kriegslüsterne Bosheit und das Sumpfland der Ussul das ‚Primitive' des Urmenschen, während Dschinnistan die Hochkultur des entwickelten ‚Edelmenschen' bedeutet. Und von Ussul nach Dschinnistan geht die Reise, oder vielmehr: sie war eigentlich so geplant, wenn nicht das Werk ein Torso hätte bleiben müssen. Mit dem Mir von Ardistan schließlich, an den Marah Durimeh den Kara Ben Nemsi gesandt hat, um den bösen Mann vom Kriege gegen Dschinnistan abzuhalten und aus ihm einen guten zu machen –, mit ihm hat es eine besondere Bewandtnis, denn – mit Mays eigenen Worten:

aufrichtig gesagt, ist doch wohl ein jeder Mensch in Beziehung auf das, was er innerlich zu leben und zu kämpfen hat, ein größerer oder kleinerer Mir von Ardistan, der zwischen dem unsichtbaren Mir von Dschinnistan und dem Verräter ‚Panther' um den leeren Titel kämpft, den nur derjenige auszufüllen vermag, der den Letzteren durch den Ersteren bezwingt. (XXXII 415)

Der „leere Titel" der erst ausgefüllt werden muß, müßte dann wohl lauten: ‚Mensch', und der Mir ist sozusagen ‚der Mensch als solcher'. In diesem Sinne heißt denn auch einer der Kernsprüche: „Werde Mensch; du bist noch keiner!" (XXXI 232)

Auch gehört zu dem Mythenhaften des Ganzen, zur totalen Mythologisierung der Handlung, die Überzeugung des Autors: „Es waltet über uns eine Hand, die um so sicherer Alles zum guten Ende führt, je weniger wir sie stören." (XXXII 333) Und wenn wir mit Kara Ben Nemsi in die Unterwelt des Maha-Lama-Sees hinabgefahren sind, werden wir in jenes Mysterium eingeweiht, von dem der Ich-Erzähler meint:

Ich kann sagen, daß mich ein tiefes Staunen ergriff, ein ganz eigenartiges heiliges [...] Grauen, denn unter der feierlichen Einsamkeit und Stille, in der das Alles lag, lauschte grinsend der Gedanke hervor, daß in der Tiefe der heutigen Gegenwart, also in der Vergangenheit, der unheimliche, fürchterliche Bodensatz verborgen liege, aus dem die jetzige, tief ergreifende Lautlosigkeit sich losgerungen hatte. (XXXII 335)

Tiefenpsychologie also hier in der besonderen Form des Gleichnisses, ganz in der Art, bildhaft zu denken, für den Leser ebenso staunenswert wie die an Goethes *Faust* gemahnende Wendung: „Wir sind von Gleichnissen umgeben." (XXXI 328) Zur Struktur, der inneren Form dieser Erzählung, gehört also, daß hier eine metaphysische Planung herrscht, die aus einem Jenseits heraus die Geschicke der Menschen leitet: „In Allem, was geschieht, liegt göttliche Berechnung!" (XXXII 442) So heißt es, und damit im Zusammenhang:

„Es ist mir ganz unaussprechlich zumute. Fast möchte ich sagen: Wir leben hier nicht, sondern wir werden gelebt; wir denken hier nicht, sondern wir werden gedacht; wir wollen nicht, sondern wir werden gewollt. Es ist, als stehe hier Jemand hoch über uns, der uns am Zügel hat, wie der Reiter das gehorsame Pferd." (XXXII 414f.)

So zeigt sich denn eine Art von magischer Hintersinnigkeit, die es versteht, den Leser aus einer Schicht des Nichtwirklichen gewissermaßen Schicht um Schicht in immer irrealere, surrealere Sphären hineinzuführen.

Schon Sitara ist ‚aus der Welt', und von diesem jenseitigen Schauplatz werden Kara und Halef in ein zweites Märchenreich weitergereicht, in das Land der Ussul, dieser Riesen und Urmenschen, und sie werden gewissermaßen da hinein *geboren*, denn das Schiff, das sie hinträgt, heißt ‚Wilahde', was eines der vielen von May gebrauchten arabischen Code-Wörter ist und ‚Geburt' bedeutet. Geburt im tiefsten, sumpfig-moorigen Ardistan –, ich erspare mir außer diesem Hinweis weitere Ausführungen darüber, wie sich Biographisches des Autors hier (und in allem weiteren) wieder einmal spiegelt. Aber nicht weniger märchenhaft geht es hier zu wie in Swifts *Gulliver bei den Riesen*. Karl May hat die Gegensinnigkeit, die Gegenposition zur Realität der Erde sogleich in einer Reihe von episodischen Kontrastmotiven fixiert. So erlebt man, daß nicht der Reiter Kara den Urgaul Smihk lenkt, sondern von diesem nach dessen eigenem Gutdünken davongetragen wird. Anderseits muß Kara seinen Gefangenen, den Scheik Amihn, nicht erst mit Stricken an einen Baum binden, sondern der bleibt ungefesselt daran sitzen, bis man ihn ‚befreit'. Ein altes Abenteuermotiv wird so ins Absurde verdreht. Kara ist in der Auffassung der Ussul ein „Christ": „Also Heide" (XXXI 143). Diese wiederum haben, wie sie sich rühmen, „Religion, aber keinen Glauben!" Denn: „Wir haben Gott. Wozu brauchen wir da noch einen eigenen Glauben an ihn?" (XXXI 144) Als Soldaten zieht man bei den Ussul nicht die Starken, Gesunden und Tüchtigen zum Kriegsdienst ein, sondern die Kranken und Schwachen, weil sie zu nichts sonst taugen und so vielleicht stark und tüchtig werden. Den edeldenkenden, hochsinnigen und gelehrten Dschirbani aber sperrt man als Räudigen und Wahnsinnigen hinter Schloß und Riegel, woraus ihn erst Kara Ben Nemsi befreien kann.

Es kann hier nicht meine Aufgabe sein, die Geschichten weiterhin im einzelnen zu referieren, sondern wir greifen sogleich die eigentliche Kernstelle, die gewissermaßen das gesamte Gebäude dieses utopischen Romans zu tragen hat, heraus. Es ist Halef, der seinem Sihdi die Sage vom Flusse Ssul erzählt, und wir müssen ihn nunmehr ausführlich zu Worte kommen lassen (XXXI 216-220):

Weit, weit von hier, hoch über Dschinnistan hinauf, liegt das verlorene einstige Paradies. Seine Tore sind geschlossen. Wer nach ihm sucht, der sieht es von weitem glänzen, jedoch hinein kann Keiner. Sogar dem Blick ist es versagt, die himmelhohen Mauern zu übersteigen. Bei Tage in sonnengoldenen Lettern, bei Nacht in flammenheller Sternenschrift sieht man über ihm den göttlichen Ruf erstrahlen: „Ist Friede auf Erden, dann kommt!"

So oft ein Jahrhundert vorüber ist, springen alle Pforten und Tore des Paradieses auf, und eine unendliche Fülle durchdringenden Lichtes flutet über die Erde und über die Menschen hin, die auf ihr wohnen. Da wird Alles, Alles offenbar, was je geschehen ist und was noch heut geschieht. Die Erzengel treten vor die Tore. Ihre Scharen erscheinen zu Tausenden und zu Zehntausenden auf den Mauern. Sie schauen herab, ob endlich Friede sei; aber stets ist Krieg und Mord und Zank und Streit. Da erheben sie ihre Stimmen. Ein Weheschrei erschallt; er steigt vom Himmel auf die Erde nieder. Das Licht verschwindet, mit ihm das Paradies. Den Schrei aber hören nie die Mächtigen, die Reichen, die Sieger, sondern nur die Schwachen, die Armen, die Unterdrückten und Geknechteten, die händeringend und hilfeflehend in stiller Kammer beten, daß Gott der Herr sie von ihrem Leid, von ihrer Qual erlöse.

Diese Bitten und Gebete sind mächtiger als die mächtigsten der Menschen. Was kein Sterblicher vermag, das vermögen sie. Sie steigen unsichtbar zum Paradies empor, versammeln sich vor seinen Mauern und wachsen zu Millionen und Millionen an. Sie helfen einander, heben einander über die Mauern hinweg, dringen ein in das Paradies und klammern sich an die Engel. Sie heften sich an die Flügel der Gnade, an die Fittiche des Erbarmens, die über dem Paradiese wehen, und werden von ihnen emporgehoben zum Allbarmherzigen, um in sein Herz zu dringen und es anzufüllen, bis es überschwillt. „Gib Frieden!" jammerte es über die Erde. „Gib Frieden!" klagt es durch das Paradies. „Gib Frieden!" bittet es in Gottes eigener Seele. Da sendet er den strengsten aller Geister, der Moses heißt, zum Sinai hernieder. Der schreibt in Stein: „Du sollst nicht töten! Wer Menschenblut vergießt, dessen Blut soll auch vergossen werden!"

Kaum hat das Volk der Menschen dieses Wort vernommen, so bricht es auf vom Berge Sinai, stürzt über das Land der Kananiter und opfert ganz demselben Gott in Strömen von Menschenblut, die durch Jahrhunderte fließen und bis zum Himmel rauchen. „Gib Frieden!" jammert es wieder über die Erde. „Gib Frieden!" klagt es wieder durch das Paradies. Und „Gib Frieden!" bittet es wieder in Gottes eigener Seele. Da sendet er den liebevollsten aller Geister, der Jesus heißt, zur Erdenwelt hinab. Der lehrt und ruft, daß man es durch alle Lande hört: „Liebet eure Feinde! Segnet, die euch verfluchen! Tut Gutes denen, die euch hassen! Und betet für die, welche euch verleumden und verfolgen! Denn wer zum Schwerte greift, der wird durch das Schwert umkommen!"

Dies heilige Wort der Menschen- und der Nächstenliebe ist nie verklungen. Es klingt noch heut. Man hört es wohl, doch Keiner will es achten. „Gib Frieden!" jammert abermals die Erde. „Gib Frieden!" klagt das leere Paradies. Und „Gib Frieden!" bittet Gottes eigene Seele. Da sendet er den irdischsten aller Geister, mit Namen Mohammed, der fast noch menschlich spricht und darum leicht begriffen werden kann. Doch der verirrt sich zwischen Paradies und Erde und sucht vergeblich nach dem rechten Weg, der tief hinab zum Menschenherzen führt. Da spricht der Herr: „Wenn Keiner es erreicht, daß Friede werde, so gehe ich nun selbst!" Er schlägt den Mantel menschlicher Gestalt um seine Schulter und steigt zur Quelle Ssul im Paradies hinab. Die wächst bis Dschinnistan zum breiten Strom und fließt von da durch Ardistan, an beiden Ufern Frucht und Segen spendend, um an der Mündung neues Land und neues Volk zu schaffen. So wandert er, dem Flusse folgend, hinab nach Dschinnistan, um zunächst dort den Willen des Himmels zu verkünden. Doch kaum hat er sein Friedenswerk begonnen, wird er erkannt, und Alles eilt herbei, ihn anzubeten. Er segnet Jeden, der vor ihm erscheint, doch nur dem Mir gestattet er, in die Zeitenfernen zu schauen, in denen nicht mehr der Säbel und die Kanone, sondern nur der blanke Geist und der blitzende Gedanke die Schlachten schlagen. Dann wandert er weiter, am Strome abwärts, bis nach Ardistan. Er glaubt, er komme grad zur rechten Zeit, denn überall, wo er erscheint, ertönen Kriegstrompeten. Der Mir von Ardistan will Dschinnistan erobern und rüstet heimlich zum plötzlichen Ueberfall. Der Herr versucht an vielen Orten zum Wort zu kommen, um das Verhängnis aufzuhalten, doch vergeblich. Und als er in der großen Stadt des Mir, die glänzend wie ein Traumbild aus dem Märchenland am Strome liegt, seine Stimme zu erheben und von Friedensbruch zu sprechen wagt, wird er als Landesverräter festgenommen und vor den Mir gebracht. Der hält über ihn Gericht und spricht das Urteil aus: „Man führe ihn auf die Brücke und stürze ihn in das Wasser, weil er sich vor dem Blut des Krieges fürchtet!" Da fragt der Herr: „Ist Jemand, der dies Urteil ändern kann?" – „Es gibt keinen Einzigen, der das vermag!" antwortet ihm der Mir. „Auch Gott nicht?" – „Nein! Allah ist Gott! Und der hat uns befohlen, sein Reich durch Schwert und Feuer zu verbreiten! Es werde Krieg!" Da hebt der Herr die Hand empor und ruft: „Es bleibe Friede! Hoch über dem, den ihr zum Gott gemacht, steht der Erbarmer gegen den Verderber. Ich sage dir, o Mir: du bleibst daheim; kein Tropfen Blut wird fließen!" Da springt der Mir von seinem Sitze auf und donnert ihm zu: „Und ich, ich sage dir, dem Feigling und Verführer meiner Krieger: So wenig, wie der Fluß, der dich ersäufen soll, vor unserer Brücke umkehrt, dich zu schonen, so wenig kehrt die Klinge, die ich zum Krieg gezogen habe, in ihre Scheide zurück! Das Urteil ist gesprochen; es werde ausgeführt!" Da hebt der Herr die Hand zum zweiten Male und spricht: „So sei es, wie du sagst. Das Urteil ist gesprochen; es werde ausgeführt:

Wenn Gott nicht mehr durch Worte lehren kann, so predigt er durch Taten. Der Strom floß euch zu Friedenswerken zu, nicht aber, um das Leben zu zerstören. Er werde euch genommen! Nicht eine Pfütze bleibe euch, die genug Wasser hat, auch nur einen einzigen Menschen zu ertränken! Und wehe euch, wenn ihr ihn durch die Waffe zwingt, zu euch zurückzukehren! Denn alles, was da lebte, würde sterben!" – – – Ein Hohngelächter folgt diesen Worten. Man führt ihn hinaus zur Brücke, der Mir auf hohem Roß voran. Der gibt, als die tiefste Stelle erreicht ist, den Befehl, den Gefangenen zu ergreifen und hinabzuwerfen. Da hebt dieser zum dritten Male die Hand, doch ohne ein Wort zu sagen. Sofort verfinstert sich der Himmel. Blitze zucken; drohende Donner rollen. Von der Brücke abwärts fließt das Wasser weiter; von ihr aufwärts aber bleibt es stehen. Es bäumt sich auf, wächst höher und höher und bildet eine Mauer, die zum Himmel zu streben scheint. Brüllend vor Angst und Entsetzen eilen die Menschen an die Ufer zurück. Nur Einer bleibt, der Gefangene. Leuchtenden Angesichtes steht er auf der Brücke, die von den steigenden Wogen von der Erde gelöst und hoch emporgetragen wird, bis sie verschwindet. Dann sinkt das Wasser zusammen und beginnt, wieder abzufließen, doch nicht abwärts, wie bisher, sondern aufwärts, nach oben, woher es gekommen ist. Der Himmel wird wieder hell. Das Bett des Flusses aber liegt leer, und die entsetzte Menschheit flieht aus der Stadt, deren Trümmer heutigen Tages wasserlos in die Steppe starren, durch welche sich der dürre, ausgetrocknete Lauf in zahllosen Windungen vor Durst und Hunger krümmt, bis er in den Wäldern der Ussul verschwindet.

So weit die Sage, die Halef seinem Sihdi erzählt. Und er erzählt sie nach Art der Hakawati, der Märchendichter aus der alten arabischen Literatur. Sie werden es an meinem Vortrag gehört haben, daß auf dem Höhepunkte der Erzählung die Prosa umschlägt in pathetische reimlose Jambenverse, und das ist altarabische Erzähltechnik, die May hier imitiert.

Es wäre noch vieles Interessante zu dem hier zitierten Text anzumerken, wozu ich mich auf einige Andeutungen beschränken muß. Dem Kenner der literarpsychologischen Zusammenhänge zwischen Leben und Werk wird nicht entgangen sein, was die Formulierung uns verrät, wenn May zum Schluß bei Schilderung des göttlichen Strafgerichtes und des allgemeinen Entsetzens schreibt: „Nur Einer bleibt, der *Gefangene*. Leuchtenden Angesichtes steht er auf der Brücke, die von den steigenden Wogen von der Erde gelöst und hoch emporgetragen wird, bis sie verschwindet [Hervorhebung H. St.]." Der Gefangene! *Das* kommt aus den Tiefen der eigenen Vergangenheit dem Schreiber in die Feder geflossen, und die strahlende Apotheose als hybrider Sehnsuchtstraum aus Kerkerzellen dazu.

Auf die Aufbaustruktur möchte ich weiter hinweisen, die der geläufigen Märchenform entspricht, indem hier viermal mit formelhaften Wiederholungen Episoden aneinandergereiht werden: die Aussendungen der Gottesboten Moses, Jesus, Mohammed und schließlich die Herabkunft Gottes selbst in die entartete Menschenwelt. Und was den Inhalt gerade dieser Episoden angeht, so kann ich mir lebhaft vorstellen, welchen Aufstand unter den strenggläubigen Lesern er da so mit leichter Hand angerichtet hat, welche furchtbaren Ketzereien da zum Himmel schreien. Ist nicht hier Jesus (statt Gottes Sohn und ‚ganzer Gott') bloß der „liebevollste aller Geister", und muß nicht Gott nach dessen Versagen auf der Welt als einen vielleicht Besseren den Mohammed entsenden! Welche Blasphemie! Man ahnt die Woge der Empörung unter der Leserschaft des *Hausschatzes*, und noch während er an *Ardistan und Dschinnistan* schrieb, waren ihm die Proteste ins Haus gehagelt. Hier hat es seinen Ursprung, wenn May (XXXI 346), offenbar erschrocken und verärgert, geschrieben hat:

> Es wäre wohl manchem meiner Leser interessant, zu erfahren, was meine beiden Zuhörerinnen zu fragen und zu forschen hatten, und ich möchte gern einen Jeden, der diese meine Zeilen in die Hand bekommt, in dieses Allerheiligste der Menschenseele blicken lassen; aber ich muß Alles vermeiden, was zu der falschen Meinung leiten könnte, daß ich mit meinen Erzählungen sonderreligiöse oder aftertheologische Zwecke verfolge, und so will ich, wie so oft, auch hier über alles das hinweggehen, was lehrhaft erscheinen könnte.

Da haben sie es nun, diese herumkrittelnden Leute vom *Hausschatz*. Und um auch dieses hier noch zu dokumentieren: Außer den Vorwürfen der Ketzerei und der Lehrhaftigkeit (wo man doch flotte Abenteuer wünschte) gab es da noch den weiteren, die Geschichte sei einfach langweilig. Und hierzu auch der Originalton Karl May (XXXI 563). Abd el Fadl ist es, der die Bemerkung macht:

„So wird der erste Teil deines Buches langweilig werden!"
„Das kann ich leider nicht vermeiden!"
„Der Humus ist ja für den Leser niemals interessant. Und tust du doch noch so sehr deine Pflicht, ihn mit den Wurzeln der kommenden Ereignisse zu beseelen, so wird man dich trotzdem nicht begreifen. Man wird dir vorwerfen, mystisch zu sein [...]. Man wird dich tadeln, vielleicht sogar verdächtigen. Aber laß dich das ja nicht anfechten!"

Wir hingegen, may-erfahrener wie wir sind, lassen uns durch nichts anfechten, die von Halef vorgetragene Sage als ein Beispiel für die mythenschöpferische Kraft der hier ihr Werk aus Seelentiefen herausspinnenden Phantasie zu würdigen. Denn das Wichtigste, der ‚Weltfriedensgedanke', hat hier schon legendarische Gestalt angenommen. Auch zögert Karl May nicht (lehrhaft wie er eben ist), diesen Mythos vom Weltfrieden zu deuten. Halef selbst spricht seinen Sihdi darauf an (XXXI 221-223):

„Uebrigens weiß ich von dir, daß eine jede Sage eine Wahrheit enthält, die man in der Tiefe suchen muß. So ist es wohl auch mit dieser Sage von dem verschwundenen Flusse, der plötzlich umgekehrt und aufwärts gelaufen ist, um nach seiner Quelle zurückzugehen?"
„Jedenfalls."
„Und die Wahrheit, die sich in dieser Sage verbirgt?"

„Ist wahrscheinlich eine zweifache, eine äußerliche und eine innerliche, eine geographische und eine sozial-philosophische."
„Das verstehe ich nicht." [...]
„Der äußere oder geographische Kern der Sage ist, daß es hier wirklich einen Fluß, und zwar einen bedeutenden, gegeben hat. Der ist verschwunden. Jedenfalls infolge eines Naturereignisses, welches man sich nicht erklären konnte, so daß man zur Sage griff, um es sich verständlich zu machen."
„Aber so große Flüsse können doch nicht verschwinden, wenigstens nicht so schnell!"
„Allerdings nicht, aber sie können ihr altes Bett verlassen, ihren bisherigen Weg verändern, sogar infolge von Entwaldungen der Berge sich nach und nach zurückziehen. Wie es sich in diesem Falle verhält, werden wir erfahren, wenn wir erst längere Zeit im Lande gewesen sind."
„Und die andere Wahrheit der Sage, die innere?"
„Die bezieht sich darauf, daß die Entwicklung des Menschengeschlechts nicht nach kriegerischen, sondern nach friedlichen, versöhnlichen Wegen zu suchen hat. Der Name der Quelle und des Flusses war Ssul, das ist Friede. Diese Quelle liegt im Paradiese. Der Friede ist Himmelsgabe. Wo er fließt, da segnet er nicht nur das, was bereits besteht, sondern auch das, was er bringt und schafft. Er setzt neue Länder an, sichtbare und unsichtbare, im Handel und Gewerbe, in der Kunst und in der Wissenschaft. Und das alles geht wieder zurück, wenn der Strom des Friedens vertrocknet, und die Rüstungen Alles, was er schaffte, wieder verschlingen. Oder wenn der Krieg mit einem einzigen rohen Streiche die Gaben vom Tische wirft, die der Friede dort bescherte. Dann weicht dieser Letztere bis dahin zurück, woher er kam, bis ins Paradies, oder wenigstens bis Dschinnistan, wenn nicht für immer, so doch für lange, lange Zeit. Und kehrt er endlich wieder, so geschieht das nur langsam, furchtsam, zögernd; er läßt sich nicht zwingen. Darum ist es sehr richtig, was die Sage Gott in den Mund legt, indem er warnend sagt: ‚Und wehe euch, wenn ihr ihn durch die Waffe zwingt, zu euch zurückzukehren; denn Alles, was da lebte, würde sterben!' Der Völkerfriede, den wir anstreben, kann sich nur nach und nach entwickeln. Umfaßt er mit seinen Wurzeln die ganze Erde, ein Saug- und Faserwurzelchen in jedes Menschenherz, so wächst er hoch über Irdisches empor und trägt als Früchte die ewigen Sterne in seiner Krone. Ein Welt- und Völkerfriede aber, der nicht im Herzen der Menschheit wurzelt, sondern mit Gewalt und plötzlich herbeigezwungen werden soll, der würde zerstören und vernichten, nicht aber erzeugen und beleben. Und hier gibt es in der Sage vom zurückgekehrten Flusse einen Punkt, den ich nicht sehe, oder ein Geheimnis, welches ich nicht begreife. Fast will es klingen, als ob es möglich sei, ihn mit den Waffen in der Hand zu zwingen, ganz plötzlich und unvorbereitet zurückzukehren, also eine noch gräßlichere Katastrophe, wie sein Verschwinden eine war. Ein Sage, die sich so fest gebildet und gestaltet hat wie diese hier, erzählt nie etwas Unnützes. Sie hängt wie eine schwere Drohung für Ardistan hoch über Dschinnistan, und wenn in dieser von der schauenden Volksseele gedichteten Erzählung kein Geringerer als Gott vor der Entladung dieser Wolke warnt, so ist die Gefahr nicht nur in der Dichtung, sondern auch in der Wirklichkeit vorhanden."

Der Dialog enthält ja eine im ganzen akzeptable und scheinbar ganz rationale Deutung dieser legendarischen Sage. Dennoch muß uns, wenden wir die Meßlatte der Logik einmal allein auf den letzten Satz von Karas Erläuterung an, bereits aufgehen, daß es mit der Rationalität in diesem Falle eine besondere Bewandtnis hat. Wie? Weil in der „gedichteten Erzählung kein Geringerer als Gott" warnt, „ist die Gefahr nicht nur in der Dichtung, sondern auch in der Wirklichkeit vorhanden"? Man muß wohl über eine Hemmnisschwelle unseres gesunden Menschenverstandes hinweg gesprungen sein, mitten hinein ins Irrationale, um bei solcher Schlußfolgerung noch etwas von Schopenhauers ‚zureichendem Grunde' entdecken zu können. Märchenlogik also, und die Schwelle, die hier überschritten worden ist, bedeutet, daß Kara Ben Nemsi und die Seinigen in eine weitere Schicht des Irreal-Allegorischen eingetreten sind. Die Reise geht, um es so auszudrücken, von nun ab in die Legende *hinein*, die sich denn auch alsbald als jetzt geltende „Wirklichkeit" erweist. Wahrhaftig, die Frist von hundert Jahren, die Gott gesetzt hat, ist eben in diesem Moment abgelaufen, und die Priesterin kann dem staunenden Kara von der Tempelzinne aus die feurigen Tore des sich öffnenden Paradieses zeigen (XXXI 328-332):

„Wir sind von Gleichnissen umgeben." [...] „Merkt auf! Es scheint zu beginnen! Ich glaube, daß wir zur rechten Zeit gekommen sind."

„Was wird beginnen?" fragte ich.

Sie brauchte nicht zu antworten, denn der Himmel antwortete selbst. Es zuckte ein schneller, blitzartiger Schein über ihn hin, genau an der Stelle, wohin die Priesterin gedeutet hatte. Dieser Schein [...] hatte etwas Nachgemachtes, Gefälschtes an sich, wie wenn man Bärlappmehl durch eine Flamme bläst. Es sah also nicht so aus, als ob ihn der Himmel spende, sondern als ob er von der Erde stamme. Einige Zeit darauf wiederholte sich der Blitz, aber nicht an derselben Stelle, sondern mehr nach rechts. Und bald nachher erfolgte eine zweite Wiederholung, weit links davon. Dann verschwanden plötzlich die Sterne. Es wurde oben im Norden dunkel. Diese Finsternis blieb eine Weile stehen und senkte sich dann zur Erde nieder, langsam, nach und nach, nicht so plötzlich, wie sie aufgestiegen war. Das wiederholte sich einige Male. Ich war ganz still. Ich fragte nicht. [...] Ein Nordlicht war es nicht. Es kam von der Erde. Es wurde emporgeworfen, mit mächtiger Gewalt. Es war vielleicht – – doch halt, da kam es wieder! Aber nicht so, wie vorher. Zuerst wieder in der Mitte. Da stieg es empor, nicht blitzartig, sondern langsam, aber mit Macht! Zunächst violett, aber doch leuchtend feurig, dann blau, dann dunkelrot, blutrot, glühend rot, orange, gelb und endlich als klares reines Licht zum Himmel strahlend. Es bildete eine gigantische Säule, die von unten nach oben in allen diesen Farben glänzte, unten violett, nach oben in der angegebenen Regenbogenskala immer heller werdend und oben in einer Art von lebendiger, flockenreiner Flammenkrone zum Himmel zuckend, als ob es gelte, ihn zu umarmen und herabzuziehen. Und so langsam diese Säule entstanden war, so langsam kehrte sie wieder in sich selbst zurück. Kaum aber war sie verschwunden und wir, die wir von diesem überwältigenden Schauspiele tief ergriffen waren, holten tief Atem, so wiederholte sich dasselbe Phänomen in der gleichen Weise, erst rechts und dann links von der ersten Stelle. Diese Feuersäulen bestanden aus strahlengefärbter nach aufwärts immer reiner werdender Flammenglut. Sobald sie sich entwickelt hatten, standen sie wie Leuchttürme, die von ihrer Basis bis zu ihrer Spitze brennen, oder wie glühende Gebete hilfsbedürftiger Menschen, die sich zum himmelstürmenden Fanal vereinigen, um, sich im

Steigen läuternd, in voller Reinheit Gott erreichen zu können. Sie wechselten im Aufstrahlen und Niedersinken miteinander ab. Bald wuchs und fackelte es hier, bald dort zum Himmel auf, erst in längeren, dann in immer kürzer werdenden Zwischenräumen, bis sich zuletzt feste, unbewegliche Mauern bildeten, die aus brennenden Regenbogenfarben bestanden und auf ihren Zinnen tausend weithin strahlende Fackeln trugen.

Ich war auf das Tiefste ergriffen. So Etwas hatte ich noch nicht gesehen, noch nie geahnt! Das stand in keiner Physik, überhaupt in keinem Buche! Die beiden Frauen schmiegten sich eng zusammen, wie man tut, wenn man sich fürchtet oder wenn irgend etwas wirklich Heiliges naht. Sie beteten. Das sah und hörte ich zwar nicht, aber ich fühlte es. Der Mensch wird schon noch begreifen lernen, daß man Gebete fühlt! Das Leuchten und Glühen, das Flackern und Flammen, das da oben im Norden aus der Tiefe zur Höhe stieg, war ein Gebet der Erde, und wenn die Mutter betet, so durchzuckt es alle ihre Kinder, mitzubeten! Wir standen auf dem Dache eines Tempels, eines ungeheuren Bauwerkes, in dem sich Riesen versammelten, um Gott zu dienen. Was aber war dieses scheinbar große und doch so armselig kleine Haus gegen den heiligen Dom des Firmaments, in dessen unergründlicher Tiefe soeben das Herz der Erde brach, um in glühenden Atemzügen in alle Welt hinauszurufen, daß auch der scheinbar tote Stoff, die vielverkannte Materie noch Kraft, noch Leben und Seele hat!

So saßen wir lange, lange Zeit, in den Anblick des unvergleichlichen Phänomens versunken, bis ich das Schweigen brach:

„Eine unbeschreibliche Pracht und Herrlichkeit! Und sie bleibt! Sie vergeht nicht wieder!"

„Sie wird während der ganzen Nacht bleiben", antwortete die Priesterin, „und auch während des ganzen Tages, wo man sie aber nicht sieht. Du wirst sie morgen sehen und übermorgen und fernerhin, bis ihre Zeit vorüber ist. Sie hat sich schon seit mehreren Nächten angekündigt und wird nicht eher wieder verschwinden, als bis die Frage, die sie erhebt, beantwortet ist."

„Welche Frage?"

„Die Frage: Ist Friede auf Erden? Du kennst diese Frage nicht. Du hast wohl noch nie die Sage von dem zurückgekehrten Flusse gehört – – –"

„Ich kenne sie. Man hat sie mir gestern erzählt" [...].

Die Reise geht also hinein in diesen von der Legende umrissenen mythischen Raum, und die Handlung, wie es sich sogleich denken läßt bei solch „göttlicher Berechnung", die nach Mays Formulierung „Allem, was geschieht" zugrunde liegt, ist denn auch auf das vorgesehene Ereignis zielstrebig ausgerichtet: Wiederherstellung des Friedens nach Gottes Willen und mit Gottes Hilfe, aber – vor allem Sonstigen natürlich – auch mit Rat und Hilfe Kara Ben Nemsis, den ja Marah Durimeh, die über allem thronende Herrscherin, zu diesem Zweck nach Ardistan entsandt hat. Die äußere Handlung läßt sich in einigen groben Strichen skizzieren. Auch der zur Zeit regierende Mir von Ardistan ist wie seine Vorgänger ein finsterer, sein Volk bedrückender Tyrann und will einen Krieg beginnen, um das Hochland Dschinnistan mit seiner reichen Kultur zu erobern. Aber auch sonst sind Kriegswirren entstanden, da zum Beispiel die Tschoban das Land Ussulistan erobern wollen. Kara Ben Nemsi, nachdem er die Ussul für sich gewonnen, den edlen Dschirbani befreit hat, kann unblutig das gesamte Kriegsheer der Tschoban durch Einkreisung besiegen, Frieden mit ihnen schließen und sie zu Bundesgenossen machen. Dann reist er in die Hauptstadt Ard, wo er den finsteren Mir (durch besondere Hilfe seiner vier Hunde) zum Freunde gewinnt; und in diesem Gewaltmenschen entdeckt er rudimentäre Züge von Humanität und Güte. Fortan steht die Bekehrung und seelische Umformung des Mir von Ardistan aus einem Gewaltmenschen in einen Edelmenschen im Mittelpunkt der Erzählung; denn das ist Karl Mays Axiom bei seinem von ihm so genannten ‚Weltfriedensgedanken‘, daß äußerer, politischer Friede der Menschheit nur korrespondierend mit der Gewinnung des inneren, seelischen Friedens eben dieser Menschen erreicht werden kann. Ein ‚Axiom‘ sage ich, denn dieser Satz muß nicht erst bewiesen werden: er beweist sich in all unserer Erfahrung und zu allen Zeiten selbst. Freilich zumeist an seinem Gegenteil, daß der Unfriede dem Haß und Destruktionstrieb entstammt. Mit Mays Worten: „Niemand kann geben, was er nicht hat."

Die Verwandlung des Mirs von Ardistan, dessen Armeen bereits für den Krieg mobilisiert sind, nimmt den größten Teil des 1253-Seiten-Romans ein, wobei, wie so sehr typisch für diesen Autor, das Weihnachtsfest ein ganzes langes Kapitel hindurch die erste Bresche in dessen verhärtetes Wesen schlägt. Dann muß er erleben, daß sein Vertrautester, der Prinz Palang, der ‚Panther‘, die Verkörperung des Bösen überhaupt, ihn verräterisch nach der Stadt der Toten lockt, wo er mitsamt Kara und Halef in die Keller einer finsteren Unterwelt eingesperrt wird, um dort elend zu verschmachten. Wenn Kara Ben Nemsi nicht wäre! Der findet die verborgensten Türen ins Freie; aber noch muß sich der Mir gerichtlich vor der Dschemma der Toten und der Dschemma der Lebenden verantworten; mit welchem Gruselkabinett wir einen nächsten Schritt ins Irreale hineingeraten sind, so daß es schon gar nicht mehr verwunderlich ist, daß die mumifizierten Leichen als Verhandlungsteilnehmer wieder lebendig werden. Hier vollendet sich durch Erschütterung, Reue und Bekenntnis die Verwandlung des Mir, und fortan wird er nur noch dem Frieden und dem Glück seiner Untertanen dienen. Der Friede muß freilich erst verwirklicht werden. Aber weil der Mir so gereinigt und als ein neuer Mensch aus dem Fegefeuer hervorgegangen ist, kommen ihm nun alle göttlichen, kosmischen und menschlichen Mächte zur Hilfe. Denn den großen, heiligen Frieden der Welt verwirklicht man nicht, bloß weil man jetzt ein so gütiges, friedliebendes Herz hat, und Gott macht das auch nicht mit einem einfachen Machtwort. Nein, es muß ein gewappneter Friede sein. Der Panther, der Empörer, Thronräuber und Unhold mit seinen Armeen muß überwunden werden. Und so marschieren denn, im Kampf um den Frieden, schließlich ungeheure Heere durch die Lande, die Ussul, die Tschoban, die Lanzenreiter von Halihm, die blauen Reiter von El Hadd und die Schwarzgewappneten von Dschinnistan. Da bewegt Karl May in seinem Phantasieland wohl etliche Hunderttausende, aber er läßt kein

Blut fließen und den Panther mitsamt seinen Armeen nur durch kluges Manövrieren überwinden.

Der erste Teilsieg dieser großen ‚Friedensbewegung' ist es dann, daß der Mir von Ardistan wieder in seine Hauptstadt feierlichen Einzug halten kann, unter Jubel und Glockengeläut, und es ist so feierlich, daß ich Ihnen unmöglich ein kleines Zitat vorenthalten kann. Es lautet (XXXII 517):

In diesem Augenblicke stieg die Sonne ganz plötzlich, wie mit einem schnellen freudigen Sprunge, hinter den jenseitigen Bergen empor; Millionen und Abermillionen goldener Strahlen überfluteten die Stadt; das Volk brach in weiter und weiter klingenden Jubel aus, und von dem hohen Dome herab erklang das Geläute der Glocken. Der Mir weinte; Abd el Fadl weinte; Merhameh weinte; Halef weinte, und ich – na, ich – – – weinte auch! Auch in den Augen des Oberpriesters standen Tränen [...].

Von der Hauptstadt Ard geht der Feldzug weiter den hohen Bergen von Dschinnistan entgegen, und in dem Grenzland von El Hadd reift die Entscheidung heran. Wie als Dea ex machina erscheint auch Marah Durimeh; der verlorene Fluß Ssul ergießt sich wieder durch die Wüsten von Ardistan, das zu bringen, was sein Name verheißt: die Segnungen des Friedens. Als einziger kommt der Panther, dem Wahnsinn verfallen schon vorher, in den steigenden Fluten um.

Es ist hier nicht möglich, außer diesen groben Linien das überaus vielfältige und kunstvoll verschlungene Gewirr von Einzelfäden der Handlung auch nur der Hauptpersonen darzustellen. Ich will hier, weil unser Interesse ja primär der Friedensidee Karl Mays gilt, nur noch auf einige Kernstellen zu diesem Inhalt hinweisen. Sie zeigen das Typische der Denkweise Karl Mays in seiner Altersperiode. So wenn es heißt (XXXII 544):

Meine Aufmerksamkeit wurde dreifach in Anspruch genommen. Nämlich erstens von der gewaltigen Natur, durch welche der Marsch uns führte. Zweitens von den eigenartigen Menschen, bei denen ich mich befand. Und drittens von dem tiefen Zusammenhang der Dinge, den ich in Allem erkannte, was in dieser Natur und mit diesen Menschen geschah. [...] Daß der Gewaltmensch sich zum Edelmenschen emporzubilden habe, ist eines meiner Ideale. Dazu gehört vor allen Dingen, daß das Niedrige in uns, das Tierische, überwunden wird. Tausende klagen, das sei so schwer. Sie haben Recht und doch auch wieder nicht Recht. Man suche die ‚Schwarzgewappneten' des Mir von Dschinnistan, welche die Bestie in uns, den ‚Panther', nach dem Dschebel Allah zu locken verstehen. Man bitte um die Panzerreiter von El Hadd und Halihm, die den Empörer in uns aufstören [...].

Hier haben wir in kürzester Formel das allegorische System aufgeschlüsselt und zugleich das Neuplatonisch-Mystische seiner Vorstellung von der Ineinssetzung des Makrokosmos mit dem Mikrokosmos und von der Austreibung der Hyle, des ‚Niedrigen' der menschlichen Natur. Hierzu stellt sich auch ein Text wie dieser (XXXII 577):

„Fühlt ihr den Wind, den kalten, den es mit unwiderstehlicher Gewalt hinauf zur Wärme reißt? So zeigt uns Gott in seiner gewaltig predigenden Natur die Vorbilder dessen, was im Leben und in den Seelen der Völker und der Einzelmenschen zu geschehen hat, wenn die Ratschlüsse des Himmels in Erfüllung gehen sollen!"

Und Marah Durimeh ist es, die verkündet, wie der nun anbrechende Friede aussehen soll (XXXII 633):

„Die Erde sehnt sich nach Ruhe, die Menschheit nach Frieden, und die Geschichte will nicht mehr Taten der Gewalt und des Hasses, sondern Taten der Liebe verzeichnen. Sie beginnt, sich ihrer bisherigen rohen, blutigen Heldentümer zu schämen. Sie schmiedet neue, goldene und diamantene Reifen, um von nun an nur noch Helden der Wissenschaft und der Kunst, des wahren Glaubens und der edlen Menschlichkeit, der ehrlichen Arbeit und des begeisterten Bürgersinnes zu krönen."

Man wird nicht daran zweifeln, daß solche und andere Appelle seit jener Zeit, in der Karl May sie formuliert hat, ihre Aktualität bis heute behalten haben. Und wer weiter in diesen Texten forscht, könnte darin mancherlei finden, was uns bekannt vorkommen will. Da finden Gipfeltreffen statt, da werden Völkerbünde geschlossen und so fort. Und als ich, im Buche blätternd, auf Seite 70 des zweiten Bandes die folgende Stelle fand, wo der Sieger dem Besiegten sagt: „Ich wünsche, daß ich dein Bruder werde und daß deine Nation die Schwester der meinigen sei" –, da hatte ich soeben im Fernsehen eine große Rede des französischen Staatspräsidenten Mitterrand erlebt, in der er Deutsche und Franzosen ausdrücklich als ‚Brudervölker' bezeichnete.

Nun liegt es mir fern, bei Karl May Anweisungen, Rezepte oder Lösungen für die Probleme und Konflikte unserer eigenen Zeit zu suchen, als wäre da ein Programm zu haben, das ebenso unsere Welt ordnete wie der Mir von Dschinnistan, dieser (nach Marah Durimeh) Allererhabenste in Mays Figurenspiel –, nein, Märchenwunschträume wie diese lassen sich unserer irdischen Existenz nicht aufstülpen. „Leicht beieinander wohnen die Gedanken, doch hart im Raume stoßen sich die Sachen", um es mit Schillers Worten auszudrücken. Sehr hart stoßen sie sich, das mußte der Autor Karl May schon beim Schaffen an seinem Opus erfahren. Die Leute vom ‚Hausschatz' wollten die Geschichte vom Frieden nicht länger lesen und drucken. Ziemlich abrupt mußte Karl May den Schlußpunkt setzen. Nach Dschinnistan sind die Reisenden nicht mehr gekommen, doch der letzte Satz in der Buchausgabe von *Ardistan und Dschinnistan* lautet: „Wir aber wendeten unsern weitern Aufstieg nun den Bergen, über deren Pässe der Weg nach Dschinnistan führte, und unsrem hohen, weiteren Ziele zu." Ein guter Schluß ist das, möchte ich meinen, ein offener Schluß, so offen, wie die Zukunft für uns Menschen nun einmal ist. Seltsam war mir übrigens, daß ich vor kurzem den jüngsten Bestseller *Palast der Winde* von M. M. Kaye las und dort den folgenden Schluß fand: „So ritten sie denn aus dem Schatten der Bäume, im Rücken den Bala Hissar und die glühende Asche der niedergebrannten Gesandtschaft, und trabten über das weite flache Land den Bergen entgegen. Und es mag wohl sein, daß sie ihr Königreich fanden." Dschinnistan oder der Palast der Winde: in all diesem steckt, wie ein anderer, ein berühmter Karl-May-Kenner, sich ausgedrückt hätte, das ‚Prinzip Hoffnung'. Wie auch in jedem von uns. Und so wollen wir denn uns ebenfalls unserem „hohen, weiteren Ziele" zuwenden.

Hansotto Hatzig

Der 'Mir von Dschinnistan

Karl Mays Textvarianten

Die sinnvollste und klarste Textüberarbeitung von Karl Mays Hand, die uns überliefert wurde, ist jene des *'Mir von Dschinnistan* aus dem *Deutschen Hausschatz* für die Buchausgabe unter dem Titel *Ardistan und Dschinnistan*. Hier lag kein Zwang vor, den Text in einen anderen Rahmen einpassen zu müssen wie bei dem frühen *Scout*[1], der in die *Winnetou*-Trilogie eingebaut werden sollte, und auch keine Notwendigkeit, einem vorzeitig abgebrochenen Roman eine sinnvolle Wendung zu geben, wie bei *Et in terra pax*.[2]

Nicht sein Manuskript benutzte May als Vorlage für die Buchausgabe, sondern die Fahnen des *Hausschatz*-Textes, die er auf Blätter klebte und handschriftlich mit Änderungen versah; hier und da sind ganze Partien des gedruckten Textes weggeschnitten und durch handgeschriebene Blätter ersetzt.[3] May berichtigte nicht nur zahlreiche Lese- und Druckfehler, sondern er stellte auch ‚seine' Orthographie wieder her: der *E*ine, der *A*ndere, *R*echt haben, bis auf *W*eiteres usw. All das geschah mit außerordentlicher Sorgfalt, wenn auch seine Schrift sehr flüchtig erscheint. Ab Mitte des zweiten Bandes werden die Korrekturen nervöser und zerstreuter und hören dann schließlich über weite Passagen ganz auf, was seinen Grund aber auch darin hat, daß es nicht mehr so viel zu ändern gab, da May ja schon bei der immer weiter fortschreitenden Urschrift sich klar darüber geworden sein dürfte, wie sein Roman in der endgültigen Form auszusehen hatte. Die weiter unten folgenden Textvarianten, die sich zum größten Teil auf den ersten Band konzentrieren, geben ein klares Bild davon.

Zunächst entfielen sinnvollerweise die den *Hausschatz*-Lesern zugeeigneten Einführungsworte zum Beginn des Romans, wie auch der Zwischentext zu Beginn des zweiten Teils (Ziffer 1 und 5).[4] Dafür gestaltete May jedoch die Introduktion des Romans eindringlicher. Der Balkasch-See, der einzige ‚erdgeographische' Ort, über den der zweite Weg nach Dschinnistan führt, wird nun auch der Sitara-Geographie entnommen, er heißt jetzt Madaris-See (DH 83a/12vu : F 11/5-6).[5] Ferner wird die Ausgangssituation präzisiert. Der Sendbote – der Kara Ben Nemsi sein soll – hat nun den Mir von Dschinnistan nicht mehr über die Lage zu informieren (der Mir und Marah Durimeh wissen ohnehin über alles Bescheid); er soll nur die Verbindung herstellen; sein Auftrag lautet: Dem Frieden entgegengehen, mit dem Mir von Dschinnistan beim Mir von Ardistan zusammentreffen! (I/22-23) May versäumt auch nicht, Kara Ben Nemsis unverständlichem *Nein* auf Halefs Frage, ob er „auch dort den

Waffen Schweigen gebieten" wolle, eine, wenn auch ausweichende, Erklärung zu geben (Ziffer 4).

Die angesprochenen Texte sind wie folgt zu finden:

Band I
1. Anfang DH 81a/1-15 : F fehlt
2. DH 83b/37-53 : geändert F 12/22-23vu
3. DH 86a/21-29 : geändert F 22/8-24/8vu
4. DH 122a/10-12 : geändert F 37/6-10

Band II
5. DH 11a/1 : F fehlt

Die Haarmenschen

Das Volk der Ussul nimmt in dem zweibändigen Werk den allerbreitesten Raum ein. Während vom Leben und Wirken dieses Urvolkes ein liebevoll gezeichnetes Bild entsteht, treten die anderen Völker, die Tschoban, die Dschunub, deren Landstriche die Reisenden ja auch kaum berühren, nur mit wenigen Einzelpersonen in den Vordergrund. „Wer sind die Tschoban? erkundigte ich mich", wird von May ergänzt durch: „als ob ich es noch nicht wisse" (F 151/10-8vu, vgl. DH 283b/9-10). Erst in der Großstadt Ard mit ihren Menschenmassen erhält das ‚Volk' wieder Gewicht und Charakter: Großstadtmenschen; Ard, das ist Stambul, Damaskus, Bagdad und die ‚Residenz' aus Karl Mays Kolportageromanen in einem. May war bestrebt, wie wir aus allen folgenden Beispielen sehen können, bei der Überarbeitung alles über die Notwendigkeit hinaus Ungewöhnliche zu mildern. Da er seine Ussul zu Haarmenschen gemacht hatte, besaßen sie kaum das ‚Gesicht', das er ihnen hatte geben wollen. Nicht nur, um seinen Lesern entgegenzukommen, holte er sie in der Neufassung ‚von den Bäumen herunter', sondern auch um einiger Wirkungsmöglichkeiten willen, die er sich – bei diesen Haaren! – hatte versagen müssen. Zudem hatte May Vergleiche gezogen zu jenen armen Wesen, die wie die einstmals berühmte Pastrana ihres Haarwuchses wegen auf Jahrmärkten gezeigt wurden (Ziffer 8). Er wollte jedoch keinen Gedanken an ‚Abnormität' aufkommen lassen und machte deshalb aus den Haarmenschen (DH 683b/24) die „Anderen" (F 401/8) und ließ sie nicht mehr behaart (DH 682a/12vu), sondern nur „bebartet" sein (F 395/10-9vu).

Die Behaarung galt bei den Ussul als Schönheitsideal und als Begriff für das Normale. Die Männer: „Tierisch behaart und massig gegliedert wie neu entstandene Wesen, die soeben erst den Übergang aus dem Tierreich in das Menschengeschlecht bewerkstelligt haben!" (Ziffer 3) Mit der Enthaarung mildert May auch den Charakter; Amihn ist nun weniger besitzwütig (Ziffer 2). Am wenigsten behaart und bebartet ist der von allen gefürchtete Sahahr (Ziffer 5). Jenseits dieser Mindesthaarmenge beginnt dann das Ausgestoßensein: die Hukara (Ziffer 24), die sich in der Neufassung demonstrativ den Bart scheren lassen (F 391/13-26, vgl. DH 681a/1vu-681b/1; ferner F 392/4-13, vgl. DH 681b/11-12). Das endet beim Aussatz; aber auch der Dschirbani hatte immerhin noch einen „Haarschleier" vor dem Gesicht (Ziffer 16). Nun aber gar die Frauen, die schöne Taldscha: „im ganzen Gesicht behaart, auch an den Wangen und an der Stirn. Man sieht nur die Nasenspitze und die beiden kleinen Augen" (Ziffer 4). „Man konnte nicht mit ihr sprechen wie mit anderen Menschen" (Ziffer 10). Mit der Priesterin, die sich in ihren „Träumen stets mit freiem, offenem Gesicht" sieht, fühlt sich Kara Ben Nemsi sogar gezwungen, über das Haarproblem zu philosophieren (Ziffer 22). In der Neufassung kann Halef endlich von Taldscha sagen: „Sie gefällt mir sehr. Sie ist fast schön." (F 124/2-1vu, vgl. DH 243b/34-33vu). Und so auch die Tiere. Die „Äuglein" des Ussulpferdes Smihk verschwanden fast ganz in dessen Behaarung (Ziffer 1). May stellte nun auch den Namen des Urgauls richtig; in der Urfassung hatte er sich wie folgt aus der Klemme helfen müssen: „‚Er heißt Nazik (Der Köstliche),' erklärte mir der Scheik" (DH 163a/21 : F 73/7vu). – „‚Wer ist Smihk?' erkundigte ich mich. ‚Mein Pferd,' antwortete er. ‚Das weißt Du noch nicht?' ‚Nein, ich konnte es mir aber denken.' Smihk heißt nämlich soviel wie ‚Der Dicke'". (DH 201a/oben : F 91/12-7vu) – „Der Urgaul, welcher ursprünglich Nazik und dann Smihk geheißen worden war und also höchstwahrscheinlich beide Namen führte" (DH 243b/23-21vu : F 125/12-13). Nachdem auch Smihk ‚enthaart' worden ist, widmet ihm May noch 22 Extrazeilen, um seine besonderen Vorzüge ins rechte Licht zu stellen (F 76/10-32, vgl. DH 163b/22-23). Nur den Hunden konnte May das Fell belassen, den Bärenhunden im Stachelzwinger vor allem, die Kara Ben Nemsi nach heutigen, allerneuesten Erkenntnissen der Tierpsychologie zu zähmen weiß, eine rührende Szene. 15 Jahre zuvor hatte er in einer ähnlichen Romansituation solche Hunde noch umgebracht.[6] Bei der Neufassung des Romans schenkt er aber auch den Hunden noch etwas mehr Aufmerksamkeit und widmet sich ihren Vorzügen durch kleine Einschaltungen (Ziffer 26).

Die Stellen im einzelnen:

Band I
1. DH 162a/39-43 : fehlt F 69/17-22
2. DH 162b/11-17 : fehlt F 71/1-7

3. DH 241b/6-9 : fehlt F 115/9-10
4. DH 243a/30-18vu : fehlt F 122/2vu-123/2
5. DH 243b/3vu-244a/7 : fehlt F 125/2vu-126/4; dazu: 243b/23-21vu : fehlt F 124/3vu-125/1
6. DH 244a/38-39 : fehlt F 127/6
7. DH 244a/21-20vu : fehlt F 127/13vu
8. DH 244a/12vu-244b/5 : fehlt F 127/4-3vu
9. DH 247a/6-13 : fehlt F 138/4-10
10. DH 282a/9vu-282b/3 : fehlt F 142/9-8vu
11. DH 282a/33-35 : fehlt F 145/10-11
12. DH 405b/12vu-405/10vu : fehlt F 234/5vu-235/10vu
13. DH 406a/21+6vu : fehlt F 236/10vu+238/10-31
14. DH 422b/4-6 : fehlt 245/8-9
15. DH 443a/11-9vu : fehlt F 250/12
16. DH 446b/13-19 : dafür F 264/11-25
17. DH 523a/9-4vu : fehlt F 293/12-9vu; dazu: 521a/19vu : fehlt F 284/ 10vu-285/1
18. DH 565a/13-9vu : fehlt F 320/12-16
19. DH 566a/9vu : fehlt F 325/6vu
20. DH 566b/4-9 : fehlt F 326/7-16
21. DH 602b/35-39 : fehlt F 336/19
22. DH 602b/4vu-603a/23vu : fehlt F 337/21-24
23. DH 644a/32-18vu : fehlt F 375/5-4vu
24. DH 647a/11vu-647b/27 : fehlt F 388/3vu-389/11
25. DH 683b/12-15 : fehlt F 400/4-2vu
26. DH 846a/19-17vu : erweitert F 499/9vu-500/17

Band II
27. DH 335a/11-2vu : fehlt F 165/5-4vu
28. DH 434a/7-3vu : fehlt F 214/12
29. DH 664b/4-5 : erweitert F 321/8-4vu
30. DH 782a/33-30vu : fehlt F 421/17-15vu

Räude und Taubheit

Die sogenannte Räude des Dschirbani ist eine den Ussul nur eingeredete, von ihnen lediglich eingebildete: räudig ist, wer zu wenig Haare hat! Es ist, wie schon erwähnt, sogar von Aussatz die Rede (Ziffer 2). May mußte, nachdem er von seinen Haarmenschen Abstand genommen hatte, nun auch hier eine Änderung vornehmen: der Dschirbani durfte hinfort nur noch in übertragenem Sinne als räudig gelten: „innerlich räudig" (F 242/18) an Stelle von „ansteckendräudig" (DH 441b/6vu).

Derjenige, der den Dschirbani zum Räudigen gestempelt hat, der Sahahr – wie wir gesehen haben, selbst nur schwach behaart –, bekommt von May eine zusätzliche Charakteristik ins Negative: „Ich begann, an der Gutmütigkeit dieses Mannes zu zweifeln und sie für nichts weiter, als für eine betrügerische Maske zu halten. Daß er jähzornig und aufbrausend war, hatte er bereits bewiesen" (F 256/5-14; vgl. DH 444b/7-8). Und: „Sie [die Hunde] täuschen ebenso, wie ihr Herr, der Sahahr täuscht. Man hält sie für Bestien, und doch ist die Gutmütigkeit wohl ihre hauptsächlichste natürliche Eigenschaft. Er aber gibt sich als gutmütig, und – – –" (F 263/19-25; vgl. DH 446a/9-5vu).

Parallel hierzu war auch die körperliche Behinderung des Tschoban-Prinzen Sadik – die Taubheit – ohne zwingende Notwendigkeit und mußte entfallen. Statt „der taube Prinz" (DH 934b) heißt es nun „der ältere Prinz" (F 588-90). Im Gegenteil: die Taubheit hatte den älteren Prinzen nahezu zwangsläufig von der Thronfolge ausgeschlossen (Ziffer 7), während nun die Handlungen des jüngeren Scheik-Sohnes, des Panther, der sich die Thronfolge anmaßt, in um so schwärzerem Licht erscheinen.

Die sensationelle Heilung des Prinzen von seiner Taubheit durch den Dschirbani (Ziffer 14) – man wird unwillkürlich an die Wundertaten des Dr. Sternau im *Waldröschen* erinnert – muß May schon bei der Erstfassung als nicht ganz in diesen Rahmen passend empfunden haben. Nachdem die Heilung geglückt ist, heißt es doch da: „Ich unterlasse es, die Szene, die nun folgte, nach Sensationsschriftstellerart zu beschreiben" (Ziffer 16). Das war allerdings auch nicht mehr notwendig.

Die Neufassung enthält eine Person weniger: der ‚Dolmetscher' des Prinzen wurde nun nicht mehr gebraucht. Nicht mehr verwendet werden konnte aber auch die schöne Ansprache des Prinzen, in der er sagt, „daß auch Völker taub sein und hörend werden können; nur müßten sie nicht nur hören können, sondern auch hören wollen" (Ziffer 18).

Die Stellen im einzelnen:

Band I
1. DH 404/21vu : fehlt F 231/1
2. DH 406a/6vu-406b/8vu : dafür F 238/10-31
3. DH 407a/7-441a/23 : dafür F 239/13-240/9
4. DH 485a/44-521a/5 : geändert F 283/15-10vu
5. DH 521a/15vu-521b/3 : dafür F 284/10vu-285/1
6. DH 682b/10-37 : dafür 396/13-26
7. DH 931a/19-2vu : dafür F 575/2vu-576/7vu
8. DH 931b/12-13 : fehlt F 577/8
9. DH 931b/20-26 : fehlt F 577/15-17
10. DH 931b/29-30 : fehlt 577/13vu
11. DH 931b/33-24vu : fehlt F 577/1vu-578/6
12. DH 931b/10vu-932/8 : dafür F 578/13vu-579/5

Band II
13. DH 14a/37-46 : fehlt F 11/7-5vu
14. DH 14a/14vu-15b/8 : dafür F 12/11-13/4
15. DH 100a/3vu-100b/16 : dafür F 52/7-5vu
16. DH 136b/20vu-137a/17vu : dafür F 68/11vu-69/9vu
17. DH 137b/10-1vu : dafür F 71/4-9
18. DH 138b/7-15 : fehlt F 73/3vu
19. DH 533a/9 : fehlt F 242/10-11

Schutzengel und Psychologie

„Es giebt so wunderliebliche Geschichten, / Die bald von Engeln, bald von Feen berichten..."

So beginnt ein sehr früh entstandenes Gedicht Mays, das er einmal an den Schluß einer längeren Betrachtung über die Schutzengel im Leben des Menschen stellte.[7] Dieses Schutzengelmotiv durchzieht in Abständen das ganze Werk, bereits in den *Erzgebirgischen Dorfgeschichten* ist es zu finden[8] und selbst in den Kolportageromanen.[9] Als May sich bei der Niederschrift von *Old Surehand* damit beschäftigte, nannte er die Schutzengel „meine Unsichtbaren", später aber, bei der Niederschrift des *Mir*, versuchte er, die Schutzengel zu konkretisieren und in die Romanwirklichkeit einzubringen. Er hatte dann aber wohl das Gefühl, daß eine solche Konkretisierung seiner Idee leicht ins Lächerliche abgleiten und dann nur schaden könne. So opferte er gleich mehrere Seiten, obwohl sie unter dem – an Albert Schweitzer anklingenden – Motto standen: „Wir sind nicht geboren, uns gegenseitig zu schädigen" (Ziffer 1, Abs. 8). Wo sonst im Sitara-Werk von Schutzengeln die Rede ist, wurden sie keineswegs von May versehentlich nicht gestrichen, so wenn die Wasserengel als Schutzengel bezeichnet werden (I/496), wenn Abd el Fadl sagt: „Ich meine einen Kreis von höher stehenden, weiter denkenden und tiefer fühlenden Menschen, bei dem ein Jeder verpflichtet ist, der gute Engel eines seiner Nächsten zu sein, ohne daß dieser eine Ahnung davon hat. Denn das ist es doch, was ihr euch vorgenommen habt! Ihr wollt die Schutzengel des Dschirbani sein" (I/549-550), oder wenn von dem Brauch die Rede ist, „daß jeder Bürger von Dschinnistan der heimliche Helfer, Behüter und Schutzengel eines Menschen ist" (II/460).

May machte später nochmals den Versuch einer Konkretisierung der Schutzengel, in welchem Falle das eher geglückt zu sein scheint: die Brüder Santer in *Winnetou IV*.[10]

Bei der *Mir*-Überarbeitung wurde selbstverständlich auch das Wörtchen „Schutzengelei" (DH 802/2 vu) entfernt und in „Eingebung" (F 464/12) verwandelt, womit wir uns den „Inneren Stimmen" nähern, von denen in einem

Gespräch zwischen Kara Ben Nemsi und Halef die Rede ist (Ziffer 6), ein kleines Kabinettstück zum Thema Psychologie, dessen Entfernung der May-Freund besonders bedauern dürfte. Ansonsten wird im Sitara-Roman allerdings immerfort von Psychologie gesprochen (I/9, 84f., 226, 562, II/13, 619). „Meine Erzählungen enthalten psychologische Untersuchungen und Feststellungen" (I/111). Auch mit Hinweisen auf das – man kann wohl sagen: Freudsche – Un(ter)-bewußtsein und Oberbewußtsein wird nicht gespart (I/164, 169, 221, 461, 467, II/420). Da May also weder seine „Inneren Stimmen" noch seine „Seelenlehre" verleugnet, muß man fragen, was der Anstoß zu dieser Streichung gewesen sein mag. Vielleicht hat May das Gespräch später als Weitschweifigkeit empfunden – allerdings müssen wir sogleich bezweifeln, ob er solche Kriterien als Streichungsgrund akzeptierte, zumal in dem Gespräch auch nichts nach Widerspruch verlangte. Die Erinnerung an ein anderes Gespräch mag eher auf die Spur führen, nämlich an Kara Ben Nemsis Gespräch mit Hanneh, das er wenige Jahre zuvor niedergeschrieben hatte[11]: „Schließe deine Augen, Hanneh, und versetze dich in das Lager der Haddedihn [...]. Deine Seele war jetzt dort. Wer das nicht begreift, der nennt es Phantasie." Aber Hanneh hatte das selbstverständlich begriffen – in hohem Maße –, sogar verständnisvoll und klug, wie May sie eben geschaffen hatte. Ihr Seelenleben war durchaus bewundernswert und dürfte kaum mit sehr vielen ihrer Geschlechtsgenossinnen aller Zeiten geteilt werden. Wenn man sich dieses rührende Zwiegespräch nochmals in Erinnerung ruft, dann könnte man vielleicht sagen, daß May aus psychologischen Gründen auf ein Halef-Pendant verzichtet hat. Denn im Vergleich zum Hanneh-Gespräch wurde das Gespräch mit Halef bei aller Überzeugung und Richtigkeit eher auf einem Lehrer-Schüler-Niveau geführt. Über ein solches Niveau – könnte May gemeint haben – sei aber sein Halef doch schon hinaus, zumal doch Hanneh nun schon so lange seine Frau war. Einen solchen seelischen Rückschritt wollte May seinem Halef wohl nicht antun.

Die Stellen im einzelnen:

Band I
1. DH 724a/32vu-726b/29 : dafür F 430/3vu-431/14vu
2. DH 765a/16-14vu : fehlt F 453/1-2
3. DH 765b/5 : fehlt 453/19-20
4. DH 765b/1vu-766a/17vu : fehlt F 454/15-11vu
5. DH 802a/17-22 : fehlt F 460/4-6
6. DH 805b/2vu-841a/3 : fehlt F 477/9-6vu
7. DH 845a/5-6 : fehlt F 496/5-6

Zeichen und Wunder

Wir müssen nochmals an den Anfang des Romans zurückkehren. Dort beginnen in der Urfassung zwei Zeichengebungen, die May später wieder herausfilterte, da er sie nicht mehr benötigte: der Schild, den Kara Ben Nemsi von Marah Durimeh erhält, brauchte nun nicht mehr als geheimer Brief zu gelten, da Kara Ben Nemsi keine Botschaft mehr zu überbringen hatte (I/12), er sollte nur noch als Erkennungszeichen dienen. Damit entfiel das Fläschchen mit der Flüssigkeit, welche die Schrift lesbar gemacht hätte, und damit entfielen ebenfalls die Schilde in der ‚Dschemma der Toten', auf denen ohnehin nichts weiter zu lesen war als „Krieg" und „Frieden" (Ziffer 12).

Auch der Geheimbund der Insanija, der Menschlichkeit, wurde fallengelassen. Zunächst hatte er im Verlaufe des Romans keine Funktion zu erfüllen, außerdem sah May später einen solchen Geheimbund wohl nicht mehr als für Sitara geltend an, da sich die Menschen dieses Sterns ohnehin auf ihre Weise erkannten, und schließlich hatte May ja für irdische Verhältnisse bereits einen schöneren und gewaltigeren Bund gegründet: die Shen in *Und Friede auf Erden!* (Ziffer 2-5 und 10).

In diesem Zusammenhang sei auch nicht vergessen, daß der ursprüngliche Scheik von Ardistan nun einheitlich zum Mir von Ardistan wurde (DH 401ff., F 218ff.) und daß die ‚Stadt der Toten' (einmal auch „Todesstadt") nun diesen Namen endgültig verliehen bekam. Früher: „Stadt der Geister" (DH 927b; F 559-60), „Geisterstadt" (DH II 11b/15, F II 3/11-10vu) und „Stadt des Todes" (DH II 255b/27, F II 117/8-9).

Daß May drei umfangreiche Beschreibungen der „lebenden Toten" in dieser Stadt ersatzlos gestrichen hat (Ziffern 11,12,15), dürfte seinen Grund nicht allein darin haben, daß es nun hier – infolge des nicht mehr vorhandenen Fläschchens – keine Schildgeheimnisse mehr aufzuklären gab. Schon immer haben wir die Szenen bewundert, die auf Seite 400 des zweiten Bandes einsetzen und in denen es May gelang, die Vision der lebenden Toten ohne jede Peinlichkeit zu gestalten. Was er durch die Streichung des vorzeitigen Anblicks dieser Dschemma – die betreffenden Passagen fehlen auf den Seiten 359, 361 und 366, also mehr als 30 Seiten zuvor – erreichte, ist nichts weniger als daß er nun beim Leser auch den letzten Gedanken an ein Panoptikum tilgte. Außerdem steigerte er den Überraschungseffekt, wenn er dabei auch auf das schöne Symbol verzichten mußte, das Symbol „von einem unzerstörbaren Schilde [...] und einer Zeichnung darauf, die einen jeden, der ihr folgt, nach dem Begräbnisort des Krieges führt" (Ziffer 18).

Die Stellen im einzelnen:

Band I
1. DH 122b/24-123a/18 : fehlt teilweise F 40/3-41/9vu
2. DH 123a/16vu-123b/24 : fehlt F 43/3-5
3. DH 446b/24-481a/8 : fehlt F 264/2vu-265/6
4. DH 483b/14-26 : fehlt F 275/1vu-276/7
5. DH 483b/8vu : fehlt F 277/17
6. DH 644b/20-19vu : fehlt F 378/10-11
7. DH 644b/14-5vu : fehlt F 378/16-17
8. DH 645a/38-55 : fehlt F 379/20-27
9. DH 646b/27-17vu : fehlt F 386/6-10
10. DH 923a/36-38 : fehlt F 540/4-5

Band II
11. DH 707b/21vu-708a/27 : fehlt F 359/14-10vu
12. DH 708a/1vu-709a/1 : fehlt F 361/9-12
13. DH 709a/7 : fehlt F 361/13vu
14. DH 710a/33-35 : fehlt F 364/15vu
15. DH 710b/11-711a/17 : fehlt F 366/9-16
16. DH 743b/7-5vu : fehlt F 389/6
17. DH 780b/1-7 : fehlt F 414/13-17
18. DH 782a/19-5vu : fehlt 421/3vu-422/1

Marahka – das Schlachtfeld

Wenn wir das Werk von Anfang bis Ende überschauen und uns klar darüber werden, daß trotz des ungeheuren Ringens, das sich von den Sümpfen Ussulistans bis zu den Bergen von Dschinnistan hinzieht, die Waffen des Krieges absolut schweigen, wird ersichtlich, daß May den *„Begräbnisort des Krieges"*, auf dessen Nennung er in der Buchausgabe verzichtete, hier im Werk insgesamt geschaffen hat. Und es ist verwunderlich, daß May diese Konzeption nicht von allem Anfang an gehabt zu haben scheint; denn durch den ganzen ersten Teil ziehen sich noch die Hinweise auf das „altbekannte Marahka", das Schlachtfeld. Der Leser erwartet nichts Geringeres als daß eine Schlacht von Harmagedon stattfinden werde. Doch nichts von alledem. May tilgt sämtliche Hinweise auf Marahka, und auch der „taktische Kniff, der von den Haddedihnarabern stammte und uns späterhin bedeutende Erfolge brachte", wurde gestrichen (Ziffer 4).

Er wußte also anfangs noch nicht, wie alles enden sollte? Das würde bedeuten: auch beim Spätwerk noch – mit Maßen allerdings – immer noch die Schreibmethoden aus der Kolportagezeit?

Es bleiben noch ein paar Kleinigkeiten anzumerken, die in den meisten Fällen aber durchaus auch ein Licht auf Mays Arbeitsmethode werfen:

In Band I wurden geändert „ganz besonders wichtige Dinge" (DH 81b/46) in „sehr wichtige Dinge" (F 4/1), „nickte" (DH 82a/41) in „sagte" (F5/15), „Der einzige Ton" (DH 82b/3vu) in „Der einzge Ton" (Versmaß! F 8/1vu), „indem man sich in seine [des Morgenlandes] Wohnung drängt" (DH 85b/22-21vu) in „indem man zu ihm geht" (F 20/8-6vu), „gar nichts erfahre" (DH 86a/17) in „gar keinen Bescheid bekomme" (F 25/9vu), „Mir von Dschinnistan" (DH 563a/29) in „Mir von Ardistan" (F 311/5), „Sergoschluk el Sergoschluk" (DH 564a/20) in „Machmurluk al Machmurluk" (F 318/7-8)[12], „Ardistan" in „Märdistan" (F 342/5). Schließlich noch ein hartnäckiger Druckfehler, der sich durch alle Buchausgaben zieht: „Unmöglich!' – ‚Wie? Nicht möglich?'" (DH 923b/10-9vu und F 543/15-16) muß richtig heißen: „Unmöglich!' rief Abd el Fadl aus, doch wohl nur, um uns zu prüfen. ‚Wie? Nicht möglich?'"

Band II: „Zwischenstationen" (DH 12a/3vu) in „Relaisketten" (F 7/3vu), „vor gewöhnlichen Menschen, wie der Unteroffizier und der Soldat ja sind" (DH 100b/24-23vu) in „vor so gewöhnlichen Menschen wie der Unteroffizier und der Soldat" (F 53/2-1vu), „Buben und Mädchen" (DH 386a/1) in „Buberln und Dirndln" (F 172/5-4 vu), „heiligen" (DH 668a/7vu) in „feierlichen" (F 335/15vu). Mit den „Buberln und Dirndln" sind die Kinder des Mir von Ardistan gemeint, denen May noch eine besondere Einschaltung gönnte, da er sie etwas mehr in den Vordergrund rücken wollte: „Und als ob diese größte aller Glocken nur auf diese Worte des kleinsten der Kinder gewartet hätte, erhob nun auch sie ihre tiefe gewaltige Stimme, die noch kein jetzt Lebender zu hören bekommen hatte" (F 202/15-12vu, vgl. DH 434a/16-17).

Die Stellen im einzelnen:

Band I
1. DH 322a/10-5vu : fehlt F 170/7-5vu
2. DH 363a/6-4vu : fehlt F 200/11-12
3. DH 364a/10-16 : fehlt F 203/17-11vu
4. DH 686b/14-8vu : fehlt F 413/8-9
5. DH 841b/9-11 : erweitert F 479/12-4vu
6. DH 844b/37-39 : erweitert F 494/11-7vu
7. DH 929a/13 : fehlt F 567/15
8. DH 931/31-32 : fehlt F 575/8

Band II
9. DH 786a/16-15vu : fehlt F 436/1vu
10. DH 813b/1-3 : fehlt F 460/6

Merhameh und der Weg nach Dschinnistan

Auch die „wie ein Sonnenstrahl durch das Kampfgewölk huschende Merhameh"[13] hat sich einige Streichungen gefallen lassen müssen, die möglicherweise sogar einen Blick in Karl Mays Seele zulassen. Die siebzehnjährige Merhameh, das lieblichste Mädchen bei May überhaupt, hat zwei Jahre lang mit ihrem Vater zusammen auf den Felsenklippen von Chatar auf Kara Ben Nemsi gewartet: ein ungewöhnliches Bild, das angesichts der kargen Aufenthaltsmöglichkeiten dort und der nicht einsehbaren zeitlichen Notwendigkeit – warum gerade zwei Jahre? – irreal wirkt, was von May dann auch für die Buchausgabe ins Unbestimmte umgewandelt wurde. Warum nun legte sich May überhaupt auf diese ungewöhnlichen zwei Jahre fest? (Ziffern 1, 2, 3, 5) Von Lu.

Von Lu Fritsch, Karl Mays ‚schöner Spionin', wissen wir, daß sie seine Merhameh gewesen ist.[14] Am Wahrheitsgehalt ihrer eigenen Beteuerung ist nicht zu zweifeln, obwohl wir Mays Brief an seinen Verleger Pustet kennen (13. 12. 1908), in dem er diesem weiszumachen versucht, daß er der Fürst von Halihm und seine Tochter die Merhameh sei: „Auch die Mutter kommt noch hinzu, sobald wir auf der Höhe sind." Im gleichen Brief stellt May noch die zaghafte Frage, ob Pustet das alles überhaupt gelesen habe.[15] Wie wir wissen, hat May das Versprechen mit der Mutter nicht gehalten. Er meinte ja auch jemand anderen. In den uns bekannten Briefen und Dokumenten von und über Lu Fritsch ist stets nur von ihrem Vater (und ihrem Bruder) die Rede; ihre Mutter scheint früh verstorben zu sein.[16]

Als May seine Merhameh auf den Klippen von Chatar zum ersten Male sah, war Lu siebzehn Jahre alt. Sie stand seit dem Jahre 1903 mit den Mays im Briefwechsel und sprach – soweit die Briefe überliefert sind – in einem Brief vom 29. 10. 1905 erstmals den Wunsch aus, „unseren Propheten" und seine „Schakara" einmal sehen zu dürfen. Aus einem Brief vom 30. 3. 1907 geht hervor, daß Lu noch immer nicht in Radebeul gewesen war. In einem Geburtstagsbrief, dessen Datum unklar ist (wahrscheinlich 1908), schreibt Lu – und die dem Brief aufgeklebten Blumen existierten im Jahre 1967 noch!: „Ich muß immer an die Schneeglocken denken. Die stehen im Schnee und träumen vom Frühling und erfrieren im Schnee und haben ihn nie gesehen"... – „Wir haben uns Euch zwei lange Jahre entgegengesehnt!" Nein, das stand nicht mehr in dem Brief von Lu, sondern das sagte Merhameh (Ziffer 5). Und hier dürfte des Rätsels Lösung zu finden sein. Lu war nach allem, was wir ermitteln konnten, wahrscheinlich erst in den Julitagen 1908 zum ersten Mal in Radebeul. Und als May die Merhameh erfand, sehnte sich Lu bereits seit zwei Jahren, ihn zu sehen. Das Rätsel ist damit jedoch immer noch nicht gelöst. Warum überhaupt hat es so lange gedauert, bis das liebe Mädchen nach Radebeul kommen durfte? Witterte Klara Unheil? Sie übernahm den zeitweise regen Briefwechsel; May selbst schrieb nur selten. Aber er entwarf Lus Bild – nach allem, was wir wissen – sogar ohne sie gesehen zu haben. Und dann kam sie. Und sie war beinahe noch lieblicher als er geahnt hatte. Armer Karl May! Das Bild Schakaras – im Werk – verblaßt ein wenig, obwohl Mays letzte Bemerkung über Schakara wie folgt lautet: „Sie war so ernst und doch so seelenlieb [...] und besaß [...] die guten, weichen Augen eines Kindes" (II/631).[17]

Seit dem Engpaß von Chatar ist Merhameh auf allen Stationen des Weges nach Dschinnistan stets gegenwärtig. Eine noch unbestimmte Wegemarke (Ziffer 8) wird in der Buchausgabe präzisiert: „Es scheint, wir gehen doch hinauf, hinauf nach – – Dschinnistan – – –!"

Und nun zum Schluß. Die *Hausschatz*-Fassung endet mit dem etwas schnippischen Hinweis (an Pustet gerichtet?): „Das Weitere liest man später", während in der Buchausgabe „der Weg nach Dschinnistan führt, und unsrem hohen, weiteren Ziele zu". Warum mußte Kara Ben Nemsi zunächst (Ziffer 9) nach Ard zurückfahren? Nun, er wurde dort von dem Mir von Ardistan, seiner Frau, dem „Fürsten von Halihm und Merhameh empfangen", obwohl er zuvor gar nicht davon gesprochen hatte, daß Merhameh etwa den Mir von Ardistan und Amihn mit seinen Ussul auf dem Wege nach Ard begleitet hatte.[18] Nun fährt das Schiff endgültig ohne ihn den Fluß hinab, „wir aber wendeten unsern weiteren Aufstieg nun den Bergen [...] zu". Sicher ist, daß die nicht mehr genannte Merhameh ihn begleitete.

Die Stellen im einzelnen:

Band I
1. DH 886a/11 : F 523/3vu
2. DH 887a/17 : F 528/8-7vu
3. DH 888/12-13 : F 533/10
4. DH 922b/8-12 : F 536/3-2vu
5. DH 924b/4-5 : F 546/13-14
6. DH 925a/25 : F 550/1vu

Band II
7. DH 214a/9-11 : erweitert F 87/15-17
8. DH 214a/28-29 : F 88/4-6
9. DH 936b/24-30 : fehlt F 651/1-Schluß

Ein Druckfehler

Mit welcher Sorgfalt May seine Buchausgabe vorbereitet hat, geht aus der Korrektur einer Ziffer hervor, zu deren Entdeckung jedoch erst ein Umweg führte.

In einer Staatsexamensarbeit (Klaus R. Meichsner, ‚Unbewußte' Motive und ‚gewollte Symbolik' in Karl Mays „Ardistan und Dschinnistan", Heidelberg 1974) ist auf S. 63 folgendes zu lesen:

Ein ZAHLEN–RÄTSEL (II/355)	arabisch	chinesisch
	3	2
	4	7
	2	6

((dazu Arno Schmidt, S. 134-35:) („...da liest KBN an zwei Säulen der ‚Totenstadt'" obige Zahlen „und ob mir schon ... schwante, um was es sich hier handeln müsse, störte mich doch die ‚3' links oben; so daß ich vorsichtshalber den Zeitungsvorabdruck im Hausschatz nachschlug; wo ich denn auch die von der Theorie geforderte ‚5' dafür fand. Aus diesen Zahlengruppen des Hausschatzes nämlich

5	2
4	7
2	6

kann man mühelos Mays Geburtstag, den 25. 2. 42 bilden; und als er diese Kolonnen niederschrieb, stand er im 67. Lebensjahr..."))

Doch der Fehler liegt beim *Hausschatz*-Abdruck. Kurz vor dem ‚ZahlenRätsel' heißt es dort im Text: „Im Arabischen bedeutet der Buchstabe Dschim eine 5" (DH 707a). Die ‚5' heißt aber ‚He', und die ‚3' heißt ‚Dschim'! May hat das in der Buchausgabe richtiggestellt: „Im Arabischen bedeutet der Buchstabe Dschim eine 3". Somit hat Arno Schmidt mit seiner Deutung nicht das Richtige getroffen, und die eigentliche Bedeutung des ‚Zahlen-Rätsels' muß einstweilen offen bleiben. Es sei denn, daß man die Zahlen wie folgt lesen könnte: 42 als Geburtsjahr, 23 Jahre mit Emma verheiratet, 67 das Alter des Autors.

Träume und Visionen

Karl Mays Textänderungen fanden zwischen dem *Hausschatz*-Abdruck und der Buchausgabe statt. Sein Manuskript scheint ihm nicht zur Verfügung gestanden zu haben. Es konnte auch bis zum heutigen Tag nicht näher untersucht werden. Trotzdem ist eine Streichung bekannt geworden, wenn auch nur eine einzige. Sie fand sich auf den Manuskriptseiten 370-371. Das war so ungewöhnlich, daß schon der Verdacht geäußert wurde, der *Hausschatz*-Redakteur habe wohl diese Streichung durchgeführt. Dagegen spricht jedoch die Art und

Weise, in der gestrichen worden ist. Zunächst wurden einige Stellen linear gestrichen und neue Worte hinzugefügt; dann wurde die ganze Passage durch Querstriche ausgeschaltet; nur zwei Sätze blieben. Hier der Text; er fehlt auf Seite 221 des ersten Bandes in der 17. Zeile:

Ich betone hier ganz besonders, daß in mir nicht die geringste Spur von Aberglauben steckt. Ich weise jede Art von Traum- und Zeichendeuterei beharrlich von mir. Aber was während des Traumes in oder mit uns geschieht, das betrifft doch keinen Fremden, sondern uns selbst, und so sollte sich jeder denkende Mensch der Wissenschaft und der Gesamtheit gegenüber verpflichtet fühlen, den Traum [*gestrichen:* , so oft er kommt,] genau zu betrachten [*gestrichen:* und zu controliren. Leider wird dies] selbst von gebildeten oder gar hochgebildeten Leuten unterlassen. Sie sind von Kindheit an gewohnt, den Traum als etwas so Alltägliches und so Unwichtiges hinzunehmen, daß er an ihnen vorübergeht, ohne ihnen die kleinste Frucht, den geringsten Nutzen zu bieten. Und doch ist grad der Traum die einzige Pforte, die uns zur richtigen Erkenntniß unser selbst und unserer Seele offen steht, und so lange sich nicht alle Psychologen der Erde zu einem festgeschlossenen und wohlinstruirten Forschungskörper vereinigen, der die Aufgabe hat, das Land und Volk der Träume zu studiren, so lange werden wir mit der Erkenntniß unsers Innern im Finstern tappen. Was mich betrifft, so lasse ich keinen meiner Träume ohne den Versuch [*gestrichen:* verschwinden, ohne daß ich versuche,] ihn festzuhalten, vorüberziehen. [*gestrichen:* und von allen Seiten in Augenschein zu nehmen. So auch hier!] Ich komme im späteren Verlaufe der Ereignisse auf diesen Punkt zurück.

Der gestrichene Text schließt unmittelbar an einen Traum des Kara Ben Nemsi an, der hier in seiner Schlußphase zitiert sei (I/225):

Nur eine kurze Stecke weiter stand der gesuchte Palast, von Mauern rings umgeben. Das Tor war geschlossen. Ich klopfte an. Der Pförtner erschien. Ich bat ihn, zu öffnen und mich einzulassen. Da schüttelte er den Kopf und antwortete: „Heut noch nicht, aber wahrscheinlich später." – „Warum nicht jetzt?" erkundigte ich mich. „Weil du jetzt schläfst," belehrte er mich. „Wir brauchen hier nur wachende Geister und Seelen!" Hierauf nahm er plötzlich die Gestalt, die Kleidung und das Gesicht meines kleinen Hadschi an, ergriff meinen Arm, schüttelte mich und rief: „Wach auf, wach auf, Sihdi!"

Im gleichen Band wird noch über einen weiteren Traum Kara Ben Nemsis berichtet (514f.):

Als ich dann einschlief, trat ein lieber, holder Traum zu mir heran und zeigte mir herrliche Wesen, die mich umschwebten. Ihre Farbe war die des leuchtenden Goldes und weißer, duftiger Rosen. Ihre Gestalten erschienen mir köstlicher und schöner, als Menschen je gestaltet gewesen sind. Und ihre Stimmen erklangen in liebevollen, beglückenden Tönen, die mir die Brust so weit und selig machten, daß ich tief Atem holte, die frische, weiche Morgenluft einsog und dann die Augen öffnete. Ich wachte auf.

Das sind zwei durchaus ‚klassische' Träume, die aber nicht erklären können, warum diese sozusagen ‚einführenden' Worte gestrichen werden mußten, zumal im zweiten Teil des Romans von Träumen vielfach die Rede ist, wie der

Autor ja auch im letzten Satz der Passage, der erhalten geblieben ist, ankündigt: „Ich komme im späteren Verlaufe der Ereignisse auf diesen Punkt zurück."

So äußert sich Kara Ben Nemsi wie folgt: „Kann man so Etwas wirklich erleben? Wohl nur im Traume, aber nicht im Wachen!" (II/179) Oder: Der Mir „gestand mir später, daß es ihm genau so vorgekommen sei, als ob er das, was geschah, nicht erlebe, sondern nur träume" (249), und stellt später die Frage, „ob sich Träume forterben können" (384). Dann erzählt er den Traum seiner Vorväter (386) und wartet darauf, ihn selbst zu träumen, um ihn bewältigen zu können (409, 412). Kara Ben Nemsi kommt es nach dem Ausbruch der Vulkane so vor, „als hätten wir nur geträumt" (586). Der erste Anblick von Dschinnistan schließlich ist so überwältigend, „daß man hätte glauben können, zu träumen" (628).

Echte Träume werden also nur selten erlebt, sehr viel öfter erscheint das tatsächliche Geschehen wie ein Traum. Der Dschirbani spricht nicht einmal von Träumen, sondern von „Visionen" (I/276), auch wenn er einmal gesteht: „Ich war heut wie ein Träumender" (II/420), „am Maha-Lama-See hatte ich einen eigentümlichen Traum [...]. Oder war es kein Traum, sondern eine Vision?" (535) Es war aber nicht einmal eine Vision; denn seine Mutter, die er gesehen hatte, war in jener Nacht leibhaftig in der ‚Stadt der Toten'.

Träume sind bis in die Architektur hinein zu finden, wobei wir die Brunnenengel eigentlich auslassen können; denn alles, was um sie herum und in ihnen geschieht, kann der Leser leicht nachvollziehen. Aber die Tempel-Türme und Kathedralen! In Ussula führte an der mittleren Säule „eine aus einzelnen Gliedern bestehende Holztreppe nach der Höhe empor" (I/291), „die aus einzelnen Gliedern oder Abteilungen bestand". Wir „begannen, nach oben zu steigen. [...] Da ich sie [die Treppe] noch nicht kannte, nahmen mich die beiden Frauen in die Mitte"(327f.).

Die ‚Stadt der Toten' schließlich erinnert in ihrer Gesamtheit an die Architektur-Entwürfe des Giovanni Maria Piranesi: Bauten, aus denen keiner mehr herausfindet, wenn er einmal hineingelangt ist. Hier eine turmartige Kathedrale, die „in Form eines Kreiskegels, also eines Zuckerhutes, ganz aus dem Fels gehauen" ist, eine „ununterbrochene, immerwährend rundum laufende Spirallinie von unten bis hinauf zur höchsten Spitze" (II/370), mit Sitzen, die eine ansteigende Empore bilden. Sich dies vorzustellen, bereitet Schwindel.

Wenn man jetzt noch an die ‚Dschemma der Toten' denkt, ist in Mays Werk wahrhaftig genügend Traumhaftes vorhanden, um einen Abschnitt wie den anfangs vorgestellten zu tolerieren. Es bestand keine Notwendigkeit, diese Passage zu streichen, in der May sagt: „Und doch ist grad der Traum die einzige Pforte, die uns zur Erkenntnis unser selbst und unserer Seele offen steht"...

Anmerkungen

Vorbemerkung: Mein Dank gilt Hans Wollschläger, der mir für diese Arbeit die Auflistung seiner Vergleichslesung *Hausschatz*-Fehsenfeld zur Verfügung stellte. Der vorliegende Beitrag erschien – ohne die beiden abschließenden Kapitel – erstmals 1976 in MKMG 30, S. 23-32.

Abkürzungen:
DH I: Deutscher Hausschatz, XXXIV. Jg. 1908 (Okt. 1907 bis Okt. 1908), Verlag Friedrich Pustet, Regensburg-Rom-New York & Cincinatti. 24 Hefte mit insgesamt 960 Seiten. Der Abdruck beginnt im 3. Heft auf Seite 81; der Inhalt des Jahrgangs entspricht dem des I. Bandes der Buchausgabe.
DH II: Deutscher Hausschatz, XXXV. Jg. 1909 (Okt. 1908 bis Okt. 1909), Verlag wie oben, 24 Hefte mit insgesamt 960 Seiten.
F: Fehsenfeld-Ausgabe – letzter Hand –: *Ardistan und Dschinnistan*, Gesammelte Reiseerzählungen Band 31/32, Band I und II. Verlag Friedrich Ernst Fehsenfeld, Freiburg 1910, 1.-10. Tsd.
a/b: Kolumnenbezeichnung des zweispaltigen *Hausschatz*-Textes vu: Zeilenangabe von unten

1 Vgl. Anton Haider: *Vom „Deutschen Hausschatz" zur Buchausgabe. Vergleichslesungen.* SoKMG 50 (1984), S. 42-63.
2 Vgl. Hansotto Hatzig: *Et in terra pax – Und Friede auf Erden. Karl Mays Textvarianten.* In: JbKMG 1972/73, S. 144-170.
3 Das als Druckvorlage dienende Manuskript besteht aus 367 Blättern und befindet sich im Archiv des KMV Bamberg.
4 Die beiden Texte wurden bereits veröffentlicht bei Gerhard Klußmeier: *Karl May und Deutscher Hausschatz* VI, MKMG 21 (1974), S. 17 u. 19; auch über die Kapiteleinteilung im DH gibt Klußmeier eine Übersicht: *Karl May und Deutscher Hausschatz* IX, MKMG 24 (1975), S. 22.
5 Hierzu Wolf Dieter Bach (persönliche Mitteilung): „Beim Madaris-See ließe sich einerseits an das persische Wort für Mutter denken, das bald ‚madar', bald ‚mädär' transkribiert wird. Ebenso aber bietet sich eine Ableitung an von dem arabischen madrasa (Medresse, theologische Lehranstalt) – der Plural lautet madaris. Der Madaris-See wäre dann also ein ‚See der theologischen Lehranstalten'." – Den Weg über diesen See nahm Kara Ben Nemsi jedenfalls nicht.
6 1892: Die kurdischen Windhunde in *Mater dolorosa*, Bd. X, S. 599ff.; 1882 dagegen: der treue Windhund Dojan. „Bärenhunde" beschäftigten Karl May ebenfalls schon länger; 1887: in der Urfassung *Der Sohn des Bärenjägers* im *Guten Kameraden* erzählt Hobble Frank die köstliche Geschichte von einem „Bärenbeißer" aus Moritzburg (MKMG 28, 1976, S. 19-22).
7 *Old Surehand III*, Freiburg i. Br. 1896, S. 150-158.
8 *Der Herrgottsengel*, in ‚Weltspiegel', Dresden 1879.

9 *Der Engel der Verbannten*, letzter Band von *Deutsche Herzen, deutsche Helden*, Dresden o. J., entstanden 1885.
10 *Winnetou IV*, Freiburg i. Br. 1910; siehe Hansotto Hatzig: *Materialien zu einem Karl-May-Register. I. Register zu „Winnetou IV"*. In: JbKMG 1970, S. 263-269, Stichworte ‚Enters' und ‚Schutzengel'.
11 *Im Reiche des silbernen Löwen III*, Freiburg i. Br. 1902, S. 428-435.
12 Hierzu Wolf Dieter Bach (persönliche Mitteilung): „Serhoschluk ist ein türkisches Substantiv aus einem persischen Wurzelwort gebildet und heißt: Trunkenheit. Die Form sergoschluk mit einem G existiert nicht, es handelt sich hier um ein offenkundiges Versehen Mays – sofern er nicht das türkische Substantiv sergi hineinbringen wollte, das am Boden hingestreckte Dinge bezeichnet (könnte ja allenfalls für Trunkenheit passen!). Machmurluk bzw. mahmurluk ist abgeleitet vom arabischen Adjektiv mahmur, das ins Türkische übernommen wurde, und das zwar einerseits berauscht, andererseits aber schmachtend verliebt bedeutet. Daraus abgeleitet existiert das türkische Substantiv mahmurluk, dessen heutige Bedeutung Katzenjammer ist." – May übersetzte beide Versionen jeweils mit ‚Rausch aller Räusche'.
13 Amand von Ozoróczy in *Neues von Karl May*, *Augsburger Postzeitung* (6. 4. 1910); nachgedruckt in MKMG 23 (1975), S. 21-24 (24) und im vorliegenden Band.
14 Vgl. Hansotto Hatzig: *Karl May und Sascha Schneider. Dokumente einer Freundschaft*. Bamberg 1967, S. 180. Leider sind in dieser kurzen Lu-Fritsch-Skizze zwei Fehler enthalten: a) Lus ‚Weihnachtsgedicht' im Gästebuch 1904 verleitete zu der Annahme, daß sie auch im gleichen Jahr in Radebeul gewesen sein müsse. Später konnten wir jedoch ermitteln, daß dieses Gedicht erst nachträglich von Klara May in das Gästebuch eingeklebt wurde. b) Nicht die erst später entstandene Novelle *Merhameh*, sondern die gerade erschienenen Bände *Ardistan und Dschinnistan* bekam Lu von Karl May mit der Widmung: „Merhameh, das bist Du. In der Gestalt habe ich Dich gesehen und habe Dich erlebt vom ersten Tag als ich Dich kannte." Diese Widmung war auf einen Zettel geschrieben, der später verlorenging. – Eine spätere Überprüfung des Tonbandprotokolls brachte diesen Irrtum zutage (Interview Joachim Schmid mit Lu Fritsch am 8. 8. 1959).
15 Vgl. die Briefwiedergabe im Tagungsprogramm der KMG *Karl May und Regensburg*, Regensburg 1973.
16 Einsicht in die Lu-Fritsch-Dokumente im Archiv des KMV Bamberg verdankt der Verfasser seiner Arbeit an der Monographie *Karl May und Sascha Schneider*.
17 Diese liebevollen Worte unterstützen die bereits früher ausgesprochene Vermutung, daß May in Schakara ein anderes junges Mädchen abgebildet haben könnte, das er bereits ein Jahrzehnt zuvor kennengelernt hatte: Marie Hannes. Vgl. dazu: Hansotto Hatzig: *Die Frauen im Reiche des silbernen Löwen. Lesenotizen und Impressionen*. In: Dieter Sudhoff/Hartmut Vollmer (Hg.): *Karl Mays „Im Reiche des silbernen Löwen"*. Paderborn 1993, S. 343-357; dazu auch: Gudrun Keindorf: *„Ich bin Schakara, welche du vom Tode errettet hast." Überlegungen zu Identifikation und Identität*. In: MKMG 104 (1995), S. 3-7.
18 In der Buchausgabe (II/650) findet sich diese Stelle auf der vorletzten Seite; sie ist auch in der *Hausschatz*-Fassung der vorletzte Abschnitt des gesamten Romans.

Helmut Schmiedt

‚Ardistan und Dschinnistan', Seite 1–3

An der herausragenden Bedeutung des Beginns epischer Texte wird in der Erzählforschung nicht gezweifelt. Mit den Anfangsworten eines Romans, einer Novelle, einer Erzählung „hebt das Spiel an zwischen dem Autor, der listenreich das Publikum in seinen Bann zu ziehen versucht, und dem Leser, der ihm halb widerstrebend, halb wißbegierig ins Garn geht". Dabei ist nicht nur der Erzählinhalt von Belang, sondern auch das Wie: „Auch in der Erzählweise schließlich legt sich der Autor [...] in den meisten Fällen durch eine einmal gewählte Aussageweise vom ersten Satz an fest."[1] Wer also den Anfang eines Erzähltextes genau unter die Lupe nimmt, wird häufig mancherlei Aufschlüsse darüber gewinnen, wie er in seiner Gesamtheit beschaffen ist.

Über die Anfänge der Romane und Erzählungen Karl Mays ist in Spezialuntersuchungen schon vieles gesagt worden.[2] *Ardistan und Dschinnistan* – ein Werk, das May mit größeren Ambitionen als alle anderen konzipiert hat – wurde in dieser Hinsicht aber bisher recht zurückhaltend behandelt. Die folgenden Beobachtungen sollen da ein wenig für Abhilfe sorgen: nicht in der Absicht, neue Marksteine in der Grundsatzdiskussion um den Wert des Mayschen Spätwerks zu setzen, sondern mit dem eher bescheidenen Ziel, einige Besonderheiten in der Anlage und Gestaltung des Romans ins Licht zu rücken, soweit sie von den ersten Seiten des Textes her erschließbar sind.

Das erste Kapitel von *Ardistan und Dschinnistan*, überschrieben *Eine Mission*, setzt folgendermaßen ein:

Meine Erzählung beginnt in Sitara, dem in Europa fast gänzlich unbekannten „Land der Sternenblumen", von dem ich im „Reiche des silbernen Löwen" erzählt habe. Die Sultanin dieses Reiches ist Marah Durimeh, die allen meinen Lesern wohlbekannte Herrscherin aus uraltem Königsgeschlecht. Zu Sitara gehört auch das in meinem Buche „Babel und Bibel" erwähnte, weit ausgestreckte Gebiet von Märdistan mit dem geheimnisvollen Walde von Kulub, in dessen tiefster Schlucht, wie man sich heimlich erzählt, die Geisterschmiede liegt, in der die Seelen durch Schmerz und Qual zu Stahl und Geist geschmiedet werden. Ein späterer, hochinteressanter Ritt wird uns Gelegenheit geben, diesen Wald und diese Schmiede kennen zu lernen. Für heut verzichten wir auf diesen Ort der Marter und der Pein und wandeln durch die Gärten von Ikbal, um alles Leid der Erde zu vergessen.

Ikbal*) ist eine der schönsten Residenzen Marah Durimehs. Ihre fürstliche Wohnung, mehr einem Tempel als einem Schlosse gleichend, hebt sich wie die aus weißem Marmor gedichtete Strophe eines salomonischen Psalmes hell, klar, rein und leuchtend von dem dunkeln Hintergrunde der himmelanstrebenden Berge ab. Diese liegen im Norden. Nach Süden dehnt sich die blaue, von silbernen Fäden durchzogene See, leise atmend, wie ein schlafendes, glückliches Kind, welches im Traume lächelt. Und wie köstliche, schimmernde Perlen, die von einer reichen, kunstsinnigen Fee aus der Meerestiefe emporgeholt und am Ufer in grünende Gärten gebettet wurden, so haben sich die Häuser der Untergebenen dem Palaste der geliebten Herrscherin zu Füßen hingestreckt. Die Seeluft mildert die Glut der strahlenden Sonne. Schattige Wege führen vom Tale zu Berge, vom Berge zu Tal. Goldige Früchte winken aus dunklem Laub. Jede Bewegung der Luft spendet süßen Blumenduft. Ed Din, der Fluß, tritt, unberührt von dem Schmutze des alltäglichen Lebens, wie eine Offenbarung aus höheren Welten aus dem Gebirge hervor, schließt Ikbal in zwei schwellende Arme ein und tritt dann in die See, um ihre Flut zu läutern und zu klären.

Der kleine Hafen von Ikbal ist mit der Außenwelt nur durch einen einzigen größeren Segler verbunden, welcher „Wilahde" heißt und immer segelfertig gerichtet ist. Dies Schiff gleicht einer Arche. Sein Bau ist uralt. Es hat die Formen und die Linien vergangener Jahrtausende. Sein Tau- und Segelwerk mag im ältesten Babylonien oder Aegypten erfunden worden sein. Aber man hat trotzdem keinen Grund, irgend etwas daran zu tadeln, denn Alles, was man sieht, ist genau dem Zwecke, dem es dienen soll, entsprechend eingerichtet. Wir werden diesem Fahrzeuge in meinen späteren Erzählungen noch oft begegnen; darum verzichte ich jetzt darauf, es genau zu beschreiben. Ebenso wird es Sache meiner künftigen Berichte sein, das Land Sitara und die Stadt Ikbal eingehender zu schildern. Für heute habe ich sie beide nur kurz zu erwähnen, weil sie den Ausgangspunkt der vorliegenden Erzählung bilden. – – – (XXXI 1-3)[3]

Die Fußnote zu „Ikbal*)" lautet: „Die zweite Silbe dieses Namens wird betont." Daß ‚Ikbal' ‚Glück' und ‚Wilahde' ‚Geburt' bedeutet, wird nicht erläutert.

An diesen Passagen fällt zunächst einmal auf, daß der Ich-Erzähler gleich mehrfach auf frühere Werke aus seiner Feder verweist; teils geschieht dies unter ausdrücklicher Nennung eines Titels (*Im Reiche des silbernen Löwen*, *Babel und Bibel*), teils mit der pauschalen Formulierung zu einer „meinen Lesern wohlbekannten" Figur, Marah Durimeh, die der May-Experte schon in *Durchs wilde Kurdistan* kennengelernt hat. Auffallend ist ferner, daß May es vermeidet, seine älteren Werke mit literarischen Gattungsbezeichnungen zu versehen. Das Schauspiel *Babel und Bibel* ist hier ein „Buch", und über den *Silberlöwen* redet der Erzähler – gemäß einer heute noch gängigen Praxis – mit einer Formulierung, nach der er auch im *Silberlöwen*-Reich selbst, und nicht etwa nur in dem betreffenden Roman, vom „Land der Sternenblumen" erzählt haben könnte. Jeder explizite Hinweis auf den fiktiven, im engeren Sinne literarischen Charakter jener Werke unterbleibt.

Der Erzähler spricht aber nicht nur von früheren Arbeiten, sondern auch von solchen, die er noch zu schreiben gedenkt. Ein Ritt zur Geisterschmiede, das Segelschiff ‚Wilahde', Sitara generell und Ikbal im besonderen: all dies soll – zumal es teilweise „noch oft" eine Rolle spielen wird – in künftigen Erzählungen „gründlicher" geschildert werden. Daraus ist bekanntlich nicht viel geworden; allerdings hat der Sitara-Mythos im ersten Kapitel der Autobiographie eine weitere Ausformulierung gefunden.

87

Die Bedeutung dieser Hinweise auf vorliegende und noch zu schreibende Werke ist schon bei einer oberflächlichen Betrachtung nicht gering zu veranschlagen. Sowohl Marah Durimeh, eine Hauptfigur des ersten Kapitels und untergründig des gesamten Romans, als auch der Schauplatz Sitara wird mit Hilfe der Rück- und Ausblicke eingeführt, und indem sie vom *Wilden Kurdistan* über *Im Reiche des silbernen Löwen* bis zu *Babel und Bibel* führen, ruft May gleich mehrere Jahrzehnte seiner literarischen Tätigkeit in Erinnerung, vom traditionellen abenteuerlichen Reiseroman bis zum Spätwerk und unter Einschluß eines Textes, der an beiden Perioden partizipiert. Wir begegnen hier einem Phänomen, das in Mays Werk des öfteren zu beobachten ist: Immer wieder greift er, bei allen literarischen und gedanklichen Entwicklungen und Sprüngen, intensiv auf ältere Materialien zurück, zitiert sie gar ausführlich, und wenn man das in früheren Fällen gelegentlich als eine durch äußere Umstände bedingte Notlösung ansehen mag – etwa bei den in *Old Surehand II* eingelegten Erzählungen –, so kann davon spätestens vor *Ardistan und Dschinnistan* und auch vor *Winnetou IV* wohl nicht mehr die Rede sein.

Die einschlägigen Passagen unseres Romans tragen also einen geradezu programmatischen Charakter, und das gilt ganz konkret und sehr spezifisch auch in ihrem Bezug auf den weiteren *Ardistan*-Text: Immer wieder wird auch dort auf ältere Arbeiten Mays verwiesen. Als Kara Ben Nemsi es mit großen Hunden zu tun bekommt, fällt ihm sogleich Dojan ein (XXXI 254), das Tier, das ihn auf einem Teil der in *Durch die Wüste* ff. geschilderten Orientreise begleitet hat. Als eine Strategie für die Auseinandersetzung mit den feindlichen Tschoban zu entwerfen ist, erinnert sich das Ich wie auch sein Begleiter Halef mehrfach an den in *Durch die Wüste* beschriebenen Kampf, mit dem die Haddedihn im ‚Tal der Stufen' gleich drei gegnerische Stämme besiegt hatten (XXXI 214, 247, 544; XXXII 20). Unmittelbar im Anschluß an den oben zitierten Text taucht neben Hadschi Halef Omar und Kara Ben Nemsi Schakara auf, eine gleichfalls aus früheren Werken bekannte Figur.

May legt also ersichtlich Wert darauf, den gigantischen utopischen Entwurf, um den es sich bei *Ardistan und Dschinnistan* handelt, nicht von seinem übrigen Werk zu isolieren. Im Gegenteil: das, was dem Leser neu vorliegt, präsentiert sich ausdrücklich als Fortsetzung dessen, was schon seit längerem da ist, und – bei aller Selbständigkeit des Erzählten – auch als Einleitung oder Vorspiel zu etwas, das noch folgen soll. Dies wäre einmal gründlich zu bedenken im Hinblick auf die Frage, wie es um die Kontinuität und Kohärenz des Mayschen Gesamtwerks bestellt ist. Mays diverse Äußerungen zum ‚eigentlichen Werk', mit dem er demnächst beginnen werde, zum etüdenhaften Charakter alles dessen, was er bisher verfaßt hat, zur ‚Symbolik', die seine Werke angeblich schon immer auszeichnete, betonen abwechselnd das Moment der geradlinigen Entwicklung und das eines ziemlich rabiaten Wandels. Unsere Beobachtungen zeigen, daß er das früher Geschriebene demonstrativ zumindest als stabilen Bezugspunkt darbot, der keineswegs nur auf dem Wege strikter Negation Orientierung gewährt, und daß er den neuen Roman als Teilstück eines Gesamt begriff, das noch erheblicher Ergänzungen in der Zukunft bedurfte: das ‚eigentliche Werk' als ‚work in progress'. Der Umstand, daß May in den späten Teilen des *Silberlöwen* die viel früher entworfene abenteuerliche Fabel mit einiger Sorgfalt fortführte, und die Zusammensetzung und Interpretation des Personals in *Winnetou IV* lassen ähnliche Schlüsse zu.

In einem entscheidenden Punkt aber – und auch dazu haben die Anfangssätze Gewichtiges zu sagen – unterscheidet sich *Ardistan und Dschinnistan* von beinahe sämtlichen bisherigen Romanen des Autors. Während diese einen real existierenden, im einzelnen oft präzise lokalisierten Schauplatz besitzen, hat es ein Land Sitara in der geographischen und politischen Realität ebensowenig wie die Reiche von Ardistan und Dschinnistan jemals gegeben. Dieser Schauplatz ist ein groß angelegtes allegorisches Konstrukt, darin nur vergleichbar dem frühen Roman *Scepter und Hammer/Die Juweleninsel*.

Was in der Realität nicht vorhanden ist und dennoch als existent dargeboten wird, bedarf der Legitimierung – und just diesem Zweck dienen wiederum die Rückgriffe auf andere Werke Mays. Wenn man die ersten beiden Sätze so zugespitzt liest, wie es den gegebenen Verhältnissen entspricht, besagen sie ja nichts anderes, als daß Sitara und seine Herrscherin „in Europa" nur deshalb bekannt sind, weil Karl May von ihnen erzählt hat. Die Wüste, das Land der Skipetaren und des Mahdi, das Amerika des Winnetou: all diese Territorien existieren unabhängig von der Literatur und bilden eine solide Basis für Mays Erzählen, das sich dann entwickelt in der Zusammenführung einer geschickten Auswertung von Quellen, autobiographischer Stilisierungen, traditioneller abenteuerlicher Topoi, freier Phantasie etc. Was dabei herausgekommen ist, bildet seinerseits das Beglaubigungsinstrument für den neuen Roman; der Umstand, daß May nachweislich etwas geschrieben hat, verleiht dem, was gerade jetzt vorliegt, Evidenz. Anders ausgedrückt: während der Autor sonst etwas vorfand, das seine literarische Arbeit im Grundsätzlichen vielfältig präfigurierte, ist es nun die bisherige literarische Arbeit selbst, aus der die Konturen des literarischen Kosmos von *Ardistan und Dschinnistan* geschlagen werden. Hier zeigt sich abermals, wie eng der Roman an Mays früheres Werk gebunden ist und welch radikal neue Wege er dennoch zu finden versucht. Daß May durch das Weglassen der Gattungsbezeichnungen den fiktiven Charakter der Bezugstexte ein wenig verschleiert, findet eine Rechtfertigung darin, daß er mit seiner Symbolik zwar nicht im handfest-buchstäblichen, aber doch im übertragenen Sinne ‚Wahrheit' vermitteln will: Die Reise des neuen Kara Ben Nemsi ist ja, wie in allen jüngeren Kommentaren bestätigt wird[4], unter anderem nichts Geringeres als eine Wanderung durch die Weltgeschichte, und da mag es angezeigt erschienen sein, den fiktionalen Charakter der Legitimationsinstrumente nicht noch ausdrücklich zu betonen.

Der Rückblick des Erzählers gilt aber nicht ausschließlich eigenen Arbeiten. Die Bemerkungen zum Schiff ‚Wilahde' bringen eine andere Vergangenheit ins Spiel: Es „gleicht einer Arche", ist nach den Modellen „vergangener Jahrtausende" entworfen, im „Tau- und Segelwerk" orientiert am „ältesten Babylonien oder Aegypten"; mit biblischen Assoziationen arbeiten ferner die Worte zu Marah Durimehs Wohnung als „Tempel" und „salomonischem Psalm". Hier bezieht May die ‚Alte Geschichte' und die Mythologie des *Alten Testaments* mit ein. Vor dem eben erwähnten Hintergrund einer Reise durch die Historie wirkt dieses Verfahren unmittelbar evident, und in struktureller Hinsicht antizipiert es die Neigung des Textes, auch ausdrücklich, in separat hervorgehobenen Passagen, weiteste Zeit-Räume zu durchschreiten und dabei gründlich auf große Traditionen zurückzugreifen. Der Bericht etwa, in dem Halef später die Sage vom Fluß Ssul rekapituliert, läßt diese Tendenz schon in der archaisierenden Sprache erkennen:

„So oft ein Jahrhundert vorüber ist, springen alle Pforten und Tore des Paradieses auf, und eine unendliche Fülle durchdringenden Lichtes flutet über die Erde und über die Menschen hin, die auf ihr wohnen. Da wird Alles, Alles offenbar, was je geschehen ist und was noch heut geschieht. Die Erzengel treten vor die Tore. Ihre Scharen erscheinen zu Tausenden und zu Zehntausenden auf den Mauern. Sie schauen herab, ob endlich Friede sei; aber stets ist Krieg und Mord und Zank und Streit." (XXXI 216)

Es empfiehlt sich, den gesamten Wortlaut dieser Schilderung einmal im Vergleich zur *Offenbarung* des Johannes zu lesen.

Eine genauere Analyse würde eine Vielzahl weiterer möglicher Anregungen entdecken; schließlich spielt auch Mohammed, der „irdischeste aller Geister" (218), in der Sage vom Fluß Ssul eine gewisse Rolle, und wer will, mag in der geschichtsbewegenden Kraft, die den „Schwachen, [...] Armen, [...] Unterdrückten und Geknechteten" zuerkannt wird – ihre „Bitten und Gebete sind mächtiger als die mächtigsten der Menschen" (216f.) –, den fernen Anklang an einen Weltentwurf erkennen, der im neunzehnten Jahrhundert Konturen gewann, im zwanzigsten machtpolitisch wirkungsvoll erblühte, aber seit kurzem ziemlich außer Kurs geraten ist – einen sehr fernen allerdings.

Gerade weil die Einleitungspassagen derart weite Ausgriffe zu beträchtlichen Teilen vorwegnehmen, wirkt es erstaunlich, daß sie über die Bedeutung der Vokabel ‚Wilahde' nichts sagen, während ein so peripheres Phänomen wie die Betonung des Wortes ‚Ikbal' in einer eigenen Fußnote gewürdigt wird; dabei könnte doch der Hinweis auf die ‚Geburt' wie ein Schlüssel zum Verständnis der Grundsymbolik wirken. Aber auch dieses Verschweigen ist programmatisch: May kam es nicht auf leicht lesbare Bilder an; die aus diversen Traditionen und anderen Quellen eigenwillig gestaltete Symbolik verfolgte – sei's aus autobiographisch-psychologischen Gründen, sei's im Hinblick auf den Leser, dem der Sinn des Ganzen nicht gar zu aufdringlich nahgebracht werden sollte – immer auch den Zweck, „die Wahrheit, die sich in ihr aussprach, zu entstellen".[5]

Ein weiteres Merkmal der zitierten Absätze ist die ausgeprägte Neigung zum metaphorischen Sprechen. Während der Vergleich der „leise atmenden" See mit einem im Traum glücklich lächelnden Kind noch recht konventionell anmutet, dürfte manchen Leser die „Geisterschmiede" irritieren, „in der die Seelen durch Schmerz und Qual zu Stahl und Geist geschmiedet werden", desgleichen „die aus weißem Marmor gedichtete Strophe eines salomonischen Psalmes", ein merkwürdiges Gebilde, das zur Erläuterung der Wohnung Marah Durimehs herhalten muß. Die Besonderheit dieser Formulierungen ergibt sich daraus, daß Begriffe aus weit auseinander liegenden Sachbereichen, aus Konkretem und Abstraktem verknüpft werden: Das Schmieden ist normalerweise ein sehr handfester Vorgang, dessen Objekte nicht „Seelen" sind; die „Strophe eines salomonischen Psalmes" als solche bereitet dem Verständnis wenig Mühe, wohl aber der Umstand, daß ihr Material Marmor ist und daß sie sich wie eine Wohnung „von dem dunkeln Hintergrunde" der Berge abheben kann. Wir haben es hier mit Katachresen zu tun, einem rhetorischen Mittel, das sich in der Literatur nicht eben selten findet, das aber auch immer – wie nahezu sämtliche Lexika unter diesem Stichwort registrieren – vom Umschlag ins Unfreiwillig-Komische und Schwülstig-Überladene bedroht ist.

Eine ähnliche Doppellinigkeit findet sich in der Bemerkung zum Fluß Ed Din, er trete „unberührt von dem Schmutze des alltäglichen Lebens, wie eine Offenbarung aus höheren Welten aus dem Gebirge hervor". Daran ist zunächst einmal manches ganz wörtlich zu nehmen: Das Gebirge überragt Ikbal, ist also zweifellos eine ‚höhere Welt', und daß ein Fluß, wenn er aus der unberührten Naturlandschaft hervorbricht, noch relativ sauber wirkt, ist allgemein bekannt. Aber selbstverständlich zielen die Formulierungen auch auf etwas anderes: auf die „höhere" im Sinne einer besseren Welt, auf den Schmutz „des alltäglichen Lebens" in übertragener Bedeutung, auf eine Offenbarung nicht bloß als Sichtbarwerden von Materie.

Der Satz verweist bereits in Andeutungen und gewissermaßen aus der Umkehrung auf die besondere Ausrichtung einer Reise, die wir in Mays Romanen häufig finden und die in *Ardistan und Dschinnistan* geradezu die Substanz des Ganzen bildet: die Bewegung von der Tiefebene in die Höhe, ins Gebirge, hier: aus den Niederungen des ardistanischen Terrains in Richtung auf das dschinnistanische Hochland. Gemeinsam mit den Katachresen nimmt er aber auch generell die Mehrdeutigkeit des folgenden Romangeschehens vorweg, das handfeste Abenteuerlichkeit vermittelt und zudem mit beträchtlichem Ambitionsreichtum sowohl auf die „Veranschaulichung des Wesens und Werdens des *Einzelmenschen*"[6] zielt als auch auf eine Kollektiventwicklung; sie beginnt bei den frühesten Stufen der Menschheitsgeschichte, schließt „Pfahlbauern im Schwemmland; Viehzüchter und athletische Angler; [...] Nomadenvölker"[7] ein und führt in eine Zukunft, die durch die Vision vom ewigen Frieden geprägt, von Mays Text aber nur intentional erreicht wird in einem Schlußsatz, der vom „weitern Aufstieg [...] und unsrem hohen, weiteren Ziele" (XXXII 651) – wiederum eine Koppelung konkreter und abstrakter Anliegen! – berichtet. Die auf den ersten Blick etwas exzessiv und vielleicht maniriert anmutenden rhetorischen Mittel der Exposition bilden also in komprimierter Form ab, wie es um die Anlage eines Gesamttextes bestellt ist, in dem ein Schiff eben nicht einfach als Schiff gelten kann, sondern für eine mehrdimensionale Geburt steht, und ein Mensch, der ‚Panther' heißt, weder nur eine Figur mit apartem Namen ist noch im pathetischen Begriff von der ‚Bestie in Menschengestalt' aufgeht. Wer dennoch eine Schmiede, die ‚Seelen' traktiert, und eine Wohnung, die einem Psalm gleicht, vor allem als etwas Mysteriöses empfindet, darf darin abermals einen Verweis auf den Rätselcharakter der späteren Symbolkomplexe entdecken, von den weithin leuchtenden Vulkanen Dschinnistans – bei denen sich biblische Erlösungsvorstellungen mit der Lichtmetaphorik der Aufklärung verbinden – über den Engpaß von Chatar und die ‚Stadt der Toten' bis zum MahaLama-See und zur Wasserscheide von El Hadd.

Ein in anderer Hinsicht herausragender Satz ist der letzte des ersten Absatzes: „Für heut verzichten wir auf diesen Ort der Marter und der Pein [d. i. die Geisterschmiede] und wandeln durch die Gärten von Ikbal, um alles Leid der Erde zu vergessen." Mit einer schlichten sprachlichen Bewegung, die völlig unangestrengt wirkt, verläßt der Erzähler den Ort grauenhafter Qualen und schickt sich und die Leser nach Ikbal, in das Reich unbegrenzter Harmonie. Knapp und pointiert, dabei doch mühe- und geradezu schwerelos wirkt der sprachliche Vollzug dieses Raumwechsels; nicht die Veränderung als solche, sondern die „Winzigkeit der Geste"[8], die sie fixiert, ist das entscheidende Merkmal des Satzes. Nur ein Erzähler, der mit größter Souveränität zu Werke geht, kann bei einem derartigen Sujet so etwas formulieren, und indem May das tut, gibt er ganz beiläufig zu erkennen, daß es ihm an den Voraussetzungen zu dem gigantischen Unternehmen, das der Roman darstellt, nicht mangelt. Im Stil reklamiert der Erzähler für sich jene Kompetenz, deren es bedarf, wenn man die Weltgeschichte von der Urzeit bis zu einer utopischen Zukunft durchschreiten will.

Alle bisher registrierten Merkmale der zitierten Passagen zielen ab auf deren konstruktive Qualitäten: als sei *Ardistan und Dschinnistan* fraglos gute und ‚hohe' Literatur. Tatsächlich fehlt es in der Rezeptionsgeschichte nicht an entsprechenden Bekundungen: von Heinz Stoltes früher Feststellung, das Werk sei „zweifellos das bei weitem bedeutendste"[9] seines Autors, über die bekannten Lobesworte Arno Schmidts bis zu Hans Wollschlägers euphorischem Diktum, der Text erreiche „in seinen obersten Augenblicken jene sonderbare Schwelle, an der die Kunstwerke so etwas wie direkte Schöpfungs-Konkurrenzen werden".[10] Aber solche Qualitäten wurden keineswegs überall bestätigt. Schon viele *Hausschatz*-Leser mochten die neuen Wege ihres einstigen Lieblingsautors nicht recht goutieren[11], in den *Karl-May-Jahrbüchern* der Jahre 1918 bis 1933 machten sich mancherlei Vorbehalte gegen das gesamte Spätwerk bemerkbar, prominente und allseits respektierte May-Leser wie Ernst Bloch und Erich Loest schlossen die späteren Romane ausdrücklich aus ihrer Anerkennung aus, und wer die Presseartikel sichtet, die in den Gedenkjahren 1987 und 1992 erschienen sind, bemerkt zwar eine im Vergleich zu früher deutlich höhere generelle Wertschätzung des Schriftstellers Karl May, die jedoch in vielen Fällen gerade das Alterswerk nicht betrifft.[12]

Ardistan und Dschinnistan ist also ein durchaus heftig umstrittenes Werk, und Anlaß zu divergierenden Urteilen bietet auch schon einiges in der Einleitung. Aus der Vielzahl möglicher Diskussionspunkte sei wiederum ein stilistischer Aspekt herausgegriffen, und zwar in bezug auf die folgenden Sätze:

> Nach Süden dehnt sich die blaue, von silbernen Fäden durchzogene See, leise atmend, wie ein schlafendes, glückliches Kind, welches im Traume lächelt. Und wie köstliche, schimmernde Perlen, die von einer reichen, kunstsinnigen Fee aus der Meerestiefe emporgeholt und am Ufer in grünende Gärten gebettet wurden, so haben sich die Häuser der Untergebenen dem Palaste der geliebten Herrscherin zu Füßen hingestreckt.

Auffällig an dieser Passage ist die Häufung von Adjektiven bzw. Attributen im Dienste einer immer stärker ausschmückenden Erläuterung der Substantive.

Die Wertungsdiskussion der Literaturwissenschaft mahnt zur Vorsicht vor solchen Konstruktionen: Schlechte oder triviale Literatur zeichne sich nicht selten durch ganze Serien von vielfach überflüssigen Adjektiven aus, die dem Leser mit aller Überdeutlichkeit einhämmern sollen, was der Autor ihm auf ökonomischere, zurückhaltende Art nicht meine vermitteln zu können; insofern zeuge das Verfahren von einem Mißtrauen des Autors in die eigenen Fähigkeiten, in die seiner Leser oder in beides. Wer Mays Sätze unter dieser Perspektive betrachtet, mag zumindest an zwei der hier in reichem Maße verwendeten Adjektive Anstoß nehmen: Eine See, die „von silbernen Fäden" durchzogen ist und welche die im Vergleich mit dem Kind anklingenden Qualitäten besitzt, und eine Fee, die das tut, was ihr hier nachgesagt wird, sind auf diese Weise hinreichend und eindrucksvoll beschrieben – überflüssig, daß May die banalsten aller in diesem Zusammenhang denkbaren Eigenschaftswörter hinzufügt, ‚blau' und ‚reich'.

Dieses redundante Verfahren entspricht im folgenden der Neigung des Erzählers, den der Handlung zugrunde liegenden Prozeß einer Entwicklung, Reifung und Läuterung des bzw. der Menschen immer wieder auch ausdrücklich, in krasser Überdeutlichkeit, auf den Begriff zu bringen. Was der Leser beispielsweise über den Mir von Ardistan, die Bevölkerung seines Landes und über Halef erfährt, reicht eigentlich schon aus zu der Erkenntnis, daß sie alle vor der Aufgabe stehen, zu reifen, sich ‚nach oben' zu entwickeln; überflüssig, das auch noch expressis verbis zu betonen. Aber der Erzähler scheut sich nicht, den Vorgang ständig aufs neue aufdringlich zu benennen, zu betonen, daß es darum gehe, „sich zur Seele zu erheben" (XXXII 145), „nach den ewigen Höhen des Himmels zu steigen" (166), eine „innere Läuterung und Erhebung" (XXXI 420) zu beginnen; verschont davon bleiben nur die, deren „größtes Glück" von Anfang an darin besteht, „menschheitsinnerliche Werte zu verschenken" (7). Derart penetrant akzentuiert der Erzähler seine Absichten zur Hebung der Figuren, daß er am Ende wie ein bandscheibengeschädigter Schwerathlet erscheint; so entsteht, in Widerspruch zum mysteriösen Charakter der Symbolkomplexe, eine fade, unbekömmliche Eindeutigkeit.

Man kann das alles aber auch ganz anders sehen. Es ist z. B. längst nicht ausgemacht, daß die Entdeckung signifikant gehäufter Adjektive in die Diagnose sprachlichen Kitsches münden muß; wir finden in der Literatur ausgeprägte, weithin anerkannte Traditionen, denen man nach einhelligem Urteil mit solchen Feststellungen keineswegs gerecht wird. Aus dem romantischen Roman *Heinrich von Ofterdingen* stammen die folgenden Sätze:

> Eine nach der aufgehenden Sonne geneigte Lilie war ihr Gesicht, und von dem schlanken, weißen Halse schlängelten sich blaue Adern in reizenden Windungen um die zarten Wangen. Ihre Stimme war wie ein fernes Echo, und das braune, lockige Köpfchen schien über der leichten Gestalt nur zu schweben.[13]

Hugo von Hofmannsthals Erzählung *Der Geiger vom Traunsee* beginnt so: „Die schwere drückende Glut eines wolkenlosen Julinachmittages lag über Berg und See."[14]

Man dürfte mit der buchhalterischen Verve unserer obigen Feststellungen beanstanden, die Wangen des beschriebenen Mädchens könnten dem Kontext nach nicht anders als „zart" sein, die „drückende Glut eines wolkenlosen Julinachmittages" sei nur als „schwere" denkbar, folglich seien diese Adjektive genauso überflüssig wie die bei May monierten. Tatsächlich handelt es sich hier aber um eine spezifische Weise poetischen, zur intensiven Ausschmückung neigenden Sprechens, der mit konventionell-begrenzter Stilkritik im Sinne einer wünschbar kargen Ökonomie der Mittel nicht beizukommen ist. Das Beispiel lehrt, daß Mays Einleitungspassage unter dem Aspekt der Wertung die verschiedensten Kommentare auf sich ziehen kann und insofern abermals exemplarisch für den gesamten Text steht: einen Text, der sich auch in ästhetischer Hinsicht zwischen Ardistan und Dschinnistan bewegt, allerdings nicht auf dem Wege eines stetigen Aufstiegs.

Selbstverständlich gibt es Merkmale des Romans, die sich von der Einleitung her nicht erschließen lassen; dazu gehört etwa der Aktionsreichtum des Geschehens, in dem der umtriebige Kara Ben Nemsi trotz aller Wandlungen wieder die vielfältigsten Fähigkeiten – bis hin zur Organisation eines zünftigen Weihnachtsrummels in Ardistan – unter Beweis stellt, oder auch die Neigung zur satirischen Darstellung, die sich bemerkbar macht, wenn das Militär der Ussul als eine gezielt zusammengestellte Ansammlung kranker und gebrechlicher Personen beschrieben wird und ein lebendiger Mensch bei gegebenem Anlaß als Denkmal posiert. Es ist ja auch nicht recht vorstellbar, daß einige wenige Sätze in nuce schon enthalten, was im einzelnen über mehr als tausendzweihundert Druckseiten entfaltet wird; das wäre überdies in inhaltlicher Hinsicht nicht plausibel: Ikbal, ein wundersamer locus amoenus, steht ja in scharfem Kontrast zu den rauhen Gegebenheiten, mit denen es die Reisenden bald zu tun bekommen.

Dennoch imponieren die ersten Absätze des Romans durch die Vielfalt und den Reichtum der Perspektiven, die sie freigeben. Die besondere Rolle von *Ardistan und Dschinnistan* in Mays Gesamtwerk, die literarische Legitimierung des irrealen Schauplatzes, die Einbindung des Ganzen in anderweitige Traditionen, die eigenwillige Metaphorik und Verknüpfung mehrerer Bedeutungsschichten, die Souveränität, mit welcher der Text sich durch die Weltgeschichte bewegt, eine Rhetorik, die teilweise glanzvoll wirkt, nicht selten aber auch ein bedenkliches Kopfschütteln hervorrufen mag: all dies zeichnet sich in den zitierten Sätzen schon mehr oder weniger deutlich ab, und es handelt sich dabei um nicht eben nebensächliche Elemente. May-Leser neigen bekanntlich dazu, die ‚Landschaftsbeschreibungen‘ ihres Autors zu überblättern; das sollten sie bei der Beschreibung von Sitara und Ikbal nicht tun, denn hierbei handelt es sich, alles in allem, um eine der besten Prosapassagen, die May je geschrieben hat.

Anmerkungen

1 Norbert Miller: *Der empfindsame Erzähler. Untersuchungen an Romananfängen des 18. Jahrhunderts.* München 1968, S. 10.
2 Vgl. Harald Eggebrecht: Abenteuer-Konzeptionen. In: *Karl May – der sächsische Phantast. Studien zu Leben und Werk*, hg. v. Harald Eggebrecht. Frankfurt/M. 1987, S. 223-234; Günter Scholdt: „*Und ist es wirklich wahr, Sihdi, daß du ein Giaur bleiben willst?*" *Vorläufiges über Erzählanfänge bei Karl May*. In: *Karl May*, hg. v. Heinz Ludwig Arnold. Sonderband text + kritik. München 1987, S. 101-126; Gerhard Neumann: „*Ich spreche überhaupt alle Sprachen, wie Ihr von früherher wißt". Die Kunst des Anfangs in Karl Mays Romanen*. In: JbKMG 1993, S. 135-170.

3 Der Erstabdruck im *Deutschen Hausschatz* (1907-09; *Hausschatz*-Reprint *Der Mir von Dschinnistan*, Hamburg, Regensburg 1976, S. 5) stimmt mit dem zitierten Text fast wörtlich überein, schickt ihm allerdings einen Gruß an die Leser der Zeitschrift voraus: „Allen Lesern unseres lieben ‚Hausschatz' ein herzliches Grüß Gott! Es tut mir unendlich leid, daß die Reihe meiner für sie bestimmten Reiseerzählungen in unserem Lieblingsblatt unterbrochen werden mußte, denn diese Erzählungen hatten einen tiefen, menschheitspsychologischen Zweck und führten nach einem hohen kulturgeschichtlichen Ziele. Was ich inzwischen weitererzählt habe, ist für diesen Zweck und dieses Ziel von solcher Wichtigkeit, daß ich bitte, es in meinen ‚Gesammelten Reiseerzählungen' nachzulesen, damit nicht eine Lücke entstehe, die später nicht mehr auszufüllen ist. Es gewährt mir eine aufrichtige Freude, nun wieder an der alten Stelle und zu den alten Freunden sprechen zu können, und ich bitte um die Erlaubnis, es auch wieder in der alten, ungekünstelten Weise tun zu dürfen, die vom Herzen zum Herzen spricht!"
4 Vgl. die Zusammenfassung bei Heinz Stolte: *Ardistan und Dschinnistan I-II*. In: *Karl-May-Handbuch*, hg. v. Gert Ueding. Stuttgart 1987, S. 308-320.
5 Hans Wollschläger: *Das „eigentliche Werk". Vorläufige Bemerkungen zu ‚Ardistan und Dschinnistan'. (Materialien zu einer Charakteranalyse III)*. In: JbKMG 1977, S. 71.
6 Stolte [Anm. 4], S. 315.
7 Arno Schmidt: *Abu Kital. Vom neuen Großmystiker*. In: *Karl May*, hg. v. Helmut Schmiedt. Frankfurt/M. 1983, S. 46.
8 Wollschläger [Anm. 5], S. 61.
9 Heinz Stolte: *Der Volksschriftsteller Karl May. Beitrag zur literarischen Volkskunde*. Radebeul 1936, S. 104.
10 Hans Wollschläger: *Karl May. Grundriß eines gebrochenen Lebens*. Zürich 1976, S. 146.
11 Vgl. Ekkehard Bartsch: *Ardistan und Dschinnistan. Entstehung und Geschichte*. In: JbKMG 1977, S. 88-90.
12 Vgl. Erich Heinemann: *Zum 75. Todestag Karl Mays. Große Presse-Artikel des Jahres 1987*. SoKMG 75 (1989); ders.: *Karl May 1992. „Dieser wunderlichen Erscheinung". Presse zum 150. Geburtstag und 80. Todestag*. SoKMG 96/97 (1993).
13 Novalis: *Schriften*. Bd. 1: *Das dichterische Werk*, hg. v. Paul Kluckhohn u. Richard Samuel. Darmstadt 1977, S. 271.
14 Hugo von Hofmannsthal: *Gesammelte Werke in zehn Einzelbänden. Erzählungen, erfundene Gespräche und Briefe, Reisen*, hg. v. Bernd Schoeller. Frankfurt/M. 1979, S. 13.

Christoph F. Lorenz
Die Weihnacht des Gewaltherrschers
Symbole, Motive, Assoziationen aus dem Weihnachtsfestkreis in Karl Mays ‚Ardistan und Dschinnistan'

1

Weihnachten als Motiv, als autobiographische Chiffre, als Seelenzustand, als Metapher für eine Fülle persönlicher und religiöser Konnotationen durchzieht das Werk Karl Mays in auffälliger Weise. So sehr man auch die Berechtigung biographischer Deutungen literarischer Werke anzweifeln mag, es dürfte doch unbestreitbar sein, daß die Wurzel von Karl Mays ‚Weihnachtserlebnis', des literarisch am ausführlichsten in *„Weihnacht!"* (1897) gestalteten Motivs, in den zwei prägenden Weihnachtserlebnissen des jungen Karl May liegt.

Da ist zunächst der angebliche Kerzendiebstahl vor Weihnachten 1859 im Seminar Waldenburg. Entkleidet man den Vorgang aller Ausschmückungen, die er später in der Phantasie des ‚Delinquenten' Karl May erhielt, so bleibt die Wahrscheinlichkeit, daß May, in der Vorweihnachtszeit als ‚Lichtwochner' für den Kerzenschmuck der Klassenzimmer zuständig, vermutlich ‚sechs ganze Lichte', also ein Pfund Kerzen, entwendete und in einem Koffer versteckte, um sein armes Elternhaus mit einer besonderen Weihnachtsüberraschung zu bedenken. Der Plan, als ‚Retter in der Not' zu erscheinen, schlug fehl: May wurde von Mitschülern angezeigt, am 22. Dezember strengstens verhört und am 28. Januar 1860 aus dem Seminar Waldenburg verwiesen.[1] Aus der Weihnachtsfreude, dem Frieden, den May sich für seine ganze kleine Welt erhoffte, war plötzlich grausame Enttäuschung geworden. May stürzte in einen psychologischen und religiösen Abgrund von Zweifeln.[2]

Verstärkt und bekräftigt wurde dieses erste Weihnachtsereignis durch Mays erste Straftat, den angeblichen Diebstahl einer Taschenuhr, einer Tabakspfeife und einer Zigarrenspitze an Weihnachten 1861. May behauptete – durchaus nicht unglaubwürdig –, sich die Gegenstände nur ausgeborgt zu haben. Erneut wurde seiner Darstellung kein Glauben geschenkt, und man verhängte gegen ihn sechs Wochen Haft, die er – im September und Oktober 1862 – voll verbüßen mußte.[3] Wieder trat jener innere Mechanismus ein, den May schon im Falle des angeblichen Kerzendiebstahls im Seminar Waldenburg erleben mußte: Weihnachten, das Fest der göttlichen Liebe und der Verzeihung, wurde für ihn zum Fanal unberechtigter Strafe für Leichtsinn und große, gutgemeinte Pläne. Seine phantastischen Impulse, als rettender Weihnachtsengel seiner eigenen Familie aufzutreten oder sich an Weihnachten mit den Insignien erborgter Bürgerlichkeit und scheinbaren Wohlstands zu schmücken, wurden grausam bestraft durch Ausschluß aus dem Seminar und Gefangenschaft. Statt zur Befreiung, wie Weihnacht im religiösen Sinne gedeutet werden muß, führten Mays Weihnachtserlebnisse zum Gegenteil, zum Fall in den Abgrund von Sünde, ja Verbrechen, zum Ausgestoßensein aus der bürgerlichen Gesellschaft, zur Isolation: „Wie ein[en] Schlag über den Kopf, unter dessen Wucht man in sich selbst zusammenbricht"[4], empfand May, laut seiner Autobiographie *Mein Leben und Streben*, seine Verhaftung an Weihnachten 1861 – die scheinbar defekte Ausdrucksweise „in sich selbst" offenbart indirekt die innere Wahrheit. Unter dem Druck dieser Weihnachtserlebnisse zog May sich „in sich selbst" zurück, aus der Realität in eine nur noch umrißhaft wahrgenommene Gegenwartswelt, die überlagert wurde durch phantastische Rollen, die er bei seinen Straftaten annahm: als Dr. med. Heilig, als Offizier etc. Die Entfremdung von der Wirklichkeit, die Claus Roxin als ‚pseudologia phantastica' diagnostiziert hat[5], brachte May in den Abgrund der Straftaten, nach Schloß Osterstein und Waldheim. Von dort führte der Weg zurück in die Wirklichkeit durch das Schreiben, das nun zum Surrogat für jene phantastischen Abenteuer wurde, deren Erleben May zum Straftäter machte, deren Umwandlung in die straflose Phantasiewelt der Erzählfiktion ihn aber nicht nur ‚befreite' in jedem Sinne, sondern auch den Grundstein legte für seine Rückkehr als geachteter Reiseschriftsteller ‚Dr. Karl May' in den Kreis der bürgerlichen Gesellschaft.

Dennoch blieben die peinigenden Erlebnisse der Vergangenheit nie ‚außen vor', wurden nicht wirklich vergessen. So kehren auch die Weihnachtsszenarien der Mayschen Jugend wieder in mannigfacher Verkleidung:

1.) Als Umkehrung des autobiographischen Weihnachtserlebnisses von 1859 bzw. 1861. May wollte damals im Kreise seiner Familie frohe Weihnachten feiern, war am Ende der Weihnachtsfeiertage aber ‚im Abgrund': als von dem Lehrerseminar Relegierter, als eines Verbrechens Beschuldigter. In seinen frühen Weihnachtstexten wird dieser Kreislauf nun umgekehrt: statt im Strudel der Ereignisse zum Gefangenen zu werden, findet der Gefangene an Weihnachten unverhofft seine Freiheit wieder, durch den Tod (wie in dem berühmten, vermutlich im Advent 1867 in Osterstein verfaßten Weihnachtsgedicht[6], das auch als ‚roter Faden' in der Handlung der späteren *„Weihnacht!"*-Reiseerzählung wiederkehrt) oder aber durch eine überraschende Verkettung wundersamer Ereignisse, wie bei Dr. Sternau, der an Weihnachten aus dem Untersuchungsgefängnis, wo er *unschuldig* einsitzt, entkommen kann.[7] Das Weihnachtswunder, die Befreiung der Menschheit durch die Inkarnation des Gottessohnes in Menschengestalt, wird so in Mays phantastischer Kolportage zu einem erzählten ‚Wunder', der Befreiung des Gefangenen (einer der zentralen Motivkomplexe in Mays Werk).

2.) Diese Verbindung aus autobiographischem Ur-Erleben und religiöser Erlösungsmystik wird im späteren Werk noch vertieft. In „*Weihnacht!*" kommt als dritte Ingredienz dieser Erzählmischung das Motiv des Schreibens bzw. Dichtens an sich vor.[8] Auch hier geht es um die Aufarbeitung alter Schuld, um Weihnacht als Punkt der Befreiung aus der Gefangenschaft (dem Gefangensein in der Vergangenheit oder in der Schuld), aber auch um den Gegensatz zwischen dem ‚alten May', dem ‚stummen Karpfen' alias ‚Carpio', und dem ‚neuen May', der die trübe Vergangenheit durch die Gabe der Dichtkunst überwinden kann, alias ‚Sappho'. Und auch der Theologe, der seine scheinbare Heilsbotschaft als Schutzschild benutzt, um davon abzulenken, daß er selbst Sünder ist (ob man hier als Urbild wie Hermann Wohlgschaft jenen Seminardirektor Dr. Schütze erblicken will, der May aus Waldenburg relegierte, sei jedem May-Leser selbst überlassen[9]; eher mag man hier vielleicht eine allgemeine Parabel auf den Mißbrauch des Evangeliums durch ‚scheinbar Berufene' erblicken), kommt hier – als angeblicher ‚Prayer-man' – vor. Auch das Motiv der Erlösung durch den Tod hat May aus dem frühen Weihnachtsgedicht hier für das Schicksal seines Carpio mit hineingenommen, sozusagen als Metapher für das eigene Tun. Indem er im Schreiben ein Vehikel gefunden hatte, mit den alten Traumata fertig zu werden (und das Weihnachtsgeschehen von Waldenburg wie des angeblichen Uhrendiebstahls von 1861 zu verarbeiten), war auch der ‚alte May' ‚erlöst', jener ‚stumme Karpfen', der unter der Last der Ereignisse zusammenbrach...

2

Nach dem bisher Gesagten verwundert es nicht, daß sich noch in der späten Konzeption von *Ardistan und Dschinnistan* eine Weihnachtsgeschichte wiederfindet. Auf den ersten Blick liest sich dieses dritte Kapitel *Weihnacht* des zweiten Bandes von *Ardistan und Dschinnistan* freilich eher enttäuschend, wie eine ermüdete Rekapitulation alter Mayscher Weihnachts-Welterlösungsmythen. Kara Ben Nemsi – hier allerdings meist namenloser Ich-Erzähler – ist mit seinen Gefährten endlich in die Stadt des Mir von Ardistan, also in die ‚Erdenhauptstadt', gelangt. Hier findet er eine Riesenkathedrale, den sogenannten ‚Schloßdom', vor, eine gewaltige Kirche, die aber praktisch funktionslos ist, da die Christen dort keinen Gottesdienst feiern dürfen und der Mir von Ardistan, ein zeitloser Gewaltherrscher, jede Art von Religionsausübung argwöhnisch überwacht. Im Inneren der Kirche ist es dunkel und schmucklos, die Schönheit des Hochaltars kann man nur ahnen, denn er ist mit einer Art Flickenteppich verhüllt, und hoch oben – im Verborgenen – hängt der Stern von Bethlehem. Durch geschickte Reden und gütiges Beispiel gelingt es dem Ich-

Erzähler, den Mir von Ardistan dazu zu bewegen, die Feier des Weihnachtsfestes in diesem ‚Dom' zu gestatten. Auch die alte, völlig vergessene Orgel, ein Geschenk des ‚Vaters der Güte', Abd el Fadl, bringt man wieder zum Klingen. Mit Hilfe der Kinder des Mir und der sogleich begeisterten ardistanischen Bevölkerung inszeniert der Ich-Erzähler nun einen wahrhaft feierlichen, christlichen Weihnachtsgottesdienst mit Weihnachtsbäumen, brennenden Weihnachtslichtern, Orgelspiel und Psalmengesang, nachdem er zuvor schon – wohlgemerkt: im mohammedanischen Ardistan! – einen Weihnachtsbasar organisiert hat und es fertigbrachte, den Mir von Ardistan durch List dazu zu bringen, ‚aus Versehen' den Stern von Ardistan zu erleuchten und damit eine alte Prophezeiung zu erfüllen (XXXII 123f.).

Es fällt nicht schwer, diese Geschichte vom rein Erzählerischen her zu belächeln als einen Rückfall in ein naives Schreiben, das May doch eigentlich mit den letzten Teilen des *Silberlöwen* bereits überwunden hatte, als eine seltsame Mischung aus Kindheitserlebnissen Mays in den Weihnachtsgottesdiensten seiner erzgebirgischen Heimat und den orientalischen Märchen, die ihm für manche Nuance seiner Spätwerke so gutes Material lieferten. Dennoch täuscht der erste Blick: Die Weihnachtsepisode ist so harmlos nicht, wie man beim ersten Lesen denkt; sie ist, vor allem, ja auch gar nicht die entscheidende Episode in der Konversion des gottlosen Gewaltherrschers Mir von Ardistan zum Menschen, der sich seiner eigenen Schuld und der seiner Vorfahren bewußt wird und sie auf sich nimmt – und dadurch sühnt. Dies geschieht vielmehr erst in den Kapiteln vier bis sechs des zweiten Bandes von *Ardistan und Dschinnistan*, in der komplexen und diffizilen Episode von der ‚Totenstadt', die an anderer Stelle genauer analysiert wurde.[10]

Ordnet man das Weihnachtskapitel in den Gesamtzusammenhang von *Ardistan und Dschinnistan* ein, so fällt auf, daß der ganze Aufbau des zweiten Bandes, wenn man ihn im übertragenen Sinne betrachtet, dem Zyklus des Weihnachtsfestkreises ähnelt. Historisch gesehen ist das eigentliche Weihnachtsfest, der früheste Weihnachtstermin, nämlich der 6. Januar, das Fest Epiphanias, ‚Erscheinung des Herrn', in West- und Südeuropa auch als ‚Dreikönige' gefeiert. Das Epiphaniasfest feiert nicht die Geburt des Kindes in der Krippe, die äußeren Ereignisse in Bethlehem, sondern die kosmische Feier des Christus, des Erscheinens des Weltenlichts für alle Völker – also nicht nur für die Auserwählten, etwa das Volk Israel! Dieser Termin, der 6. Januar, wird in der Ostkirche immer noch als eigentliches Weihnachtsfest angesehen und gefeiert; auch im Kalender der römischen Kirche spielt es eine eigentlich größere Rolle (und ist auch weit ranghöher) als der 25. Dezember, der in Rom erst ab dem 4.-5. Jahrhundert n. Chr. als Feier des Geburtsfestes Jesu eingeführt wurde – übrigens war dies im heidnischen Rom der Tag eines weiteren Lichtfestes, des Festes von ‚Sol Invictus', der ‚unbesiegten Sonne', das in christlicher Zeit auf

Christus übertragen wurde und dazu führte, daß die römische Kirche das Weihnachtsfest auf den 25. Dezember verlegte. So gibt es im Zyklus der Weihnachtstage zwei Feste mit eigenem, durchaus unterschiedlichem Charakter, den 25. Dezember als ‚irdisches Geburtsfest' des Kindes Jesu und den 6. Januar als Fest des ‚göttlichen, kosmischen Christus'. Zusätzlich lassen sich in der Weihnachtszeit nun auch noch zwei vierzigtägige Zyklen unterscheiden (vierzig Tage sind der alte Zyklus der ‚heiligen Zeit', die traditionelle Zahl besonderer Zeiten des Gebetes und der Besinnung): der eine beginnt mit dem ersten Advent und endet am 6. Januar, dem Fest der ‚Erscheinung des Herrn', der zweite beginnt mit der Geburt Jesu und endet am 2. Februar, dem Fest der ‚Darstellung des Herrn', in katholischen Gegenden auch ‚Mariä Lichtmeß' genannt. Dieser 2. Februar markiert das Gedenken an die Darstellung des Herrn im Tempel nach jüdischem Gebot, wonach vierzig Tage zur ‚Reinigung' der durch die Geburt ‚unrein' gewordenen Mutter notwendig waren; danach hatten die Eltern im Tempel dem Herrn ein Opfer darzubringen und ihm jeden männlichen Erstgeborenen zu weihen.

Deutet man diesen Festzyklus nun im religiösen Sinne, so ist der Advent die Zeit des Wartens und der Besinnung, aber auch des Harrens und Bangens auf den Messias, den Retter der Juden, und auf Jesus Christus, der die alten Prophezeiungen erfüllen sollte. Daher treten in den Lesungen dieser Zeit traditionell die Gestalten der Propheten und Vorläufer des Herrn hervor, also der Prophet Jesaja mit seinen Prophezeiungen vom Sohn der Jungfrau, vom Gotteskind und vom ‚Rufer in der Wüste', und Johannes der Täufer, der dem Herrn den Weg bereiten soll. Von ihm heißt es im *Matthäus-Evangelium* (3, 1-4): „In jenen Tagen trat Johannes der Täufer auf und verkündete in der Wüste von Judäa: Kehrt um! Denn das Himmelreich ist nahe. Er war es, von dem der Prophet Jesaja gesagt hat: Eine Stimme ruft in der Wüste: / Bereitet dem Herrn den Weg! / Ebnet ihm die Straßen! Johannes trug ein Gewand aus Kamelhaaren und einen ledernen Gürtel um seine Hüften; Heuschrecken und wilder Honig waren seine Nahrung."[11]

Johannes war der Rufer in der Wüste, der das künftige Heil ankündigt. Eine ähnlich gewaltige Gestalt, die auf den ersten Blick imponiert, tritt dem Leser von *Ardistan und Dschinnistan I* im ‚Dschirbani' entgegen, dem ‚Räudigen' oder ‚Aussätzigen', den die abergläubischen Ussul in den ‚Stachelzwinger' gesperrt haben, umheult von den blutgierigen Hunden Hu und Hi (Er und Sie, Sinnbild möglicherweise für die entfesselte, ungezügelte Bestialität des Menschen, die aber ‚domestiziert' werden kann, wie auch die Hunde im Grunde genommen ‚gutmütig' sind, XXXI 263).

Er war von außerordentlich hoher, imponierender Gestalt. Sein langsamer Gang und seine Haltung waren von einem ganz eigenartigen, charakteristischen Stolz. Seine Kleidung bestand aus einem weiten, bequemen Haïk, der um die Hüften durch einen schmalen Ledergürtel zusammengefaßt wurde. Sein Kopf war unbedeckt. Ein starkes, fast übervolles Haar hing ihm weit über den Rücken herab. (264)

Und doch ist diese urtümliche Gestalt mit den langen Haaren, die im Zwinger gehalten wird, ein Prophet und ein Gottgesandter, ja, wie sich im weiteren Verlauf des Romans herausstellt, der Sohn des Mir von Dschinnistan, also der Gestalt, die im Laufe der Handlung immer deutlicher gottähnliche Züge annimmt. ‚Wüste' bedeutet in der Bildersprache der Bibel den Zustand der Gottlosigkeit, der Leere, welche die Menschen empfinden, die noch nicht wirklich in Einklang mit Gottes Schöpfung stehen. Auch Ussulistan, das Land dieser ursprünglichen, primitiven Stufe des Menschen, ist unkultiviertes Sumpfgebiet, das brach liegt. Aber es ist der Dschirbani, jener Verachtete und Eingesperrte, der nach der Schlacht am Engpaß von ‚Chatar' (Gefahr) die ersten Schritte zur Kultivierung Ussulistans unternimmt: Die Dschunub sind, wie Halef berichtet, am Ende der Schlacht „gefangen wie die Kinder Israel in Babel. Der Dschirbani gibt sie nicht wieder frei. Er läßt sie in die Urwaldungen der Ussul verteilen, wo ihre Aufgabe ist, die Wildnis in fruchtbares Land zu verwandeln" (XXXII 85).

Der Vergleich mit der babylonischen Gefangenschaft der Israeliten ist nicht zufällig; schon Martin Luther hatte den Zustand der Kirche seiner Zeit (vor der Reformation) mit der babylonischen Gefangenschaft der Kinder Israels verglichen. Der Dschirbani aber tut nichts anderes, als das ‚Programm' des Täufers Johannes und des Propheten Jesaja durchzuführen: Wildnis wird fruchtbar gemacht, wüstes Land in blühendes verwandelt. Das gilt auch auf seelischer Ebene. Die ‚Feinde' der Ussul, die Tschoban (Wüstenbewohner, Hirten) und die Dschunub (Südländer, Bewohner des Südens), repräsentieren verschiedene Stufen des Abfalls von Gott: die Tschoban folgen blind den räuberischen Instinkten ihrer Führer, besonders des ‚Panthers', die Dschunub sind – wie ihr geistliches Oberhaupt, der Maha-Lama von Dschunubistan – davon überzeugt, daß sie bereits Gott nahe sind und dazu berufen, über alle anderen zu herrschen. Der seltsame Name ‚Dschunubistan' (Südland) könnte freilich auch Anlaß zu manchen biographischen Spekulationen geben. Der *Deutsche Hausschatz* war die führende Familienzeitschrift der (süddeutschen) Katholiken, und mit ihrem Chefredakteur Otto Denk hatte May einige Auseinandersetzungen, nicht zuletzt auch, weil *Ardistan und Dschinnistan*, im *Hausschatz* erstveröffentlicht, Denk offenbar nicht ‚linientreu' katholisch genug war. Sind die Dschunub und ihr Hohepriester, der sich für Gott hält, womöglich eine Karikatur der von ihrer ‚Weisheit' und ‚Wahrheit' überzeugten süddeutschen katholischen Kreise? Jedenfalls wird der Dschirbani im Laufe der Handlung eine viel bedeutendere Persönlichkeit als es sein erstes Auftreten im Zwinger ahnen läßt. Wie Johannes der Täufer, der wegen seiner schlichten Lebensweise von vielen Menschen abgelehnt und verspottet wurde, ist auch er zu einem

Menschheitsführer berufen, wie der Ich-Erzähler im Vorfeld der Schlacht am Engpaß Chatar neidlos anerkennt: sogar Hadschi Halef Omar, der immer Voreilige, „gönnt" dem Dschirbani „die Kraft und den Mut, seinen eigenen, großen, gefährlichen Weg zu gehen" (XXXII 20). Aber wohin führt dieser Weg?

Man könnte das erste Kapitel des zweiten Bandes von *Ardistan und Dschinnistan* für deplaziert halten; dieses Kampfgeschehen scheint eine kaum verhüllte Wiederholung der Schlacht im ‚Tal der Stufen', wie man sie aus Mays frühem Roman *Durch die Wüste* kennt. Und doch ist hier alles anders, symbolisch zu verstehen. Verkleidet bietet May nichts anderes als eine bildliche Umsetzung der Adventszeit. Der Dschirbani ist nicht der, ‚der da kommen soll'; auch der Mir von Dschinnistan am Ende des Romans ist nur ein ‚Vorbote' der Kraft des Christus, die er verkündet. Durch seinen Sieg über die Dschunub und die Tschoban (die falsche Gottesvorstellung) aber bereitet er dem eigentlichen, weihnachtlichen Geschehen, dem Kommen des Erlösers, den Weg. Darum kann er auch „mit der Natur im Bunde" (XXXII 1) sein. Nach alter Überlieferung aus frühchristlicher Zeit bereitet sich die ganze Erde auf das Kommen des Messias vor, das mit dem Regen verglichen wird: „Ihr Himmel, tauet den Gerechten, ihr Wolken, regnet ihn herab", heißt es in den alten Rorate-Bitten, und das bekannte Adventslied des Friedrich Spee von Langenfeld (1622) macht es noch deutlicher: „O Heiland, reiß die Himmel auf, herab, herab vom Himmel lauf", wird in der ersten Strophe gesungen, und später heißt es noch konkreter: „O Erd, schlag aus, schlag aus, o Erd, daß Berg und Tal grün alles werd." Vergleicht man damit das Geschehen am Engpaß Chatar, werden die Parallelen deutlich: Regen und Sturm, Feuer und Wasser dienen dem Dschirbani dazu, die Gegner gefangenzusetzen und machtlos zu machen, damit dem Herrn der Weg bereitet wird. Vorbereitet wird damit aber auch das eigentliche Geschehen in der Hauptstadt von Ardistan: ohne die Wegbereitung durch den Dschirbani wäre die Mission des Ich-Erzählers sinnlos. Wie im Weihnachtszyklus fällt das Kommen der Botschaft von Christus in die Periode äußerster Dunkelheit, in die ‚Weltennacht'.[12]

Im Roman wähnt sich der Mir von Ardistan an der Spitze seines Volkes, auf dem Höhepunkt seiner Macht; aber der Basch Islami hat bereits die Machtergreifung vorbereitet, ein junger Leutnant, dessen Vater vom Mir hingerichtet wurde, führt einen Mordanschlag aus, und in der Kathedrale, dem leerstehenden Gotteshaus, klingt einsam und machtlos die Stimme des Obersten der Christen, des Basch Nasrani, durch die dunkle Kirche, wieder ein Symbol für den Propheten, den ‚Rufer in der Wüste', den Täufer Johannes. Geleitet und inspiriert vom Geist Christi (hier: von der kleinen List des Ich-Erzählers) ist es der Gewaltherrscher selbst, der das strahlende Licht des ‚Sterns von Bethlehem', gewissermaßen aus Versehen, per Knopfdruck auslöst. Auf der Ebene der vordergründigen Erzählgeschehnisse ist das nichts anderes als eine kleine

Anekdote aus jener Zeit, als die Elektrizität und elektrisches Licht noch neu waren und ein falscher Griff alle möglichen Lampen ungewollt auslösen konnte. Auf der symbolischen Erzähleben aber ist dies bedeutsam; nur der in Dunkelheit und Gottesferne lebende Mensch selbst kann den Schritt zum Begreifen der Erlösungstat Christi tun; ohne die endgültige Umkehr auf den Weg, den der Täufer (hier: der Ich-Erzähler und der Dschirbani) weist, ist auch dies bedeutungslos. Die ersten beiden Kapitel des zweiten Bandes von *Ardistan und Dschinnistan* bilden also die Vorbereitung, die Stufe der Erwartung, den ‚Advent' des Geschehens, das dritte Kapitel symbolisiert die Geburt des Erlösers mitten in das Dunkel der Weltgeschehnisse herein. Damit ist aber der weihnachtliche Weg noch nicht abgeschlossen. Als nächstes folgt das Fest Epiphanias: das göttliche Licht, der Weltenerlöser, wird aller Welt sichtbar. Im Roman folgt auf die Episode der Vorbereitung durch das Weihnachtsgeschehen und den Gottesdienst die bittere Selbsterfahrung, das Durchschreiten des Todestores für den Mir und seine Begleiter. In der Totenstadt, scheinbar ganz weit weg vom Weltgeschehen und vom Leben, findet der Mir aber nicht nur zu sich selbst und zu der Erkenntnis seiner bisherigen ‚krummen Wege', sondern auch zum Weltenlicht, das er plötzlich ganz unerwartet in den Gebäuden der Totenstadt (also auf dem dunklen Pfad des Leidens und der Erkenntnis) erblickt. Es ist dies eine ganz unrealistische Erzählung, aber sie ist ja auch vollständig symbolisch zu begreifen:

> Es war inzwischen draußen Abend geworden. Darum befand ich mich hier unten im Innern des Tempels nicht nur in vollständiger Stille, sondern auch in ebenso vollständiger Dunkelheit. Aus dieser Finsternis stieg grad von da aus, wo ich stand, die Lichterlinie empor, einen immer weiter aufwärts dringenden, sich scheinbar unendlich oft wiederholenden und doch niemals zu sich selbst zurückkehrenden Kreis beschreibend. [...] Es war, als sei er mitten in den Himmel hineingebaut und als könne man von Licht zu Licht bis direkt vor Gottes Thron gelangen. Und diesen Weg stieg ich jetzt hinauf! (XXXII 372f.)

Es ist schon an anderer Stelle vermutet worden, daß die Geschehnisse in der Totenstadt in Wirklichkeit einen ‚Gang ins Innere', eine psychologische, allgemein-menschliche Studie darstellen.[13] Erst die Beschäftigung des Menschen mit seinem dunklen Innern, mit seinen Fehlern, mit allem, was ‚tot' ist in seiner Seele, führt nach Mays Vorstellung zur Erkenntnis Gottes und zur Erlösung aus selbstverschuldeter Not und Gefangenschaft. Nur dies ist die wahre, im Ephiphanias-Fest vorgezeichnete ‚Weihnacht des Gefangenen'. Indem er die Sünden seiner Vorfahren auf sich nimmt (469ff.), vollzieht er die Erlösungstat Christi nach. Erst dann ist der Weg frei zur Erkenntnis der Weihnachtsbotschaft und zum wahren Frieden.

Am Fest der ‚Darstellung des Herrn', am Ende der Weihnachtszeit nach alter Überlieferung (die nach der Liturgiereform der römischen Kirche von 1968 heute schon am Sonntag nach Ephiphanias zu Ende geht), wird nach der Botschaft des *Lukas-Evangeliums* die göttliche Sendung des Knaben Jesu durch die Repräsentanten des Alten Bundes, Hannah und Simeon, bestätigt und bekräftigt. Beides, Opfer (Darbringung des Knaben im Tempel und damit Weihe an Gott) und Bekräftigung der Sendung durch die Propheten des Alten Bundes, gehört zum Bild des 2. Februar. Wie dieser Tag den Abschluß des Weihnachtszyklus markiert, so sind Bilder und Metaphern aus diesem Fest auch in Mays Roman, in die beiden letzten Kapitel, eingegangen. Wieder begegnen wir der Lichtsymbolik, aber diesmal befinden wir uns am ‚Dschebel Muchallis', dem Berg der Erlösung. Der Weihnachtsweg, den der Leser mit dem Mir von Ardistan in Gedanken gegangen ist, ist nun abgeschlossen: Christus als Licht der Welt wird als Vulkan ‚Sohn' in hellem Licht aller Welt offenbar. Und auch der Mir von Dschinnistan, den wir hier einmal lediglich als Hüter der göttlichen Geheimnisse bezeichnen wollen, erscheint jetzt in seiner wahren Gestalt (nachdem er und seine Frau erst verschleiert auftreten, XXXII 633), während er beim Weihnachtsgottesdienst noch schlicht als ‚Ortsvorsteher' von El Hadd (die Grenze, d. h. die Schwelle zu den Geheimnissen der geistigen Welt) zugegen war (203ff.). Hier, am Schluß des Romans und am Ende des Weihnachtsgeschehens, wird auch dem Dschirbani bedeutet, daß er der Sohn des Mir ist. Der Kreis, der mit der Botschaft des Propheten begann, hat sich geschlossen.

Johannes der Täufer fragt vom Gefängnis aus bei Jesus an, ob er der ist, „der kommen soll", und Jesus läßt ihm antworten: „Blinde sehen wieder, und Lahme gehen; Aussätzige werden rein, und Taube hören; Tote stehen auf, und den Armen wird das Evangelium verkündet." (*Matthäus* 11, 3-5) Alles dies hat man, wenn man es unter der Oberfläche der Symbole suchen und finden will, auch in Mays Roman. Der Mir von Ardistan war blind für die Signale seiner Umgebung und für die eigene Schuld; im Weihnachtsgottesdienst und später in der Totenstadt werden ihm die Augen geöffnet. Er war lahm, bevor er den Gang in die Totenstadt unternahm; nun aber hat er mit der Hilfe des Ich-Erzählers den ‚aufrechten Gang' wiedergewonnen. Der Dschirbani war ‚aussätzig' in den Augen der unwissenden Ussul; nun aber ist er der Sohn des höchsten Gottesdieners selbst. Die Dschunub und die Tschoban samt ihren geistigen Führern waren taub für die Botschaft von Liebe und Frieden und werden durch die Niederlage am Engpaß von Chatar in den Dienst dieser Liebe gestellt, und schließlich werden die Armen und Entrechteten befreit und zu neuen Zielen geführt (Fruchtbarmachung der Sümpfe Ussulistans, die Befreiung der Tschoban vom ‚Panther').

Wenn man also will, so kann man in dem komplexen Geschehen des zweiten Bandes von *Ardistan und Dschinnistan* immer wieder die Bilder und Motive des Weihnachtsgeschehens nachvollziehen; bieten sie auch nicht den gan-

105

zen ‚Schlüssel' zum Verständnis des Werkes, so doch einen wichtigen Ansatz, wie ja auch der Hochaltar der Kathedrale von Ardistan am Ende nur aus zwei Bildern besteht: Maria und der Engel unten, darüber Christus als Weltenherrscher. Vorher freilich war es nicht zu sehen; aber nach der Befreiung des Hochaltars vom Flickenteppich (vielleicht ist hier auch der Dogmenstreit der christlichen Kirchen gemeint) wird es ganz deutlich, daß der Altar, „die Hauptsache", wie May selber sagt (191), nichts anderes ist als die Darstellung der Weihnachtsbotschaft: Gott kommt in Kindesgestalt auf die Welt und verwandelt sie, er erlöst von Dunkelheit, Sünde und Verirrung. So verbirgt sich hinter der scheinbar kindlichen Weihnachtsgeschichte des dritten Kapitels von *Ardistan und Dschinnistan* vielleicht sogar – cum grano salis – doch der ‚Schlüssel zum Ganzen'? Wer weiß?

Anmerkungen

1 Hermann Wohlgschaft: *Große Karl May Biographie. Leben und Werk.* Paderborn 1994, S. 66.
2 Ebd., S. 69.
3 Ebd., S. 83.
4 Karl May: *Mein Leben und Streben.* Freiburg i. Br. 1910; Reprint, hg. v. Hainer Plaul. Hildesheim, New York 1975, S. 109.
5 Claus Roxin: *Karl May, das Strafrecht und die Literatur.* In: JbKMG 1978, S. 9-36.
6 Vgl. Wohlgschaft [Anm. 1], S. 100-103.
7 Karl May: *Das Waldröschen oder Die Rächerjagd rund um die Erde.* Dresden 1882-84; Reprint Leipzig 1988, Bd. I, S. 190ff.
8 Vgl. Gerhard Neumann: *Das erschriebene Ich. Erwägungen zum Helden im Roman Karl Mays.* In: JbKMG 1987, S. 69-100.
9 Vgl. Wohlgschaft [Anm. 1], S. 66.
10 Christoph F. Lorenz: *Von der Messingstadt zur Stadt der Toten. Bildlichkeit und literarische Tradition von „Ardistan und Dschinnistan".* In: *Karl May*, hg. v. Heinz Ludwig Arnold. Sonderband text + kritik. München 1987, S. 222-243.
11 Alle Bibelzitate nach der *Einheitsübersetzung*, Stuttgart 1980.
12 Dazu phänomenologisch Rudolf Steiner: *Die Geburt des Erdenlichts aus der Finsternis der Weihenacht.* Dornach 1977.
13 Vgl. Lorenz [Anm. 10].

Gudrun Keindorf
„Für mich sind Sagen heilig"
Zu Idee und Programm der Sagen in ‚Ardistan und Dschinnistan'

Daß May sich selbst zu Recht als ‚Hakawati' – als Märchenerzähler – bezeichnet, ist vielfach beachtet und durch Untersuchungen verschiedentlich bestätigt worden.[1] In der Regel zielen die Interpreten nicht auf das Märchen als Gattung, sondern umschreiben mit dem Begriff „die mythische Substanz seiner Geschichten"[2] oder betrachten die Verwendung von Märchen, Sagen und Legenden als Konstruktionsmerkmale des Mayschen Erzählens, denen ein gemeinsames „magisches Element"[3] bescheinigt wird, wobei die drei Begriffe synonym verwendet werden.

So formulierte 1936 Heinz Stolte unter Berufung auf André Jolles' ‚Einfache Formen'[4] für *Ardistan und Dschinnistan*:

Wieder handelt es sich hier um eine Art heroischer Legende, wobei sogar das Legendenhafte noch viel beherrschender, fast ausschließlich hervortritt, gleichzeitig aber verliert diese Legende hier doch ihren sagenhaften Kern, indem die Erzählung aus aller erdkundlichen und geschichtlichen Wirklichkeit hinausführt. Diese Legende, die – ganz im Sinne des eigentlichen Märchens – in einem ‚fernen, fernen Lande', hier Ardistan genannt, spielt, ist nicht mehr Sage, sondern Märchen, ist *Märchenlegende*.[5]

Seit dieser Zeit hat die volkskundliche Erzählforschung einige bedeutende Wandlungen erfahren, die sich in der Karl-May-Forschung jedoch nicht niederschlugen. Diese Lücke schließen zu helfen, ist die Intention der vorliegenden Untersuchung.

Es ist der Abschied von Konnotationen wie der ‚ununterbrochenen Mündlichkeit', dem ‚Volk als Erzähler' und dem ‚wahren Kern' zu nennen[6], der sich insbesondere in der Sagenforschung vollzogen hat. Nicht das ‚Volk' ist Träger der Überlieferung, sondern der jeweilige Herausgeber, der in der Regel zugleich auch Bearbeiter ist. Diese Erkenntnis macht den Weg frei für einen offenen Umgang mit den Sagen, die in der Regel wenig ‚Wahres' über die erzählte Zeit berichten, dafür aber um so mehr ein Spiegel der Zeit sind, in der sie veröffentlicht wurden. So haben z. B. die Brüder Grimm hauptsächlich schriftliche Quellen ausgewertet, um ihre *Deutschen Sagen* zu kompilieren, wobei sie sich das Recht herausnahmen, die Erzählungen nicht nur umzuformulieren, sondern auch ‚rückzudichten' in eine Form, die sie als die ‚ursprüngliche' bezeichneten.[7] Andere Herausgeber verwerten frühneuzeitliche Chroniken, Predigtsammlungen oder Romane des 18. Jahrhunderts als Quellen ihrer ‚Sagen'.[8]

107

Ardistan und Dschinnistan bietet sich für eine Untersuchung insofern an, als der Gattungsbegriff der ‚Sage' auffallend häufig erscheint und auf mehr als eine Binnenerzählung angewandt ist. Verschiedene Fragen sind an den Roman und seinen Autor zu stellen:
1. Was versteht May unter dem Begriff der ‚Sage'?
2. Aus welchem geistesgeschichtlichen Kontext leitet sich seine Definition – so es denn eine gibt – ab?
3. Welche Quellen speisen seine Sagenproduktion?
4. Wie lassen sich seine ‚Sagen' in den zeitgenössischen Kontext einordnen?
5. Werden zeitgenössische ‚Sagen' in den Romanverlauf integriert und in welcher Form geschieht dies?

*

Charakteristikum der ‚Sage' ist für May, daß sie *erzählt*; sie ist ein eigenständiges Gebilde ohne Autor und vermittelt ihre Botschaft direkt:

Hoch aufgerichtet [...] glich er [der Bote des Mir von Dschinnistan an Marah Durimeh] in der gegenwärtigen Beleuchtung weniger einem gewöhnlichen, irdischen Boten, sondern vielmehr einem jener überirdischen Wesen, *von denen die uralte, orientalische Sage erzählt*, daß sie mit ihren Fahrzeugen ganz plötzlich aus der Tiefe des Meeres auftauchen und an den Wohnorten der Menschen landen, um ihnen den Gruß der Ewigkeit und den Segen des Himmels zu bringen. (XXXI 7f.; Hervorhebung G. K.)

Damit unterscheidet sich die Sage grundlegend von anderen (mündlichen) Tradierungsformen, die einen Autor/Erzähler haben, auch wenn sich dieser nur durch ein unspezifisches ‚man' zu erkennen gibt, so etwa in dem Nachtgespräch zwischen Halef und Kara Ben Nemsi vor der Abreise aus Ikbal, in dem Halef mit den einleitenden Worten: „man hat mir viel davon erzählt" (XXXI 29) Kara „einen Vortrag von so ungeheuerlichem Inhalte" hält, „als ob er alle Unmöglichkeiten der Geographie, Geschichte und Naturgeschichte extra für diese Mitternachtsstunde zusammengesucht habe, um mich um den Verstand zu bringen" (33).

Sagen sind für May ein Ersatz für Geschichtsschreibung in dem Sinne, daß sie mythisch überformt Erinnerungen an historische Ereignisse rudimentär bewahren. Darum sind sie ihm ‚heilig', wie er dem Mir von Ardistan entgegenhält, als dieser seinen Unglauben äußert (XXXII 119). Diese mythische Überformung wird nicht als negatives Qualitätsmerkmal, als fehlende kulturelle Leistung, aufgefaßt, sondern im Gegenteil aus der gesellschaftlichen Struktur und der politischen Auseinandersetzung erklärt:

„Ich bin der Fürst dieses Landes und habe doch von diesen Riesenbauwerken [am Maha-Lama-See] nichts gewußt. Wird man dir das glauben, wenn du es in deiner Heimat erzählst? Wird man es nicht lächerlich finden? Wird man dich nicht für einen Lügner halten?"

„Nein. Man wird eure Entwicklung, eure Geschichte, eure Verhältnisse in Betracht ziehen. Man wird erwägen, daß es in lamaistischen Ländern stets zweierlei Herrscher gab, einen weltlichen und einen geistlichen, und daß Beide ihre besonderen Interessen immer derart verfolgten, daß Jeder von ihnen so wenig wie möglich von dem, was der Andere tat, erfuhr. Und die Hauptsache: Die Wüste ist über euch hergefallen und hat den besten und schönsten Teil deines Landes verschlungen, nicht nur die räumliche, die geographische Wüste, sondern auch die geschichtliche, die zeitliche; *euch fehlt die Geschichte. Ihr habt nur noch Sagen.* [...] Als es nach langen, grausamen Kämpfen deinen Vorfahren gelungen war, die Maha-Lamas in kraftlose Schatten zu verwandeln, waren sie bemüht, nun auch noch das geschichtliche Bewußtsein ihrer Taten auszustreichen. Der Teufel, der den Maha-Lama betrog, wurde erfunden." (XXXII 343f.; Hervorhebung G. K.)

Dieser gesellschaftspolitische Interpretationsansatz stellt um 1900 keinesfalls die Regel dar. Im Gegenteil sind die populären Sammlungen von der Ausprägung ‚alle Sagen einer Region' bzw. ‚alle Sagen eines Typs' geprägt von der Vorstellung eines starren Überlieferungsgedankens; die Sagen gelten als „Schätze, die wir von unsern Vorfahren ererbt haben"[9], oder als „das ächte Gold der Volkspoesie"[10]; Ziel aller Sammlung soll es sein, „die ursprüngliche Fassung aus ältester und bester Quelle"[11] zu wahren.

Ebenso werden im wissenschaftlichen Diskurs in der Regel Veränderungen als bedauerliche Verfälschung kritisiert.[12] Auch läßt sich Mays Ansatz nicht in den Diskurs der sogenannten ‚finnischen' bzw. ‚geographisch-historischen' Methode integrieren, die eine „positivistische Gegenreaktion auf die Spekulationen der romantischen, mythologischen und irrationalistischen Schulen des 19. Jahrhunderts" darstellte und die versuchte, über eine ‚Urform' einer Erzählung und ihrer Varianten Wanderungswege zu konstruieren, wobei „in der Regel der gesamte Komplex der Überlieferungspsychologie, die Dynamik und Fluktuation historisch-gesellschaftlicher Vorgänge"[13] außer acht gelassen wurden.

*

Sagen haben für May einen wahren Kern, so die ‚Sage vom verlorenen Fluß', die Halef gehört und Kara Ben Nemsi weitererzählt hat (XXXI 215-220):

„Uebrigens weiß ich von dir, daß eine jede Sage eine Wahrheit enthält, die man in der Tiefe suchen muß. So ist es wohl auch mit dieser Sage von dem verschwundenen Flusse, der plötzlich umgekehrt und aufwärts gelaufen ist, um nach seiner Quelle zurückzugehen?"

„Jedenfalls."

„Und die Wahrheit, die sich in dieser Sage verbirgt?"

„Ist wahrscheinlich eine zweifache, eine äußerliche und eine innerliche, eine geographische und eine sozialphilosophische." (221)

Das, was May als geographische ‚äußere Wahrheit' bezeichnet, findet sich im 19. Jahrhundert – zuerst durch die Grimms, die diesbezüglich kanonbildend waren – als der ‚wahre Kern' der geschichtlichen/historischen Sagen interpretiert.

Sie [die Sagen] gleichen den Mundarten der Sprache, in denen hin und wieder sonderbare Wörter und Bilder aus uralten Zeiten hangengeblieben sind [...].[14]

Die – wie May es nennt – „sozialphilosophische" oder ‚innere Wahrheit'

bezieht sich darauf, daß die Entwicklung des Menschengeschlechts nicht nach kriegerischen, sondern nach friedlichen, versöhnlichen Wegen zu suchen hat (XXXI 222).

Mit dieser Aussage geht May über die Brüder Grimm hinaus, die das „Wesen und die Tugend der deutschen Volkssage" zwar darin sehen, daß diese „Angst und Warnung vor dem Bösen und Freude an dem Guten mit gleichen Händen austheilt"[15], daraus aber keinerlei moralischen Ansporn in Hinsicht auf eine gesellschaftliche Entwicklung sehen.

May geht noch einen Schritt weiter: Auf der Leseebene der ‚inneren Wahrheit' faßt er die Sage als Prophezeiung auf:

„Eine Sage, die sich so fest gebildet und gestaltet hat wie diese hier, erzählt nie etwas Unnützes. Sie hängt wie eine schwere Drohung für Ardistan hoch über Dschinnistan, und wenn in dieser von der schauenden Volksseele gedichteten Erzählung kein Geringerer als Gott vor der Entladung dieser Wolke warnt, so ist die Gefahr nicht nur in der Dichtung, sondern auch in der Wirklichkeit vorhanden." (XXXI 223)

Diese Gleichsetzung zieht sich als handlungstragendes Element durch den gesamten Roman, und die Zuordnung der Personen erfolgt nicht zuletzt durch ihre Bejahung dieser Gleichsetzung, sprich ihres Glaubens an die Prophezeiung, angefangen bei Taldscha, die „nicht so töricht sein [darf], den Augenblick zu versäumen, an dem die alte, fromme Sage der Ussul zur Wahrheit wird" (XXXI 412), bis zum Basch Nasrani, der „die Sage erzählte, aber nicht als Sage, sondern als Weissagung" (XXXII 122), bzw. der Ablehnung, so (zunächst) durch den Mir von Ardistan, dem Sagen nur als Mittel zum Zwecke der ‚Volkslenkung' dienen:

„Das Alles ist natürlich weiter nichts als Sage, nur Sage. Aber das Volk glaubt daran und hält es für Wirklichkeit. Man hat diesen Glauben zu respektieren, wenn man nicht wagen will, die Macht über die Gewissen der nur allzu Leichtgläubigen zu verlieren." (XXXII 116)

Die Tatsache, daß die Sage vom verlorenen Fluß als Prophezeiung aufgefaßt wird, hat weitreichende Folgen für die Konstruktion des Gesamtablaufes. Je weiter die handelnden Personen sich räumlich der Grenze zu Dschinnistan annähern, desto stärker wird Sagenhandlung in reale Handlung umgesetzt, wird die Prophezeiung erfüllt. Um dieses Ziel zu erreichen, werden die unterschiedlichen Überlieferungen, nämlich die Sage vom verlorenen Fluß, die Sage vom Stern Bet Lahem sowie die Sage von der Glocke, die nur durch Kinder geläutet werden kann, zu einem Verbundsystem zusammengefaßt, das seinen ersten Höhepunkt im Weihnachtsfest zu Ard hat.

Dieses Vorgehen widerspricht der zeitgenössischen Auffassung von ‚Sagen', die von einer kurzen Erzählung über ein Ereignis ausgeht, und scheint dabei den Vorgang wissenschaftlicher Klassifizierung zu wiederholen, bei dem häufig Erzählungen nebeneinandergesetzt werden, die in der ursprünglichen Überlieferung nichts miteinander zu tun haben.[16]

Im Grunde agiert May jedoch anders. Während die wissenschaftlichen Bemühungen sich mit der Erforschung der Vergangenheit beschäftigen[17] und die Sagen als adäquate Quelle betrachten[18], sind Mays ‚Sagen' auf zukünftige Handlung ausgelegt. Kaum sind sie erzählt worden, beginnt bereits die Erfüllung der Vorhersage. Halef erzählt Kara die Sage vom verlorenen Fluß (XXXI 215-220), und in der nächsten Nacht ist zum ersten Mal die Naturerscheinung des sich öffnenden Paradieses zu beobachten (329-331). Kaum hat der Mir von Ardistan die Sage vom Stern von Bet Lahem erzählt, wird er gleichsam durch eine höhere Macht zum Vollzug gedrängt:

„Der Mir, der um diese Zeit über Ardistan herrscht, wird ein Feind des Christentums sein und es unterdrücken, so viel er nur vermag. Aber er wird gezwungen sein, den Stern, der über Bet Lahem zu erscheinen hat, mit eigener Hand zu entzünden. Sobald er dieses tut, ist der Gang des Kommenden unmöglich aufzuhalten. Er wird zunächst den Hochaltar für immer enthüllen. Sobald dieses geschieht, werden die Stimmen der Barmherzigkeit und Güte aus der Höhe des Firmamentes schallen und Himmelstöne, die man im Lande Ardistan noch niemals hörte, werden zu vernehmen sein, laut, wie des Sturmes Brausen, lieblich, wie Engelsworte, und leise, wie die Atemzüge der Seelen, die am Herzen Gottes ruhen." (XXXII 118f.)

In der Absicht, Kara Ben Nemsi die Orgel zu zeigen, will der Mir weitere Lichter anstecken, benutzt die falsche Zündschnur und entzündet damit den Stern (123). Kara nutzt dieses Ereignis, um das Geschehen weiter voranzutreiben. Seinem Auftrag gemäß, dem Frieden entgegenzugehen, entschließt er sich, nicht passiv auf die weitere Erfüllung der Prophezeiung zu warten, sondern er sorgt aktiv dafür, daß im Rahmen des Weihnachtsfestes die ‚Stimmen der Barmherzigkeit und der Güte' in Form von Merhamehs und Abd el Fadls Gesang ertönen und interpretiert das Orgelspiel als die ‚Himmelstöne', die noch niemals erklungen sind (184). Auf die gleiche Weise sorgt Halef dafür, daß die Kinder des Mir die große Glocke läuten, „von der die Sage ging, daß sie, wenn die Zeit der Erlösung und des Friedens gekommen sei, von kleinen, unschuldigen Kindern geläutet" werde (189).

*

Wie oben angeführt, dienen die ‚Sagen' im 19. Jahrhundert der Erforschung der Vergangenheit. Trotzdem ist die Vorstellung von einer prophezeienden Sage, wie May sie konstruiert, dem ‚Kaiserreich' allgemein geläufig, und zwar in Form der Kyffhäuser-Überlieferung, die nach 1871 als die ‚deutsche Kaisersage' firmierte. Da es sich keineswegs um eine einheitliche festgefügte Erzählung handelt, sei der Überlieferungsstrang hier kurz skizziert.

Seit dem 9. Jahrhundert rückt das Kyffhäusergebiet in das Blickfeld der Liudolfinger; zum Jahr 1118 wird vom Annalista Saxo die Zerstörung einer Burg Kyffhausen erwähnt[19]; Mitte des 12. Jahrhunderts wird diese Burg durch Friedrich I. wiedererrichtet.[20] Die spätmittelalterlichen Chroniken gehen aus besitzpolitischen Gründen, auf die hier nicht näher eingegangen werden kann[21], von einer Gründung durch die Römer aus[22], was 1752 von historischer Seite widerlegt wird.[23]

Seit dem Spätmittelalter kommt es zu einer Verwechslung Friedrichs I. mit Friedrich II., der als ‚fortlebender Kaiser' in der Überlieferung existierte: ein Mißverständis des ‚vivit non vivit'-Gedankens.[24] Bereits 1421 berichtet der Eisenacher Kleriker und Stadtschreiber Johannes Rothe von Kaiser Friedrich, „daß er wander zu Kuffhußen in Doringen uf dem wusten sluße unde auch uf andern wusten burgen, die zu dem reiche gehoren", umginge.[25] 1519 wird erstmals ausdrücklich Barbarossa als der ‚wandernde Kaiser' genannt.[26] Im Verlauf des 16. Jahrhunderts verschiebt sich das Motiv vom ‚wallenden' hin zum ‚schlafenden' Kaiser, wobei neben dem Kyffhäuser auch eine Burg bei Kaiserslautern als Ort angegeben wird. Dort schlummert Friedrich und kann erst sterben, wenn Jerusalem wieder in die Hände der Christen gekommen und das Türkische Reich vernichtet sein wird.[27] Anfang des 18. Jahrhunderts wird dann von einem schlafenden Kaiser Friedrich berichtet, der auf dem Kyffhäuser einen Schatz behüte und darauf warte, sein Kaisertum neu zu begründen:

Von diesem Berge und Schlosse redet der allhier am Hartz und in der Nachbarschafft wohnende gemeine Mann viel Fabelhafftes, die gemeineste Sage aber ist: gleichwie Käyser Carolus Magnus zu Nürnberg auff der Käyserlichen Burg sich in einen daselbst vorhandenen sehr tieffen Brunnen; also auch Käyser Friedrich der Erste, Aenobarbus oder Barbarossa, das ist Roth-Bahrt, zubenahmet, sich selbst mit etlichen der seinigen in diesen Ort verfluchet habe, auch dieserwegen mit ihnen daselbst auff der Banck, an einem steinern Tisch sitzend, und den Kopff in der Hand haltend, ruhe oder schlaffe, dem Käyser aber sey sein rother Bahrt durch den Tisch biß auff die Füsse gewachsen, nicke stetig mit dem Kopffe, und zwinckere mit den Augen, als wenn er etwa nicht recht schlieffe, oder bald wieder auffwachen wolle; denn sie in denen Gedancken stehen, als wenn derselbe vor dem Jüngsten Tage wiederum auffwachen, und sein verlassenes Käyserthum auff das Neue antreten und bestätigen werde.[28]

Bereits mit aufklärerischem Hintergrund wird die Erzählung als historisch unhaltbar in das Reich der ‚Sage' verwiesen. („Aber das Volk glaubt daran und hält es für Wirklichkeit", XXXII 116)

Mit Rücksicht auf diese Einschätzung und unter Bezugnahme auf einige andere Quellen wird die Erzählung von den Brüdern Grimm 1816 in ihre *Deutschen Sagen* übernommen.[29] Ein Jahr später erscheint die berühmte Ballade Rückerts[30], die bereits überleitet zu der Phase, in der die Sage zum Synonym der Hoffnung auf nationale Einheit wird. Gedichte[31], Dramen[32], Romane[33] und wissenschaftliche Abhandlungen[34] sind sich in dieser Grundtendenz einig.

Die Reichsgründung 1871 erscheint den Zeitgenossen als die Erfüllung aller politischen Hoffnung auf nationale Einheit, und bereits im gleichen Jahr wird der ‚Weißbart Wilhelm' als legitimer Nachfolger des ‚Rotbarts Friedrich' gefeiert:

Den jüngsten Tagen endlich war es vorbehalten, mit Augen zu schauen, was sich unser bescheidenes Volk sechs Jahrhunderte lang nur im Traume zu wünschen gewagt, was es im bildlichen Gewande der Sagendichtung erwartet. Wir sahen den Alten im weißen Bart, aus dem Hause der Friedriche. Wir sahen, wie Fürsten und Völker deutschen Blutes ihm zuströmten, als die Trompeten zum Kampfe gegen Wälschland riefen, wie die versammelten Priester zerstoben, als der dröhnende Schritt der deutschen Krieger erscholl, wie der Oberpriester zu Rom, der eben erst die Hand nach den Attributen Gottes ausgestreckt, in machtlose Gefangenschaft sank. Denn nach der alten Weissagung sollte der Kaiser ja „die Pfaffen stören", sollte er ja auch den Geistlichen ihre Würdigkeit wiedergeben, daß das Volk sie lieb und werth gewinnt und nur im Glaube wird. Haben wir nun auch das Blutbad der Sage erlebt und des Reiches Herrlichkeit wieder aufgerichtet worden, so werden auch der verheißene Friede und die neue Zeit nicht ausbleiben, wenn der Kaiser seinen Schild an den dürren Baum hängt, daß er wieder grünt und Früchte treibt.[35]

Je tiefer das Kaiserreich in die soziale und gesellschaftspolitische Krise steuert, desto stärker wird dieser Mythos vom ‚Weißbart auf des Rotbarts Thron' beschworen.[36] Wissenschaft[37], Literatur[38] und bildende Kunst setzen das Motiv gleichermaßen um. Die fast gleichzeitig abgeschlossene Ausmalung des wiederaufgebauten Kaiserhauses in Goslar[39] und die Errichtung des Kaiser-Wilhelm-Denkmals[40] auf den Resten der ehemaligen Reichsburg Kyffhausen bilden kurz vor der Jahrhundertwende einen Höhepunkt dieser Entwicklung.[41]

Karl Mays Interesse an dieser Überlieferung geht weit darüber hinaus, lediglich die Idee von der ‚prophezeienden Sage' für *Ardistan und Dschinnistan* zu übernehmen. Ganze Motivzüge der Überlieferung scheinen in dem Roman durch.

Peter Krauskopf hat 1995 „eine ganz konkrete Ähnlichkeit [Abu Schalems] mit Barbarossa" konstatiert, gleichzeitig aber erhebliche Unterschiede in der Behandlung der Monumentalbauten festgestellt und May als „Nationalkünstler" bezeichnet, der die „Strukturen der wilhelminischen National-Mythologie benutzt" und sie gleichzeitig in Frage stellt.[42] Problematisch ist diese Aussage insofern, als sie auf schmalster Vergleichsebene mehr assoziativ als analysierend – Barbarossa und Abu Schalems Gemeinsamkeit besteht darin, daß beiden der Bart weiterwächst; der Kyffhäuser ist ein stehendes Denkmal, Mays Bauten stürzen ein – einen Resonanzboden für politische Zuordnungen durch die LeserInnen bietet, ohne dem Themenkomplex wirklich nahe zu kommen.

Auf einer ersten assoziativen Ebene scheint Abu Schalem tatsächlich eine Adaption des Barbarossas der Kyffhäuser-Überlieferung zu sein. Er befindet sich in einem Berg, erwacht aus einem schlafähnlichen Zustand, und sein Bart ist weitergewachsen. Damit ist die Liste der Ähnlichkeiten bereits beendet.

Abu Schalem ist mitnichten rothaarig; er hat auch nicht das weiße Haar Wilhelms I., sondern silberglänzendes. Er hat nichts bei sich, was an Barbarossas Reichsinsignien mahnt, ebensowenig trägt er eine Uniform wie Wilhelm, um sein militärisches Geschick zu präsentieren:

Abu Schalem war in ein sehr bescheidenes, ungebleichtes Hanfgewebe gekleidet, hatte Strohsandalen an den Füßen und trug auf dem Kopfe nicht die wohlbekannte, häßliche Lamamütze, sondern ein ebenso einfaches, weißes Tuch, unter dem *das silberglänzende Stirnhaar* nicht etwa mongolisch schlicht, sondern in krausen Wellen hervorgebrochen und dann im Tode weitergewachsen war. Es hatte sich in der Mitte geteilt und hing in zwei geflochtenen Strähnen bis auf den Gürtel nieder. *Auch der Bart war stark und besaß denselben silbernen Glanz.* Er wallte über Brust und Leib herab, bis er unter dem Tisch verschwand. Auch die Gesichtszüge waren nicht mongolisch, sondern so, wie man sich die alten Perser denkt. (XXXII 401f.; Hervorhebung G. K.)

Abu Schalem erinnert Kara Ben Nemsi nicht an Barbarossa, sondern an den Perserkönig Kyros:

‚Das sind die Züge des großen Perserkönigs! So, genau so würde er ausgesehen haben, wenn er das Alter erreicht hätte, in dem dieser Maha-Lama gestorben ist!' (402)

Diese Ähnlichkeit ist eine rein äußerliche, die im späteren Verlauf der Ereignisse keine Rolle mehr spielt. Wir treffen hier erneut auf die Trennung zwischen – rein äußerlicher – Gestalt und – rein innerlichem – Wesen, wie sie auch bei Schakara im *Silberlöwen III* und *IV* zu beobachten ist.[43]

Ein weiterer Faktor ist, daß Abu Schalem in der zitierten Passage gleich zweimal als ‚tot' bezeichnet wird, nicht etwa als schlafend.

Anders als Barbarossa oder Wilhelm ist er ein geistlicher und kein weltlicher Fürst. Zwar könnte man annehmen, die für die Zeit vor der Zerstörung der alten Hauptstadt konstatierte Trennung zwischen geistlicher und weltlicher

Macht sei eine Adaption der mittelalterlichen Zweischwerterlehre: der Papst als geistig/geistliches Oberhaupt der Christenheit, der Kaiser als das weltliche Oberhaupt. Aber auch dieses Motiv läßt sich nicht übertragen. Barbarossa ist Kaiser eines ‚Rangfolgestreits' zwischen Papst und Kaiser, ein Gegner der geistlichen Mächte. Wollte man die Parallele tatsächlich ziehen, so wären es die Vorfahren des aktuellen Mir von Ardistan, die den ‚Barbarossa-Part' übernahmen, indem sie die Maha-Lamas zurückdrängten, und nicht Abu Schalem.

Der Barbarossa der Kyffhäuser-Überlieferung schläft ‚im Berge', Abu Schalem sitzt an einem Platz, der eher einer (romanischen) dreischiffigen Hallenkirche mit kleinem Stützenwechsel (Pfeiler, Säule, Pfeiler, Säule) ähnelt als einer Höhle, in einer Sakraltopographie, die seinen geistlichen Würden entspricht:

> Man hatte beim Aushauen des Saales riesige Säulen und Pfeiler stehen lassen, auf denen die hochgewölbte Decke ruhte. Sie standen in zwei Reihen, durch welche drei Abteilungen gebildet wurden, nämlich eine sehr breite und geräumige in der Mitte und zwei schmälere rechts und links von ihr. (XXXII 401)

Barbarossa erwacht alle hundert Jahre, um nachsehen zu lassen, ob die Raben noch fliegen. Wenn sie das tun, muß er weitere hundert Jahre schlafen, ohne sein Kaisertum neu zu errichten. Abu Schalem hingegen ist ein sehr energischer Herr, der jeden Mir von Ardistan zu sich bringen läßt, um Gericht über ihn und seine Ahnen zu sitzen, in der ‚Dschemma der Lebenden'.

Das Sagenmotiv der ‚allhundertjährigen Nachfrage' erscheint nicht im Zusammenhang mit Abu Schalem, sondern mit der Paradiessage der Ussul. Es sind keine Raben, sondern komplexe Licht- und Feuererscheinungen, die anzeigen, daß der hundertjährige Turnus vorüber ist. Die leuchtenden Vulkane von Dschinnistan sind nicht wie die Raben Zeichen für den im Berg Eingeschlossenen, daß die Zeit der politischen Restauration gekommen ist, sondern sie stellen das materialisierte Tor des Paradieses dar, durch das die Engel hinaustreten, um nachzusehen, ob Friede auf Erden ist, ob also ein wünschenswerter, aber noch niemals erreichter Zustand eingetreten ist:

> „Für den Gottesfeind hat sich da draußen die Erde geöffnet, um mit Flammenfäusten ihren Schmutz und ihre Schlacken auszuwerfen; für uns aber, die wir von dem Aeußeren auf das Innere und von dem Niedrigen auf das Hohe schließen, werden die Tore des Paradieses aufspringen, damit ihnen jenes Licht entströme, bei dessen Wahrheit und Klarheit die Engel sehen können, ob endlich, endlich Friede auf Erden sei, oder leider immer noch nicht!" (XXXI 334)

Dieser turnusmäßige Rhythmus bietet für alle Beteiligten den Anlaß, das Schicksal in die eigene Hand zu nehmen und sich den Frieden zu erringen. Kara Ben Nemsi ist von Marah Durimeh ausgesandt, dem Frieden entgegenzugehen, die Ussul entschließen sich entgegen ihrer Gewohnheit, den Kampf gegen

die Tschoban aufzunehmen, gewinnen und vernichten die Feinde, indem sie
sie zu Freunden machen. Am sinnfälligsten aber wird der Schritt zum aktiv
Handelnden in Halefs Wunsch, ein Engel zu sein:

„Wenn ich ein Engel wäre, so würde ich gewiß nicht einer von denen sein, die immer
hundert Jahre lang warten und dann einmal zur Türe herausschauen, ob endlich auch
Friede auf Erden sei. Sondern ich würde zum Herrgott gehen und offen und ehrlich zu
ihm sagen: ‚Laß mich hinaus! Ich will mit der Menschheit reden! Mit dem ewigen Warten erlangen wir nichts! Und das bißchen Licht, alle hundert Jahre einmal, das reicht
kaum bis zur nächsten Woche! [...]' Die Engel sind doch nicht etwa da, um hundert
Jahre lang für sich zu leben und dann der Menschheit nur einige kurze Tage oder Stunden zu widmen!" (XXXI 429f.)

Halef ist in dieser Passage der Meinung, der richtige Mann zur richtigen Zeit
am richtigen Ort wäre in der Lage, der Menschheit den Frieden zu bringen.
Wilhelm I. kann damit nicht gemeint sein. Die Absage an jede Form menschlichen Blutvergießens in *Ardistan und Dschinnistan* ist eindeutig. Zwar wird
Wilhelm I. von seinen Zeitgenossen als Reichsgründer und Friedensbringer
gefeiert, aber das Friedensverständnis des Kaiserreiches findet sich im Roman
durch die Auffassung des ‚Panthers' dargestellt, dem der Krieg legitimes Mittel zur Friedensstiftung ist:

„Ich bin frei geblieben. Mir ist selbst der Krieg kein Herrscher, sondern nur ein Mittel
zum heiligen Zweck. Und dieser Zweck ist eben nichts anderes als nur – – Friede."
(XXXII 49)

Es würde Sr. Majestät zu hoher Befriedigung gereicht haben, heute in ihrer Mitte zu
sein, um an dieser Stelle Gott für die Erfolge zu danken, mit welchen die Waffen der
deutschen Heere gesegnet worden sind [...]. Durch die in der Kriegsgeschichte beispiellosen Siege, welche nach Gottes Willen die heldenmütige Tapferkeit und die einsichtige Führung der deutschen Heere erfochten haben, ist der Angriff, den Frankreich im
Juli auf Deutschland unternahm, zurückgeworfen worden. [...] Die Bedingungen, unter
welchen die verbündeten Regierungen zum Frieden bereit sein würden [...], müssen zu
der Größe der Opfer, welche dieser ohne jeglichen Grund, aber mit der Zustimmung
der gesamten französischen Nation unternommene Krieg unserm Vaterlande auferlegt
hat, im Verhältnis stehen; sie müssen vor allen Dingen gegen die Fortsetzung der von
allen Machthabern Frankreichs seit Jahrhunderten geübten Eroberungspolitik eine verteidigungsfähige Grenze Deutschlands dadurch erstellen, daß sie die Ergebnisse der
unglücklichen Kriege [...] wenigstens teilweise rückgängig machen [...].[44]

Auch die Tatsache, daß der wiedererwachte Kaiser sein Schild an den dürren
Baum hängt und dieser wieder grünt, ist bei May konsequent in sein Gegenteil
verkehrt. Wäre die Gleichsetzung Abu Schalem = Barbarossa korrekt, müßte
dieser den Fluß Ssul erneut zum Fließen bringen und damit die Bäume grünen
lassen. Abu Schalems Wirkungskreis aber ist eingegrenzt auf sein Richteramt
in der ‚Dschemma der Lebenden', er verläßt den Berg nicht, sondern sitzt nach
Vollzug dieser Tätigkeit erneut als Toter den Toten in der ‚Dschemma der To-

ten' vor. Die Wiederkehr Ssuls wird vom Mir von Dschinnistan gelenkt, ohne dessen Wissen die Wasserscheide von El Hadd nicht in Gang gesetzt werden kann (XXXI 637). Gerade das Vorhandensein von Wasser in der ‚Stadt der Toten' ist ein weiterer wichtiger Anlaß zur inneren Umkehr des Mir von Ardistan und damit zum angestrebten Frieden. Das Grünen des Landes erfolgt unter neuen Vorzeichen, nicht als Erneuerung des Alten. Die Tatsache, daß der Fluß Ssul kurz vor seiner endgültigen Wiederkehr kurzfristig noch einmal wieder versiegt, legt den Schluß nahe, daß eine erneute Abkehr vom Friedensgedanken in Ardistan Anlaß gegeben hätte, den Fluß abermals versiegen zu lassen.

Betrachtet man all diese aufgezählten Elemente, so läßt sich die These, May hätte einerseits die Kyffhäuser-Überlieferung adaptiert und andererseits Gegenbilder geschaffen, so nicht aufrecht halten. Zwar werden die Einzelelemente der Überlieferung benutzt, doch geschieht dies nicht als Übertragung der Sage. Im Gegenteil handelt es sich um das geschickte Einsetzen von Assoziationsmarken, die bei den LeserInnen einen oberflächlichen Wiedererkennungseffekt produzieren sollen, der wiederum sozusagen ‚aufs Glatteis führt', die Einleitung bildet für das, was eigentlich erzählt werden soll. Eine winzige Szene im Roman verschlüsselt diese Intention: die Einführung Abd el Fadls und Merhamehs am Hof zu Ard.

„Ich werde die Schlüssel zu der großen Orgel suchen lassen und sie dir geben," sagte er [der Mir von Ardistan]. „Spiel, was du willst, und wenn sie dabei zu Grunde geht! Sie stammt von unserem Feinde, dem alten Abd el Fadl! Ich bin neugierig, wie sie klingt. [...] Und ein Märchenerzähler mit seiner Tochter soll singen! Haben die Christen keine anderen, besseren Sänger? Ich will dir gern meine kleine Orgel dazu borgen; aber in deine Wohnung bekommst du sie nicht, sondern du mußt mit den beiden Personen in die meine kommen."
Ich gestehe, daß ich in diesem Augenblicke eine sehr wohl erlaubte Abart jener Freude empfand, von der man scherzhaft zu sagen pflegt: ‚Die Schadenfreude ist die reinste Freude.' Also sein Feind Abd el Fadl sollte zu ihm kommen! [...] Als wir gesungen hatten, durfte nur ich mich entfernen. Der angebliche arme Märchenerzähler aber mußte mit seiner Tochter bleiben, um Sagen und Märchen zu erzählen. Es versteht sich ganz von selbst, daß er dies nur tat, um auf den Mir und seine Kinder veredelnd zu wirken. Schließlich durfte er gar nicht wieder fort, sondern er bekam mit seiner Tochter im Schlosse eine Wohnung angewiesen. (XXXII 186)

*

Die konsequente Schaffung von Gegenbildern zur ‚Sage von der Reichsgründung' findet ihre logische Fortsetzung in der Absage an den Denkmalkult des Kaiserreiches. Die Pläne der Ussul, jedem berühmten Stammesmitglied ein Denkmal zu errichten, scheitern an den geschlechterübergreifenden Zerwürfnissen, die beinahe die Sozialstruktur der Ussul zerstört hätten (XXXI 305-

309). Man läßt das bereits errichtete Pferd als ständige Mahnung vor der eigenen Dummheit stehen und benutzt es in einer Weise, die nur als Karikatur der unzähligen Kaiser-Wilhelm- und Bismarck-Denkmäler des ausgehenden 19. Jahrunderts zu verstehen ist:

> „Wir ließen es [das Pferd] als ein Erinnerungszeichen an unsere Torheit stehen. Das ist doch wohl ein Zweck, und zwar ein guter! Und zu diesem gesellte sich sehr bald ein zweiter. Kurze Zeit, nachdem wir klug geworden waren, forderte der damalige Mir von Ardistan, daß man ihm in allen ihm untertänigen oder tributpflichtigen Reichen und Provinzen ein Denkmal zu errichten habe. Auch wir waren hierzu verpflichtet. Wir berieten und beschlossen, ihm nicht eine gewöhnliche Fußfigur, sondern ein erhabenes Reiterstandbild zu errichten. Das Pferd war ja schon da! So wurden Kosten erspart. Und zweitens beschlossen wir, ihm nicht eine tote Figur, sondern eine wirkliche, lebendige Gestalt zu geben. Tote Figuren sind außerordentlich teuer; Menschen aber hat man überall ganz oder fast umsonst. Wir verzichteten also darauf, uns Künstler und Steine aus der Ferne kommen zu lassen, und verpflichteten den längsten und breitesten Ussul, der sich finden ließ, als Mir von Ardistan." (XXXI 308f.)

Der Denkmalsgedanke des 19. Jahrhunderts ist einerseits von der Verherrlichung des Nationalgedankens geprägt, andererseits fehlt den Denkmälern ein praktischer Nutzen, eine Kombination, die in der von Ludwig I. von Bayern errichteten Walhalla bei Regensburg einen ersten Höhepunkt erreicht.

,Walhalla', ursprünglich altnordisch ,Valhöll'[45], bezeichnet den Aufenthaltsort im Kampf gefallener Krieger, die von den Walküren zu Odin gebracht worden waren. Diese eher vage Vorstellung entwickelte sich in der ersten Hälfte des 19. Jahrhunderts zu der Auffassung, es handele sich um einen ,Heldensaal'.

Planung und Bau der Walhalla stehen in enger ideologischer Verbindung mit den Befreiungskriegen, sowohl die Grundsteinlegung 1830 als auch die Eröffnung 1842 fallen auf den Jahrestag der Völkerschlacht bei Leipzig (18. Oktober). Der Außenbau folgt dem Vorbild des Parthenon, im Inneren sind die Büsten derjenigen Deutschen aufgestellt[46], die Ludwig I. als würdig erachtete, geehrt zu werden.[47]

Der gescheiterte Plan der Ussul, ihren Helden solche Denkmäler zu setzen, ist in diesem Zusammenhang als konsequente Absage an den Walhalla-Gedanken zu verstehen. Doch May bleibt, genau wie bei den Sagen, nicht bei der einfachen Ablehnung stehen. Auch in bezug auf die Bauten entwickelt er ein konsequent durchdachtes Gegenprojekt. Es gibt eine ganze Reihe von Monumentalbauten in *Ardistan und Dschinnistan*, die eines gemeinsam haben: ihre Funktionalität für die Durchsetzung des Weltfriedensgedankens.

Die Gebäude der Ussul zeichnen sich durch ihre Schlichtheit aus:

Der Turm rechts von uns, der nur die nackte Mauer und kein einziges Fenster zeigte, war der sogenannte „Tempel"; der andere, zur Linken von uns liegend, war der „Palast". [...] Es hatte ihnen genügt, zwei steinerne Gebäude von dieser Größe zu besitzen.

Von einer Architektonik war keine Rede. Aber diese Türme wirkten doch und zwar gerade durch ihren Mangel an Ausdruck und Geist. Man sah, dieses Volk hatte architektonisch reden wollen, aber es nicht vermocht und es nur zu diesem einen gewaltigen Schrei, zu diesem einen, großen, unartikulierten Ausruf gebracht; dann war es in das frühere Schweigen zurückversunken und fortan stumm geblieben. (XXXI 291f.)

Trotzdem werden diese Türme nicht der Lächerlichkeit preisgegeben. Sie sind Ergebnis einer gesamtgesellschaftlichen kulturellen Leistung. Jeder Ussul, der nach Ardistan reisen wollte, mußte auf dem Rückweg einen Stein als Beitrag für die Errichtung der Türme mitbringen, ein Gedanke, den May schon bei dem Grabmal Pir Kameks im zweiten Band des Orientzyklus verfolgt hat.

In *Ardistan und Dschinnistan* ist dieses Verfahren als Gegensatz zur Errichtung des Kyffhäuser-Denkmals zu werten. 1888 hatten die deutschen Kriegervereine den Entschluß gefaßt, ein Nationaldenkmal für den eben verstorbenen Wilhelm I. zu errichten, sie finanzierten das Bauprojekt über Kollekten bei ihren Mitgliedern.[48] Das Kaiser-Wilhelm-Denkmal auf dem Kyffhäuser symbolisiert die ‚Sage von der Reichsgründung': im Unterbau der schlafende Barbarossa, darüber der militärisch gekleidete Reiter Wilhelm, der die Prophezeiung erfüllt hatte. Dagegen stellen die Türme der Ussul die geistige und die weltliche Macht des Volkes dar. Tempel und Palast sind keine siedlungsfernen Wallfahrtsorte, sondern Mittelpunkt des täglichen Lebens. Auf dem Kyffhäuser ein Denkmal für den Soldaten auf dem Kaiserthron[49], bei den Ussul ein gemütlicher und zutiefst friedfertiger Mann, der für das Soldatenhandwerk nur Krüppel auswählt:

„Man kann sich doch ganz unmöglich große Kosten machen, um Leute zu erhalten, die im Grunde genommen nur dazu da sind, Andere umzubringen!" (XXXI 296)

Noch deutlicher wird die Hinwendung zum ‚nützlichen Denkmal' bei den Engelsfiguren. Scheinbar nur ein Merkstein in der Wüste, entpuppt sich der Engel am ‚Paß der Gefahr' als lebensrettender Brunnen; die Standorte der Engelsbrunnen korrespondieren mit dem unterirdischen Verlauf von Ssul. Sie sind „erbaut zum Sieg im Kampfe für den Frieden" (XXXI 502).

Den Höhepunkt in Sachen Nützlichkeit stellen die Monumentalbauten am Maha-Lama-See dar. Die in den populären Sagensammlungen weitverbreitete Sage vom ‚Teufel als Baumeister' wird auf den Maha-Lama-See bezogen (XXXII 308-311), um sofort als geplante Fälschung entlarvt zu werden:

„Das war die alte Sage von dem Maha-Lama-See. Was meinst du, Effendi, ist sie eine Lüge oder eine Wahrheit?"
„Wahrscheinlich beides, nämlich eine in Lügen eingekleidete Wahrheit. Solange es dunkel ist, läßt sich gar nichts sagen; aber dieses Rätsel wird wohl auch nicht anders zu lösen sein als alle die andern Lebensprobleme, die im Gewand der Sage und des Märchens erscheinen, weil sie sonst unfaßbar bleiben würden." (XXXII 311)

Am Maha-Lama-See gibt es dreihundert Räume (XXXII 361), die teilweise mehrere Türen haben. Diese Dimensionen kommen der altnordischen ‚Valhöll' sehr nahe:

> Die Menge der Thore läßt uns einigermaßen auf die Größe der Valhalla schließen. Fünfhundert und fünfzig Pforten von dem allerweitesten Umfange sind bestimmet, daß sie den Zugang zu den Himmel der Helden öfnen müßen. Und das erforderte die Nothwendigkeit. Denn da die Valhalla mit einem verehrungswürdigen Alterthum prangen solte, so würde ein enger Raum nicht vermögend gewesen seyn, die unzähligen Schaaren der Helden zu faßen. Was soll man aber von der Schönheit sagen? Glaser, ein geheiligter Wald, umgab die Vorhöfe des Himmels. Die güldenen Zweige und Blätter deßelben reichten biß an den verschwenderischen Vorrath der güldenen Schilde, welche das allerprächtigste Gebäude bedecken musten. Die inneren Zierrathen sind von gleicher, ja von noch größerer Kostbarkeit. Säulen und Wände, Balken und Boden, das alles sind Herlichkeiten, wobei die milden Götter ein Meisterstück der Freigebigkeit bewiesen hatten.[50]

Der Zweck der Bauten am Maha-Lama-See ist genau entgegengesetzt gelagert. Sie sind nicht jenseitiger Aufenthaltsort gefallener Krieger, sondern dienen in ihrer Einrichtung dem Ziel, bereits im Diesseits Frieden zu erlangen:

> Es gab also hier auf der Nordseite wie auch drüben auf der Südseite je hundertundfünfzig Räume, in Summa dreihundert. Wozu sie bestimmt waren, sagten uns mehrere größere und kleinere Pläne, die auf dem Tische lagen. Zu meinem Erstaunen sah ich da verzeichnet: viele Kammern für Reis, viele Kammern für Bohnen, viele Kammern für Weizen, viele Kammern für Mannah, viele Kammern für Leder, Kleiderstoffe und Vorräte aller andern Art. Es war für Alles gesorgt, was für des Leibes Nahrung und Notdurft unerläßlich ist, nur nicht für Waffen, nur nicht für den Krieg, sondern nur allein für den Frieden. (XXXII 361f.)

Und doch gibt es am Maha-Lama-See einen Heldensaal: die ‚Dschemma der Toten'. Aber hier wird nicht den toten Helden ein Denkmal gesetzt; sie sind Angeklagte in einem sich von Generation zu Generation wiederholenden Prozeß, auf geheimnisvolle Weise gefangen auf dem Weg zum letzten Gericht:

> Die in der Mittelabteilung Versammelten saßen alle auf ihren Plätzen, doch lagen diese Plätze nicht in gleicher Ebene. Am höchsten saß der Vorsitzende, fast wie auf einem Throne. Vor ihm stand ein Tisch, welcher die Form von zwei, die Platte tragenden Amdschaspands hatte. Auf diesem Tische lag ein Buch, wahrscheinlich das im Traume erwähnte Hauptschuldbuch der sämtlichen Emire von Ardistan. [...] Rechts und links von ihm, doch einige Fuß tiefer, saßen die andern Maha-Lamas an ebenso orientalisch niedrigen Einzeltischen, die aber so nahe aneinanderstanden, daß sie zu beiden Seiten je eine viertelkreisförmige Tafel zu bilden schienen. Diese Toten stellten also einen Halbkreis dar, über dessen Halbierungspunkt der Oberrichter thronte. [...] Und noch tiefer saßen, als Inquisiten und arme Sünder, die sämtlichen Emire von Ardistan, die es gegeben hatte; es fehlte keiner von ihnen. Und doch saßen sie höher als ihre Richter, nämlich auf Thronsesseln, welche in edlen Steinen und Metallen prangten. Sie waren köstlich gekleidet und mit herrlichen Ringen, Ketten und Rangesauszeichnungen ge-

schmückt. Aber wenn man genauer hinsah, so erkannte man, daß alle diese Metalle und Steine unecht waren. [...] Es fehlte ihnen die Majestät des Todes. Sie hatten während ihres Lebens so viel Majestät ausgegeben, daß sie nun für die Zeit nach dem Tode keine mehr besaßen. [...] Sie waren alle gefesselt, an den Händen und an den Füßen, mit Stricken und mit Ketten. Einige von ihnen trugen sogar Nackenhölzer, was in den Zeiten, in denen sie lebten, ein Zeichen tierischer Grausamkeit und ehrloser Gesinnung war. (XXXII 401, 403f.)

Der aktuelle Mir beendet diesen sich ständig wiederholenden Prozeß, indem er die Schuld seiner Vorväter auf sich nimmt. Die Erlösung der Ahnen ist nicht Ende des Geschehens, sondern ein Teil des persönlichen Sühneverhaltens des Mir (469f.).

Im ‚Heldensaal' am Maha-Lama-See werden soldatische Tugenden und Krieg als Mittel der Machtausübung verabschiedet. „Die Selbstanklage ist Menschheitsideal." (469). Und wer, wie der ‚Panther', diesen Weg nicht gehen will, muß untergehen (594). Nach der Schlacht am Dschebel Allah, in der nicht Menschen gegen Menschen kämpfen, sondern die Natur selbst eingreift, „wird auch diese letzte Kanone in die Tiefe hinabgestürzt. Es soll keine übrig bleiben, keine einzige." (594) Mit dem Ende der Militärmacht ist der Weg für den Frieden endgültig frei, der Schlußstrich unter die Vergangenheit gezogen.

*

May nimmt in *Ardistan und Dschinnistan* die staatstragende Ideologie in ihrer sagenhaften Ausformung und Visualisierung in Form der Denkmäler auf und verkehrt sie konsequent in ihr Gegenteil. Dabei produziert er nicht etwa ein simples Gegenbild; vielmehr setzt er die Einzelelemente als Assoziationsmarken ein, deren Zweck es ist, die LeserInnen durch ein vertrautes Element in die fremdartige Gegenwelt des Romans zu locken.

Der in der Überschrift zitierte Ausspruch Kara Ben Nemsis: „Für mich sind Sagen heilig" (XXXII 119), trifft auf Mays Umgang mit den Sagen des Kaiserreiches nicht zu. Die äußere Form bricht er in Einzelelemente auf, den Inhalt verkehrt er in das Gegenteil. Angesichts der Geschlossenheit der Erzählung und der Konsequenz in der Umsetzung handelt es sich hierbei um einen bewußten Konstruktionsvorgang, der keinesfalls in einem tranceartigen Schreibverhalten, wie es für die Entstehung der früheren Reiseerzählungen belegt ist, erfolgt sein kann.

May erschafft eine neue Welt, deren tragendes Element der Völkerfrieden ist. In diesem Sinne ist *Ardistan und Dschinnistan* ein utopischer Roman.

Anmerkungen

1 Vgl. z. B. Franz Cornaro: *Der Märchenerzähler.* In: KMJb 1924, S. 173 ff. (197); Heinz Stolte: *Der Volksschriftsteller Karl May. Beitrag zur literarischen Volkskunde.* Radebeul 1936, S. 83, 89; Claus Roxin: *Vorläufige Bemerkungen über die Straftaten Karl Mays.* In: JbKMG 1971, S. 74-109 (86).
2 Claus Roxin: *Karl May, das Strafrecht und die Literatur.* In: JbKMG 1978, S. 9-36 (32).
3 Gunter G. Sehm: *Der Erwählte. Die Erzählstrukturen in Karl Mays ‚Winnetou'-Trilogie.* In: JbKMG 1976, S. 9-29 (16).
4 André Jolles: *Einfache Formen.* Halle 1930.
5 Stolte [Anm. 1], S. 99.
6 Vgl. z. B. Hermann Bausinger: *Erzählforschung.* In: *Enzyklopädie des Märchens. Handwörterbuch zur historischen und vergleichenden Erzählforschung,* Bd. 4, hg. v. Kurt Ranke. Berlin, New York 1984, Sp. 342-348; Helge Gerndt: *Sagen und Sagenforschung im Spannungsfeld von Mündlichkeit und Schriftlichkeit. Ein erkenntnistheoretischer Diskurs.* In: Fabula 29 (1988), S. 1-20; *Volksdichtung zwischen Mündlichkeit und Schriftlichkeit,* hg. v. Lutz Röhrich u. E. Lindig. Tübingen 1989.
7 Vgl. Barbara Kindermann-Bieri: *Heterogene Quellen – Homogene Sagen. Philologische Studien zu den Grimmschen Prinzipien der Quellenbearbeitung untersucht anhand des Schweizer Anteils an den Deutschen Sagen.* Basel 1989.
8 Gudrun Keindorf: *Wege der Überlieferung. Zu Funktions- und Bedeutungswandel der „Sagen" von der Burg Plesse.* Bovenden 1995.
9 Theodor Voges: *Sagen aus dem Lande Braunschweig.* Braunschweig 1895, S. IV.
10 Ludwig Frahm: *Norddeutsche Sagen von Schleswig-Holstein bis zum Harz.* Altona, Leipzig 1890, Einleitung (unpag.).
11 Karl Henniger/Johann von Harten: *Niedersachsens Sagenborn I.* Hildesheim 1907, S. V.
12 „Die volkssage will aber mit keuscher hand gelesen und gebrochen sein. wer sie hart angreift, dem wird sie die blätter krümmen und ihren eigensten duft vorenthalten. in ihr steckt ein solcher fund reicher entfaltung und blüte, dass er auch unvollständig mitgetheilt in seinem natürlichen schmuck genugthut, aber durch fremden zusatz gestört und beeinträchtigt wäre. [...] aus elben elfen machen heisst unserer sprache gewalt thun." Jacob Grimm: *Deutsche Mythologie.* Berlin ^{4}1875-1878 (Reprint Graz 1968), Bd. I, S. XI.
13 Lutz Röhrich: *Geographisch-historische Methode.* In: *Enzyklopädie des Märchens. Handwörterbuch zur historischen und vergleichenden Erzählforschung,* Bd. 5, hg. v. Rolf-Wilhelm Brednich. Berlin, New York 1987, Sp. 1012-1030 (1013 u. 1024).
14 *Deutsche Sagen,* hg. v. den Brüdern Grimm, T. 1. Berlin 1816, S. VI. (im folgenden DS I).
15 DS I, S. X.
16 Vgl. z. B. die Überlieferung um Jäger Hackelberg, die erst durch die wissenschaftliche Klassifikation und den Vergleich mit Wotan eine mythische Komponente erhält; Keindorf [Anm. 8], S. 256-270.

17 „Man darf sagen, den wirklichen bestand dieser mythologie leugnen, heisse ungefähr auch das hohe alter und die andauer unserer sprache in abrede stellen". Grimm [Anm. 12], S. VI.
18 „Haben diese zahlreichen schriftlichen denkmale gleichsam einzelne knochen und gelenke der alten mythologie übrig gelassen, so rührt uns noch ihr eigner athemzug an aus einer menge von sagen und gebräuchen, die lange zeit hindurch vom vater dem sohn erzählt wurden." Grimm [Anm. 12], S. XI.
19 Annalista Saxo, MG SS 16, S. 253 u. MG SS 6, S. 755.
20 *Der Kyffhäuser und seine Umgebung. Ergebnisse der heimatkundlichen Bestandsaufnahme in den Gebieten von Kelbra und Bad Frankenhausen.* Berlin (Ost) 1976, S. 24f.
21 Vgl. Gudrun Keindorf: *Johannes Letzner – Zur Neubewertung eines verkannten Chronisten.* In: *Südniedersachsen. Zeitschrift für Regionale Forschung und Heimatpflege,* H. 3/1993, S. 70-73.
22 Zacharias Rivander: *Düringische Chronica. Von Ursprung vnd Herkommen der Düringer / Auch allen furnembsten Geschichten vnd Thaten / so sich mit jnen / biß auff vnsere zeit / begeben vnd zugetragen.* o. O. 1596, S. 3; Joh. Christoph. Olearii: *Hall. Sax. Rerum Thuringicarum Syntagma, Allerhand denckwürdige Thüringische Historien und Chronicken / Zu vielerley Nutzen und Ergetzen / Mit Fleiß also zusammen getragen / nebst nöthigen Registern.* Frankfurt, Leipzig 1704, S. 178-181; Joh. Arn. Zeitfuchs: *Stolbergische Kirchen- und Stadt-Historie / darinnen von gnädigster Landes-Obrigkeit, Stadt und Kirchen, Stifftungen, Brüderschaften, Religions- Und Reformations-Wesen, erlittenen Befehdungen und Kriegs-Pressuren, Pest, Brand, Wasser-Schaden, Theuerung und allerhand Unglücks-Fällen / auch alten Merckwürdigkeiten, so in hiesiger Residentz und Landen vorgangen / gehandelt wird / [...].* Frankfurt, Leipzig 1717, S. 1f.; Melissantes: *Das Erneuerte Alterthum, Oder Curieuse Beschreibung Einiger vormahls berühmten, theils verwüsteten und zerstörten, theils aber wieder neu auferbaueten Berg-Schlösser In Teutschland.* 2. vermehrte Auflage, Frankfurt, Leipzig 1721, S. 537f.
23 Johann Friedrich Müldener: *Historische diplomatische Nachrichten von einigen vormahls berühmt und bekannt gewesenen nunmehro aber größtentheils wüste liegenden und zerstöhrten Berg-Schlössern in Thüringen.* Leipzig 1752.
24 Ernst Kantorowicz: *Zu den Rechtsgrundlagen der Kaisersage.* In: *Deutsches Archiv für Erforschung des Mittelalters* 13 (1957), S. 115-150; vgl. auch Albrecht Timm: *Der Kyffhäuser im deutschen Geschichtsbild.* Göttingen o. J.
25 *Düringische Chronik des Johann Rothe,* hg. v. R. v. Liliencron. Jena 1859, S. 426 u. 508.
26 *Ein warhafftige history von dem Kayser Friederich der erst seines Namens, mit einem langen rotten Bart, den die Walhen nennten Barbarossa, derselb gewan Jerusalem. Und durch den hat Alexander den tritten verkuntschafft ward dem soldanischen König, der in gefängklich hielt, etliche zeyt. Und wie der Puntschuch auff ist khomen in Bairn.* Landshut 1519. Wesentliche Teile sind wiedergegeben in: *Das Volksbuch vom Barbarossa und Geschichten von Kaiser Friedrich dem Andern* in der Sammlung *Deutsche Volkheit.* Jena 1925.
27 Albrecht Timm: *Barbarossasage in Kaiserslautern und am Kyffhäuser.* In: *Mitteldeutsche Vorträge* 1973, S. 5-13.

28 D. Georg Henning Behrens: *Hercynia Curiosa i. e. Curiöser Hartz-Wald*. Zuerst erschienen 1703. Zitiert nach der Ausgabe Nürnberg, Altdorff 1720, S. 151.
29 DS I, Nr. 23, S. 29f.
30 *Friedrich Rückerts Werke in sechs Bänden*, hg. v. Conrad Beyer, Bd. 1. Leipzig 1897, S. 50.
31 Zusammenstellung von Gedichten bei Franz Kampers: *Die deutsche Kaiseridee in Prophetie und Sage*. München 1896, S. 161-171.
32 Vgl. Friedrich Wilhelm Rogge: *Kaiser Friedrich Barbarossa. National-Tragödie in fünf Akten*. Lüneburg 1833; *Friedrich Barbarossa. Dramatisches Gedicht in vier Acten*. Frankfurt/M. 1858; Karl Biltz: *Der alte Barbarossa. Politische Posse mit Gesang und Tanz in drei Akten und einem Vorspiel*. o. O. 1866.
33 Conrad von Bolanden: *Barbarossa. Historischer Roman aus dem XII. Jahrhundert*. Regensburg 1862.
34 Adolf Müller: *Die Kiffhäuser-Sage*. Berlin 1849; H. F. Maßmann: *Kaiser Friedrich im Kiffhäuser*. Vortrag, gehalten am Stiftungsfeste der Berlinischen Gesellschaft für deutsche Sprache (17. Januar 1850). Quedlinburg, Leipzig 1850.
35 Georg Voigt: *Die Kiffhäusersage*. Vortrag gehalten am 3. März 1871 im Gewandhaussaale zu Leipzig. Zum Besten der deutschen Invaliden. Leipzig 1871, S. 16.
36 In einem lateinisch-deutschen Gedicht vom 9. Februar 1871 (*Macte Imperator! – Heil dem Kaiser!*) bezeichnet Felix Dahn Wilhelm I. erstmals als ‚Barbablanca'. In: *Felix Dahns Gedichte*. Auswahl des Verfassers. Leipzig 1900, S. 406.
37 Ernst Koch: *Die Sage vom Kaiser Friedrich im Kyffhäuser. Überblick über die moderne Nibelungendichtung. Die Waberlohe in der Nibelungendichtung. Dem Gymnasium in Zittau zur Feier seines 300jährigen Bestehens gewidmet*. Leipzig 1886; Hermann Grauert: Zur deutschen Kaisersage. In: *Historisches Jahrbuch der Görres-Gesellschaft* 13 (1892), S. 100-143; Richard Schröder: *Die deutsche Kaisersage und die Wiedergeburt des deutschen Reiches. Zwei Vorträge*. Heidelberg 1893.
38 Z. B. die Gedichte von Brunold oder Dahn. In: Franz Tetzner: *Deutsche Geschichte in Liedern deutscher Dichter*, T. 2: *Von Ferdinand II. bis Wilhelm II*. Leipzig 1894, S. 325-329 u. S. 341-344.
39 Vgl. Monika Arndt: *Die Goslarer Kaiserpfalz als Nationaldenkmal*. Hildesheim 1976.
40 Monika Arndt: *Das Kyffhäuser-Denkmal – Ein Beitrag zur politischen Ikonographie des Zweiten Kaiserreiches*. In: *Wallraf-Richartz-Jahrbuch. Westdeutsches Jahrbuch für Kunstgeschichte* 40 (1978), S. 75-127.
41 *Denkmäler im 19. Jahrhundert. Deutung und Kritik*, hg. v. Hans-Ernst Mittig. München 1972; Werner Hager: *Geschichte in Bildern. Studien zur Historienmalerei des 19. Jahrhunderts*. Hildesheim 1989.
42 Peter Krauskopf: *Von Männern und Müttern, Türmen und Höhlen*. In: *Die Horen* 40 (1995), Nr. 178, S. 55-80 (76).
43 Gudrun Keindorf: *„Ich bin Schakara, welche du vom Tode errettet hast". Überlegungen zu Identifikation und Identität*. In: MKMG 104 (1995), S. 3-7.
44 Rede Bismarcks zur Eröffnung des Reichstags des Norddeutschen Bundes am 24. November 1870. In: Otto von Bismarck: *Werke in Auswahl* (8 Bände), Bd. 4: *Die Reichsgründung*, T. 2: *1866-1871*, hg. v. Eberhard Scheler. Darmstadt 1968, S. 577f.

45 Die Namensform ‚Walhalla' geht zurück auf Gottfried Schütze: *Lehrbegriff der alten Deutschen und Nordischen Völker von dem Zustande der Selen nach dem Tode überhaupt und von dem Himmel und der Hölle insbesondere*. Leipzig 1750.
46 Jörg Traeger: *Der Weg nach Walhalla. Denkmallandschaft und Bildungsreise im 19. Jahrhundert*. Regensburg 1987 (darin ausführliches Literaturverzeichnis).
47 *Walhallas Genossen, geschildert durch König Ludwig den Ersten von Bayern, dem Gründer Walhallas*. München 1842.
48 Arndt [Anm. 40], S. 80.
49 Franz Herre: *Kaiser Wilhelm I. Der letzte Preuße*. Köln 1980.
50 Schütze [Anm. 45], S. 282.

Joachim Biermann

Das ‚wilde Tier'

Überlegungen zur Darstellung des Bösen bei Karl May

„Wie ist sein Name? Ich hörte ihn nie. Man spricht stets nur vom ‚Mir von Dschinnistan', sagt aber niemals, wie er heißt."
„Weil er keinen Namen hat! [...] Es gibt Länder, in denen der unverträglichste Mensch Friedrich heißen kann; ein Ungläubiger wird Gottlieb und Gottlob genannt, und Einer, der vor lauter Kummer, Not und Sorge nicht weiß, wohin, wird Felix gerufen; das heißt ‚der Glückliche'. Das kommt in Dschinnistan nicht vor. Dort ist der Name wahr. Er stimmt mit dem Wesen, mit der Tätigkeit, mit dem Beruf. Ich heiße Abd el Fadl, und so ist es auch wirklich mein Beruf, ein ‚Diener der Güte' zu sein. Meine Tochter wird Merhameh genannt; bald werdet ihr sehen, daß sie nur von der Barmherzigkeit geleitet wird [...]. So wird unser Herrscher ganz kurz nur Mir genannt [...]. Mir ist die Abkürzung des Wortes Emir, was so viel wie Fürst, Herr, Herrscher bedeutet. Das ist er im vollsten Sinne des Wortes. Wozu da noch andere Namen?" (XXXI 555f.)

Diese Art der dschinnistanischen Namensgebung, die Abd el Fadl auf die Frage Kara Ben Nemsis hin erklärt, erweist sich bei genauerem Hinsehen auch als das vorherrschende Prinzip des Autors Karl May bei der Benennung seines Romanpersonals in *Ardistan und Dschinnistan*. Außer den aus früheren Werken importierten Gestalten wie dem Ich-Erzähler selbst, Hadschi Halef Omar oder Marah Durimeh haben auffällig viele Figuren des Romans keinen Eigennamen bzw. wird kein solcher genannt. Vielmehr herrschen Funktionsbezeichnungen wie ‚der Sahahr', ‚der Maha-Lama von Dschunubistan', ‚der Basch Nasrani', ‚der Schech el Beled von El Hadd' oder von Eigenschaften abgeleitete Namen wie ‚der Dschirbani', ‚der Dschinnistani' vor. Der Autor bekräftigt durch diese Form der Benennung seiner Gestalten den symbolischen Charakter seines Werkes, die Figuren sind mehr Verkörperung von Prinzipien, mehr Allegorie denn realistisch gemeinte Individuen. Dies ist kein neuartiges Verfahren; wir finden es insbesondere auch in der von May zu seinem Vorbild erklärten Volksdichtung, im Märchen, wo wir dem König, dem Königssohn, dem Schweinehirten, der guten Fee oder der bösen Hexe begegnen. Es handelt sich hier um eine Art Ur-Symbolik, die sich im Bewußtsein der Menschheit eingeprägt hat und von May ins orientalische Milieu übertragen wird.

Auch bei Karl May tritt dieses Prinzip nicht erstmals in *Ardistan und Dschinnistan* auf. Immer wieder begegnen wir in seinem Werk ‚sprechenden Namen' verschiedensten Typs, man könnte sie geradezu als charakteristisch für sein gesamtes Schaffen ansehen. Viele dieser so bezeichneten Figuren haben Namen, die auf Äußerlichkeiten wie Gestalt, Aussehen, Herkunft oder auffällige Fähigkeiten zurückzuführen sind. So finden wir Gestalten wie Hobble-Frank und Tante Droll oder Gunstick-Uncle und Humply-Bill, aber auch die Kriegsnamen der drei großen Westmänner Old Shatterhand, Old Firehand und Old Surehand wurden, wie viele andere im Mayschen Kosmos von Ost und West, nach diesem Prinzip vergeben.

Bleibt May hierbei noch eher an der Oberfläche, so arbeitet er an anderer Stelle durchaus bewußt mit der Symbolik von Namen. Bereits früher haben wir dargestellt, wie sehr die Wahl von Namen, aber auch ihr Verlust und ihr Neugewinn für Mays Werk im Sinne der Identitätssuche und -stiftung von Bedeutung sind.[1] Fast immer wird in solchen Fällen explizit ein Bezug zwischen Namen und Befindlichkeit der betreffenden Figur hergestellt.[2]

Findet sich eine solche mehr oder zum Teil wohl auch weniger bewußte symbolische Gestaltungsweise also durchaus auch in Mays früheren Arbeiten, so nimmt sie erst in den nach der Jahrhundertwende entstandenen Werken den Charakter als grundlegendes Gestaltungsmittel an, der May selbst davon sprechen läßt, er schreibe symbolisch, und der die neuere Forschung nicht zu Unrecht veranlaßte, May in die Nähe des Symbolismus zu rücken.[3] Und May selbst sieht, ganz im Einklang mit dieser Literaturauffassung, die Aufgabe der Kunst darin, daß sie im Äußeren das Innere, das eigentliche Wesen des Dargestellten zum Ausdruck zu bringen habe.[4]

Auch in *Ardistan und Dschinnistan* spiegelt sich diese Auffassung unmittelbar, wenn May Kara Ben Nemsi in einem Gespräch mit Taldscha über das äußere und innere Leben des Menschen sagen läßt: „Das äußerliche ist für das innerliche da, daß es sich offenbare. Man soll durch das Aeußere auf das Innerliche schließen." (XXXI 410)[5] In dieses Konzept paßt der ‚sprechende' Charakter von Namen trefflich hinein. May wählt sie so, daß sie das Wesen des Bezeichneten bereits möglichst klar zum Ausdruck bringen. Wer ‚Abd el Fadl' heißt, ist es also auch. Der Name bereits wird zum Symbol.

Lenken wir den Blick nunmehr auf eine weitere Gestalt aus *Ardistan und Dschinnistan* und ihren Namen: den ‚Panther'. Die Bildlichkeit dieser Figur wird bereits durch die Namensgebung offenbar. Gemäß dem vielschichtigen Aufbau von *Ardistan und Dschinnistan* läßt sich dabei auch im Fall des ‚Panthers' eine Reihe von mehr oder weniger miteinander verschränkten Bedeutungsebenen erkennen, die sich nur in beschränktem Maße aufschlüsseln lassen, macht es doch gerade das Wesen des Symbols aus, daß es tiefer greift und mehr erfassen kann als die reine Beschreibung der wahrnehmbaren Phänomene. Wenn wir im folgenden also die Bedeutungsvielfalt der Figur des ‚Panthers' zu erfassen versuchen, ist die separate Behandlung der Bedeutungsebenen nur ein Hilfsmittel, dessen defizitären Charakter wir immer vor Augen haben müssen. Doch ist es der Autor selbst, der uns durch seine Art der Werkgestaltung diese Aufschlüsselung nahelegt, mit deren Hilfe wir diese – und auch die anderen Gestalten des Romans – zu verstehen und zu begreifen in die Lage versetzt werden.

Im ‚Panther' sieht May ‚das Böse' symbolisiert, das Triebhafte, die Gegenkraft des Guten, den Widersacher des Menschen auf seinem Lebensweg. Mays christliches Weltbild erkennt diesen Lebensweg als Weg des Heils, und so ist ihm das Böse als Selbstzweck, die Beschäftigung mit dem Bösen als naturgegebene, unabänderliche Komponente des menschlichen Wesens, als Rechtfertigung amoralischer Lebensweise fremd. Konnte Frank Wedekind also ohne moralische Skrupel seinem Publikum zurufen: „Das *wahre* Tier, das *wilde, schöne* Tier, / Das – meine Damen! – sehn Sie nur bei mir"[6], so kann May im ‚Panther' nur das Gegenüber, das es zu bekämpfen gilt, erkennen. Sondert er sich somit einerseits von mancher literarischen und kulturellen Strömung seiner Zeit ab, so zeigt er sich andererseits doch wiederum als dem Symbolismus nahestehend, indem er auch das Böse zu seinem Thema macht.[7]

Kommen wir auf die Bedeutungsebenen der Figur des ‚Panthers' zurück, die wir im folgenden detailliert betrachten werden. Es lassen sich im wesentlichen drei solche symbolische Schichten erkennen. Er erscheint zum einen als der böse Gegenspieler auf der Handlungsebene des Romans. Hier wird er als böser Mensch gezeichnet, aber eben doch als Mensch, dem andere Entwicklungswege offenstehen, die er sich erkämpfen könnte. Des weiteren verkörpert der ‚Panther' das Böse schlechthin, das in dieser Welt vorhanden ist und das mit den guten Kräften um die Herrschaft über die Menschheit kämpft. Letztere hat sich, so Mays Theorie, auf ihrem Wege nach Dschinnistan gegen die Kräfte des Bösen durchzusetzen. Schließlich hat aber auch jeder einzelne Mensch diesen Kampf gegen das Böse zu führen, und so erscheint der ‚Panther' als Verkörperung des Bösen, der triebhaften Elemente im Inneren des Menschen, die dort mit den guten Anlagen um die Oberherrschaft streiten. Behält das Böse die Oberhand, so bleibt der Mensch Gewaltmensch und ist dem Verderben geweiht, andernfalls winken ihm die Edelmenschlichkeit und die endgültige Erlösung.

*

[...] ich darf wohl sagen, daß ich da viel, sehr viel gelernt habe und daß mich diese Arbeiten in stiller, einsamer Zelle in Beziehung auf Menschheitspsychologie viel weiter vorwärts gebracht haben, als ich ohne diese Gefangenschaft jemals gekommen wäre. [...] Ich habe da in die tiefsten Tiefen des Menschenlebens geschaut und Dinge gesehen, die andere niemals sehen werden, weil sie keine Augen dafür haben. Ich habe da erkannt, [...] daß es ein Dschinnistan und ein Ardistan gibt, ein ethisches Hochland und ein ethisches Tiefland, und daß die Hauptbewegung, an der wir alle teilzunehmen haben, nicht von oben nach unten geht, sondern von unten nach oben, empor, empor zur Befreiung von der Sünde, hinauf, hinauf zur Edelmenschlichkeit.[8]

Mit diesen von der ihm eigenen, der Emphase dienenden Wortdopplung geprägten Sätzen beschreibt Karl May in seiner Selbstbiographie rückblickend die Ausformung seines Weltbilds bereits während seines ersten Gefängnisaufenthalts in Schloß Osterstein bei Zwickau. Mag man auch mit Recht bezweifeln, daß dieses Weltbild von Anfang an von der Ardistan-Dschinnistan-Bildlichkeit geprägt und im Detail so ausgeformt war, wie es der alte May 1910 zu formulieren verstand, so ist doch festzuhalten, daß er hier wie so oft im Kern durchaus Zutreffendes schreibt. Der Weg der Menschheit heraus aus den Sümpfen der Unwissenheit und des erdverbundenen Gewaltmenschentums hinauf zur Erkenntnis, zum Edelmenschentum des dschinnistanischen Hochlands kann teils deutlich, teils weniger deutlich von Anfang an in seinem Werk nachgewiesen werden.[9]

Und eine zweite Komponente prägt Mays Weltbild. Es ist eine dualistische Weltsicht, eine Zweipoligkeit jeglicher Erscheinung, das Aufeinanderverweisen von Gegensätzen. Bereits auf der topografischen Ebene deutet sich dieser Dualismus an: Tiefland und Hochland, Ardistan und Dschinnistan sind durch den Weg des Menschen zur Erkenntnis miteinander verbunden. Der Dualismus setzt sich fort in Mays Vorliebe für gegensätzliche Figurenpaare. Auch Mays Handlungsthematik ist oft durch Kontraste geprägt. Dies gilt insbesondere für den Gegensatz von Gut und Böse. Es ist May zum Vorwurf gemacht worden, daß er diese beiden Prinzipien in Schwarz-Weiß-Manier einander gegenüberstellt, daß auf der Seite des Guten seine großen Helden gegen die in den schwärzesten Farben gezeichneten Schurken und Bösewichte kämpfen und am Ende den Sieg davontragen. May kennt bei dieser Personenkonstellation scheinbar keinerlei Schattierungen und Facetten; doch beurteilt man dies ausschließlich negativ, verkennt man die symbolische Eigenart des Mayschen Werks, den Einsatz stilisierender Kontrastierung zur Darstellung nicht der Realität, aber doch der von May wahrgenommenen Wirklichkeit dahinter. Im Äußeren spiegelt sich idealtypisch das Innere, das Eigentliche. Mag dies auch erst im Spätwerk durchgehend auf bewußten Gestaltungswillen zurückzuführen sein, immer schon war es Mays Gestaltungsprinzip.

Bereits das angeführte Zitat aus Mays Selbstbiographie macht darüber hinaus auch die enge Verknüpfung der beiden soeben skizzierten Grundideen deutlich: Der Weg zur Edelmenschlichkeit vollzieht sich nicht – oder doch meistens nicht – leicht und unbeschwert, sondern er beinhaltet die „Befreiung von der Sünde", den Kampf gegen das Böse. Gerade der Altersroman *Ardistan und Dschinnistan*, Höhepunkt im Schaffen Mays, steht ganz im Zeichen dieser Thematik. Die beiden Länder stehen idealtypisch gegeneinander: Ardistan, das Tiefland, ist das Land der Gewaltmenschen, das sich in Feindschaft gegenüber dem Geistesland Dschinnistan, dem Reich der Edelmenschen, wähnt. Zu Beginn des Romans, der in der Residenz Marah Durimehs in Ikbal, im Lande Sitara, spielt, bahnt sich die Entscheidung an: Ardistan hat Dschinnistan den Krieg erklärt. Es soll der entscheidende Krieg werden, und die Fronten sind klar abgesteckt. Denn Dschinnistan ist das Land des Friedens, das dazu bestimmt ist, den Krieg endgültig niederzuringen. Erst wenn Friede herrscht, so erklärt Marah Durimeh ihrem Boten Kara Ben Nemsi, kann sich die wahre Zivilisation entfalten. Marah Durimehs Taktik zur Führung der Entscheidungsschlacht ist eine ganz besondere: „Wäre es nicht Torheit, das Leben auch nur eines einzigen Edelmenschen gegen das Leben eines blutgierigen Gewaltmenschen einzusetzen? Soll ich die, welche mich lieben und die ich wieder liebe, gegen Tiger hetzen? Nein! Nie! Mein Feldzugsplan lautet: Raubtier gegen Raubtier, Panther gegen Panther." (XXXI 22f.)

Der Panther erscheint hier erstmals im Roman als Symbol des Bösen, das die Kräfte des Guten mit allen Mitteln bekämpft. Und so vollzieht May dann wenig später den Schritt vom Symbol zur Allegorie: In Ardistan herrscht der Mir von Ardistan, dessen „ganz besondere[r] Liebling" ein Tschoban-Prinz ist, der den Namen ‚Panther' trägt (576). Daß er die treibende Kraft hinter den Aktionen des Mir und damit auch des bevorstehenden Krieges ist, wird besonders deutlich, als Kara Ben Nemsi zum erstenmal den Palast von Ardistan betritt: Nicht der in seinen Prachtgewändern bis zur Unkenntlichkeit verschwindende Mir ist es, der ihn dort anspricht, sondern, quasi als dessen ‚Stimme', der für die Gäste unsichtbar hinter ihm stehende ‚Panther', die verborgene Kraft des Bösen hinter ihm (XXXII 101).

*

Dies wird um so klarer, wenn man sieht, daß diese symbolische Gleichsetzung des Panthers mit dem Bösen ein das gesamte Werk Mays durchziehendes Motiv ist. Bereits Wolf-Dieter Bach hat dies angedeutet; er spricht im Hinblick auf das Ende des ‚Panthers' von „dem ardistanischen Panthersprung, den der Sprung des schwarzen Panthers im ‚Silbersee' [...] vom Deck des Arkansas-Dampfers [...] vorwegnimmt".[10]

Greifen wir diesen Faden auf, um einen Blick auf die Verarbeitung des Panther-Motivs im Werk Mays zu werfen. Gleich zu Beginn der Erzählung *Der Schatz im Silbersee* transportiert ein Menageriebesitzer auf einem Mississippidampfer einen schwarzen Panther, der, durch einen Schlag auf die Transportkiste aufgeschreckt, „erst ein kurzes, scharfes Knurren und Fauchen, welches schnell zu einem wilden, gräßlichen Schrei anschwoll", hören läßt, das schließlich in ein „donnerähnliches Brüllen" mündet.[11] Die Wildheit und das Furchterregende des Panthers werden bereits in dieser anfänglichen Charakterisierung seiner Stimme deutlich. Nachdem sich der erste Schreck der Passagiere gelegt hat, läßt sich der Menageriebesitzer zu einer öffentlichen Fütterung des Panthers überreden, bei der das Raubtier ausbricht. Die Öffnung der Transportkiste veranlaßt den Erzähler, den schwarzen Panther ausführlich mit anderen Raubtierarten zu vergleichen. Jaguar, Puma und bengalischer Königstiger, so berichtet er dem Leser, sind gegenüber dem schwarzen Panther bedeutend kleiner; dieser wirkt entsprechend schreckenerregend auf die Zuschauer an Bord:

Ja, es war ein ausgewachsenes, prächtiges Exemplar, gewiß einen Meter hoch und ohne Schwanz zweimal so lang. Er faßte die Stäbe des eisernen Käfigs mit den Vordertatzen und schüttelte sie, daß der Kasten in Bewegung kam. Dabei zeigte er das fürchterliche Gebiß. Die dunkle Farbe erhöhte nur den Eindruck, den er machte.[12]

Es scheint neben dem allgemein furchterregenden Äußeren besonders dieser letzte Aspekt der schwarzen Farbe gewesen zu sein, der May besonders beeindruckt hat und seinen Vorstellungen vom bedrohlichsten aller Raubtiere am ehesten entsprach. Denn in den beiden Vorläuferfassungen des Panther-Abenteuers, der frühen Erzählung *Inn-nu-woh, der Indianerhäuptling* (1875) und deren Variation *Winnetou* (1878), handelt es sich bei dem zur Schau gestellten Tier noch um „ein bengalisches Königstigerweibchen", das auch weniger Angst und Schrecken verbreitet als vielmehr „durch den Bau seiner gewaltigen Glieder, die urkräftige Geschmeidigkeit seiner Bewegungen und den markerschütternden Ton seiner Stimme" die Zuschauer „zu lauten Ausrufen der Bewunderung" hinreißt.[13]

Bei diesem frühesten Erscheinen des Raubtier-Motivs wählte May also den bengalischen Tiger als Verkörperung der angsteinflößenden Kraft und Wildheit. Die in *Inn-nu-woh* zutage tretende Gleichzeitigkeit von Bedrohlichkeit und Faszination, die vom Tiger ausgeht, gehörte schon immer zu dessen Symboleigenschaften. Im Hinblick auf seine negative Bedeutung erscheint der Tiger vor allem als reißendes Raubtier, und hier „symbolisiert der Tiger oft die gefährliche Gewalt unkontrollierter Triebkräfte".[14]

In der Literatur nimmt dies zum Beispiel auch der englische Dichter William Blake in seinem berühmten Gedicht *The Tyger* (1794) auf, um die Frage nach dem Schöpfer zu stellen, der ein solches Wesen von schreckenbringender Schönheit schaffen konnte:

> Tyger! Tyger! burning bright
> In the forest of the night,
> What immortal hand or eye
> Could frame thy fearful symmetry?[15]

Im Verlaufe des Gedichts werden dann vor allem die bedrohlichen Züge des Tigers, die „deadly terrors" seines Wesens angesprochen, und schließlich wirft Blake die Frage auf: „Did he who made the Lamb make thee?" Das Lamm ist das Symbol Christi, und mit *The Lamb* ist auch ein die Sicht kindlicher Unschuld porträtierendes Parallelgedicht Blakes zu *The Tyger* überschrieben. Auf diese Weise macht Blake deutlich, im Tiger (auch) den Gegenspieler Christi zu sehen. Schuf Gott also auch das Böse? Das Gedicht beantwortet die Frage nicht, sondern stellt sie, leicht variiert, in den letzten beiden Gedichtzeilen erneut (Hervorhebung J. B.):

> What immortal hand or eye
> *Dare* frame thy fearful symmetry?

Die beiden angesprochenen Gedichte Blakes, *The Lamb* und *The Tyger*, wurden in zwei Sammlungen komplementärer Gedichte veröffentlicht, den *Songs of Innocence* und den *Songs of Experience*. Blake gab der ersten Veröffentlichung beider Zyklen den erklärenden Untertitel ‚Showing the two contrary states of the human soul'. Seine in diesen Gedichten zum Ausdruck gebrachte kontrastive Sicht der Welt und gleichzeitig des menschlichen Innern verweisen auf einige interessante Berührungspunkte der Weltbilder der beiden romantischen Visionäre May und Blake.

Die „fearful symmetry" hat mit Sicherheit auch May an der Symbolfigur des Tigers fasziniert, wie bereits an den *Silbersee-* und *Winnetou*-Zitaten erkennbar wurde. Wenn er den Tiger in der *Silbersee*-Fassung in einen schwarzen Panther umwandelt, so dient dies vor allem der Verdeutlichung des Bösartigen, der Potenzierung des furchterregenden Eindrucks, den das Tier hervorruft. Er schuf damit aber auch ein von der traditionellen Symbolsprache etwas abweichendes Bild.[16] Doch ist Mays Variante dieses Symbols, sofern man ausschließlich an den *schwarzen* Panther denkt, so naheliegend, daß auch sie in der literarischen Verarbeitung durchaus zu finden ist.

So bildet in dem bekannten Gedicht *Der Panther* von Rainer Maria Rilke, dessen Perspektive die des in seinem Freiheitswillen gebrochenen Tieres ist, das seinen Blick müde durch die Gitterstäbe auf die Welt außerhalb seines Käfigs richtet – ganz im Gegensatz zu Mays Perspektive im *Schatz im Silbersee*! – die ungezügelte Wildheit, der „große Wille"[17] des Panthers, gepaart mit dessen einst furchterregender Geschmeidigkeit, die quasi natürliche, im Wortsinne ursprüngliche Schablone, gegen die das Bild der in der Gefangenschaft ihrem Wesen entfremdeten Wildkatze erst eigentlich hervortritt.

Die hier aufgestellte literarische Reihe Blake – Rilke – May ist so zufällig nicht. Wir erwähnten bereits die zumindest bedingte Zuordnung Mays zur Tradition des Symbolismus, wie sie Hartmut Vollmer, auch unter Hinweis auf den symbolistischen Exponenten Rilke, erstmals ausgeführt hat.[18] Rilke ist ja, wie viele der dem Symbolismus zuzuordnenden Dichter, auch dem Jugendstil eng verbunden.[19] In dessen Vorläuferschaft aber läßt sich auch Blake einordnen, denn der Jugendstil versucht

Naturformen durch „Stilisierung" zu dämonisieren. Historisch gesehen geht dieser symbolistische Zug zurück über die englischen Präraphaeliten bis auf Füssli und Blake am Anfang des letzten Jahrhunderts. Und wo irgendwo im Verlaufe dieses Jahrhunderts Versuche sichtbar werden, mit Hilfe von Naturformen Symbolisches auszudrücken, wird ein Zusammenhang mit dem Jugendstil oder eine Vorahnung davon fühlbar.[20]

Der Rückgriff auf Natur- und Tiersymbole gleicher Art eint also die drei Dichter, so unterschiedlich auch letztlich ihre Auseinandersetzung damit ausfällt. Diese Unterschiedlichkeit in der literarischen Gestaltung ist aber wiederum ein Kennzeichen beider Richtungen, Jugendstil und Symbolismus.[21]

Kehren wir nach diesem Exkurs zu Mays *Schatz im Silbersee* und seinen Vorläufern zurück. Die der Präsentation des Panthers (bzw. des Tigers in den Frühfassungen) folgende Handlungssequenz, die ja bereits Bach als die Keimzelle der Schlußpassage von *Ardistan und Dschinnistan* ansah, ist in allen drei Fassungen annähernd gleich: Der Panther bricht bei der Vorführung aus und droht sich auf ein junges Mädchen zu stürzen. In letzter Sekunde kann es – in der *Silbersee*-Version – von dem jungen Indianer Nitropan-homosch ergriffen werden, der mit dem Mädchen kühn ins Wasser springt, unter dem Schiff hindurchtaucht und sich an der anderen Seite wieder an Bord holen läßt. Der Panther springt den beiden nach, ohne ihnen jedoch etwas antun zu können, wird wenig später erschossen und verschwindet in der Tiefe des Flusses.

Der Kontrast nun zwischen dem schwarzen Panther und dem jungen Mädchen, das „in ein helles, weithin leuchtendes Gewand gekleidet" ist[22], macht die Symbolik augenfällig: hier die junge, in ein weißes Gewand gekleidete Unschuld, dort das wilde, bedrohliche, durch das Schwarz der Sünde gezeichnete und bezeichnete Raubtier – Gut und Böse, sie stehen sich hier deutlich gegenüber. Die Bedrohung durch das Böse wird erst durch den Todesschuß endgültig gebannt.

Schon zu Beginn des Erzählwerks Karl Mays also entwickelt sich das Motiv des Tigers bzw. Panthers als Verkörperung der dunklen Kräfte des Bösen.[23] Das relativ häufige Auftreten dieses Motivs läßt wenig Zweifel daran aufkommen, daß dieses Tier für May zeitlebens diese – anfangs sicherlich nicht voll bewußte – Bedeutung hatte.

Eine nicht unbedeutende Rolle spielt das Panther-Motiv in Mays frühem Roman *Die Juweleninsel*. Es ist wohl kaum ein Zufall, daß May in der malerisch-düsteren Szene einer Phansegar-Versammlung einem alten Mitglied dieser Mörder-Sekte folgende Zeilen als „eine Art diabolische Poesie" in den Mund legt:

> „Da draußen, in dem finstern, wirren
> Gedschungel, wo der Panther schleicht,
> Der Schlange gift'ge Zungen schwirren,
> Der Suacrong nach Beute schleicht,

133

> Liegt Bhowannie, die Allmachtsreiche,
> Versunken unterm Wunderbaum [...]."[24]

Nur wenig später erscheint erneut ein Panther in diesem Roman: In einem Schaukampf werden er und ein Bär aufeinander gehetzt – letzterer bleibt Sieger und tötet den Panther.[25] Als wenig später Rabbadah, die Begum, von diesem Bären angegriffen wird, kann ihr Geliebter Alphonse Maletti sie retten. Doch der Autor May, der ja gerade seine Kolportageromane wie in Trance schrieb, erinnert sich einige Zeit später nur noch ungenau an diese Szene und legt Rabbadah, die mit Maletti auf der ‚Juweleninsel' gestrandet ist, die Worte in den Mund: „Du hast mich aus den Krallen des Panthers errettet."[26] Jedoch, es war der Bär und nicht der Panther – in Mays Gedächtnis allerdings hatte sich wohl nur noch der Grundtatbestand ‚Errettung vor dem Bösen' erhalten, und so substituierte er dessen Verkörperung, den Panther, für den Bären. Wie immer, wenn solche Verschiebungen im Werk Mays auftreten, ist dies ein Zeichen für die besondere Bedeutung, die das jeweilige Motiv im Unterbewußten des Autors spielt.

In dem Sammelband *Orangen und Datteln* hat May gleich drei Panther-Abenteuer vereint und läßt dieses Motiv somit fast übermächtig werden. Und registriert man, daß die betreffenden drei Erzählungen aus drei verschiedenen Jahrzehnten stammen – *Die Gum* von 1878, *Der Krumir* von 1882 und *Christus oder Muhammed* von 1891 –, zeigt sich besonders klar, wie das Panther-Motiv sich durch das gesamte Schaffen Mays zieht. Zudem wird die Auffassung vom Panther als einem Sinnbild des Bösen hier noch weiter in die Richtung verstärkt, die sich bereits in dem Gedicht aus der *Juweleninsel* andeutete: Der schwarze Panther wird zur Verkörperung des Teufels. „Weißt Du nicht, daß unter ihrem Felle [dem des Pantherweibchens, J. B.] der Scheitan wohnt, der jeden zerreißt, der es beschädigen will?" (X 41) So hält ein furchtsamer Araber Kara Ben Nemsi in *Die Gum* vor, doch dieser antwortet selbstbewußt: „ich halte das Weib des Panthers nicht für einen Scheitan, sondern für eine Katze, die ich [...] töten werde." (42) Daß Kara Ben Nemsi, der große Kämpfer gegen das Böse, diesen Vorsatz verwirklichen kann und dabei auch noch gleich das Panthermännchen mit erledigt, versteht sich von selbst.

In *Christus oder Muhammed* kommt dem Panther-Motiv über das bisher Gesagte hinaus geradezu leitmotivische Funktion zu. Zu Beginn der Erzählung kommen Kara Ben Nemsi und Kapitän Turnerstick bei einem Besuch im Zoologischen Garten von Marseille an eine Stelle, an der ein Gedenk-Kruzifix errichtet wurde: „Die Inschrift einer daran befestigten Tafel sagte, daß an dieser Stelle einer der Wärter von einem ausgebrochenen Panther zerrissen worden sei; hieran war die Bitte geschlossen, für den Verunglückten zu beten." (X 160)[27] Die beiden Besucher beobachten, wie ein fanatischer Moslem diese Gebetsbitte zum Anlaß nimmt, das Christentum zu verhöhnen und mit der Zerstörung des Kreuzes Gott herauszufordern. Genau dieser Mann ist es dann jedoch, der gegen Ende der Erzählung – mit seiner Familie in der Nähe von Tunis vor einem Sandsturm in eine Höhle fliehend – miterleben muß, wie sein kleiner Sohn (wieder ein unschuldiger junger Mensch!) hilflos einem ebenfalls dort Schutz suchenden Panther vor die Tatzen rollt. Nachdem der Moslem zunächst vergeblich den Propheten Mohammed angerufen hat, bringen ihn die Not und das Flehen seiner christlichen Frau dazu, das Vaterunser zu beten. Just in diesem Augenblick kann Kara Ben Nemsi, der bereits früher im hinteren Teil der Höhle vor dem Sturm Schutz gesucht hatte und alles mitangesehen hat, den Panther durch einen gezielten Schuß töten (207ff.). Der Christenhasser ist durch dieses Erlebnis bekehrt und nimmt das Christentum an. Sein Name: Abd el Fadl.

Wenn dieser Abd el Fadl auch nicht mit demjenigen aus *Ardistan und Dschinnistan* identisch ist, so ist es andererseits auch kein Zufall, daß eine Figur gleichen Namens in diesem Spätwerk zu den Gegnern des ‚Panthers' gehört. Die ‚Güte', die in seinem Namen beschworen wird, steht für das Gute, das sich dem Bösen, dem ‚Panther', entgegenstellt. Sie ist die Güte Gottes, die er den Menschen erweist und die allein, so eine der Botschaften von *Ardistan und Dschinnistan*, das Böse endgültig besiegen kann. Diese durch die Konstellation ‚Panther' – Abd el Fadl repräsentierte Idee ist in dem frühen Werk bereits vorgeprägt; der Vater der Güte muß hier allerdings erst im Laufe der Erzählung seinem Namen gerecht werden und sich als guter Vater erweisen. Im Spätwerk wird diese Konstellation dann von May ins Zentrum gerückt – eine weitere Brücke, die sein Werk überspannt und zusammenhält.

Der Gedanke, daß der Panther nicht nur für das Böse steht, sondern *den* Bösen repräsentiert, wird in *Der Krumir* wieder aufgegriffen: „Der Panther, der schwarze Panther. Er ist das schrecklichste der Tiere." Deshalb wird er „Abu 'l Afrid" genannt, „Vater des obersten Teufels" (X 340). Es folgt, als wenn es noch einer intensiveren Verdeutlichung dieses Teufels in Tiergestalt bedürfte, eine ausführliche Charakterisierung: „heimtückisch, hinterlistig, [...] echt panthermäßig, echt teuflisch – Abu 'l Afrid!" (351) Dieses Ausrufezeichen meint May noch setzen zu müssen, ehe die nunmehr schon bekannten Elemente der Handlung folgen: Kara Ben Nemsi begibt sich auf die Jagd nach dem die gastgebenden Araber bedrohenden Pantherweibchen; kaum hat er dieses erlegt, taucht das Panthermännchen auf, das eine junge Frau bedroht, die von Kara Ben Nemsi im letzten Augenblick durch die Tötung auch dieses Panthers gerettet werden kann (352f.). Daß der erlegte Panther abschließend wieder einmal „mit einem ausgewachsenen, bengalischen Tiger" verglichen wird, kann nicht mehr verwundern (355).

*

In *Ardistan und Dschinnistan* gelangt Mays Beschäftigung mit dem Panther als der Verkörperung des Bösen an ihren Höhepunkt und in der Gestalt des ‚Panthers' zur Allegorie des Bösen. Die Kreation dieses Tier-Menschen und seine symbolischen Tiefenschichten zeigen deutlich Mays Beeinflussung durch die Zeitströmungen von Symbolismus und Jugendstil. Allerdings war das Bild, wie wir gesehen haben, in seinen vorhergehenden Werken bereits vorgeprägt, und dieser Zusammenhang wird dabei durch eine deutlich zu erkennende Reminiszenz an die frühen Panther-Abenteuer hergestellt. Dort begegnete uns das junge, unschuldige Mädchen als Verkörperung des Hellen und Guten, das vom Panther bedroht wird. Dieses Element hat May auch im *Ardistan*-Roman aufgenommen. Es findet sich in dem vom Handlungsverlauf her wenig notwendigen, aber mehrfach wiederholten Verlangen des ‚Panthers', Merhameh, die Verkörperung des Guten, zu seiner Frau zu machen: „Sie wagte gestern, zu segnen, wo ich verfluchte! Und sie ist schön! So sei sie mir verfallen! Ich hole sie mir!" (XXXII 87) Dies wäre selbstverständlich nur mit Gewalt möglich, doch gelingt es ihm nicht, sein Vorhaben wahrzumachen. Merhameh bleibt von seinen Gelüsten verschont; er selbst kommt schließlich, wie sein Vorgänger im *Silbersee*, in den Fluten eines Flusses ums Leben.

Stellt sich auch im Verlaufe der Handlung diese Verkörperung des Bösen durch den ‚Panther' klar heraus, so deutet sich zu Beginn des Romans zunächst eine etwas andere Konstellation an. Wir zitierten bereits die Worte Marah Durimehs, sie wolle „Panther gegen Panther" hetzen. Wenig später variiert sie diese Aussage, wenn sie Kara Ben Nemsi zu dessen Erstaunen mitteilt, er werde mitten in Ard, „der Höhle des Tigers, die zugleich auch die Höhle des Panthers ist" (XXXI 23), mit dem Mir von Dschinnistan zusammentreffen. Panther und Tiger, damit scheinen hier zu Beginn des Romans recht klar der ‚Panther' und der Mir von Ardistan bezeichnet zu sein, die May offenbar im Verlaufe des Romans gegeneinander in den Krieg ziehen lassen wollte. Dieses Konzept hat er dann später insoweit geändert, als daß der Mir von Ardistan sich unter Kara Ben Nemsis Einfluß zum Edelmenschen wandelt und sich schließlich auf die Seite des Mir von Dschinnistan schlägt; die gegenseitige Zerfleischung der beiden Raubtiere findet nicht statt.

Zunächst jedoch erscheint der Mir von Ardistan gleichfalls als eine Kraft des Bösen, ja sogar als dessen Repräsentant schlechthin. Halef, im Begriffe, mit seinem Sihdi von Ikbal, der Residenz Marah Durimehs, nach Ardistan aufzubrechen, hat sich über die Verhältnisse dort kundig gemacht. Er weiß zu berichten:

„Ardistan und Dschinnistan liegen [...] übereinander. Denn Ardistan liegt an der See [...]; Dschinnistan aber steigt bis zu den höchsten Bergen auf, die es auf Erden gibt. [...] In Ardistan herrscht ein Mir, und in Dschinnistan herrscht ein Mir. [...] Der Mir von Ardistan ist ein Teufel, und der Mir von Dschinnistan ist ein Engel." (XXXI 30)

Nicht nur die Topografie, sondern auch die Personenkonstellation ist eindeutig: Höhe und Tiefe, Engel und Teufel, die Extreme sind benannt, die das spätere Handlungsgefüge bestimmen sollen. Engel und Teufel – dem May-Leser kommt dieses Begriffspaar bekannt vor: Engel und Teufel, *Ange et Diable*, das ist auch der Titel einer der frühesten überlieferten Schriften Karl Mays. Und in einem Exposé für einen Roman *Mensch und Teufel*, zeitlich nur wenig später entstanden[28], variiert May den Titel einer nunmehr geänderten Auffassung gemäß.

Zwar sind diese aus der Haftzeit stammenden Manuskripte Fragment geblieben, und der eigentliche Charakter von *Ange et Diable* ist bisher nicht eindeutig geklärt[29], doch schon ein kurzer Blick hinein zeugt von einer doch erstaunlichen gedanklichen Nähe von Früh- und Spätwerk: „Es geht ein großer Gedanke durch die ganze Schöpfung [...]: der Gedanke der Entwickelung."[30] So heißt es in *Ange et Diable*, und in *Mensch und Teufel* lesen wir: „Wie nun der einzelne Mensch nur lebt, um sich zum Schauen zu erheben, so ringt die Menschheit als ein Ganzes sich durch Zweifel, Trug und Irrthum zur Wahrheit und Erkenntniß".[31] Der gedankliche Weg hin zu Mays Ideal von der Entwicklung zum Edelmenschen ist unverkennbar vorgezeichnet, und wir gehen wohl nicht fehl, wenn wir diese Skizzen aus seinen frühen Manuskripten als die schriftliche Manifestierung dessen interpretieren, was May in *Mein Leben und Streben* über die Gedanken, die ihn während seiner Haftzeit bewegten, gesagt hat.

Aber nicht nur der Weg ins Reich der Edelmenschen ist in *Ange et Diable* bereits vorgezeichnet, auch die Polarität von Gut und Böse wird bereits hier vorgebracht und gedanklich damit verbunden: „Der Höllengedanke ist eine nothwendige Folge der Lehre vom Himmel; denn wie es ohne Schwarz kein Weiß geben kann, so kann es auch ohne Hölle keinen Himmel, ohne Teufel keinen Gott geben. Nur durch Vergleichung der Gegensätze entsteht Gedanke, Anschauung und Erkenntniß".[32]

Diese „Vergleichung der Gegensätze" bestimmt, wir sprachen es bereits an, das Maysche Gesamtwerk in ganz erheblichem Maße. Auch hier also finden wir in der Frühschrift ein Grundkonzept, das der Autor nicht mehr aus den Augen verlor.

*

Dies gilt bis zu Mays Spätwerk hin. Der *Ardistan-und-Dschinnistan*-Mythos basiert in wesentlichen Zügen darauf. Doch hat ihn der Autor immer wieder verändert und variiert. Das ‚Märchen von Sitara' etwa, das May seiner Selbstbiographie voranstellte, weicht in vielen Details von dem Sitara des hier zu behandelnden Romans ab.[33] Und auch in *Ardistan und Dschinnistan* selbst verändert May, wie wir bereits erwähnten, sein Konzept. Die anfänglich offenbar erwogene Idee der gegenseitigen Zerfleischung zweier Panther und ihrer Truppen läßt er bald wieder fallen, und die im Titel noch spürbare Gegensätzlichkeit wird im Roman nicht mehr voll entfaltet, die Entwicklung des Mir von Ardistan zum Edelmenschen und seine Verbindung mit dem Mir von Dschinnistan überwindet sie schließlich sogar.

Zweierlei mag May dazu bewogen haben. Zum einen ist dies der Friedensgedanke, der das ganze Werk durchzieht. Es hätte ihm sicher nicht gut angestanden, eine große, verlustreiche Schlacht als Höhepunkt zu haben. Die antimilitaristischen Tendenzen der im Lande der Ussul spielenden Handlungssequenzen finden daher konsequent und überzeugend ihre Fortsetzung darin, daß die vom ‚Panther' angestrebte Entscheidungsschlacht mit den gegnerischen Truppen nicht stattfindet, sondern er und seine Truppen schließlich durch die Auswirkungen einer Naturkatastrophe zugrunde gehen.[34]

Zum anderen ist es gut vorstellbar, daß mit der Einführung der ‚Panther'-Figur das damit verbundene Assoziationsfeld, wie es sich in Mays bisherigem Schaffen manifestiert hatte, ihn dazu veranlaßte, die Konzentration des Bösen in dieser Gestalt allein vorzunehmen. Der Mir von Ardistan wurde somit zudem frei zur Ausgestaltung zu einer – wenn nicht *der* – Zentralgestalt des Romans, an welcher der Autor sein Konzept von der Entwicklung vom Gewalt- zum Edelmenschen exemplifizieren konnte.

So erweist sich nunmehr einzig der ‚Panther' als die Kraft in *Ardistan und Dschinnistan*, die das Böse will. Angeblich „als Friedensbote und Freund" (XXXI 183) kommt er zu den Ussul, hat aber nur deren Unterwerfung im Sinn. Später erfahren wir, daß er nach der absoluten Herrschaft strebt. Sein Mittel ist der Krieg, von dem er sagt: „Für mich ist der Krieg also das größte Friedenswerk, welches es auf Erden gibt." (XXXII 49) Mit Hilfe des letzten großen, entscheidenden Krieges will er Frieden erreichen, der Krieg müsse an sich selbst zugrunde gehen, so lautet seine Philosophie. Verführerisch klingt das, und als der große Verführer der Menschen wird der ‚Panther' dadurch auch charakterisiert. Sein proklamierter Friede ist kein echter Friede, er würde die Unterwerfung unter seine Willkür bedeuten. Selbst sein eigenes Volk, die Tschoban, will er dabei opfern und verraten.

Dieses Volk hatte er im Streit verlassen. Er sieht sich als den ältesten Prinzen an und macht seinem Bruder Sadik – eine durch und durch positiv gezeichnete Gestalt, zudem eine der wenigen Figuren, die einen echten Namen trägt – die Erbfolge streitig, da dieser zwar älter, aber von einer christlichen Mutter geboren wurde, er selbst jedoch von einer mohammedanischen. Auch in dieser nur angedeuteten Nebenhandlung ist Mays Grundthema der Polarität von Gut und Böse erkennbar. Sadik, der Christ, gehört, wie Kara Ben Nemsi auf den ersten Blick erkennt, „zu den nicht sehr oft anzutreffenden Menschen

[...], die man lieb haben muß, man mag wollen oder nicht" (XXXI 574). Er selbst sagt von sich, daß er, „der stets friedlich Gesinnte", die Absicht habe, „in Liebe zu erreichen, was im Haß so schwere Opfer kostet" (578). Und diesem von christlicher Gesinnung Geprägten steht der ‚Panther' als der böse Bruder gegenüber, der den Krieg will und grausam handelt. Die Botschaft ist klar, auch wenn es bei diesen Andeutungen bleibt: Erst wenn durch die Ideen des Christentums das Böse überwunden ist, kann wahrer Friede einkehren.[35]

Doch des ‚Panthers' Verrat geht noch weiter. Auch den Mir von Ardistan, der ihn für „den einzigen Menschen, den ich bisher liebte", hält (XXXII 148), hintergeht er, nimmt ihn gefangen, erklärt ihn für abgesetzt und setzt sich an seine Stelle. Dabei benutzt er den Basch Islami als williges Werkzeug, dem er vorgaukelt, er wolle dessen Tochter zur Frau nehmen. Auch sein Bündnis mit dem Islam ist also nur Verstellung. In Wirklichkeit ist er ein Nihilist und Gottesleugner, der nur an sich selber glaubt, an die Kraft des Bösen.

Die Christen Ardistans unter Führung des Basch Nasrani verbünden sich mit dem Mir von Ardistan, Kara Ben Nemsi und ihren Helfern schließlich gegen den ‚Panther'. Dieser wird in seinen Plänen immer größenwahnsinniger und dringt, als er erkennt, daß er den Mir von Dschinnistan nicht, wie gehofft, als Verbündeten gewinnen kann, in dessen Land ein. Deuten wir auf der Ebene der Menschheitsgeschichte den letzteren als Gott, wird der Wahnwitz des ‚Panthers' vollends offenbar. Der ‚Panther' wird als ein Mensch gezeichnet, dem jede sittliche oder moralische Bildung fremd ist. Heiligt ihm der Zweck der Machterweiterung jedes Mittel, so setzt er diese Überzeugung bei jedem anderen Menschen ebenfalls voraus, selbst beim Mir von Dschinnistan, dem Inbegriff des Guten. Und vielleicht dürfen wir in diesem Ansinnen des ‚Panthers' auch eine verwehte Spur des aus der Bibel bekannten Bemühens des Satans erkennen, Jesus zu versuchen?

Schließlich jedoch ist es die vom Mir von Dschinnistan, also von Gott, vorgesehene ‚Pantherfalle', in die der Böse hineinläuft. Er zieht sich nach der Katastrophe am Dschebel Allah mit dem verbliebenen Rest seiner Leute auf eine vermeintlich strategisch günstig gelegene Anhöhe an der Wasserscheide von El Hadd zurück, um nur zu bald erkennen zu müssen, daß er dort endgültig verloren ist: Das zurückkehrende Wasser des Flusses Ssul (Friede) schließt die Insel zunächst ein – ein Bild der Isolation des Bösen durch die Kräfte des Guten –, um sie schließlich zu überfluten. Nachdem die ganze Menschheit dazu gebracht wurde, den Frieden zu wollen, und selbst die dem ‚Panther' verbliebenen Verbündeten ihn verlassen, bleibt nur noch er selbst übrig. Die ihm angebotene Verzeihung schlägt er aus und kommt schließlich in den Fluten um; der sich ausbreitende Friede hat das Böse endgültig besiegt und aufgesogen: „Den ‚Panther' aber sah kein Auge jemals wieder." (XXXII 649)

Der Untergang des Bösen in den Fluten des lebenspendenden Wassers ist ein wirkungsmächtiges Bild, welches die Ambiguität dieses Ursymbols aufnimmt und von May des öfteren verwendet wird.[36] Wasser als zerstörerisches Element erinnert an die biblische Sintflut, die von Gott als Strafe für den Unglauben und die Überheblichkeit des Menschen gesandt wurde und nur den Gerechten, Noah, verschont. Unglaube und Selbstüberschätzung, Größenwahn, kennzeichnen auch den ‚Panther‘, so daß sein Untergang in den von Gott gesandten Fluten ebenso sicher ist, wie der in der ardistanischen Sage vom verschwundenen Flusse Ssul geschilderte Versuch, Gott im Fluß zu ertränken, vergebens sein mußte. Denn, so ruft Gott dort dem Mir von Ardistan zu: „Hoch über dem, den ihr zum Gott gemacht, steht der Erbarmer gegen den Verderber." (XXXI 219) Der Fluß des Friedens macht auf sein Zeichen hin vor der Brücke, von der man ihn hinabstoßen will, kehrt und trocknet aus. Erst mit der Niederlage des Verderbers ‚Panther‘ kommt der Fluß zurück und verschlingt nun ihn – die Zeit der Herrschaft des Edelmenschen ist angebrochen. Für letzteren wird das Wasser zum Lebensspender und Friedensbringer, der anderen, hellen Seite dieses Symbols. Wie das einmal in Gang gesetzte Wasser nicht mehr aufzuhalten ist, so ist auch die damit beginnende Friedenszeit nicht mehr aufzuhalten. Mays Utopie endet hoffnungsvoll.

*

Wenn der ‚Panther‘ *das* Böse verkörpert, steht er dann auch wie sein tierischer Vorgänger für *den* Bösen? Martin Lowsky zum Beispiel geht davon aus und stellt fest, „daß der Gegenspieler des Mir, der Panther, als der *Empörer* bezeichnet und damit dem Teufel gleichgesetzt wird".[37] Diese Beobachtung ist selbstverständlich stichhaltig, und doch macht es stutzig, daß May diese Gleichsetzung von ‚Panther‘ und Teufel nirgends direkt vornimmt. Die einzige explizite Gleichsetzung einer Romangestalt mit dem Teufel findet sich (mehrfach) im Falle des Mir von Ardistan, etwa in dem sich im Verlauf des Romans als irrig herausstellenden Diktum Halefs, das wir oben zitierten. Nur indirekt, nämlich in Form eines dem Leser vom Autor nahegelegten Umkehrschlusses, charakterisiert sich der ‚Panther‘ selbst so, wenn er Kara Ben Nemsi vorhält: „Du sagst, Du seiest ein Christ und bist doch nur ein Teufel!" (XXXII 43) Am deutlichsten, aber immer noch nicht eindeutig, wird May dort, wo er beim ersten Zusammentreffen Kara Ben Nemsis mit dem ‚Panther‘ feststellt: „Aber wenn er einer [ein Prinz oder Fürst, J. B.] wäre, so gehörte er unbedingt zu denjenigen Herrschern, bei denen es nur an einem kurzen, entscheidenden Augenblicke liegt, ob sie die Engel oder die Teufel ihrer Völker werden." (XXXI 168)

Möglicherweise kann auch noch ein weiteres Detail diese indirekte Charakterisierung des ‚Panthers' stützen. Gleich bei der ersten Begegnung Kara Ben Nemsis mit dem ‚Panther' und seinen Begleitern kommt es zu einem Kampf und deren Gefangennahme. Der ‚Panther' wird von Kara Ben Nemsi nach altbewährter Abenteuermanier mit dem Lasso aus dem Sattel geholt und trägt dabei eine Fußverletzung davon (172). Von nun an humpelt er: „‚Ja, dieser Fuß, dieser Fuß!' klagte der ‚Panther'. ‚Daß dieser fremde Hund mich vom Pferd gerissen und lahm gemacht hat, das würde ich ihm nicht vergessen, selbst wenn Allah mit Mohammed vom Himmel käme, um für ihn zu bitten!'" (199) Ist dieses die gesamte Handlung des Romans hindurch präsente Handikap des ‚Panthers' sein Pferdefuß? Es könnte ein schwacher, aber doch vielleicht beabsichtigter Anklang an das traditionelle Erscheinungsbild sein, das die menschliche Bildersprache dem Teufel zuweist.

Es scheint jedoch trotz aller Andeutungen so, als wenn May, der ja sonst mit dem Attribut ‚Satan' oder ‚Teufel' durchaus nicht geizte[38], im Falle des ‚Panthers' davor zurückschreckt, ihn ganz direkt so zu titulieren. Das mag daran liegen, daß es nicht in sein so positiv und hoffnungsvoll angelegtes Bild von der Menschheitsentwicklung paßte, sich einen Gegenspieler Gottes vorzustellen, der diesem (fast) gleichwertig als Person gegenübersteht. Die Überwindung des Bösen durch den Menschen selbst, die Vorbedingung zur Edelmenschlichkeit, würde dann nämlich als kaum möglich erscheinen. Und der christologische Aspekt, die einmalige Erlösungstat Jesu Christi, wie sie die christliche Lehre verkündet, tritt bei May, zumindest in seiner Menschheitsutopie, in den Hintergrund, wenn sie denn überhaupt damit vereinbar ist.[39]

Andererseits sind, beginnend mit der an anderer Stelle des Mayschen Œuvres zur Genüge deutlich gemachten Verkörperung des Teufels durch den Panther, keine Zweifel daran möglich, daß in der Gestalt des ‚Panthers' auch, aber eben nicht ausschließlich und bewußt nicht eindeutig, der Teufel mitgemeint ist. Nur scheute sich May aufgrund der angedeuteten Unsicherheiten, dies auch direkt auszusprechen. Auf der menschheitsgeschichtlichen Ebene des Romans bleibt es dabei: der ‚Panther' steht zwar für *das* Böse, die Identifizierung mit dessen Urheber, dem Teufel, wird jedoch in der Schwebe gelassen. Es findet daher auch kein tumultuöser Höllensturz des Teufels wie in anderen Werken des Autors statt[40], sondern ein lautloser und eher unauffälliger Untergang im großen Friedensstrom.[41]

*

Wenden wir uns nun der personalen Ebene in *Ardistan und Dschinnistan* zu, so erkennen wir einen zweiten Grund für Mays Vermeiden der eindeutigen Gleichsetzung des ‚Panthers' mit dem Teufel, dem Urheber des Bösen. Auf dieser Ebene charakterisiert May den ‚Panther' zwar grundsätzlich als den dunklen, verräterischen Bösewicht, wie wir ihn aus den meisten seiner Werke kennen. Die Vermeidung einer eindeutigen Festlegung des ‚Panthers' auf seine diabolische Seite ermöglicht es ihm jedoch, dieser Allegorie des Bösen weitere Facetten abzugewinnen.

Bereits im ersten Band des Romans weiß der Sahahr vom Dschirbani zu berichten, dieser glaube, „daß in jedem Menschen gleich von Geburt an ein Tier stecke, welches man entweder totschlagen oder verhungern lassen müsse, wobei der von ihm befreite, gute, edle Mensch dann übrig bleibe" (XXXI 232). Dies ist, davon kann man ausgehen, im Grundsatz auch Mays Auffassung, zumindest seine große Hoffnung, wie sie sich in seinem Werk seit den späten Reiseerzählungen immer mehr durchsetzte. Kein Mensch ist von vornherein an das Böse verloren, vielmehr kann er sich durch inneren Kampf zum Sieg darüber aufschwingen.

Wenn May daher in *Ardistan und Dschinnistan* den ‚Panther' als Menschen in den Mittelpunkt rückt, läßt er seine Charakterzeichnung bewußt offen. Als *Mensch* ist der ‚Panther' durchaus nicht von Natur aus böse und schlecht, kann es gar nicht sein. So empfindet Kara Ben Nemsi „ein ganz eigentümlich geartetes Mitleid mit diesem jungen, reichbegabten aber vollständig un- oder falscherzogenen Menschen" (XXXII 44f.). Das Stichwort ‚falsche Erziehung' gibt zunächst einmal einen Blick frei auf eine autobiographische Komponente. Auch May fühlte sich, wie er in seiner Selbstbiographie ausführlich darlegt, falsch erzogen, und sicherlich sah er darin *eine* Ursache für sein späteres Abgleiten in die Kriminalität. Aber so, wie er sich selbst aus diesem ‚Abgrund' wieder emporarbeiten konnte, billigt er auch dem ‚Panther' diese Entwicklungsmöglichkeit zu. Dieser wird daher als sehr labile Gestalt gekennzeichnet, in der das Tierische mit den höheren Begabungen kämpft, die ihm letztlich unterliegen: „Mochte er noch so begabt sein, ein großer Mann zu werden, war ihm versagt. Das Naturell herrschte wie ein wildes Tier in seinem Innern; es hieß wie er selbst auch – – – Panther!" (67) Damit setzt May ihn in direkten Kontrast zum Dschirbani, dessen innere Entwicklung eine entgegengesetzte Richtung nimmt. Gemäß seinem Leitsatz: „Werde Mensch; du bist noch keiner!" (XXXI 232), kann er das Tierische in seinem Inneren besiegen und eine positive Charakterentwicklung nehmen. Und so heißt es kurz nach den oben zitierten Zeilen über den ‚Panther' vom Dschirbani, es sei „auffällig, wie gereifter und gefestigter seine Züge während der letzten Tage geworden waren. Der große Mensch, der er innerlich war, hatte begonnen, nach außen zu treten." (XXXII 68)

Umgekehrt verläuft die Entwicklung beim ‚Panther'. Er nimmt die Chance, gegen das „wilde Tier in seinem Innern" anzukämpfen, im Gegensatz zum Dschirbani und auch zum Mir von Ardistan nicht wahr, erweist sich als zu schwach und unwillig dazu. Und so kann man feststellen, daß er, spiegelbildlich zum Dschirbani, im Zuge seiner negativen Entwicklung äußerlich mehr und mehr auch die Charakteristika desjenigen Tieres annimmt, dessen Namen er trägt. Bei beiden verändert sich das Äußere also ihrer jeweiligen Charakterentwicklung, ihrem Innern entsprechend und zeugt damit auch hier von Mays symbolistisch geprägten Vorstellungen.

Das Belegen von Figuren mit tierischen Attributen ist zudem ein bekanntes Verfahren Mays, mit dem er vor allem seine negativen Gestalten häufig plastisch ausarbeitet, um so ihren animalischen Charakter, ihre Entmenschlichung zu verdeutlichen. Als Merhameh Erbarmen für die Dschunub erfleht – „Allah erbarme sich ihrer, daß sie nicht in die Hände eines Siegers geraten, der nicht wie ein Mensch, sondern wie ein Panther denkt!" –, starrt der ‚Panther' Merhameh „mit fletschenden Zähnen und weit geöffneten Raubtieraugen" an (XXXII 80). Bei anderer Gelegenheit lesen wir: „Der ‚Panther' schabte sich die Lippe mit den Zähnen" (241), und hören, daß er zornig „pfauchte [sic]" (242). Seine „Züge veränderten sich zusehends. Sie nahmen nach und nach einen lauernden Ausdruck an, etwas gewiß und wirklich Panthermäßiges." (558)

Doch ist der ‚Panther' auch in der Lage, sich zu verstellen. Glitt noch eben „ein Zug höhnischer Grausamkeit über sein nicht unschönes Gesicht" (42), so ist sein Gesicht nur wenig später „ein ganz anderes geworden": „Es glänzte vor lauter Wohlwollen." (45) Diese Verstellungskünste des ‚Panthers' seien, so erzählt uns May an dieser Stelle, die Erklärung für dessen „Beinamen": „In dem einen Augenblicke fauchend, drohend, die Zähne knirschend und fletschend, im nächsten Momente sammetweich!" (46) In diesen Worten kommt die bedrohliche Ambiguität zum Ausdruck, die einem Panther in Mays Augen eigen ist, die Mischung aus Schönheit und Anmut der Bewegung auf der einen Seite und Verschlagenheit, Gefährlichkeit und Heimtücke auf der anderen. (Wir erinnern an den ganz ähnlichen Eindruck vom Tiger, den William Blake mit der treffenden Bezeichnung „fearful symmetry" wiedergab.)

Die soeben vorgestellten Zitate, mit deren Hilfe Karl May die Gefühlsregungen des ‚Panthers', aber auch dessen Wesen kennzeichnet, sehen beides nahezu ausschließlich im *Gesicht* widergespiegelt. Fast immer, wenn May die seine Romanwelt bevölkernden Figuren charakterisieren will, schaut er ihnen ins Gesicht, läßt Charakterzüge und Stimmungsänderungen ebendort deutlich werden. Die Züge des Menschen sind ihm ein Spiegel von dessen Innerem: wer sie richtig zu lesen versteht, kann das Wesen seines Gegenüber durchschauen. May erweist sich hier als Anhänger der Physiognomik.[42]

Die Mischung von Schönheit und Häßlichkeit im Gesicht des ‚Panthers' wird diesem gleich bei seinem ersten Auftritt attestiert: Er „hatte ein offeneres Gesicht, in dem ich leider aber später auch die Spuren der Grausamkeit und Hinterlist entdeckte." (XXXI 167) Viele der dunklen Gestalten Mays weisen solche durch einen Fehler entstellte Schönheit der Gesichtszüge auf, im hier zu behandelnden Roman etwa auch der bigotte Maha-Lama von Dschunubistan, von dem es heißt: „Es [sein Gesicht, J. B.] war ein schönes, beinahe ehrwürdiges, geistreiches Männergesicht mit silberglänzendem Vollbart; aber es hatte einen Fehler, der ihm alle seine Schönheit und Würde wieder benahm; er schielte nämlich" (450). Henkel und Winter sprechen hier vom „‚Doch-Charakter' in der physiognomischen Zeichnung".[43]

In der Ambivalenz der Physiognomie des ‚Panthers' sehen wir zudem auch die Urzelle dessen zum Vorschein kommen, was für May das Böse an sich ausmacht. Denn forschen wir nach, wo er diese durch ein häßliches Element verdorbene Schönheit erstmals beschreibt, so stoßen wir erneut auf das Fragment *Ange et Diable*: Da der Teufel eine im Inneren des Menschen wirkende Macht sei, sei „der Gedanke ein ganz richtiger, den Teufel nicht mehr mit Schwanz, Bockfüßen und Hörnern darzustellen, sondern das diabolische durch Disharmonie einzelner an und für sich schöner Züge wiederzugeben".[44]

Immer wieder greift May in seinem Werk diesen Gedanken auf, wenn es darum geht, negative Gestalten zu zeichnen und ihren diabolischen Charakter hervorzuheben. Die Charakterzeichnung des ‚Panthers' geht ebenfalls von diesem typischen Signum des Bösen aus, greift aber darüber hinaus. Im ‚Panther' stellt May modellhaft einen Menschen vor, der den negativen Triebkräften, die in ihm vorhanden sind, erliegt und sich dem Bösen hingibt. Er wird so zum Antipoden des Dschirbani und ebenso des Mir von Ardistan, welche die ihnen gestellte Lebensaufgabe bewältigen, sich zur Edelmenschlichkeit emporzuheben; dem ersteren gelingt dies aufgrund seiner großartigen Anlagen fast ohne Anstrengung, während der letztere – wie es auch May für sich selbst erfahren hatte – nur unter größten Mühen, durch die qualvolle Geisterschmiede geläutert, diesen Weg beschreiten kann. So werden an diesen drei Gestalten drei mögliche Lebenswege des Menschen exemplifiziert. Klar und deutlich entwickelt May die Alternativen, wie dies seiner kontrastiv angelegten Vorstellungswelt eigen ist. Aber selbst der ‚Panther' – wie auch die vielen ähnlich charakterisierten Gestalten – wird letztlich als Mensch gezeichnet, dem *beide* Wege offenstehen, derjenige der Entwicklung zum Edelmenschen, aber eben auch derjenige der Verrohung, der in den Abgrund führt. Seine Janusköpfigkeit spiegelt genau dies wider, Schönheit und diabolische Häßlichkeit sind beide im Menschen angelegt.

*

Wir wiesen bereits darauf hin, daß Mays schon früh artikulierte dualistische Weltsicht zutiefst aus seinen Erlebnissen während der Vaganten- und Haftzeit gespeist war. Unter hoher psychischer Belastung stehend, wurde er zwischen der Neigung zum Guten und der Hingabe an das Böse beinahe zerrissen. In seiner Selbstbiographie beschreibt er diese beiden in ihm miteinander ringenden Tendenzen als innere Stimmen: „Es bildete sich bei mir das Bewußtsein heraus, daß ich kein Ganzes mehr sei, sondern eine gespaltene Persönlichkeit, ganz dem neuen Lehrsatze entsprechend, nicht Einzelwesen, sondern Drama ist der Mensch. In diesem Drama gab es verschiedene, handelnde Persönlichkeiten". Zum einen empfindet May sich selbst als Beobachter, dann gibt es ein „zweites Wesen": „Es glich einer Fee, einem Engel", und schließlich gibt es das Böse in ihm: „Die dritte Gestalt [...] war mir direkt widerlich. Fatal, häßlich, höhnisch, abstoßend, stets finster und drohend".[45] Später vermehren sich die inneren Stimmen: „Es wimmelte von Gestalten in mir".[46] Endlich gar nimmt die Erscheinung die Form eines in seinem Inneren tobenden Krieges an: „Es kämpften da zwei einander feindliche Heerlager gegen einander: [...] Ardistan gegen Dschinnistan."[47]

Es liegt nahe, daß bereits der junge May diese innere Zerrissenheit verallgemeinerte und als jeden Menschen betreffendes Phänomen deutete. Und so verwundert es nicht, daß er, einmal von der Idee erfaßt, Schriftsteller werden zu wollen, versuchte, diese Erkenntnisse in Worte zu fassen. Ebenso verständlich ist es, daß sich seine Überlegungen immer wieder veränderten und gerade in dieser Frühzeit noch nicht einheitlich waren. In *Ange et Diable* sind Mays Gedanken von Auflehnung, verzweifeltem Spott und Gottesleugnung geprägt: „Ich kenne einen Gott blos im Menschen [...]. Ebenso kenne ich einen Teufel auch blos im Menschen – einen Teufel, d. h. eine Macht, welche den Menschen ins Stolpern bringt, damit er nach und nach sicher gehen lerne."[48] Deutlich erkennen wir, wie May hier die in seinem Innern miteinander ringenden Kräfte, wie er sie später in der Selbstbiographie beschreibt, gedanklich zu fassen versucht. Wenig später, im schon erwähnten Manuskript *Mensch und Teufel*, haben sich Mays Überlegungen bereits wesentlich verändert. Nunmehr geht er von einem Schöpfergott aus, aber weiterhin sieht er den Teufel als im Menschen wirkende Kraft, kann und will jedoch „nicht an das absolut Böse" glauben, sondern sieht selbst für den Teufel die „Hoffnung auf Versöhnung"[49], da der liebende Gott nicht ewig zürnen könne.

Diese Hoffnung auf Versöhnung prägt von nun an Mays Weltbild zutiefst. Ein erstes Zeugnis des Glaubens an Gottes verzeihende Liebe legt das wohl ebenfalls in der Haftzeit entstandene Gedicht *Weihnachtsabend* ab, das einem am Heiligen Abend sterbend in seiner Zelle liegenden Gefangenen diese Botschaft zuteil werden läßt:

> Suchtest du noch im Verscheiden
> Droben den Versöhnungsstern,
> Wird er dich zur Wahrheit leiten
> Und zur Herrlichkeit des Herrn.[50]

Der Kenner von Mays Werk wird hier sicherlich sogleich auch an den viele Jahre später geschriebenen *Old Surehand* denken, in dem genau diese Versöhnung mit Gott in der Todesstunde Old Wabbles thematisiert wird. Aber in diesem Roman wird ebenso deutlich, wie sehr die Frage, ob wirklich jedem Geschöpf diese Versöhnung zuteil werden kann, May bewegt hat, ohne daß er eine eindeutige Antwort finden konnte. Denn ein ähnliches Schicksal wie Old Wabble ereilt dessen zeitweiligen Kumpan, den ‚General', doch stirbt dieser mit einem Fluch auf den Lippen, der ein gutes Ende für ihn unmöglich erscheinen läßt.

Die Hoffnung auf die Chance zur Versöhnung findet sich auch in *Ardistan und Dschinnistan*, wo May im Hinblick auf den schlechten Ruf des Mir von Ardistan schreibt, daß kein Mensch vortrefflich wie ein Engel sein könne; aber ebenso gelte: „Und kein Mensch kann von Gott so völlig aufgegeben werden, daß man nur noch Teuflisches, nichts Menschliches mehr an ihm findet." (XXXII 98) Das Schicksal des ‚Panthers' steht dem allerdings wiederum entgegen. Doch findet May dafür eine Erklärung. Er legt sie dem Schech el Beled von El Hadd in den Mund: Der ‚Panther' würde Erbarmen finden, „wenn er die Schlacht, die er uns verkündete, wirklich geschlagen hätte, doch nicht die Schlacht gegen uns, sondern die Schlacht gegen sich selbst und die dunklen Scharen seines Innern!" (594) Ohne inneren Kampf kein Sieg gegen das Böse. Der ‚Panther' verweigert sich diesem Kampf.

Noch mehr: Als er während der letzten Verhandlung mit seinen Gegnern vor der von ihm geplanten großen Schlacht unterhalb des Dschebel Allah vom bereits geläuterten Mir von Ardistan darauf hingewiesen wird, daß diese Schlacht nicht stattfinden wird, da ein „Höherer" die Entscheidung herbeiführen werde, erweist er sich (erneut) als konsequenter Gottesleugner, der sich selbst für das höchste Wesen hält, das keiner weiteren Hilfe bedürfe. In diesem Augenblick tat es „einen Krach, als müsse Himmel und Erde zu Grunde gehen, und die letztere begann, zu wanken. Der ‚Panther' stürzte zu Boden." (564) Doch während die Vertreter der guten Seite dieses Erdbeben in biblischer Tradition als machtvolles Erklingen der Stimme Gottes deuten, kann es den ‚Panther' nicht zur Räson bringen: „Fort, fort! Hier ist der Schaitan los! Er hole euch alle miteinander! Fort, nur fort!" (565)[51]

Nichts vermag den ‚Panther' von seinem Weg des Bösen abzubringen, nicht einmal Gottes warnendes Eingreifen selbst bringt ihn zur Besinnung, zur Reue. Deshalb kann er schließlich auch kein Erbarmen, keine Rettung finden.

*

Die soeben erwähnte Schlacht im Innern des Menschen beggnete uns auch bereits in Mays Schilderung seiner eigenen psychischen Verfassung während der Straftatenzeit in *Mein Leben und Streben*. Mit dem Vergleich der in seinem Inneren sich bekämpfenden Kräfte mit den beiden Heeren aus Ardistan und Dschinnistan zeigt er zugleich die gedankliche Verbindungslinie zwischen zwei Interpretationsebenen des Romans auf, die weiter auseinander nicht liegen könnten. Einerseits führt *Ardistan und Dschinnistan* dem Leser die von heilsgeschichtlicher Hoffnung geprägte Entwicklung der Menschheitsgeschichte von der Überwindung des Bösen und dem Anbruch des Zeitalters von Frieden und Edelmenschlichkeit vor Augen, und in dieser makrokosmischen Perspektive erscheint Sitara als ein Abbild, ein Spiegelbild der Welt. Auf der anderen Seite jedoch befinden wir uns auch im „Lande des Menschen-Inneren" (XXXI 111). Der innermenschliche Mikrokosmos ist hier der Schauplatz, wo die Kämpfe zwischen Gut und Böse, zwischen Engel und Teufel stattfinden, wie sie May als junger Mensch in sich selbst gespürt hat und wie er sie in seiner Theorie vom Weg von der Gewalt- zur Edelmenschlichkeit für alle Menschen verallgemeinert. Makrokosmos und Mikrokosmos verweisen aufeinander, was der einzelne Mensch in seinem Innern erlebt, ist zugleich eine Entwicklung, die die ganze Menschheit betrifft. Kann man erzählerisch besser erfassen, was die Psychologie, auf die May hier explizit als Bezugswissenschaft verweist, über die menschliche Seele sagt? Die Schauplätze des Romans „gehören zur Landschaft der Seele, zum ‚kollektiven Unbewußten' der Menschheit".[52] May selbst macht diesen Zusammenhang noch einmal deutlich, wenn angesichts des Vulkanausbruchs, der das Schicksal des ‚Panthers' besiegelt, der Schech el Beled sagt: „So zeigt uns Gott in seiner gewaltig predigenden Natur die Vorbilder dessen, was im Leben und in den Seelen der Völker und der Einzelmenschen zu geschehen hat, wenn die Ratschlüsse des Himmels in Erfüllung gehen sollen!" (XXXII 577) Die große Menschheitsentwicklung kann sich erst vollziehen, wenn auch der einzelne Mensch den Weg zur Edelmenschlichkeit eingeschlagen hat.

Unter diesen Vorzeichen liegt es dann auf der Hand, daß der ‚Panther' auf der Leseebene des Menscheninnern die Kraft des Bösen *im* Menschen verkörpert. Hat er als Mensch auf der personalen Ebene des Romans selbst mit dem Raubtier in seinem Inneren zu kämpfen, so wird er hier selber zu diesem Tier, ist er „das Tier im Menschen, die Bestie, der ‚Panther', der gegen seinen eigenen Bruder wütet und stündlich auf der Lauer liegt, seine Wohltäter zu zerfleischen" (XXXII 527).

Prototyp des Menschen ist auf der personalen Ebene von *Ardistan und Dschinnistan* der Mir von Ardistan. Auf das Menscheninnere bezogen stellt er das Ich, das Selbst des Menschen dar, das zwischen den Kräften des Guten und des Bösen hin- und hergerissen wird:

Denn, aufrichtig gesagt, ist doch wohl ein jeder Mensch in Beziehung auf das, was er innerlich zu leben und zu kämpfen hat, ein größerer oder kleinerer Mir von Ardistan, der zwischen dem unsichtbaren Mir von Dschinnistan und dem Verräter ‚Panther' um den leeren Titel kämpft, den nur derjenige auszufüllen vermag, der den Letzteren durch den Ersteren bezwingt. (XXXII 415)

Bei dem „leeren Titel" handelt es sich um den Titel ‚Mensch'[53]; der Kampf gegen das Böse wird hier als eigentliche Menschwerdung des Individuums gedeutet, die May in anderem bildlichen Zusammenhang als qualvolles Durchleiden der ‚Geisterschmiede' schildert. Auch in *Ardistan und Dschinnistan* zitiert May im Gespräch Kara Ben Nemsis mit Taldscha diese ihm so wichtige Stelle aus seinem Drama *Babel und Bibel* (XXXI 342f.). Doch während dieses Bild zu verdeutlichen sucht, was der Mensch bei seinem ‚Veredelungsprozeß' passiv zu erleiden hat, schildert die Haupthandlung des Romans dessen aktive Seite. Der Mensch hat nicht nur zu leiden, er hat auch zu kämpfen. Dies gilt grundsätzlich für jeden Menschen. Schon von Anfang an stecken die Kräfte des Bösen im Menschen. Dies glaubt zumindest der Dschirbani. Er ist überzeugt, „daß in jedem Menschen gleich von Geburt an ein Tier stecke, welches man entweder totschlagen oder verhungern lassen müsse, wobei der von ihm befreite, gute, edle Mensch dann übrig bleibe" (XXXI 232). Damit spricht er aus, was auch der Autor May selbst glaubt, wie er an anderer Stelle verdeutlicht:

Daß der Gewaltmensch sich zum Edelmenschen emporzubilden habe, ist eines meiner Ideale. Dazu gehört vor allen Dingen, daß das Niedrige in uns, das Tierische, überwunden wird. Tausende klagen, das sei so schwer. Sie haben Recht und doch auch wieder nicht Recht. Man suche die ‚Schwarzgewappneten' des Mir von Dschinnistan, welche die Bestie in uns, den ‚Panther', nach dem Dschebel Allah zu locken verstehen. Man bitte um die Panzerreiter von El Hadd und Halihm, die den Empörer in uns aufstören und vorwärtstreiben, ihn jagen und nicht zur Ruhe kommen lassen, bis er, militärisch ausgedrückt, von seiner Operationsbasis völlig abgeschnitten ist und dann nur noch das Eine vor sich hat, an sich selbst zu Grunde zu gehen. Wer den rechten Weg gefunden hat, solchen Hilfstruppen zu begegnen, also den Weg zu Gott, dem wird es fortan leicht, mit dem ‚Panther' zum Abschluß zu kommen. (XXXII 544)

Die Schwierigkeit liegt darin, den rechten Weg zunächst einmal zu finden. Das läßt diese menschliche Aufgabe vielen so schwer erscheinen. Der Mir von Ardistan steht da für viele. Er steht in dem schlechten Ruf eines Despoten, der nur mit Verachtung auf andere Menschen herabschauen kann. Doch

kein Mensch kann von Gott so völlig aufgegeben werden, daß man nur noch Teuflisches, nichts Menschliches mehr an ihm findet. Auch der Mir von Ardistan war jedenfalls weder ein Engel noch ein Teufel und stand dem Letzteren wohl kaum so nahe, wie das Gerücht behauptete. Wenn ihm ein Menschenleben so gar nichts galt, so lag das vielleicht weniger an ihm als an dem Umstande, daß er es jahraus jahrein nur mit niedrigen, kriechenden Speichelleckern, Schmarotzern und Schranzen zu tun hatte. Womöglich war ihm noch niemals ein Mensch von wirklichem Werte vor die Augen gekommen. (XXXII 98)

Bei einem solchen Lebensweg war es ihm wohl kaum möglich, das Tier in sich ‚verhungern' zu lassen; vielmehr machen es solche Lebensumstände der Kraft des Bösen leicht, vom Menschen Besitz zu ergreifen.

Als Kara Ben Nemsi dem Mir in Ard zum erstenmal begegnet, gelingt es May, diese fast totale Besitzergreifung des Bösen vom Mir in ein gelungenes Bild zu fassen: Der Ich-Held wird in den Thronsaal geführt, wo ihm „eine Fülle aller möglichen Wohlgerüche und eine Fülle aller möglichen Licht- und Strahlenbrechungen" entgegenschlägt: „Das Auge wurde geblendet und jeder Empfindungsnerv sofort in eine Art von Betäubung versetzt." (99) Auf dem Thron sitzt der Mir; doch er ist kaum zu sehen, vielmehr sieht Kara Ben Nemsi „nur die Gewänder, die er trug, und die weißen Schleier, die sein Angesicht so verhüllten, daß nur eine schmale Queröffnung für die Augen offen blieb" (100). Es bietet sich das Bild einer nahezu vollständigen Entmenschlichung des Mir; nur Äußerlichkeiten sind zu sehen und zu spüren, die das Gegenüber beeindrucken, ja ‚betäuben' sollen. Die Gewänder sind die leeren Hüllen, der äußere Mensch, der „leere Titel", um den gekämpft wird. Darunter verschwindet der Mensch, der Mir, buchstäblich. Hinter ihm aber, in seinem Schatten, steht der ‚Panther', spricht sogar in seinem Namen zu dem Besucher, für diesen unsichtbar, gleichsam als Stimme des Mir. Das Böse steht im Begriff, die Herrschaft über den Mir, den Menschen, vollständig zu ergreifen, und dieser scheint ihm hilflos ausgeliefert, hält ihn, wie wir bereits an anderer Stelle erwähnten, gar für den einzigen Menschen, den er bisher liebte. Später erkennt er, daß der ‚Panther' jemand gewesen sei, „dem ich von meinem Herzen mehr gegeben hatte, als ich selbst besaß" (XXXII 382). Nur weniges fehlt noch, und der ‚Panther' kann endgültig in die leeren Hüllen des Mir schlüpfen. Und nur dem von Marah Durimeh gesandten Kara Ben Nemsi gelingt es, den Anschlag auf den Mir zu vereiteln, den der ‚Panther' geplant hat, um sich selbst zum neuen Mir von Ardistan zu machen.

Um dem Mir die Augen für dessen Verrat zu öffnen, müssen auch die Kräfte des Guten im Innern des Menschen Zugang zu seinem Herzen finden, ihn empfänglich machen für anderes als die Einflüsterungen des Bösen. Im einzelnen nachzuweisen, wie dies von May inszeniert wird, ist hier nicht der Ort; die Gespräche Kara Ben Nemsis und das von ihm inszenierte Weihnachtsfest in der Kathedrale von Ard sind die christlichen Mittel hierzu. Erst dann kann der Kampf des Mir gegen den ‚Panther', der Kampf des Menschen gegen das Böse in seinem Innern beginnen.

Die ‚sanfte' Art der Machtübernahme, die Palastrevolution, ist dem ‚Panther' mißlungen. Aber das Böse kann auch auf anderem Wege Macht über den Menschen gewinnen. Es sammelt die mit ihm verbündeten Kräfte um sich und rüstet sich zur großen Entscheidungsschlacht. Die Heere, die auch May einst in seinem Inneren gegeneinander ziehen sah, werden aufgestellt. Doch noch kommt es nicht zur großen Schlacht. Vielmehr versucht der ‚Panther' zunächst, den Mir und die anderen Anführer der guten Seite zu überlisten. Sie werden gefangengenommen und nach der ‚Stadt der Toten' geschafft. Der Mir glaubt, diesen düsteren und geheimnisvollen Ort gut zu kennen, hat er sich doch häufig dort aufgehalten. Jeden Winkel seines Innern meint der Mensch zu kennen, und liefert sich wie der Mir leichtsinnig der Gefahr aus; bald jedoch muß er mit diesem angesichts der noch größeren Kenntnisse des Bösen über die Geheimnisse und Abgründe seiner Psyche bekennen: „Nichts weiß ich" (XXXII 294).

In seinem beinahe tödlichen Leichtsinn scheint der Mir der neuen Versuchung zu erliegen, die ihm das ‚wilde Tier' in seinem Innern bereitet hat, und fühlt sich diesem in eitler Selbstüberhebung gewachsen. Selbst in der ‚Stadt der Toten', diesem Ort des Todes, meint er sich auszukennen. Zu spät muß er einsehen, daß das Böse wiederum beginnt, über ihn Gewalt zu erlangen. Der eigentliche Kampf im Angesicht des Todes beginnt erst jetzt. Der Mensch muß den Willen aufbringen, ehrlich und offen, mit allen Konsequenzen das Böse zu bekämpfen. Erst wenn er das Böse in sich ernst nimmt, tod-ernst nimmt, hat er Aussicht, diesem endgültig zu entkommen.

Wie dieser innere Kampf wiederum am Beispiel des Mir von Ardistan im einzelnen dargestellt wird, wie das komplizierte und komplexe Geflecht eigener und historischer Schuld in dessen Schuldbekenntnis vor der ‚Dschemma der Lebenden und der Toten' übernommen und gesühnt wird – dies darzustellen, würde eine eigene Untersuchung erfordern. Wir können und wollen dies hier nicht leisten. Auch webt May in diesen zentralen Teil seines Romans viele weitere Bedeutungsebenen hinein, die zu entflechten wären. Für unseren Zusammenhang, den Kampf des Menschen gegen das ‚wilde Tier' in seinem Innern, ist erst das Ende des Aufenthalts in der ‚Stadt der Toten' wieder von Bedeutung.

Stellt sich der Mensch, vom Sohn des Dschinnistani und vom Boten aus Sitara, Kara Ben Nemsi, begleitet und unterstützt[54], seiner Vergangenheit, seinen Sünden, wie dies der Mir von Ardistan in der ‚Dschemma der Lebenden und der Toten' tut, muß er zwar die Qualen der ‚Geisterschmiede' erdulden, doch wird diese Begegnung mit dem Tod zur Quelle neuen Lebens für ihn. So heißt es denn auch, als der Mir und seine Begleiter wieder aus den unterirdischen Gängen der Totenstadt herausfinden:

Wir befanden uns inmitten eines öden, weiten Städte-, Völker-, vielleicht sogar Menschheitsgrabes, in dessen Tiefe auch wir hatten verschwinden sollen. Der Tod hatte uns von allen Seiten entgegengegrinst; aber als wir ihn genauer betrachteten, war er zum Verkünder des Lebens für uns geworden. Wir hatten das Grab gesprengt. Wir strebten aus ihm heraus [...]. (XXXII 493)

Erst jetzt ist der Zeitpunkt gekommen, wo die Hilfe von oben herbeieilt. Und so geht der soeben unterbrochene Satz folgerichtig weiter: „Wir strebten aus ihm heraus, und kaum hatten wir diesen Willen bekundet, so kam uns auch Hilfe von außen, von den Bergen herab" (ebd.).

Wir erinnern uns an die Worte Mays, daß der Kampf gegen das Böse im Innern des Menschen diesem eigentlich gar nicht so schwer fallen müsse, wie es scheine (vgl. 544). Der Mir von Ardistan hat den ‚Weg zu Gott' gefunden. Und die ersten, die ihm nun begegnen, die Hilfe, die „von den Bergen herab" kommt, sind die Lanzenreiter von El Hadd. Auch die beiden anderen von May erwähnten Heere kommen bald hinzu. Von nun an scheint der Sieg über das Böse unabänderlich nur noch eine Frage der Zeit zu sein. Der Weg nach oben, nach Dschinnistan, zur Edelmenschlichkeit, ist gebahnt.

Es stellt sich die Frage, wer die Kräfte des Guten sind, die dem Menschen da gegen das Böse ‚im Inneren' zu Hilfe eilen. Die ‚Schwarzgewappneten' des Mir von Dschinnistan und die naturfarben bzw. blau gekleideten ‚Lanzenreiter' von El Hadd und Halihm spielen im Schlußabschnitt des Romans eine wichtige Rolle, sind sie es doch, die den ‚Panther' hinter sich her bis zu seiner Festsetzung in der ‚Pantherfalle' locken und so letztlich die von ihm gewollte große Entscheidungsschlacht verhindern. Wer ist es, der so mit dem ‚Panther' spielen kann? May gibt eine Reihe von Hinweisen. Der Schech el Beled von El Hadd und der Mir von Dschinnistan sind, so wird deutlich, miteinander identisch und stehen auf der hier zu betrachtenden Interpretationsebene für Gott selbst. Ihre Truppen sind dementsprechend als von Gott gesandte Helfer anzusehen.

Die Schwarzgewappneten sind dabei am schwierigsten zu deuten. Sie locken den ‚Panther' und sein Heer auf dem breiten Weg hinter sich her, ihre Aufgabe besteht darin, „die Niederlage des Feindes vorzubereiten, [...] ihn zu verführen". Und dazu „war diese dunkle Farbe die geeignetste" (XXXII 543). Als von Gott gesandte Helfer tarnen sie sich also mit der schwarzen Farbe, um das Böse zu „verführen" und so schließlich zu besiegen. Ist es ganz abwegig, dabei an jene Schwarzgekleideten zu denken, die nach Lehre der Kirche dazu ausersehen sind, den Menschen auf dem Weg des Heils zu leiten? Kann man möglicherweise sogar noch einen Schritt weitergehen und in den Schwarzgewappneten nicht nur Priester, sondern im besonderen die Mitglieder jener geistlichen ‚Organisationen' wie etwa der Jesuiten sehen, die ja sowohl einen ‚militärischen Aufbau' wie auch einen ‚Kampfauftrag' für die Kirche haben? Zugegebenermaßen ist diese Deutung – auch angesichts der in frühen Schriften Mays deutlich werdenden negativen Beurteilung des Jesuitenordens – gewagt, aber sie liegt hier durchaus im Rahmen des Vorstellbaren. May vergißt zudem auch nicht zu betonen, daß der militärische Eindruck der Schwarzgepanzerten zu ihrer Tarnung beim Kampf gegen das Böse gehört, denn sie se-

hen „nur von Weitem wie gewappnet oder gepanzert aus, denn das, was sie trugen, war keine Rüstung, sondern ein [...] geflochtener Lederanzug" (543).
Während die Schwarzgewappneten für den breiten Weg, die grobe Arbeit zuständig sind, steht es mit den Lanzenreitern von El Hadd etwas anders. Zwar ist auch ihre Panzerung nur scheinbar und bei näherem Hinsehen ebenfalls als Lederanzug zu identifizieren, doch ihre Farbe ist weiß. Das läßt schon eher an Gott und das Gute denken, und Mays Charakterisierung ist in ihrem Fall auch recht eindeutig: Kaum sind Kara Ben Nemsi, der Mir von Ardistan und ihre Begleiter der ‚Stadt der Toten' entronnen,

> so kam uns auch Hilfe von außen, von den Bergen herab, die gen Himmel ragen, in Gestalt des klaren, reinen, hellschimmernden Wassers und des sich von den Felswänden milchweiß abhebenden Reiterzuges, dessen Helme und Lanzenspitzen goldene Strahlen zu uns sandten. Der Anblick dieser Truppe hatte an diesem Orte und an diesem sonnigen Morgen etwas Unirdisches, ich will nicht sagen, Ueberirdisches. Man mußte an die ‚Heerscharen Gottes' denken [...]. (XXXII 493)[55]

Und an anderer Stelle denkt Kara Ben Nemsi, wohl kaum zu Unrecht, beim Anblick der Lanzenreiter von El Hadd daran, „daß die Heerscharen des Mir von Dschinnistan so blütenweiße Pferde und so helle Mäntel haben" (476). Es sind also wohl tatsächlich die himmlischen Heerscharen, die dem Menschen im Kampf gegen den ‚Panther' in seinem Innern zu Hilfe eilen, wenn sie, gleich den Lanzenreitern von Halihm, ihm auch nicht auf dem breiten Weg des Lebens voranziehen, sondern ihm von den höher gelegenen, schmalen Saumpfaden aus, die diesem Weg über das Gebirge rechts und links parallellaufen, zur Seite stehen. Durch diese schmalen Pfade bedingt, verfügen sie auch über die Kampfmittel der Schwarzgewappneten, denn für „leichte Reiter waren diese Seitenpfade grad noch gangbar, nicht aber für schweres Last- und Fahrzeug oder wohl gar für Kanonen" (543).

Die Lanzenreiter von El Hadd repräsentieren also die himmlischen Heerscharen, und diejenigen von Halihm stehen ihnen sehr nahe, sind sie doch fast gleich ausgerüstet und gekleidet, nur daß ihre Anzüge blau sind, „und zwar von jenem tiefen, beruhigenden, ein wenig violetten Blau, welches der Himmel zeigt, wenn man aus einer tiefen, schmalen Schlucht zu ihm aufschaut und nur einen Streifen von ihm sieht" (495). Himmlische Kräfte also auch sie, doch dem Fürsten von Halihm unterstellt, Abd el Fadl, dem Vater der Güte. Vielleicht also die Kräfte, die jene ‚Mutter voller Güte', Maria, deren traditionelle Farbe das himmlische Blau ist, den Menschen zum Beistand sendet? Dem Marienverehrer May ist diese Bildersprache durchaus zuzutrauen.

Mit Hilfe der gottgesandten Streitkräfte ist der Kampf gegen den ‚Panther' nun nicht mehr zu verlieren. Dem endgültigen Sieg geht allerdings noch eine sehr merkwürdige, ja befremdliche Szene voraus. Kara Ben Nemsi inszeniert bei den Verhandlungen mit dem ‚Panther' eine regelrechte Maskerade. Er, der

Mir von Ardistan, der Dschirbani und weitere Begleiter verkleiden sich als Lanzenreiter und lassen dem ‚Panther' den ebenfalls verkleideten Halef als angeblich neu gewählten Mir von Ardistan gegenübertreten, um ihn, der sie alle bereits tot wähnt, zum Narren zu halten. Man fragt sich mit dem Mir von Ardistan unwillkürlich: „Wozu dieser Scherz? Haben wir nicht alle Veranlassung dazu, ernst zu sein?" Kara Ben Nemsi antwortet, er „halte den ‚Panther' schon längst nicht mehr für einen Menschen, den man ernst zu nehmen hat. Nur dadurch, daß man diesen eigenwilligen, überspannten Hanswurst so hoch überschätzt und als etwas ganz Anderes genommen hat, als was er ist", hätte er so viel Unheil anrichten können (XXXII 552).

Kann der Mensch, einmal der Hilfe der Kräfte des Guten gewiß, nun wirklich dem Bösen spotten? Hat er mit seiner Abkehr vom Bösen diesem auch seine Kraft geraubt, so daß er nun mit ihm spielen kann? Kann er es sich jetzt erlauben, Halef, also seiner Anima, noch einmal eine Bühne für ihr lustiges und kindliches, letztlich aber unerhebliches Spiel zu bieten?

Auf der personalen Ebene ist dies sicherlich kein humaner Umgang mit dem dem Untergang geweihten Menschen ‚Panther', und auch auf der Ebene des Menscheninnern kann die ganze Szene nicht überzeugen. Der Erzähler selbst verurteilt sie im nachhinein. Das gewaltige Erdbeben, welches das Zusammentreffen mit dem ‚Panther' vorzeitig und anders als gedacht beendet, deutet er als Fingerzeig Gottes, im Hochgefühle des sicheren Sieges nicht übermütig zu werden:

> Wir alle hatten das Gefühl, daß ein Höherer, Unsichtbarer uns zur Seite stehe, der uns durch das Beben der Erde hatte zeigen wollen, daß nur allein Verlaß auf ihn und seine Hilfe, nicht aber auf menschliche Pläne sei. Wie schnell war mein Vorhaben, den ‚Panther' zu ironisieren, zusammengefallen! [...] Nun standen wir, die wir hatten ‚schauspielern' wollen, da und schauten einander an. Was hatten wir erreicht? (566)

Also wohl wirklich ein Hinweis auf die eitle Selbstüberhebung, der auch der Gute, handelt er unbedacht, schnell erliegen kann. Im gesamten Erzählkontext wirkt die Szene aber, im Gegensatz zu manch anderer mit Ironie gezeichneter Passage des Romans (besonders in den in Ussulistan spielenden Anfangssequenzen), aufgesetzt; sie bleibt ein Fremdkörper. Als Warnung im oben gezeigten Sinne erfüllt sie allerdings ihren Zweck auf dem Weg der Veredelung des Menschen.[56]

Der Kampf gegen das Böse ist nunmehr jedoch endgültig beendet. Ohne die vom ‚Panther' geplante Entscheidungsschlacht, vielmehr durch das Eingreifen des „Höheren" entschieden, bleibt dem ‚Panther' nur ein klägliches Ende, der Untergang. Daß May ihn diesen Untergang als Fall in den Wahnsinn erleben läßt, macht Sinn. Der vom Wahnsinn befallene Mensch wird in der Bibel als von bösen Geistern, vom Teufel besessen dargestellt. Deren Austreibung durch Jesus macht den vorher so Geplagten ‚heil', heil im doppelten Sinne:

geheilt von der Krankheit des Wahnsinns, aber auch befreit vom Bösen. So verläßt auch der ‚Panther' Gott fluchend und der ewigen Verdammnis gewiß das ‚Land des Menschen-Inneren'. Der von ihm befreite Mensch bleibt geheilt, heil zurück. Ein „hohe[s], weitere[s] Ziel" (XXXII 651) erwartet ihn jenseits der Berge, in Dschinnistan. Der Edelmensch kehrt schließlich zu Gott zurück.

*

Mit der Konzeption der Figur des ‚Panthers' ist Karl May eine anschauliche und komplexe Form gelungen, die Vorstellung vom Bösen, wie er es in seinem christlichen Welt- und Menschenbild und seinen Projektionen vom beschwerlichen Weg zur Edelmenschlichkeit entwickelt hat, in eindringlicher Symbolsprache darzustellen. Seit dem Beginn seiner schriftstellerischen Laufbahn kann man Grundgedanken dieses Konzeptes in seinen Schriften nachweisen. Dabei wandelt sich Mays grundsätzlich dualistisch angelegte Wahrnehmung kaum, und so prägt sie auch die Gestalt des ‚Panthers' und verhindert vielleicht eine differenziertere Ausbreitung des Facettenreichtums der dunklen Seiten der menschlichen Psyche; zugleich bewirkt seine kontrastive Vorgehensweise jedoch auch – und dies ist kein geringer Vorteil – eine Stilisierung der Figur, die es ihm erlaubt, den Symbolgehalt der Figur konturenreich und wirkungsvoll zu gestalten und auf diese Weise vielleicht tiefere Einblicke in das Wesen des Menschen und der Menschheit zu gewähren, als eine realistischere Gestaltung es ermöglichen würde.

Dabei erwies sich auch das scheinbar vollendete Spätwerk *Ardistan und Dschinnistan* als ein ‚work in progress': Die zu Anfang sichtbar werdende Konzeption des Romans wandelte sich im Verlauf des Schaffensprozesses mit den im Zuge der geistigen Arbeit daran sich verändernden Gedanken und Plänen des Autors. Damit ergeben sich Brüche in der Handlung und der Personenzeichnung, nicht nur im Falle des ‚Panthers'. Doch halten die große Idee des Ganzen wie auch die Intensität und Stimmigkeit der Bildersprache den Roman zusammen.

Dem ‚Panther' als poetischem Bild ist eine Ausstrahlungskraft eigen, die weit über die theoretischen Einsichten, die May vermitteln wollte, hinausgeht und die jenseits des mit Worten Beschreibbaren beeindrucken kann. Sie fügt sich damit nahtlos in die symbolische Bildersprache von *Ardistan und Dschinnistan* ein und hebt sich künstlerisch von der oft eher stereotypen Zeichnung der ‚Bösewichte' früherer Werke ab. Die dunklen Triebkräfte des Bösen, die ihr zerstörerisches Wesen in der Welt ebenso treiben wie sie der Einzelne als animalische, besitzergreifende Kräfte in seinem Inneren spüren kann, hat May in der allegorischen Gestalt des ‚Panthers' zusammengefaßt und in ein Handlungsgefüge eingebunden, das einen flammenden Appell für die Überwindung dieser Kräfte darstellt, um dem von ihm geschauten großen Friedenswerk zum Durchbruch zu verhelfen. Die Botschaft und die Vision tragen utopischen Charakter, doch sind sie nichtsdestoweniger damals wie heute aktuell. Noch selten haben Dichter und Schriftsteller wirklich realistische Modelle der ‚Weltverbesserung' angeboten. Ihre Stärke ist die visionäre Schau, die moralische Appellationskraft. Und dies gilt auch für Karl May.

Anmerkungen

1 Joachim Biermann: *Die Spur führt in die Vergangenheit. Überlegungen zur Thematik der Identitätssuche in Karl Mays ‚Old Surehand'*. In: Dieter Sudhoff/Hartmut Vollmer (Hg.): *Karl Mays „Old Surehand"*. Paderborn 1995, S. 243-276.
2 Besonders eindrucksvoll geschieht dies in der auch im übrigen von symbolischen Bezügen bestimmten Erzählung *Christ ist erstanden*. Vgl. dazu auch Hans Mayr: *„Wahnsinn! Auferstehung?" Eine Osternacht bei Karl May*. In: *Kirchenmusik als Erbe und Auftrag. Festschrift zum 50jährigen Bestehen der Hochschule für Kirchenmusik Esslingen* (1995), abgedruckt in: MKMG 109 (1996), S. 44-52.
3 Vgl. Hartmut Vollmer: *Die ‚eigentliche Aufgabe' des Künstlers. Karl May und der Symbolismus*. In: JbKMG 1992, S. 218-237.
4 Vgl. ebd., S. 224ff.
5 Vgl. dazu das auch in der Formulierung gleichgerichtete Zitat aus Mays *Briefen über Kunst* (1906/07), ebd., S. 225.
6 Frank Wedekind: Prolog zum *Erdgeist*. In: ders.: *Werke*, Bd. 1, hg. v. Erhard Weidl. München 1990, S. 552.
7 Vgl. auch Vollmer [Anm. 3], S. 226.
8 Karl May: *Mein Leben und Streben*. Freiburg i. Br. 1910; Reprint, hg. v. Hainer Plaul. Hildesheim, New York 1975, S. 130.
9 Vgl. Heinz Stolte: Werkartikel zu *Ardistan und Dschinnistan*. In: Gert Ueding (Hg.): *Karl-May-Handbuch*. Stuttgart 1987, S. 308-320 (310).
10 Wolf-Dieter Bach: *Sich einen Namen machen*. In: JbKMG 1975, S. 34-72 (Anmerkung 65, S. 72).
11 Karl May: *Der Schatz im Silbersee*. Stuttgart, Berlin, Leipzig o. J. [1894]; Reprint Bamberg, Braunschweig 1973, S. 7f.
12 Ebd., S. 17.
13 Karl May: *Winnetou. Eine Reiseerinnerung*. In: *Omnibus. Illustrirtes Wochenblatt*. 17. Jg., 1878, Nr. 41, S. 490 (Reprint in Karl May: *Der Krumir. Seltene Originaltexte Band 1*, hg. v. Herbert Meier. Gelsenkirchen 1985, S. 187).
14 *Herder-Lexikon Symbole*. Bearb. v. Marianne Oesterreicher-Mollwo. Freiburg 1993, S. 170; die dort verwendeten Abkürzungen wurden zugunsten besserer Lesbarkeit aufgelöst. – Vor dem Hintergrund von Mays Biographie ist es eine Pikanterie am Rande, daß May hier ein Königstiger*weibchen* präsentiert.
15 Hier und im folgenden zitiert nach *The Penguin Book of English Verse*, hg. v. John Hayward. Harmondsworth 1956, S. 241f.

16 Vgl. *Herder-Lexikon Symbole* [Anm. 14], S. 122, wo der Panther – allerdings unter Hinweis darauf, daß dieser Begriff nicht ausschließlich den schwarzen Panther, sondern auch den Leoparden kennzeichnen kann – als „weniger wildes Symbol-Tier" charakterisiert wird; er gelte „einerseits als Symbol der Wollust und Wildheit, andererseits (wegen des Erwachens nach drei Tagen) als Symbol für Tod und Auferstehung Christi".
17 Rainer Maria Rilke: *Der Panther.* In: ders.: *Sämtliche Werke*, Bd. 1. Frankfurt/M. 1987, S. 505.
18 Vollmer [Anm. 3], S. 235.
19 Vgl. z. B. Jost Hermand: *Lyrik des Jugendstils.* In: ders. (Hg.): *Jugendstil.* Darmstadt ^{3}1992, S. 402-412 (409).
20 Peter Meyer: *Umfang und Verdienste des „Jugendstils".* In: ebd., S. 78-86 (81).
21 Zum Jugendstil vgl. Walter Lennig: *Der literarische Jugendstil.* In: Hermand [Anm. 19], S. 374, zum Symbolismus Vollmer [Anm. 3], S. 221.
22 May: *Der Schatz im Silbersee* [Anm. 11], S. 22.
23 Es sei hier darauf verwiesen, daß gerade Raubkatzen in vielfältiger Weise in Mays Werk eine – auch symbolische – Rolle spielen, die aber von der des Tigers bzw. Panthers zu unterscheiden ist. Der Jaguar, der zur Namensgebung der beiden Gestalten Bruder Jaguar (*Am Rio de la Plata/In den Kordilleren*) und Vater Jaguar (*Das Vermächtnis des Inka*) beigetragen hat, kommt dem Tiger/Panther in der Bedeutung vielleicht noch am nächsten, kann man beide Gestalten als Bezwinger des wilden Tieres doch wohl auch als Sieger über die Kräfte des Bösen deuten. Der Löwe, der ‚Herr mit dem dicken Kopf', oder der Silberlöwe im Spätwerk (*Im Reiche des silbernen Löwen/Winnetou IV*) gehören aber dieser Symbolsphäre des Bösen nicht an.
24 Karl May: *Die Juweleninsel.* In: *Für alle Welt!* Jg. 5 (1881-83), S. 210 (Reprint in: Karl May: *Scepter und Hammer/Die Juweleninsel*. Gelsenkirchen 1978, S. 273).
25 Ebd., S. 226f. – Ist es nur reiner Zufall, daß der junge Indianer, der im *Silbersee* das junge Mädchen vor dem Panther rettet, ‚Kleiner Bär' genannt wird?
26 Ebd., S. 339.
27 Diese Stelle macht deutlich, wie bestimmte Details im Umfeld des Panther-Motivs in verschiedener Zusammensetzung immer wieder auftauchen. Hier ist es der auch im *Silbersee* zu findende Tod eines Wärters/Tierbändigers durch den ausbrechenden Panther. Auch bei anderen Zentralmotiven Mays kann diese ‚Kompositionsweise' des Autors nachgewiesen werden.
28 Die Entstehungszeiten der frühen Fragmente aus Mays Haftzeit sind nicht eindeutig zu bestimmen. Vgl. dazu die Anmerkung der Redaktion zu Karl May: *Hinter den Mauern und andere Fragmente aus der Haftzeit.* In: JbKMG 1971, S. 122-143 (143).
29 Vgl. dazu Franz Cornaro: *Bemerkungen zu Karl Mays Manuskript ‚Ange et Diable'.* In: JbKMG 1978, S. 256-263, der auch die Möglichkeit erwägt, May gebe hier zumindest zum Teil fremdes Gedankengut wieder. Bezüglich des in deutscher Sprache abgefaßten Teils des Manuskripts möchten wir dies allerdings verneinen.
30 Karl May: *Ange et Diable.* In: ders.: *Hinter den Mauern und andere Fragmente aus der Haftzeit* [Anm. 28], S. 129.

31 *Mensch und Teufel* ist Bestandteil des *Repertorium C. May.* Dieses ist veröffentlicht ebd., S. 132-143 (137).
32 May: *Ange et Diable* [Anm. 30], S. 130.
33 Vgl. May: *Mein Leben und Streben* [Anm. 8], S. 1ff.
34 Auch Hansotto Hatzig: *Der 'Mir von Dschinnistan. Karl Mays Textvarianten.* In: MKMG 30 (1972), S. 23-32, konstatiert, daß es im ganzen Roman „keinerlei Kriegsgeschehnisse" gibt (S. 28). Er weist zudem nach, wie May bei der Bearbeitung der Zeitschriftenfassung des Romans für die endgültige Buchausgabe alle noch vorhandenen Hinweise auf eine Entscheidungsschlacht sorgfältig tilgte (ebd.).
35 Hatzig (ebd., S. 25) verweist darauf, daß May diese Begründung des Gegensatzes der beiden Brüder erst in der Buchfassung des Romans so gestaltet hat, und erläutert, daß so „die Handlungen des jüngeren Scheik-Sohnes, des Panther, der sich der Thronfolge anmaßt, in umso schwärzerem Licht erscheinen".
36 Es sei nur an ein bereits einmal erwähntes Werk erinnert, dessen Ende, ähnlich seinem Beginn, topografisch wie thematisch mit demjenigen in *Ardistan und Dschinnistan* eng verwandt ist: Auch im *Schatz im Silbersee* finden die Bösen ihr Ende im Wasser, nur daß die Verhältnisse umgekehrt sind: das den Silbersee enthaltende Felsenbecken entleert sich in einen Cañon, und die unterirdischen Gänge zwischen Insel und Cañon füllen sich mit dem todbringenden Wasser.
37 Martin Lowsky: *Paris oder London. Weltstadt und Weltstädtisches in Karl Mays Ardistan.* In: JbKMG 1992, S. 183-198 (196).
38 Für den Roman *Satan und Ischariot*, der ja den Teufel bereits im Titel beim Namen nennt, vgl. Helmut Schmiedt: *Identitätsprobleme. Was ‚Satan und Ischariot' im Innersten zusammenhält.* In: JbKMG 1996, S. 247-265. Schmiedt stellt fest, daß „sich eine lange Kette von Formulierungen durch den Text" des Romans zieht, in der die beiden titelgebenden „religiösen Etikettierung[en]" den Brüdern Melton angeheftet werden (252).
39 Vgl. dazu nochmals Lowsky [Anm. 37], der zu Recht anmerkt, daß in *Ardistan und Dschinnistan* der Mir von Ardistan sich zu einer Art Erlösergestalt entwickelt und damit als Christusgestalt dem Teufel ‚Panther' direkt gegenübergestellt wird. Der daraus u. U. zu konstruierende Vorwurf einer Abweichung von wesentlichen Aspekten der christlichen Lehre ist May jedoch sicher nicht zu machen; denn es handelt sich ja ausschließlich um Bestandteile seiner fiktiven Welt, seiner Utopie, die keinerlei theologischen Absolutheits- oder Vollständigkeitscharakter beanspruchen.
40 Ein Beispiel haben wir an anderer Stelle bereits angeführt: Man kann die Sterbeszene des ‚Generals' in *Old Surehand* durchaus im allegorischen Sinne als Höllensturz des Teufels deuten. Vgl. dazu Biermann [Anm. 1], S. 261.
41 Die Unsicherheit Mays bezüglich der Vorstellung vom Teufel, die sich seit seiner ersten gedanklichen Beschäftigung damit zeigt, geht auch über *Ardistan und Dschinnistan* hinaus weiter. Im Roman *Winnetou IV* etwa, der den hier vorgestellten Zusammenhang des Lebensweges des Edelmenschen so nicht thematisiert, kommt in der Sage von den beiden ‚Ohren' der Teufelskanzel, dem ‚Ohr Gottes' und dem ‚Ohr des Teufels', sogar der Gedanke von der Erlösungsfähigkeit des Teufels zum Ausdruck: „An der einen Kanzel [...] hört Gott, was der Teufel spricht, und verurteilt ihn zur Verdammnis. Und an der andern Kanzel [...] hört der Teufel, was Gott spricht, und wird dadurch von der Verdammnis erlöst." (XXXIII 178)

42 Vgl. dazu Ingmar Winter/Günter Henkel: *Gesicht und Maske. Beiträge zu Physiognomie und Rollenspiel bei Karl May.* SoKMG 59 (1985).
43 Ebd., S. 23.
44 May: *Ange et Diable* [Anm. 30], S. 131.
45 May: *Mein Leben und Streben* [Anm. 8], S. 111f.
46 Ebd., S. 114.
47 Ebd.
48 May: *Ange et Diable* [Anm. 30], S. 131.
49 May: *Mensch und Teufel* [Anm. 31], S. 137. Vgl. die Wiederaufnahme dieses Gedankens in *Winnetou IV*; siehe dazu Anm. 41.
50 Ebd., S. 126.
51 „Flieht, flieht! Rettet euch!" heißt es auch in *Winnetou IV*, als eine erdbebenähnliche Katastrophe das Winnetou-Standbild zu Fall bringt (XXXIII 593). Eine unausweichliche Entwicklung, stellte das Denkmal doch ein durch und durch falsches Winnetou-Ideal dar. Das Modell bereits gemahnt Old Shatterhand „an einen Panther, der sich aus seinem Hinterhalt hervorschnellt, um sich auf die Beute zu stürzen. Hierzu paßte der nicht etwa nur drohende, sondern gierige Ausdruck des Gesichtes, welcher umso befremdender oder abstoßender wirkte, je deutlicher die Schönheit dieses Gesichtes trotz alledem hervortrat." (446) Winnetou in ‚Panther'-Gestalt, das kann ja nicht gutgehen, denn schließlich ist er – in *Winnetou IV* – der Edelmensch schlechthin, dem alles Triebhafte fern ist.
52 Hermann Wohlgschaft: *„Ich sah dann auch Gott selber kommen." Theologisches zu ‚Ardistan und Dschinnistan'.* In: JbKMG 1993, S. 281-337 (289).
53 Vgl. dazu Heinz Stolte: *Karl Mays ‚Ardistan und Dschinnistan' und sein Weltfriedensgedanke.* In: JbKMG 1988, S. 83-98 (bes. 85f.).
54 Der sicherlich auch zu entdeckende christologische Aspekt dieses Weges soll hier nicht weiter betrachtet werden.
55 Den Beginn dieses Zitats führten wir bereits weiter oben an.
56 Die Szene mag auf der autobiographischen Leseebene des Romans auch als eine letzte kritische Auseinandersetzung Mays mit der von ihm inszenierten Old-Shatterhand-Legende gedacht sein. Die dem Weg aus dem Abgrund folgenden Jahre des Ruhms und des Wohlstands hatten auch ihn übermütig werden lassen.

Martin Lowsky
Geometrie und Utopie
*Über Abstrakta in Karl Mays Altersroman
‚Ardistan und Dschinnistan'*

1

Karl May, der die Helden seiner Romane auf Fahrten in ferne Weltteile geschickt hat, unternimmt in seiner letzten großen Reiseerzählung *Winnetou Band IV* (1910) ein tiefsinniges Spiel mit der Kugelgestalt der Erde. Die Indianer des beginnenden 20. Jahrhunderts, so lesen wir in diesem Werk, sind im Begriff, sich eine glückliche Zukunft zu schaffen, und während vom Abendland her, „aus dem Osten" (XXXIII 520), zu ihnen nun nicht mehr – so sah es May – die Invasoren drängen, sondern die segensreiche Technik der neuen Zeit, vor allem in Gestalt von Fluggeräten, ihren Einzug hält, denken sie an eine alte Sage zurück. Diese berichtet von glückbringenden Einflüssen von Westen her, über die Beringstraße, als „Amerika noch mit Asien verbunden" war (276); damals in ihrer Frühgeschichte, so will es Mays Sage, erhielten die Indianer den Besuch von gabenspendenden und Erlösung verheißenden Gesandten über die westliche Landbrücke. Einst von Westen und jetzt von Osten – so die zweifache Glückserwartung. May entwirft hier zwei gedankliche Wege über den Globus, wobei diese Wege sich auf der anderen Seite der Erde zusammenschließen. Denn aus dem Osten kommt auch die Hauptgestalt, die Erzählerfigur des Romans, und mit ihr, mit diesem Old Shatterhand alias Kara Ben Nemsi, der orientalische Phantasieraum der Marah Durimeh, der andererseits laut der Sage von Westen zu den Indianern gelangt. Diese doppelte Blickrichtung fügt sich gut in Mays Gesamtwerk ein, das schon in dem Kolportageroman *Das Waldröschen* eine, so der Untertitel, ‚Verfolgung rund um die Erde' veranstaltete und das auch später den Zusammenhang der östlichen und westlichen Welt – man denke vor allem an den kontinentüberschreitenden Roman *Satan und Ischariot* ausmalte. Jetzt, in *Winnetou IV*, geht es aber nicht nur um die Geographie, sondern um zwei Stadien einer Entwicklung, um den Glückszustand von einst und die Glückserwartung von heute, um das gewesene und wiederkehrende Goldene Zeitalter. Die zweifache Aussicht hat Parabel-Charakter, wie auch in diesem Werk gleichnisartig die Indianer und ihre Aufbruchsstimmung für die gesamte Menschheit und deren Hoffen stehen. Hinter der konkreten Geographie des nach Ost wie nach West orientierten Indianerlandes verbirgt sich eine abstrakte Vorstellung von Bewegung in Zeit und Raum, deren Ausgangs- und Endpunkt Glückseligkeit ist.

Genau hundert Jahre vor May hat ein großer Schriftsteller ein ähnliches Bild gewählt, um die Erlösungsmöglichkeiten der Menschheit zu beschreiben. In Heinrich von Kleists Aufsatz *Über das Marionettentheater* (1810), in dem die verlorene Unschuld der Menschheit besprochen wird, heißt es gegen Ende: „so, wie sich der Durchschnitt zweier Linien, auf der einen Seite eines Punkts, nach dem Durchgang durch das Unendliche, plötzlich wieder auf der andern Seite einfindet [...]: so findet sich auch, wenn die Erkenntnis gleichsam durch ein Unendliches gegangen ist, die Grazie wieder ein".[1] Man stellt sich also vor, daß man, auf einer Geraden seine Reise beginnend, von der entgegengesetzten Seite her auf derselben Geraden zum Startpunkt zurückkehrt. Der Vergleich mit einer Reise, die ‚immer geradeaus' geht und sich dabei um den Globus windet, liegt natürlich nahe, und tatsächlich sagt Kleist in der Mitte des Aufsatzes, in einem eher geographisch angelegten Bild: „Doch das Paradies ist verriegelt und der Cherub hinter uns; wir müssen die Reise um die Welt machen, und sehen, ob es vielleicht von hinten irgendwo wieder offen ist."[2] In der zitierten Passage vom „Durchschnitt zweier Linien" wiederholt Kleist nicht das geographische Bild, sondern führt es in abstrakte Vorstellungen aus der Mathematik über, und zwar der sogenannten projektiven Geometrie, die einen ‚unendlich fernen' Punkt definiert und damit eine Gerade in der Unendlichkeit zu einem kreisartigen Objekt zusammenschließt.

Mays Vision von der zweifachen Blickrichtung der Indianer steht also in der Tradition von Kleists *Über das Marionettentheater*, das zuerst an einem geographischen, dann an einem mathematisch-abstrakten Modell die Rückkehr an den Ursprung aus einer neuen Richtung beschreibt. Wir wissen nicht, auf welchen Bahnen und ob überhaupt May von Kleist angeregt worden ist, und festzuhalten bleibt auch, daß zu Mays Zeiten das Motiv der Weltumrundung, das für Kleist der Anlaß seiner Zukunftseuphorie war, seinen Glanz verloren hatte. Man denke an Theodor Fontane, der in seinen Memoiren *Von Zwanzig bis Dreißig* (1898) nur leisen Spott darüber übrig hat, daß sein Onkel August nach Amerika auswandert und auf den Aleuten einen Verwandten trifft, der von Rußland her angereist ist[3], oder schon an Herman Melvilles See-Geschichte *Moby-Dick* (1851), wo die mühselige Jagd nach dem Wal um die Erde zu einer „zwecklos gewordenen und selbstbezüglichen Bewegung"[4] erstarrt. Genauso übrigens, wie Melville das Motiv der Kreisbewegung in der Binnenepisode von der runden Münze wiederholt, kommt May mit den ellipsenförmigen Felsenkesseln im Roman auf die Idee der Rundheit zurück.[5] Bemerkenswert bleibt bei alledem, wie May die alte Phantasie Kleists mythologisch neu akzentuiert, indem er sie mit der Historie der Indianer verbindet; er beherrscht den Komplex von Kreis und Globus so souverän, daß er ihn in seiner quasi realistischen, ja ethnographischen Romanhandlung als Vision und Sage diskutieren lassen kann. Zwar ist das Maysche Bild nicht so entschieden mathematisch fundiert wie das Kleistsche, aber May gibt seinen geographisch-geometrischen Gedankenwegen schließlich eine besondere Erhöhung. Denn sein letztes Werk, seine Autobiographie *Mein Leben und Streben*, beginnt mit der Reise ins Außerirdische, dem *Märchen von Sitara*, und da schreibt May: „Wenn man von der Erde aus drei Monate lang geraden Weges nach der Sonne geht und dann in derselben Richtung noch drei Monate lang über die Sonne hinaus, so kommt man an einen Stern, welcher Sitara heißt."[6] May begibt sich also in die Ekliptik, um wieder von einer Route zu sprechen, die geradeaus führt und sich doch zurückwendet, zu einem Planeten, der letztlich die Erde selbst ist.[7]

Sitara entstammt der Ideenwelt von Mays Roman *Ardistan und Dschinnistan*, der 1909 erschien. May übernahm also nachträglich das Bild von der doppelten Richtung auch in seinen Mythos von *Ardistan und Dschinnistan*. Er war bemüht, die Poesie dieses Altersromanes durch abstrakte Betrachtungen weiterzuführen, und dies lenkt unsere Aufmerksamkeit von der Sitara-Passage in der Autobiographie auf den *Dschinnistan*-Roman selbst. Doch zunächst einige grundsätzliche Erwägungen zur Abstraktheit.

In seinem großen Essay *Mythos und Altersstil* schreibt Hermann Broch, der Altersstil sei der Stil „des Wesentlichen und der unbedingten Abstraktheit"[8] – eine Charakterisierung, die Broch mit Beobachtungen aus der Geschichte der Literatur und der Musik veranschaulicht und besonders einprägsam am Exempel Picasso erläutert. Picassos *Guernica* sei „ein so abstraktes Bild, daß es auf jegliche Farbe verzichten konnte und dem Beschauer nur die Essenz von Schmerz, Trauer und Abscheu vermittelt, in dieser absoluten Beschränkung aber auch gleichzeitig den aufwühlendsten Aufruf gegen das Böse überhaupt darstellt". Den Begriff ‚Altersstil' bezieht Broch, wie schon sein Beispiel Picasso zeigt, einerseits auf die reifste Periode im Schaffen eines einzelnen Künstlers und andererseits darauf, daß ein Künstler, unabhängig von seiner eigenen Entwicklung, in der Tradition seines Schaffensgebietes den „Durchstoß zu einer neuen Ausdrucksebene" wagt.[9] Zum Altersstil ‚begnadet' und zugleich ‚verdammt' – wie Broch sagt – waren sowohl der japanische Maler Hokusai, der als Neunzigjähriger bekennt, nun lerne er „endlich langsam, wie man einen Strich zu ziehen hat", als auch der fast noch jünglingshafte Kafka, der in seinen Schriften das, „was noch als persönliches Anliegen erscheinen mag", sofort „in einer überpersönlichen Atmosphäre" auflöst.[10]

Bekanntlich ist diese ‚Auflösung im Überpersönlichen' auch Mays Ziel in seinem Alterswerk – sein Inhalt bestehe „fast nur aus Gleichnissen"[11], sagte er –, und man kann gleichfalls bei May jene ‚Abstraktheit' vermuten, die auch zu Brochs Modell des Altersstiles gehört. Doch ist nicht vorschnell zu urteilen: daß etwa, wie May kundtat[12], sein ‚Ich' Kara Ben Nemsi die ‚Menschheitsfrage' bedeuten soll, ist nicht zwangsläufig Abstraktheit im erzählerischen Geschehen. Aber man achte auf die Worte in der späten Novelle

Merhameh: „[Wir unterhielten uns] über Fragen, die teils nach der Tiefe, teils nach der Höhe forschen. Der Morgenländer liebt es ganz besonders, sich mit derartigen Dingen zu beschäftigen."[13] Dies ist eine Abstraktion von einiger Gewagtheit; vergleichbar mit den rätselhaft konturenlosen Worten Novalis', in einer Gasthausszene seines *Heinrich von Ofterdingen*: „eine Menge Menschen, teils Reisende, teils bloße Trinkgäste, saßen in der Stube, und unterhielten sich von allerhand Dingen".[14] Freilich stehen Mays Worte, anders als diese von Novalis, etwas unvermittelt im Raum; es gibt deutlichere Zeichen seines Abstraktionsbemühens, wie uns der Blick in *Winnetou IV* gezeigt hat.

Damit wieder zu *Ardistan und Dschinnistan*. Inwieweit sind hier abstrakte Motive gegenwärtig? Gibt es hier schon den Umgang mit abstrakten mathematischen Ideen? Wir werden sehen, daß dies in der Tat der Fall ist.

2

Der Held in Karl Mays *Ardistan und Dschinnistan* wird von der Fürstin Marah Durimeh mit der Mission betraut, in einem fernen Land den Frieden zu sichern. Auf seiner segenspendenden Reise gelangt er zuerst in das Flachland von Ussulistan, den Bereich der Urmenschen, kommt später in das zivilisationsgeprägte Ardistan und steuert schließlich, am Ende des zweiten Bandes, Dschinnistan an, das ‚hohe Ziel' (wie es im letzten Satz des Werkes heißt), jenes Land in den Bergen, von dem alle Wohltaten ausgingen, die die Bevölkerung der anderen Länder erfuhren. Dschinnistan selbst wird nicht erreicht. Soweit die Grundfabel dieser Reiseerzählung, von der man zunächst kaum glauben möchte, daß in ihr die Geometrie eine besondere Rolle spielen könnte. Gewiß gibt es einen Abschnitt in diesem Werk, wo beiläufig der Gegensatz von ‚rechteckig' und ‚rund' thematisiert wird; in der ardistanischen Totenstadt bringt May kreisförmige Anlagen zur Sprache (‚kreisförmig' ist das Gewölbe, ebenso der Felsenkessel; XXXII 328, 306), während in der Metropole das Schloß von „vier gewaltigen Türmen" (92) begrenzt wird. Es geht hier um den Antagonismus von Weiblich und Männlich, und jene Bilderwahl, die das Runde für die weibliche, das Rechteckige für die männliche Orientierung setzt, entspringt einer altehrwürdigen mythischen Symbolik. Mit der Geometrie im eigentlichen Sinne, mag man sie als die Lehre von der Erdvermessung oder als die Wissenschaft ‚reiner' Figuren definieren, hat diese Bildlichkeit freilich nur wenig gemein.

Immerhin unternimmt Mays Held, wenn er von der Metropole in die Totenstadt reist, die Wanderung von einer Sorte geometrischer Objekte – den Vierecken – zu einer anderen – den Kreisen –, so daß das Reisen ihm so etwas wie eine geometrische Erfahrung bringt. Dieser Gedanke führt uns zu der Stelle im

Werk, die einen frühen Höhepunkt der Roman-Reise darstellt und dabei eine geometrische Erfahrung kurz erörtert, nämlich zu dem Moment, wo der Held seine erste Berührung mit Dschinnistan hat, genauer: die Begegnung mit einem Vertreter dieses Landes. Sie findet bereits in Ussulistan statt. Dort lebt der Dschirbani, ein junger Gelehrter, der als aussätzig gilt und deshalb auf einer Insel gefangengesetzt ist; er ist der Sohn eines Mädchens der Ussul und eines fremden Mannes aus Dschinnistan, der, wie der Leser später erfährt, der Mir, d. h. Emir, dieses Landes selbst ist. Der Ich-Held gelangt zur Insel und vor die Behausung des Dschirbani, die von einem Laufgang zweier (vorerst noch gefährlicher) Hunde eingefaßt wird, vor allem aber von einer Dornenhecke umwachsen ist: der Dschirbani („Wie hehr, wie stolz, wie schön!", XXXI 275) als eine Art männlich-intellektueller Maria im Rosenhag! Nun sieht der Held und Ich-Erzähler die „imponierende Gestalt" des Dschirbani auf sich zukommen und erklärt uns:

> Wie er, den Blick zur Erde gesenkt, so allmählich sich der Pforte näherte, hatte es den Anschein, als ob seine Gestalt mit jedem Schritte immer höher und breiter, immer bedeutender und eindrucksvoller werde. Ob dies nur in seiner Persönlichkeit lag oder zum Teil auch mit in der örtlichen Perspektive, das fragte ich mich nicht. Ich nahm die Wirkung in mir auf, ohne nach ihren Ursachen und Gründen zu forschen. (264)

Dieser Kommentar des Erzählers ist an sich überflüssig, denn schon längst hat der Leser gemerkt, daß die Szene so angelegt ist, daß der Dschirbani auf den Betrachter zuschreitet und somit seine Größe immer mehr zur Geltung kommt. Auch ist dem Leser klar, daß in solchen Konstellationen optische Täuschungen ins Spiel kommen. Der Erzähler ist hier ausführlich: auf poetische Weise erscheint ‚die Perspektive als symbolische Form' (um das bekannte Wort von Erwin Panofsky zu benutzen). Inwiefern also ist es dem Erzähler wichtig, das Wort von der „örtlichen Perspektive" auszusprechen und seine Unsicherheit vor ihr kundzutun? – Eine andere optisch prekäre Situation ergibt sich übrigens später beim ersten Auftreten von Merhameh, dem Mädchen aus Dschinnistan, das durch sein flatterndes Gewand „den Anschein" hat, „in Bewegung" zu sein (515), obwohl es stillsteht.

Fragen nach der Perspektive sind Fragen nach dem Bild, das sich von der Wirklichkeit auf unserer Netzhaut abzeichnet; perspektivische Probleme handeln also von dem Verhältnis zwischen Realität und geometrischer Vorstellung. Der Erzähler bekennt hier seine Unsicherheit oder Ratlosigkeit vor dem geometrischen Eindruck; der Dschirbani, der Mann mit den Vorfahren aus Dschinnistan, bringt ihm seine geometrische Erfahrung durcheinander. Aber welche Geometrie, so wäre zu fragen, gilt denn, ehe man mit Dschinnistan in Berührung kommt?

Sieht man sich den Roman daraufhin an, so entdeckt man zwei dschinnistanferne Stellen, die den Leser mit geometrischen Sachverhalten vertraut machen.

Die erste findet sich in Ussulistan, „diesem plumpen Lande" (278), wie May einmal formuliert (und damit auf Goethes Mephisto und seine Rede über „diese plumpe Welt" und ihre Gebundenheit an das Körperliche anspielt[15]). Wir hören, als es auf das Zentrum des Landes zugeht:

Die Stadt lag auf einer ebenen Fläche, die nicht die geringste Erhebung zeigte und durch unzählige Kanäle und kleinere Gräben in Vierecke eingeteilt wurde. Zuweilen bildete sich auch, wenn mehrere Gräben zusammenstießen, entweder ein Drei- oder Mehreck. (248)

Was sich hier in der mathematisch-abstrakten Äußerung vom „Drei- oder Mehreck" ankündigt, ist die elementare Geometrie, mit der jedermann in seinen ersten Schülerjahren arbeiten muß, die Geometrie der Vielecke in der E-bene oder, wie May verräterisch sagt, „auf einer ebenen Fläche". So weit die schlichte Geometrie von Ussulistan!

Anspruchsvoller ist, um zu unserer zweiten Stelle zu kommen, die Geometrie in dem zivilisierten Ardistan. Beim Ritt in die Hauptstadt von Ardistan bemerkt der Held anfangs die erwähnte rechteckige (genauer: quadratische) Form, das Schloß mit den vier Türmen, doch bald fällt ihm noch mehr auf; nämlich daß die Türme

sich nach oben hin immer feiner und feiner filigranisierten, so daß ihre Spitzen sich in Aether zu verwandeln und ganz in ihm zu verschwinden schienen. An diese vier Haupttürme schlossen sich nach den vier Himmelsrichtungen wieder Kuppeln an, aber kleinere, die eine Interpunktion von gleichmäßig kleineren Türmen bekamen und in eine weitere Folge von immer tiefer herabsteigenden Kuppeln, Türmen und Türmchen verliefen, bis der hoch aufgeschwungene Grundgedanke die Erde wieder erreichte, aus der er gestiegen war. (XXXII 92)

Was May mit diesen fein gezeichneten Punktreihen evoziert, sind mathematische Kurven, die über einem Zentrum unendlich weit hochsteigen und wiederum fern von diesem Zentrum in einem asymptotischen Verlauf zu einer Grundlinie oder Grundfläche zurückfinden. Hier wäre an Hyperbeln zu denken, etwa Hyperbeln erster Ordnung, bei denen zwei zusammengehörige Koordinaten jeweils einander reziprok sind, oder auch an Hyperbeln höherer Ordnung, bei denen die Proportionen verwickelter sind. Insgesamt gibt es in Mays Beschreibung vier Hyperbeläste, so daß sogar der Eindruck eines Körpers, eines Hyperboloids, entsteht. May macht uns keine mathematischen Angaben im eigentlichen Sinne, aber er deutet doch einen mathematischen Abstraktionsprozeß an, wenn er von einer „Interpunktion" von Türmen spricht, aus der die jeweilige Linie zu ergänzen ist. Solche Sachverhalte gab es früher beim Ritt durch Ussulistan noch nicht, der Eintritt in die Hauptstadt von Ardistan wird durch neue, reichhaltigere geometrische Gebilde bestimmt.

Achten wir auf die konkreten Grundlagen der abstrakten Linien in Ardistan! Es sind Türme, Kuppeln und andere Baulichkeiten, so daß also diese komplizierte Geometrie ihre Ausdrucksform im Werk der Menschen hat. Auch die Geometrie von Ussulistan war sichtbar im menschlichen Werk, bestand sie doch aus Kanälen und Gräben. Hier deuten sich philosophische Fragen nach der Grundlegung der Mathematik und der mathematischen Objekte an, Fragen, die zu Mays Zeiten, im ausgehenden 19. Jahrhundert, in der Wissenschaft intensiv diskutiert wurden. May hatte daran natürlich keinen Anteil, aber der geometrische Kontrast zwischen dem urmenschlichen Ussulistan und dem höheren Ardistan, wo es „eine Menge Schulen" und sogar drei Universitäten gibt (167), zeigt, daß May das zivilisatorische Niveau mit dem mathematischen Erkenntnisstand zusammensieht.

Wir bemerkten, daß sich Mays hyperbelähnliche Linien nach oben erstrecken und sich sogar zum räumlichen Körper eines Hyperboloids ergänzen. Die Geometrie von Ardistan läßt also nicht nur die Geradlinigkeit hinter sich, sondern sie steigt sogar in die dritte Dimension auf. Dies wirft ein neues Licht auf das Thema des Aufsteigens, des ‚Weges nach oben', aus dem Mays Roman lebt. Dahinter verbirgt sich etwas von der ‚Hochland-Ideologie' der Jahrhundertwende, die in einer naiven Bildhaftigkeit des Oben und Unten davon ausging, daß in den Bergen die höher entwickelten Menschen leben. Thomas Mann hat in seinem Roman vom *Zauberberg* und dessen dünnblütiger Besatzung dieses poetische Muster ein für alle Mal ironisiert. May gibt dem Drang nach oben, dem er mit dem Motiv der Aviatik in seinem Spätwerk auch einen technisch-zivilisatorischen Aspekt verleiht, jedoch eine abstrakte Wendung, indem er ihn sogar als ein Ausschreiten, eine Erweiterung in die dritte Dimension darstellt mit ihren neuen, vorher undenkbaren geometrischen Objekten. Der ‚Weg nach oben' erscheint in Mays geometrischen Anspielungen nicht als ein dubioses Steigen-Wollen, sondern als objektiver Erkenntnisgewinn. Man mag hier an Mays klassische Abenteuererzählungen zurückdenken, wo er den Sachverhalt schon spielerisch behandelt hat: Wenn der Blick des Reisenden aus der Ebene heraus zu den Raubvögeln am Himmel fällt, kann er auf eine weit vor ihm liegende Mordstelle schließen, so daß der „dreidimensionale Raum als Handlungsort" und als Ort der größeren Erkenntnis dient.[16] Den dreidimensionalen Raum erreicht man aber auch, wenn man von der Ebene ‚nach unten' geht. Interessanterweise ist gerade im Zusammenhang mit Dschinnistan auch von der ‚Richtung nach unten' die Rede, wenn der Held schon in den Wüstengebieten die dschinnistanischen Brunnenengel entdeckt und in ihr Inneres hinabsteigt. Die Orientierungen ‚nach oben' und ‚nach unten' – in *Merhameh* sprach May, wie erinnerlich, von Fragen „teils nach der Tiefe, teils nach der Höhe" – erscheinen insgesamt als gleichwertig, wie es ja auch mathematisch ohne Sinn ist, beim Verlassen der Ebene, des Zweidimensionalen, einen Unterschied zwischen Oben und Unten zu machen. Dies sind Probleme, die zu Mays Zeiten erörtert und sogar in der Belletristik behandelt wurden. 1884 erschien *Flatland. A Romance of Many Dimensions*, ein Roman des Engländers Edwin A. Abbott, in dem geometrische Figuren die Personen sind.[17] Abbotts Ich-Erzähler ist ein Quadrat, das den Aufstieg aus seinem ‚Flächenland' in drei- und höherdimensionale Räume erlebt. – Zu Mays Roman sei noch erwähnt, daß dort streckenweise das Oben und Unten für die bereits erwähnte Polarität der Geschlechter steht.[18] Die Polarität verschwindet am Ende des Romans, so daß auch in diesem Sinne schließlich die Unterscheidung der beiden Richtungen ihre Auflösung findet; ohnehin geht die geometrische Erkenntnisfreude in diesem Roman, wie noch zu zeigen sein wird, über die Dimensionsfrage hinaus. So viel zu Mays Aufstieg ins Dreidimensionale.

Kehren wir noch einmal zur Szene um den Dschirbani in Ussulistan zurück. Indem der Erzähler Perspektive und Geometrie problematisiert, also den Rahmen der ebenen Geometrie von Ussulistan sprengt, deutet er an, daß der Held es hier schon mit dem Einfluß einer anderen Welt, der Welt von Dschinnistan, zu tun hat, des Landes, das geographisch erst auf Ardistan folgt. (Im Mittelalter hat man manchmal innerhalb desselben Gemäldes zwei verschiedene Perspektiven benutzt, um Irdisches und Himmlisches nebeneinander abbilden zu können.[19]) So resümieren wir also bis jetzt: Der Erzähler hat zweimal abstrakte Erklärungen zur Geometrie abgegeben; das eine Mal beim Anblick der Gräben von Ussulistan, deren flächenhafte Geometrie er en passant benennt, das andere Mal in Ardistan, wo er vor den gebogenen Linien und dem dreidimensionalen Aufstieg in Bewunderung ausbricht. Ferner existiert zwischen beiden Stellen eine weitere, in der er angesichts des Dschirbani, eines Mannes aus Dschinnistan, seine Ratlosigkeit vor der Geometrie andeutet. Was wird er zur Geometrie erst sagen, wenn er noch näher an dieses fremde Land rückt!

3

Die in geometricis entscheidende Berührung mit Dschinnistan findet ebenfalls schon in Ussulistan statt, und zwar in der Szene, die auf dem Turm des Tempels spielt. In einer Nacht blickt der Held zusammen mit zwei Frauen zu den Vulkanen an den Toren Dschinnistans. Die Vulkane sind tätig und werden bald ausbrechen. Ein grandioses Naturschauspiel aus Linien und Farben entsteht; es heißt:

Diese Feuersäulen bestanden aus strahlengefärbter nach aufwärts immer reiner werdender Flammenglut. Sobald sie sich entwickelt hatten, standen sie wie Leuchttürme, die von ihrer Basis bis zu ihrer Spitze brennen, oder wie glühende Gebete hilfsbedürftiger Menschen, die sich zum himmelstürmenden Fanal vereinigen, um, sich im Steigen läuternd, in voller Reinheit Gott erreichen zu können. Sie wechselten im Aufstrahlen und

Niedersinken miteinander ab. Bald wuchs und fackelte es hier, bald dort zum Himmel auf, erst in längeren, dann in immer kürzer werdenden Zwischenräumen, bis sich zuletzt feste, unbewegliche Mauern bildeten, die aus brennenden Regenbogenfarben bestanden und auf ihren Zinnen tausend weithin strahlende Fackeln trugen.
　　Ich war auf das Tiefste ergriffen. So Etwas hatte ich noch nicht gesehen, noch nie geahnt! Das stand in keiner Physik, überhaupt in keinem Buche! (XXXI 331)

Wir werden untersuchen, inwieweit May nicht nur an die Physik, sondern auch an die Mathematik gedacht hat, wollen aber diese Stelle und speziell den zuletzt zitierten Ausruf des Erzählers vorerst unabhängig von diesem Problem betrachten. Wohlgemerkt sind die Worte „noch nicht gesehen, noch nie geahnt" keineswegs ein erzählerischer Trick, mit dem der Autor die Schilderung dieses Naturschauspieles umgeht. Vielmehr wird über mehr als drei Seiten hinweg das ‚nie Geahnte' geschildert; etwa der Feuerausbruch mit der „gigantische[n] Säule, die von unten nach oben in allen diesen Farben glänzte, unten violett, nach oben in der angegebenen Regenbogenskala immer heller werdend und oben in einer Art von lebendiger, flockenreiner Flammenkrone zum Himmel zuckend" (330).

Exkurs: Die Bücher und das Bücherlesen

Zunächst ist die Aussage: „Das stand in keiner Physik, überhaupt in keinem Buche!" eine große Hommage an das Buch und an das Bücherlesen. Deuten doch diese Worte, die die vorangehende Formulierung „noch nie geahnt" weiterführen, an, daß alles, was ein Mensch zu ahnen vermag, ihm durch Bücher nahegebracht werden kann. Natürlich gibt es auch das Sehen, den direkten Augenschein, und daß er solch ein Naturschauspiel „noch nicht gesehen" habe, ist die erste Äußerung des Erzählers. Aber gleich nach dem Sehen kommt, folgen wir dem Text, das Ahnen, das Erahnen, das Bücherlesen. Der Ausruf über das nichtexistente Buch, was auch eine Art des Sichberufens auf Bücher bedeutet, ist für kaum einen Autor so angemessen wie für Karl May, der all die exotischen Länder, die er nie oder erst après coup bereist und doch beschrieben hat, durch das Buch – Lexikon, Reisekompendium, Ethnographiehandbuch – in sein Schreibzimmer und vor sein geistiges Auge geholt hat. Hier in diesem Roman, wo es freilich nicht mehr um die reale Exotik geht, macht May diesen Umstand mit jenen Stellen deutlich, in denen er vom Exzerpieren während der Schiffsüberfahrt oder von der Gelehrtenklause des Dschirbani spricht. Statt des persönlichen Augenscheins kann man sich auch der Bücher bedienen – so könnte man Karl Mays Schaffensdevise formulieren. Wenn man heute das Lesen (und erst recht die Hingabe an die Vielzahl der Medien) warnend als ein ‚Leben aus zweiter Hand' bezeichnet, wenn Hans Blumenberg in seiner großen Arbeit über die *Lesbarkeit der Welt* das Stichwort „Arroganz der Bücher" benutzt[20] – Bücher wären dadurch ‚arrogant', daß sie in ihrer Fülle uns schon alle denkbaren Erfahrungen vorhalten könnten –, so sind solche Einwände gegenüber dem Buch für May kein Thema. Denn das Buch ist für ihn Grundlage der Kreativität, ist persönliches Arbeitsmaterial. Die Trennung von Welt und Buch liegt dabei für May auf der Hand, und dem Buch-Enthusiasmus der Romantiker, die ein Buch erträumten, das die ganze Weltgeschichte wiedergeben könnte, hätte er nicht zugestimmt.

Zu beachten bleibt freilich noch, daß May die Physik schlichtweg als ein Buch oder eine Menge von Büchern bezeichnet („in keiner Physik, überhaupt in keinem Buche"). Das ist gewiß ein naives Wissenschaftsverständnis, erinnert aber andererseits an das enzyklopädistische Bestreben der Romantik, von Novalis etwa, so daß May insoweit der romantischen Buch-Verherrlichung nahesteht. Vielleicht hatte er sogar von dem Entwurf *Idée d'une Physique du Monde* aus dem Jahr 1796 von Alexander von Humboldt gehört, vielleicht aber auch war die Vorstellung von der Physik als Buch ein simpler Reflex an seine Schüler- und Seminarjahre.

Bei all dem Lob für das Buch, das aus dem zitierten Ausruf des Erzählers spricht, bei all dieser Freude Mays – modern gesagt – an der Intertextualität, ist jedoch nicht zu vergessen, daß damit zuvörderst kundgetan wird, daß jetzt vor den Toren Dschinnistans die Bücher nicht mehr weiterhelfen. Dschinnistan ist ein fremdes Land, in das nicht einmal die Bücherfreunde Zugang haben. Dies bedeutet zweierlei. Zum ersten wird damit Dschinnistan zu einer erdenthobenen Region erklärt, denn alles Terrestrische ist ja, wie May mit seinem Lebenswerk zu beweisen versucht hat, durch Autoren und ihre Werke zugänglich oder zu erahnen. Zum zweiten ist zu bedenken, daß dieser Hinweis auf die nichtexistierenden Bücher im Buch selbst, in dem Roman *Ardistan und Dschinnistan*, gegeben wird. Wenn also der Erzähler schon beim Anblick der Grenze Dschinnistans feststellt, der dort erlebte Eindruck stehe in keinem Buch, so wird er selbst nicht in der Lage sein, in seinem Buch von Dschinnistan zu berichten. Hier haben wir also zum ersten Mal in diesem Roman das Bekenntnis, daß er Fragment bleiben wird. Das Argumentieren des Erzählers mit dem Buch oder vielmehr mit dem Fehlen eines Buches dient dazu, den Roman schon hier, in der Mitte des ersten Bandes, zu einem unvollständigen Werk zu erklären. Die Beschreibung der vulkanischen Naturereignisse ist das Äußerste, das sich der Erzähler noch zutraut. Insgesamt erklärt also diese Passage, daß das Land Dschinnistan eine Utopie ist und daß sie im Roman nicht erreicht werden wird.

Doch können wir den Ausruf, „in keinem Buche" seien die dschinnistanischen Ereignisse geschrieben, auch unter einem anderen Vorzeichen lesen, ihn nämlich als Erklärung des Erzählers dafür ansehen, daß alles, was noch *vor* den Bergen Dschinnistans geschieht, bereits in Büchern geschrieben steht.

Seine Roman-Reise durch Ussulistan und Ardistan, bis vor die Tore des fremden Dschinnistan, habe, so gibt uns May demnach zu verstehen, ihre Vorbilder in der Literatur. Diese Erklärung, die man hier entdecken kann, stimmt mit den Ergebnissen der Forschung überein, haben doch die Interpreten des Romans mehrere literarische Quellen aufgedeckt. Arno Schmidt hat auf Parallelen zu dem mystischen Werk *The Pilgrim's Progress* von John Bunyan hingewiesen sowie den Einfluß von *Tausendundeiner Nacht* genannt, Angaben, die Werner F. Bonin und Christoph F. Lorenz in ihren einschlägigen Arbeiten weiter abstützen und ausarbeiten konnten[21]; Franz Hofmann hat Einflüsse der Schriften Pestalozzis und Comenius' aufgedeckt[22]; auch Entlehnungen aus dem *Alten Testament*, dem Buch *Jona* und dem Buch *Jesaja*, wurden genannt, wobei jetzt noch – mit Blick auf den Aufbruch des Dschirbani und seiner Freunde aus dem feuchten Ussulistan in Richtung Wüste – auf Motivübernahmen aus dem Buch *Exodus* hingewiesen sei.[23] Der Name des Zieles, das der Held vor Augen hat, ‚Dschinnistan', ist ebenfalls ein Element der literarischen Tradition. Christoph Martin Wieland hat in seiner Allegorie *Psyche*, die unvollendet blieb und 1773 als Fragment veröffentlicht wurde, erklärt, „Dschinnistan" sei das „Feenland der Persischen und Arabischen Dichter"[24], und in Wielands berühmter Märchensammlung *Dschinnistan oder auserlesene Feen- und Geistermärchen* (1786-89) – die das Wort sogar im Titel trägt – heißt es im Vorwort, „Dschinnistan (oder Ginnistan)" sei der Name des „berühmten Feen- und Genien-Landes".[25] Mit Wieland ist der arabische Begriff, der mit arabisch ‚djinn' (Geist, auch Gespenst; der Ausdruck war seit dem 17. Jahrhundert in Frankreich bekannt) zusammenhängt und den Wieland auch mit dem französischen Wort ‚génie' verbindet, in die deutsche Literatur eingegangen. Man findet ihn wieder in Lessings *Nathan der Weise* (im 4. Auftritt des 4. Aktes), in Novalis' *Heinrich von Ofterdingen* (als Personenname innerhalb des Klingsohr-Märchens), in E. T. A. Hoffmanns *Klein Zaches*[26] und eben bei Karl May, wobei nur May ihm eine wirklich wichtige Rolle zuweist. Daß May mit seiner Namensgebung des fernen Zieles sich direkt auf Wieland bezieht, wird durch eine Stelle in dessen Märchensammlung nahegelegt. In dem Märchen *Adis und Dahy* lauten die Schlußworte, die die Schlußworte eines Happy-Ends sind: „die beyden Brüder flogen mit den schönen Schwestern in eine Insel von Ginnistan, die, von ihnen bewohnt und bevölkert, ein Nachbild des irdischen Paradieses wurde." Dschinnistan als Paradies-Nachbildung, als Utopie schon bei Wieland! In dem französischen Original, das für Wieland die Grundlage war – seine *Dschinnistan*-Sammlung besteht zum größten Teil aus einer Umarbeitung französischer Texte –, hat die Insel noch keinen Namen; dort heißt es nur: „les deux frères prirent le parti de se retirer avec leurs maîtresses dans une isle habitée par des génies."[27] So hat also Wieland May nicht nur das (Titel-)Wort

‚Dschinnistan' geliefert, sondern auch die damit verbundene Vision einer Utopie.

Wieland hat Mays Roman noch an einer anderen Stelle beeinflußt. Denn Mays Ussulistan ist ein Abbild von Wielands Schildbürger-Stadt Abdera, die er in der *Geschichte der Abderiten* (1781) behandelt: hier wie dort gibt es die geistige Ungeschlachtheit der Bewohner, die naiv-autoritäre Anlage ihres Staatswesens und die Formlosigkeit ihrer Bauwerke. Auch die von Arno Schmidt herausgestellte Szene, in der May die wilhelminische Wehrbegeisterung satirisch abtut[28], hat ihr Vorbild bei Wieland. In Mays Ussulistan treten Krüppel auf, die „Kriegsinvaliden" gleichen, aber doch „wirklich Soldaten" sind und Wehrdienst leisten müssen, denn, so argumentiert man in Ussulistan, es „gehören die nützlichen Menschen, die gesunden, die arbeitsfähigen, zum Frieden, die andern aber für den Krieg" (XXXI 286, 288). Wieland, den wir als Vorbild vermuten, stellt in seinem Abdera eine „Leibwache von armen alten Invalidenhandwerkern" vor und ruft dabei aus: „Wohl indessen der Republik, die zur Beschirmung ihrer Tore und innerlichen Sicherheit keiner andern Helden nötig hat als solcher!"[29] Sogar Wielands Motiv der abderitischen Froschteiche findet sich in Mays Ussulistan mit seinem feuchten Schwemmland andeutungsweise wieder (und hat später in seiner Selbstbiographie das Kapitel von der harmlosen Froschplage hinter dem Elternhaus inspiriert[30]).

Freilich spielen die beiden Gemeinwesen bei Wieland und May gegensätzliche Rollen im Weltenlauf. Abdera ist der Ort, von wo aus sich die Narrheit *nach außen* über die Welt verbreitet; wo die Welt „policiert" ist, finden sich „einige Glieder dieser unsichtbaren Genossenschaft", sagt Wieland in seinem *Schlüssel der Abderitengeschichte*.[31] Umgekehrt dringen *von außen* Menschen nach Ussulistan, um „diese armen Leute [...] zu belehren" (335). Entsprechend fallen, wenn nun beide Schriftsteller einen Gelehrten in ihrer primitiven Region zur Welt kommen lassen, die Erklärungen dafür konträr aus. Wieland sagt über den genialen Naturforscher Demokrit von Abdera schlicht, Juvenal zitierend: „kein Volk so dumm, kein Ort so unberühmt, daß nicht zuweilen ein großer Mann daraus hervorgehen sollte"[32], während bei May das Phänomen des klugen Dschirbani sich dadurch erklärt, daß er einen dschinnistanischen Vater hat. Damit zurück zu der Szene vor den Toren Dschinnistans.

4

Der Blick auf das Naturschauspiel der Vulkane mit seinen vielgestaltigen Flächen und Bewegungen, in all dies ‚nie Gesehene oder Geahnte', ist auch ein Blick in die Geometrie. Wir haben hier die dritte und höchste Etappe geometrischer Anschauung in diesem Roman, wobei die erste die der ebenen Vielecke Ussulistans und die zweite die (im Romangeschehen noch bevorstehende) der Hyperbel-Linien ist. Gewiß spielen in Mays Schilderung die Farben eine große Rolle[33], doch wesentlicher ist, daß May die Flächen nicht eigentlich durch ihre Farben, sondern durch ihre Bewegungen charakterisiert: da „senkte sich" eine Finsternis „zur Erde nieder", da kehrte eine „Säule [...] wieder in sich selbst zurück" (330). Schließlich gibt es den eindeutigen Hinweis auf die reine Geometrie, wenn angesichts der sich öffnenden Flammentore am Himmel eine der Begleiterinnen des Helden sagt: „Du kannst seine Säulen, Mauern, Türme, Ecken, Kanten und Linien ganz deutlich erkennen" (XXXI 333). Von den handgreiflichen Objekten wie den Säulen oder Türmen geht es also zu den mathematischen Termini Kanten und Linien über; von einem „Punkt" ist später im Text ebenfalls die Rede (337). Was May mit diesen bewundernden Worten andeutet, ist die Auflösung der üblichen geometrischen Vorstellungen. In Dschinnistan gilt eine andere Geometrie als die, die wir traditionellerweise benutzen. Pointiert bringt dies May gegen Ende zur Sprache, in dem Augenblick, als sich die Fläche am Himmel schließlich öffnet und die sinnliche Vielfarbigkeit dem „klarsten Lichte" Platz macht, als also die Kreation am Himmel ihre höchste Abstraktheit erreicht. Eine der Frauen sagt: „Hätten wir nicht sterbliche, sondern unsterbliche Augen, so würden wir die Heerscharen der Engel sehen!" (338) In dieser mythischen Metapher verbalisiert sich die Unzulänglichkeit der Sinne vor einer fremden Geometrie, die sich schon in der Szene um den Dschirbani angekündigt hat. In Mays Dschinnistan waltet also eine Synthese von ‚klar' und ‚sinnlich schwer faßbar'; ein solches Ineinander kann man als typisch für die moderne Mathematik unseres Jahrhunderts ansehen. Das ‚sinnlich schwer Faßbare' erscheint bei May an einer Stelle als eine Art geistiger Materie; er wagt den Ausruf, daß „auch der scheinbar tote Stoff, die vielverkannte Materie noch Kraft, noch Leben und Seele hat" (332). Der Aufstieg nach Dschinnistan ist demnach auch eine große Bewußtseinserweiterung. Das Geometrische in diesem Roman ist also nicht poetische Ausschmückung durch den Erzähler, sondern Teil der Roman-Realität selbst, ist intellektuelles Erlebnis, das den Personen des Romans auf ihrer Reise widerfährt. Kurz gesagt: nicht nur den Autor, sondern auch die Personen im Werk lockt die Abstraktion. Wer nach Dschinnistan reist, lernt die Schöpfung besser kennen; „Hymnen auf die Schöpfung" (Hermann Wohlgschaft[34]) wurden zu Recht Mays Alterswerke genannt.

Nun wieder speziell zur sinnlich schwierigen Mathematik! Hier muß das Stichwort von der ‚nichteuklidischen Geometrie' fallen, also jener Geometrie, die in einem wesentlichen Detail von der klassischen Geometrie, der Geometrie des Euklid, abweicht und damit unsere lebenslang antrainierten Raumvorstellungen zerstört. Während die euklidische Geometrie besagt, daß in der Ebene zu jeder Geraden durch jeden Punkt außerhalb von ihr genau eine Parallele zu ziehen ist, gilt in der nichteuklidischen Geometrie, richtiger: in den nichteuklidischen Geometrien, teils die Aussage, daß man die Parallele nicht ziehen kann, teils die Aussage, daß man mehrere Parallelen ziehen kann. Seit den Arbeiten von Gauß, Bolyai und Labatschefskij in den ersten Jahrzehnten des 19. Jahrhunderts weiß man, daß auch solche Geometrien in sich schlüssig sind und man mit ihnen und ihren Objekten mathematisch korrekt arbeiten kann. Das Schließen und Beweisen auf logisch-exakte Weise, jenes Arbeiten more geometrico, erhielt durch die Erfindung oder, besser gesagt, die Entdeckung nichteuklidischer Geometrien ihre abstrakte Vertiefung. In die Relativitätstheorie unseres Jahrhunderts haben nichteuklidische Vorstellungen Einlaß gefunden, so daß die (schon von Gauß gestellte) Frage, ob die im Kosmos gültige Geometrie eine nichteuklidische sei, bejaht werden muß. Die Abweichungen von den euklidischen Verhältnissen sind freilich in dem für uns überschaubaren Rahmen des Weltalls so gering, daß sie sich der einfachen empirischen Nachprüfung entziehen und wir die euklidische Geometrie weiterhin als die unsrige verwenden können. Für die moderne Mathematik indes sind solche Fragen nach der Realität, solcherart Ausrichtung an der Physik unseres Lebensraumes, prinzipiell ohne Belang. Seit Beginn des 20. Jahrhunderts ist die Mathematik in ihren Hauptbereichen endgültig eine nichtempirische Formalwissenschaft: der Geometer kann sich gänzlich von Euklids Vorgaben entfernen (also nicht etwa nur hinsichtlich des Parallelen-Axioms) und sich aus seinen Vorstellungen eine eigene ‚Privatgeometrie' schaffen.[35] Freilich muß diese, so wenig vorstellbar sie auch sein mag, in einem mathematischen Sinne vernünftig sein – ein schwieriges wissenschaftliches Problem, das schon die ersten Konstruktionsschritte betrifft –, und ein reiches Forschungsfeld ergibt sich etwa daraus, daß man Übereinstimmungen und Implikationen zwischen solchen Geometrien untersucht.

Karl May war kein Mathematiker, er hat das Wort ‚nichteuklidisch' wahrscheinlich nie gehört und erst recht keine Erfahrung im Umgang mit nichteuklidischen Entwürfen gehabt. Aber vermutlich hat er während seiner Ausbildung zum Lehrer erfahren, daß außer der üblichen Schulgeometrie, d. h. der euklidischen, auch eine andere Geometrie denkbar ist, daß also ‚unsere' geometrische Vorstellungswelt nicht die einzige mögliche ist. Zu dieser Einsicht bedarf es noch keines tiefen mathematischen Sachverstandes; auch auf religiös-philosophischen Wegen kann man zu ihr kommen, etwa im Zusammenhang mit der Überlegung, daß Gott die Welt, die er in bestimmter Weise geschaffen und ausgestattet hat, auch ganz anders hätte schaffen und ausstatten können. Dies war der Diskussionsstand der Philosophie des 17. und 18. Jahrhunderts. Man findet ihn in seinen mathematischen Auswirkungen etwa bei Descartes, der 1630 in einem Brief schrieb: „Gott erläßt in der Natur mathematische Gesetze, wie ein König Gesetze in seinem Reich erläßt"[36], oder beim frühen Kant. In seiner Jugendschrift *Gedanken von der wahren Schätzung der lebendigen Kräfte* (1747) nennt Kant das Newtonsche Naturgesetz, das die Verbindung zwischen der Gravitationskraft von Körpern und dem Quadrat ihrer Entfernungen angibt, sagt sodann, daß er aus diesem Gesetz die Dreidimensionalität unseres Raumes folgere, und stellt weiter fest, daß indes das genannte Gesetz „willkürlich" sei und „Gott dafür ein anderes [...] hätte wählen können". Er halte dafür,

daß endlich viertens aus einem andern Gesetze auch eine Ausdehnung von anderen Eigenschaften und Abmessungen geflossen wäre. Eine Wissenschaft von allen diesen möglichen Raumesarten wäre unfehlbar die höchste Geometrie, die ein endlicher Verstand unternehmen könnte.[37]

Die „höchste Geometrie", speziell die (damals erst noch zu entdeckende) nichteuklidische Geometrie, ist hiernach außerhalb des Schöpfungsplanes – eine Vorstellung, der man im 19. Jahrhundert nicht mehr folgte. Auch May sah die Schöpfung umfassender, wie die erwähnte Bewußtseinserweiterung auf dem Weg nach Dschin-nistan zeigt. Gleichwohl ist die zitierte Passage Kants grundlegend für das Verständnis ungewohnter Geometrien, und man könnte meinen, sie habe auch Karl May angeleitet. Jedenfalls deutet Mays Beschreibung der Säulen, Kanten und Linien an den Toren Dschinnistans eine „höchste Geometrie" an, die sich über terrestrische Verhältnisse hinwegsetzt und auch andere, wie Kant sagt, „mögliche Raumesarten" gelten läßt. Seine Utopie von Dschinnistan ist auch die Utopie einer neuen Geometrie. So wie Kants „höchste Geometrie" sich von dem Gesetz der Physik der realen Welt gelöst hat, so heißt es bei May angesichts der fremden Linien: „Das stand in keiner Physik"!

5

Das Thema Geometrie begleitet an markanten Stellen die Maysche Reise nach Dschinnistan, der Aufstieg wird reflektiert und abgestützt in den sich fortentwickelnden geometrischen Tableaus und Bildlichkeiten. Karl May ist ein Vertreter des Ineinander von Utopie und Geometrie, einer Verbindung, die freilich nicht außergewöhnlich in der Kulturgeschichte ist. Galilei hatte gesagt, das Universum sei in der Sprache der Mathematik geschrieben; mußte dann nicht auch der Utopiker, der neue Regionen schafft, sich in seiner Kreativität an die Mathematik halten? Doch wenn wir May in diese Utopie-Tradition stellen, sind zwei Besonderheiten bei ihm zu verzeichnen.

Die erste dieser Besonderheiten ist die, daß May an den entscheidenden Stellen auf Symmetrien verzichtet. Das gilt für die Geometrie der Wassergräben von Ussulistan, wo, wie wir gesehen haben, Vielecke entstehen, die keiner Regelmäßigkeit oder Symmetrie unterliegen, und dies gilt ebenfalls für die Himmelsbeleuchtung von Dschinnistan, die sich so schnell verschiebt und verändert, daß keine Spiegelbildlichkeit aufkommt. Schon zu Beginn heißt es da: „Es zuckte ein schneller, blitzartiger Schein [...]. Eine Zeit darauf wiederholte sich der Blitz, aber nicht an derselben Stelle, sondern mehr nach rechts. Und bald nachher folgte eine zweite Wiederholung, weit links davon." (329f.) „Mehr" nach rechts, „weit" links davon: von Symmetrie hier – wie dann auch später – fast keine Spur. Jeder Chaostheoretiker muß an diesem wilden Strahlen des Himmels von Dschinnistan seine Freude haben. In der mittleren Region des Romans, in Ardistan, ergeben sich anläßlich der vier Hauptstadt-Türme und der später auftretenden runden Talkessel zwar einige Symmetrien, doch diese Zivilisationswelt von Ardistan ist von allen Szenerien des Werkes diejenige, die der zeitgenössischen realen Welt am nächsten steht. Überall, wo May mit phantastischen Gedankenbildern arbeitet, schaltet er die Symmetrie aus, sei es in dem urmenschlichen Ussulistan oder dem utopischen Dschinnistan. Auch wäre es lohnend, einmal herauszuarbeiten, wie May in seinen bekannten Abenteuer-Reiseerzählungen, wo es ebenfalls immer wieder geometrische Anspielungen gibt[38], die Symmetrie vermeidet: seine erdachten Landschaften, Reisewege und Personen-Ansammlungen, sieht man sie ‚von oben' als geometrische Konfigurationen, sind zumeist un- und antisymmetrisch angelegt, und zwar mit immer stärkerer Entschiedenheit im Laufe seines Schaffens. Dieser Umstand, zu dem sich eine komplizierte Einbindung des Geometrischen in das Romangeschehen gesellt, so daß „der Raum [...] eine eigene, sozusagen sperrige Dimension" gewinnt[39], ist beachtenswert bei einem Autor, dem man in anderen Bereichen seines Fabulierens mancherlei Schematismus vorwerfen kann. In der traditionellen utopischen Literatur geht es nicht so unsymmetrisch zu. Im Gegenteil: vielmehr „haben alle Utopisten der Neuzeit auf Kreise, Quadrate, Achtecke und eine symmetrische Psyche des reibungslos funktionierenden Idealbürgers gesetzt".[40] Die in absichtsvoller Starrheit konstruierten konzentrischen Kreise von Campanellas *Sonnenstaat* mit ihren zwei orthogonal zueinander verlaufenden Durchmesser-Straßen und dem Tempel im Zentrum – „Militärgeometrie" hat Ernst Bloch das glatte Ensemble genannt[41] – haben alle utopischen Staats-Entwürfe beeinflußt. Auch Schnabels *Insel Felsenburg* oder Jules Vernes *Propellerinsel* sind symmetrisch konzipiert. Alles, was geometrisch gesehen werden kann, wurde auf Regelmäßigkeit hin angelegt, so wie schon das Wort ‚geometrisch' außerhalb der mathematischen Fachsprache (zum Beispiel in der Literaturwissenschaft) oft als Synonym für ‚regelmäßig, symmetrisch' benutzt wird.[42] Anders der Utopiker Karl May: aus seinen geometrischen Bildern spricht nicht Starrheit, sondern Dynamik.

Dies gilt erst recht, und damit kommen wir zur zweiten Besonderheit des ‚geometrischen Utopikers' May, für sein Bestreben, zwischen dem Ausgangspunkt der Reise und ihrem utopischen Ziel, zwischen Ussulistan und Dschinnistan, eine enge Verknüpfung vorzunehmen. Die Geometrien der beiden Länder sind verschieden, aber May führt ausdrücklich, indem er den Blick nach Dschinnistan vom Ussul-Turm aus stattfinden läßt, den Leser schon von der einfachen Geometrie aus an die ‚höchste' heran. Über das Zwischenstück, über die weit entwickelte, aber noch gewöhnliche Geometrie der Stadt in Ardistan wird vom Aussichtspunkt aus kühn hinweggesehen. Dabei ist das Besteigen des Ussul-Turms neben der mitsteigenden Lampe und ihrem stets präsenten, aber begrenzten Licht[43] ein subtiles Bild für den Aspekt des ‚Lokalen' in der mathematischen Forschung. Geometrien (ebenso wie Topologien) können lokal übereinstimmen und global verschieden sein; May hat intuitiv erkannt, wie im Blick auf das Lokale – auf den beleuchteten Fleck sozusagen – ungewohnte Geometrien vom Gewohnten her erfaßt werden können. So ist in stupender Weise das Motiv der Geometrie oder der Geometrien Teil der Dynamik von *Ardistan und Dschinnistan*.

Natürlich zeigt sich die Verknüpfung zwischen Ussulistan und Dschinnistan auch auf konkrete Weise in dem Mischlingsstatus des Dschirbani oder in den Brunnenengeln, die der fürsorgliche Mir von Dschinnistan in der wüstenhaften Ebene errichten ließ. Doch trotz solcher ‚Konkretheiten' ist das abstrakte Thema der Geometrie keineswegs unwesentlich; sehen wir doch in einem Dialog am Brunnenengel, daß Ussulistan und Dschinnistan gerade vermöge eines geometrischen Begriffes zusammengeschlossen werden. Es geht um den Eingang der Brunnenanlage (XXXI 489f.), wo Halef, der der ussulistanischen Mentalität nahesteht, eine, wie er sagt, „Figur mit drei Spitzen" entdeckt, und der Held ihn belehrt, daß man eine solche Figur „Dreieck" nennt. Das nackte Dreieck in seiner Isolation, welches das Zeichen des Mir von Dschinnistan und überdies ein traditionelles Gottessymbol ist und das man vielleicht als die letzte geometrische Abstraktion des weißen Alabasterzeltes aus Mays *Im Reiche des silbernen Löwen* ansehen kann[44] – es tritt vor die Augen als das Fundstück eines Mannes aus dem Tiefland, der es nicht benennen, aber aufspüren kann. So sind in diesem kleinen Motiv der Geometrie – und dieser Passus benutzt explizit das Wort „Geometrie" (490) – die beiden Hauptregionen des Romans vereint.[45]

Ist etwas Überzeugenderes, etwas kompositorisch Klügeres als Mays mathematisch-abstraktes Argumentieren denkbar, um dem Leser die Verbindung von Dschinnistan und Ussulistan vorzuführen? Diese Verbindung, ja dieses metaphysische Vereintsein ist der zentrale Gedanke dieses Romans; Hans Wollschläger hat ihn in seinen Untersuchungen zu Mays lebenslanger Kreativität erhellend beschrieben. Nach Wollschläger ist die von May beschworene Zusammengehörigkeit des Oben und des Unten das „Wieder-eins-werden von Ursprung und Ziel".[46] Progression und Regression unterscheiden sich nicht mehr, die „Erlösung des Verlorenen Sohns ist seine Heimkehr".[47] Dahinter steht Wollschlägers Nachweis, daß Ussulistan nicht nur der Bereich von Naivität und Primitivität, sondern auch das Land der Kinder und der Kindlichkeit ist. Hat dann aber Mays Freude am kindlichen Ussulistan noch viel mit der Abstraktheit zu tun, auf deren Suche wir uns begeben haben? Läßt sie sich noch mit dem Brochschen Begriff des ‚Altersstiles' vereinbaren?

Dies ist der Fall, denn gerade Hermann Broch erklärt uns, daß Kindlichkeit und Abstraktheit nicht im Widerspruch stehen. In *Mythos und Altersstil* nennt er einmal den Stil der „Kindheit" zusammen mit dem des „späten Alters" und erläutert dabei, daß „der Stil beider Entwicklungsstadien bestrebt ist, vornehmlich Wesentliches und nur Wesentliches auszudrücken, der des ersteren, bevor noch die Sphäre der Subjektivität erschlossen ist, der des letzteren, nachdem diese Sphäre verlassen wurde".[48] Diese Brochschen Ansichten von der Zusammengehörigkeit des Kindheits- und des Altersstiles erscheinen nun wie die unterste Grundlage der Mayschen Konzeption von *Ardistan und Dschinnistan*.

Wem aber Brochs Worte zu theoretisch dünken, der sei auf jenen Vorläufer von Mays Alterswerk verwiesen, den wir zu Beginn unserer Überlegungen herangezogen haben, auf Heinrich von Kleists Aufsatz *Über das Marionettentheater*. Dort kommt in den letzten Sätzen die große Rückkehr zum Einstigen, also die Verbindung von Ursprung und Ziel, zur Sprache, und die Frage erscheint: „Mithin [...] müßten wir wieder von dem Baum der Erkenntnis essen, um in den Stand der Unschuld zurückzufallen?"[49] Kein Zweifel: die Frage nach der Unschuld von einst hat sich auch der alte May gestellt.

Anmerkungen

1 Heinrich von Kleist: *Über das Marionettentheater*. In: ders.: *Sämtliche Werke*. München 1967, S. 950f.
2 Ebd., S. 948. Vgl. Sydna Stern Weiss: *Kleist and Mathematics: The Non-Euclidean Idea in the Conclusion of the Marionettentheater Essay*. In: *Heinrich von Kleist-Studien*, hg. v. Alexej Ugrinsky. Berlin 1980, S. 117-126.
3 Theodor Fontane: *Von Zwanzig bis Dreißig*. In: ders.: *Sämtliche Werke*. III. Abt., 4. Bd. München 1973, S. 481 (Abschnitt: *Onkel Augusts Ausgang*).

4 Albrecht Koschorke: *Die Geschichte des Horizonts. Grenze und Grenzüberschreitung in literarischen Landschaftsbildern.* Frankfurt/M. 1990, S. 314.
5 Siehe das 99. Kapitel in Melvilles *Moby-Dick* (*The Doubloon*) und bei May XXXIII 174ff.
6 Karl May: *Mein Leben und Streben.* Freiburg i. Br. 1910, S. 1.
7 Vgl. den Hinweis, daß zweimal drei Monate den halben Rundgang um die Sonne ergeben und daher Sitara das um ein halbes Jahr verzögerte Gegenüber der Erde ist, also selbst die Erde darstellt, bei Roland Schmid: *Nachwort zur Reprint-Ausgabe* v. Karl May: *Ardistan und Dschinnistan I.* Bamberg 1984, S. N7f.
8 Hermann Broch: *Mythos und Altersstil.* In: ders.: *Schriften zur Literatur 2* (Kommentierte Werkausgabe, Bd. 9/2). Frankfurt/M. 1975, S. 228. Hier auch das folgende Zitat.
9 Ebd., S. 212.
10 Ebd., S. 214, 229f.
11 May: *Mein Leben und Streben* [Anm. 6], S. 211.
12 Ebd., S. 209.
13 Karl May: *Merhameh.* In: *Eichsfelder Marienkalender* 1910, Sp. 127; KMG-Reprint *Christus oder Muhammed.* Hamburg 1979.
14 Novalis: *Heinrich von Ofterdingen.* In: *Novalis Werke*, hg. v. Gerhard Schulz. München 1987, S. 177. Vgl. Helmut Pfotenhauer: *Aspekte der Modernität bei Novalis. Überlegungen zu Erzählformen des 19. Jahrhunderts, ausgehend von Hardenbergs „Heinrich von Ofterdingen".* In: *Literaturwissenschaft und Sozialwissenschaften 8. Zur Modernität der Romantik*, hg. v. Dieter Bänsch. Stuttgart 1977, S. 111-142, bes. 116f.
15 Siehe das erste Auftreten des Mephistopheles (Szene *Studierzimmer*) in *Faust I.*
16 Werner Kittstein: *Karl Mays Erzählkunst. Eine Studie zum Roman ‚Der Geist des Llano estakado'.* Ubstadt 1992, S. 79. Bereits Helmut Schmiedt (*Helmers Home und zurück. Das Spiel mit Räumen in Karl Mays Erzählung ‚Der Geist des Llano estakado'.* In: JbKMG 1982, S. 70) entdeckte in der *Geist*-Erzählung „eine ganze Fülle von Möglichkeiten der Verwertung des Raumes".
17 Erst vor einigen Jahren ist eine deutsche Ausgabe in der Übersetzung von Joachim Kalka erschienen: *Flächenland. Ein mehrdimensionaler Roman, verfaßt von einem alten Quadrat (Edwin A. Abbott).* Stuttgart 1982.
18 Vgl. Martin Lowsky: *„Paris oder London". Weltstadt und Weltstädtisches in Karl Mays Ardistan.* In: JbKMG 1992, S. 190.
19 Vgl. Anca Bratu: *L'Ici-bas et l'au-delà en image: formes de représentation de l'espace et du temps.* In: Médiévales 20 (1991), S. 75-90. Bratus Überlegungen stehen in der Nachfolge von Erwin Panofskys *Perspektive als ‚symbolische Form'* (1927).
20 Hans Blumenberg: *Die Lesbarkeit der Welt.* Frankfurt/M. 1986, S. 17.
21 Vgl. Arno Schmidt: *Sitara und der Weg dorthin. Eine Studie über Wesen, Werk & Wirkung Karl May's.* Karlsruhe 1963, S. 304 (ein „Bewußtseinssystem" mit Bunyans Werk als der „nächsten Parallele"), 307 („1001-nächtige Legende von der ‚MESSINGSTADT'"); Werner F. Bonin: *Karl Mays Pilgrim's Progress.* In: MKMG 16 (1973), S. 3-6, MKMG 18 (1973), S. 7-13; Christoph F. Lorenz: *Von der Messingstadt zur Stadt der Toten. Bildlichkeit und literarische Tradition von ‚Ardistan*

und Dschinnistan'. In: *Karl May*, hg. v. Heinz Ludwig Arnold. Sonderband text + kritik. München 1987, S. 222-243.

22 Franz J. Hofmann: *J. H. Pestalozzis politisch-pädagogisches Bekenntnis in seinen ,Nachforschungen' als Zeitgemälde in einem Triptychon hoch- und spätbürgerlicher Geschichtsphilosophie und Anthropologie*. In: Pädagogische Rundschau 34 (1980), S. 143-162; ders.: *Die „große Unität" und das ,Gesetz von Sitara'. Visionen einer Weltordnung*. In: JbKMG 1993, S. 78-91.

23 Sogar der Name Moses fällt (XXXI 465); Kara Ben Nemsi wird gefragt, ob er wie dieser „nur an den Felsen zu schlagen" brauche, „damit Wasser aus ihm springe". Zu Jona siehe den in Anm. 18 genannten Aufsatz, S. 184f., zu Jesaja siehe Hermann Wohlgschaft: *Große Karl May Biographie. Leben und Werk*. Paderborn 1994, S. 685, 690, 699.

24 Christoph Martin Wieland: *Bruchstücke von Psyche*. In: ders.: *Sämmtliche Werke*. 9. Bd. Leipzig 1795, S. 284; Reprint in: *Sämmtliche Werke III*. Hamburg 1984.

25 *Wielands Gesammelte Schriften*, hg. v. der Deutschen Kommission der Preußischen Akademie der Wissenschaften. 1. Abt.: *Werke*. 18. Bd.: *Dschinnistan oder auserlesene Feen- und Geistermärchen*, hg. v. Siegfried Mauermann. Berlin 1938, S. 10.

26 Siehe die Erläuterungen des Herausgebers, ebd., S. A11, und Dieter Sudhoff: *Christoph Martin Wielands Dschinnistan-Märchen*. In: MKMG 36 (1978), S. 36-38.

27 Siehe Mauermanns Edition [Anm. 25], S. 63, mit den Erläuterungen, S. A21. Vgl. die von dieser Edition inspirierte Auswahl-Ausgabe: Christoph Martin Wieland: *Dschinnistan oder auserlesene Feen- und Geistermärchen*, hg. v. Gerhard Seidel. Berlin, Weimar 1982.

28 Arno Schmidt: *Abu Kital. Vom neuen Großmystiker*. In: ders.: *Dya Na Sore. Gespräche in einer Bibliothek*. Karlsruhe 1958, S. 188-190.

29 Christoph Martin Wieland: *Werke in einem Band*, hg. v. Fritz Martini. München, Wien 1980, S. 250 (4. Buch, 12. Kap.; die Edition beruft sich auf die erste Buchausgabe der *Abderiten*).

30 May: *Mein Leben und Streben* [Anm. 6], S. 14-16.

31 Wieland: *Werke* [Anm. 29], S. 337.

32 Ebd., S. 16.

33 So daß sich nebenbei der Eindruck einer psychedelic show ergibt! Man könnte sogar wieder an Novalis' Klingsohr-Märchen denken, wo es heißt: „Die schönsten Farben waren in den glücklichsten Mischungen", und kurz danach von dem „schrecklich schönen Ausbruch eines Vulkans" die Rede ist; *Novalis Werke* [Anm. 14], S. 241.

34 Wohlgschaft [Anm. 23], S. 706.

35 Vgl. die leicht faßliche Einführung von Herbert Zeitler: *Axiomatische Geometrie*. München 1972, S. 68ff.

36 Brief an Mersenne vom 15. 4. 1630; zit. nach Carolyn Merchant: *Der Tod der Natur. Ökologie, Frauen und neuzeitliche Naturwissenschaft*. München 1987, S. 208.

37 Zit. nach Oskar Becker: *Grundlagen der Mathematik in geschichtlicher Entwicklung*. Frankfurt/M. 1975, S. 177.

38 Vgl. Martin Lowsky: *More geometrico oder Der Brotlaib auf dem Schreibtisch. Über Karl Mays Erzählen*. In: *Die Horen* 40 (1995), Nr. 178, S. 37-43.

39 Schmiedt [Anm. 16], S. 69.
40 Michael Winter: *Utopie.* In: *Literaturlexikon*, hg. v. Walther Killy. Bd. 14: *Begriffe, Realien, Methoden*, hg. v. Volker Meid. Gütersloh, München 1993, S. 455. Vgl. ders.: *Ende eines Traums. Blick zurück auf das utopische Zeitalter Europas.* Stuttgart, Weimar 1992, S. 63ff.
41 Ernst Bloch: *Das Prinzip Hoffnung.* Gesamtausgabe Bd. 5. Frankfurt/M. 1959, S. 865 u. 868.
42 So auch von Winter [Anm. 40].
43 Beim Hinaufsteigen „zog der Diener den Leuchter in genau dem gleichen Tempo empor, so daß immer der Teil der Treppe, auf dem wir uns befanden, hell beleuchtet war" (XXXI 328). Die Szene mag vom Besuch eines Panoramas – wo ein spärlich beleuchteter Gang zum eigentlichen Eintritt hinführt – mit inspiriert sein.
44 Vgl. Jürgen Hahn: *Sprache als Inhalt. Zur Phänomenologie des ‚alabasternen Stiles' in Karl Mays ‚Im Reiche des silbernen Löwen'.* In: *Karl Mays „Im Reiche des silbernen Löwen"*, hg. v. Dieter Sudhoff u. Hartmut Vollmer. Paderborn 1993, S. 207-254.
45 Vgl. meine Hinweise [Anm. 38], S. 42.
46 Hans Wollschläger: *Das „eigentliche Werk". Vorläufige Bemerkungen zu ‚Ardistan und Dschinnistan' (Materialien zu einer Charakteranalyse III).* In: JbKMG 1977, S. 79.
47 Ebd., S. 78.
48 Broch: *Mythos und Altersstil* [Anm. 8], S. 212.
49 Kleist: *Über das Marionettentheater* [Anm. 1], S. 951.

Jürgen Hahn

„aber ich kenne die Schrift
und das geheime Zeichen des letzten Wortes"

*Prolegomena zu einer Sprache der Zeichen und Bilder
in Karl Mays Roman ‚Ardistan und Dschinnistan'*

> Vides hominem [...] et oculeum totum.
> (Apuleius, met. II 23)

I

„Dämmerschein"[1] *über den Zauberbergen einer Epoche*

„Die goldig silberne Bahn, der ich folgte, lief" (XXXI 89) „hinaus auf den Altan. [...] Wir befanden uns in schwindelnder Höhe. Unter uns gähnte die Tiefe des Kessels" (XXXII 635f.).

Wir beginnen mit der ehrwürdigen Form des erzählten Bildes, dessen Definition als aus dem Geist der Antike erfundene ‚historia' – „istoria"[2] – sich schon im fünfzehnten Jahrhundert des Leon Battista Alberti Traktat über die Malerei – de pictura – widmete und das zu verstehen ist als die Projektion der ‚Sehpyramide' – „quella piramide visiva"[3] –, die so eine Momentaufnahme der Welt ergibt. Und diese hat als ein ‚récit encadré', ein „Bild, welche[s] die Landschaft gleichsam im Rahmen zeig[t]"[4], durchaus emblematischen Charakter, das heißt: ihr obliegt die Funktion eines Mediums parabolischer Wahrnehmung von Wirklichkeit, einer intuitiven graphischen Oberfläche, deren piktogrammatische Kürzel zu interpretieren der Leser den bewußten hermeneutischen ‚Mausklick' zu tätigen hat. Welchen Inhalt bietet nun die Auslage des sich so eröffnenden ‚Fensters'?

Aufgeschlagen ist offenbar der Bericht einer Expedition in das Hochland des inneren Asiens. Dessen Anfang und Ende, oben im Motto zu einer szenischen Diagnose verknüpft, verbildlicht gleichsam als Exlibris emblematisch die Perspektive eines ‚Reiseromans', der 1909 das Psychogramm seiner Epoche pazifistisch mit Blick auf ein ‚goldenes Zeitalter' imaginiert und zu dem 1915 mit Blick auf den Kriegsausbruch das Postscriptum der ‚Devise' nur die Pathologien der Zeit glossieren kann. Die erklärende subscriptio zu dem allegorischen Befund von Mays ‚Ardistan'-Erforschung findet sich in Robert Müllers *Tropen*. Und das ist die Situation: Man hatte sich in Häusern an einem Abgrund eingerichtet und, beschäftigt mit den Sternen, dessen Bodenlosigkeit durch

Projektion der Milchstraße als Netz „goldig silberne[r] Bahn[en]" alttestamentarischer Flora, von Papilionaten (XXXI 88), weggeblendet. „Wir horchten hinaus" (XXXII 643) ist eine zentrale Gebärde im Figurenrepertoire des *Ardistan*-Romanes. Was erlauschte, wer dorthin horchte, wo „unter uns [...] die Tiefe des Kessels [gähnte]"?

Ich horchte in meine Kultur hinaus. Sie war ein weiter Saal, durch die Menschen raunend schritten, kalt wie in einem Museum. Da war kein Takt, nur von den Galerien und Gängen, aus den Saalwinkeln und von den Türrahmen hörte ich ein Treten von Sohlen, Sohlen, Sohlen. Der Zehengänger waren nicht viele. Nicht viele waren sprungbereit und straff. Sie huschten mit ihren Illusionen an den Seltsamkeiten und toten Formen hin, ohne sie zu halten. In atavistischen Kleidungsformen ohne Kraft, Symbolen, deren seelische Mächte gestorben waren, die den Körper zwängten und den Schädel öde verlängerten, komplimentierten sie sich aus dem Leben hinaus.[5]

Das Musée Imaginaire dieses Abgrunds, dessen Bewohner Robert Müller hier 1915 aufruft, repräsentiert den kulturellen Bezirk in einer ‚Stadt der Toten'; einer vielzitierten Epochenchiffre der Jahrzehnte im Schatten des Ersten Weltkriegs, vom Gang der Geschichte in die Schrecken der Realität übersetzt. Vor Tisch – 1909 – las man's anders.

Es war ein ganz eigener, ergreifender Anblick, den wir da vor uns hatten. Wir befanden uns inmitten eines öden, weiten Städte-, Völker-, vielleicht sogar Menschheitsgrabes, in dessen Tiefe auch wir hatten verschwinden sollen. Der Tod hatte uns von allen Seiten entgegengegrinst; aber als wir ihn genauer betrachteten, war er zum Verkünder des Lebens für uns geworden. Wir hatten das Grab gesprengt. Wir strebten aus ihm heraus, und kaum hatten wir diesen Willen bekundet, so kam uns auch Hilfe von außen, von den Bergen herab, die gen Himmel ragen, in Gestalt des klaren, reinen, hellschimmernden Wassers und des sich von den Felswänden milchweiß abhebenden Reiterzuges, dessen Helme und Lanzenspitzen goldene Strahlen zu uns sandten. Der Anblick dieser Truppe hatte an diesem Orte und an diesem sonnigen Morgen etwas Unirdisches, ich will nicht sagen, Ueberirdisches. Man mußte an die „Heerscharen Gottes" denken, von denen in so vielen, alten, frommen Büchern die Rede ist. Wie gesagt, es war mir ganz eigenartig, fromm, ja mehr als fromm zu Mute (XXXII 493).

In diesem „genauer betrachteten" liegt die Aufforderung zur Bewußtmachung und Entzifferung der Embleme, der Bilder und „Gleichnisse", von denen wir „umgeben" sind (XXXI 328). Offenbar ist der Tod, nach Auffassung des Verfassers, ein solches, das bei ‚genauer Betrachtung' und richtiger Lektüre „im Bunde [mit der Natur]" (XXXII 1) die Rätsel des Lebens preisgibt und zur Wiederbelebung der Städte der Toten führt, wo „die Wüste der Kultur zurückgewonnen" (452) ist und die ‚Stadt der Toten' „nun ganz plötzlich so lebendig aus[sieht], als ob der Tod für immer aus ihrem Bereich verschwunden sei" (462). Die genauere Betrachtung des Todes, Trauerarbeit, die sich um die Chiffren von Geschichte und Natur bemüht, macht den Vorgang der Desertifikation des Kulturlandes rückgängig; und das durchaus allegorisch wie in einem dem Zeitgeist des Kapitalismus verpflichteten Sinne. Um Verwandlung geht es bei dieser Kulturtheorie, welche die Wende vom 19. zum 20. Jahrhundert dominiert: um Magie im doppelten Sinne, die Magie des Fortschritts und ihre Kritik durch den magischen Blick aus dem Cyberspace-Laboratorium der Zukunft auf die Städte der Gegenwart. Cyberspace bedeutet das mediale Phantasma einer totalen Verfügbarkeit. Schon Gustave Dorée bedient sich seiner 1872 im Blick, den er in der Schlußillustration zu einer London-Reportage tausend Jahre später einen Neuseeländer auf die Kapitale des britischen Empire tun läßt, die nach den Zeiten der Schlachten am Ende ihrer Geschichte steht. In der toten Stadt Ard ist Kara Ben Nemsi „der schwarze Projektor für das Lichtbild der Ruinen, welches [May] durch ihn in den Hintergrund projiziert. So fliegt die Eule der Minerva schon am hellen Tag, und unter ihrem Flügelschlag zeigt die Gegenwart den Totenschädel."[6] Der Verfasser von *Ardistan und Dschinnistan* antizipiert in der Topographie seines Romans das Bild der Totenstädte der Zukunft. „Das Bild vor unseren Augen hat eine Zeitschleife durchlaufen, bevor es aufscheint."[7] Es sei Produkt einer Computersimulation, würde man heute sagen.[8] May bemüht sich in seiner Erzählung, diesen Zustand der Mortifikation dadurch zu tilgen, daß „wir ihn genauer betrachteten", und durch Lesen von Piktogrammen in einem Akt der Wiederbelebung den Tod rückgängig zu machen. Man könnte das reaktionär nennen und als ‚Kitsch' abqualifizieren, der nach Benjamin „die letzte Maske des Banalen ist, mit dem wir uns im Traum und im Gespräch bekleiden, um die Kraft der ausgestorbenen Dingwelt in uns zu nehmen".[9] Wenn diese „letzte Maske" eben nicht eine Maske und per definitionem doppeldeutig wäre wie jenes Tarnungssystem, das als Theologie der Farben noch zu diskutieren sein wird. May bedient sich seiner subversiven Qualitäten gegen den „Druck der Gesellschaft" als einer Möglichkeit „der kreativen Geister, dieser Unterjochung zu widerstehen, gegen den Strom zu schwimmen und ihre eigenen Modelle in Geltung zu setzen. Nichtsdestoweniger bleibt ihre Zugehörigkeit zu einer gegebenen Gesellschaft immer bedrohlich, und manchmal bewirkt sie Verstümmelungen, Verunstaltungen und beschämende Mittäterschaft".[10] Über die ‚Verstümmelungen' wäre zu reden, über das ‚Widerstehen' aber auch.

Schon Hermann Glaser hat 1984 über den May des Spätwerkes in *Die Kultur der Wilhelminischen Zeit* festgehalten, daß „diejenigen, die ihn seiner Herkunft und seines Lebenswandels wegen ein Leben lang verfolgten [...], spürten, daß dieser Großmystiker nicht nur den Kapitalismus der Herrschenden mit einem transzendentalen Schein versah, sondern diesen auch revolutionär in Frage stellte. Da lief einer im Psychodrom mit, der immer wieder ins Gegenläufige abirrte"[11], der die Probleme in die Sternenwelt auslagerte. In diesen – sich ästhetisch als ‚Surrealismus' präsentierenden – ‚Abirrungen' wetter- und sternenleuchtet es in einer Zeit, auf welche die spöttische Charakterisierung des Ovid aus seinem ‚Kalendergedicht' zutrifft: „Scilicet arma magis quam sidera, Romule, noras" („Ja, deine Waffen kanntest du besser, Rom, als die Sterne")[12], herrscht eine irritierende Beleuchtungsregie, die revolutionären Protest in ungewöhnlichen Bilderfolgen camoufliert, und was Stefan George 1907 als „luft von anderem planeten"[13] fühlte, das stellte für weniger stellar empfindende Zeitgenossen eher den „Angsthauch, der sich pfeifend durch die Stimmritze eines Sterbenden preßt" (XXXII 574), dar. Das schwankende, erdbebengeschüttelte Gelände um den Dschebel Allah, wo „es war, als ob eine meilenlange Riesenschildkröte unter unsern Füßen hindurchkröche" (582), allegorisiert eindrücklich die krisengeschüttelte geistige Situation der Epoche im Vorfeld des Ersten Weltkriegs, jener Jahrhundertheimsuchung, von der May erspart geblieben ist, sie sich „in dieser entsetzlichen, großen, wahrheitsvollen Nacht" (575) erfüllen zu sehen, da in Europa „die höchsten Kuppen zu verlöschen" begannen (579). „Die Zeit dieser Menschen ist dahin. [...] Zwar kommt morgen ein neuer Tag, unaufhaltsam und unwiderstehlich, aber er ist ein ganz andrer Tag als der heutige" (632f.), ein Tag der Ideologien, der die Forderung, daß „je edler der Mensch denkt, [er] desto unerbittlicher [...] gegen alles Schädliche und Gemeine" sei (579), in eine so furchtbare Perversion umsetzte, wie der Autor sie nur rückblickend für die Vergangenheit zu bilanzieren vermochte. „Was waren das für entsetzliche Aufstellungen, für fürchterliche Ziffern! Mir flimmerte vor den Augen. Das schien unglaublich zu sein, und dennoch war es wahr!" (409) Was der große Ireniker aus Radebeul in seinem Werk zu überwinden trachtete, wurde – Ironie des Schicksals – zum Programm des ‚neuen Tages'.

„Der Friede war geschlossen, und zwar für ewige Zeit. –" (650) Ratifiziert wurde seine Charta indessen nicht, entstanden zwischen dem Aufstieg zu den Bergen Dschinnistans und jenem „Donnerschlag", der „das Völkchen Derer hier oben [fünftausend Fuß tief] kopfüber ins Flachland der Heimsuchung [stürzte]"[14]; dem „Völkchen Derer hier oben" in einer Epoche also vorgelegt, die dem Aufruf ‚Empor ins Reich der Edelmenschen!' unter dem Banner „des großen Geistigen"[15] folgte: der Zeit zwischen 1908 und 1915 – und diese fällt mit der erzählten, von Hans Castorp auf dem ‚Zauberberg' verbrachten Zeit zusammen. Zwar beschäftigt sich der Roman *Ardistan und Dschinnistan* nicht so sehr mit dem Aufenthalt *auf* als mit der Suche *nach* jenen ‚Zauberbergen', „die auch jetzt, um das geöffnete Paradies anzudeuten, in glühenden Flammen leuchteten" (XXXI 374), doch darin, von ihnen aus die Niederungen einer ganzen Epoche überblickbar, die Welt als ‚Ganzes' sichtbar gemacht zu haben, bewährt May sich – nach dem Zeugnis zweier sozial so differenter Personen wie Halefs und des Mir von Ardistan – nicht minder als „ein Zauberer, ein Hexenmeister" (XXXI 499 u. XXXII 323) denn sein prominenter Kollege aus Lübeck. Diese Epoche, „ebensoweit entfernt von der an der Naturanschauung geschulten Welterfahrung Goethes wie von der ideologisch geleiteten Weltveränderung der Utopisten"[16], war erfüllt von dem tiefen Begehren nach der – vor allem ethisch zu verstehenden – Ganzheit der Kultur. Gespeist aus okkultistischen, theosophischen, spiritistischen Quellen schaffte sich der Zeitgeist einen holistischen Welterklärungsansatz, der in den Terrains von *Ardistan und Dschinnistan* seine exakte Abbildung erfährt und sich aus dem Affekt gegen „die kalte, zersetzende Wissenschaft" (XXXI 479) nährt, aus dem „unbedingte[n] Widerspruch gegen eine Welt, die wissenschaftlich, sozial, politisch und religiös in eine unübersehbare Vielfalt von Teilwelten zersplittert"[17] ist; das Licht der Erkenntnis also gleichsam prismatisch gebrochen, wie „das große, ewiggewaltige Unisono des Sonnenlichts in unzählbare, zeitlich kurze Minuten und Sekunden [differenziert]". Ein geradezu monistisch wirkender Wunsch nach dem alles vereinigenden „Strahlenjubel" (479) beseelt das Zeitalter und schlägt sich in einer Diktion nieder, die May – auf der Höhe seiner Zeit – als Expressionisten ausweist und eigentlich das Wort in seiner Funktion als Interpretationsinstrument suspendiert. Schon vor dem Ersten Weltkrieg hatte Ludwig Wittgenstein seinen *Tractatus Logico-philosophicus* konzipiert und festgestellt: „Es gibt allerdings Unaussprechliches. *Dies zeigt* sich. Es ist das Mystische."[18] Zeigen konnte es sich – wie auch immer – aber nur im Bild. Die „erlaubte Masse"[19] der Seligen vor dem Heiligen Rock im Trierer Dom räsonniert nicht, sie schaut. Im Gegensatz zur Zeitschriftenfassung, die im Akt des Lesens, ‚im Wort, endet: „Das Weitere liest man später. – – –" (DH[20] 322), schließt die Buchfassung von *Ardistan und Dschinnistan* im Akt des Schauens: „Setzt euch zu uns, und seht"! (XXXII 644) Mays Roman initiiert zu Jahrhundertbeginn die aufkommende Diktatur des Bildes und seiner mystischen Macht, die sich zu Jahrhundertende fest etabliert, um nicht zu sagen: theologisch konstituiert hat, verweist gleichzeitig aber auch auf die Krise der Religion im Bild und damit die Krise des Bildlichen überhaupt. Dank seiner auch immer wieder kunstreligiöse Aspekte miteinbeziehenden Partien gehört dieses schillernde Spätwerk Mays in den Kontext einer Zeit, die das Leben zur Kunst verwandelt, um es endgültig in die Virtualität zu überführen, die nach dem herkömmlichen ethischen Parameter Platons nichts weiter als die berühmte Heuchelei der Schatten, des Gespiegelten ist. Ihr widersteht, wer sich von der Magie der Zeichen und Bilder nicht überwältigen läßt, sondern sich seines Verstandes bedient: durch „Schauen und Denken" (646). Dann zieht er aus dem Umgang mit der ikonalen Verzauberung – im Entschlüsseln ihrer Programme – homöopathischen Gewinn, indem er „die ausgestorbene Sprache der Natur von den Todten wieder auferweck[t]".[21]

II

Hieroglyphen: „Etwas, was von Menschen stammt, nicht von der Natur"[22]

Dieser Lazarus-Operation ist die Reise von Ussulistan nach Dschinnistan gewidmet, die ‚Campagne' oder auch der ‚Kreuzzug' eines sächsischen ‚Magus' „im hintersten Orient" (XXXII 212), durch jene ‚Morgenländer', die hier „lamaistische" (343) heißen und somit nicht weit von den Wirkungsstätten der Schamanen entfernt sind, „wunderkräftigen Magier[n]" (403), die – gestattet man das etymologische Spiel – magisch i-*magi*-nierend etwas mit Macht ins Bild setzen und in ihrem Werk den Schlüssel verstecken, „Redebilder [...], die mir verborgen blieben, [...] plötzlich erscheinen und einander begrüßen und ergänzen" (420) zu lassen, in einem Akt allegorischer Morsetechnik „ein Gewebe" lesbar zu machen „von Punkten, Strichen und Linien, welches eine Landkarte werden zu wollen schien und nur Zeit brauchte, um immer deutlicher zu werden" (DH 249).

Was gemeint ist, zeigt der *Ardistan*-Roman in einem – für May nicht ungewöhnlichen – kartographischen Experiment. Denn der „ausgestorbenen Sprache der Natur", der Entzifferung dieser Schrift, in der sie aufgezeichnet ist, gelten auch die Bemühungen um die „geheimnisvolle[n] Zeichen des Dschinnistani auf der Karte" (XXXI 465), der lebensrettende Versuch zu verhindern, daß – buchstäblich und im übertragenen Sinne – „wir verschmachten und verdursten" (459). Das Verständnis der „predigenden Natur" öffnet nämlich den Blick für „die Vorbilder dessen, was im Leben und in den Seelen der Völker und der Einzelmenschen zu geschehen hat, wenn die Ratschlüsse des Himmels in Erfüllung gehen sollen!" (XXXII 577) Diese Arbeit leistete ‚Landschaftslektüre' in den Erzählungen Mays ja schon immer, in der vorliegenden Erzählung aber wird sie in den Stand der Offenbarung eines nicht weniger als heiligen Runensystemes gehoben, das die „tiefen Rinnen alter, verschmachteter Wasserläufe" darstellen, in denen sich die „Sehnsuchtstränen" „offenbaren", die „Nachtigallen" „Morgentau" zu trinken gestatten, „wo sonst sogar der Stein vor Durst verschmachtet" (XXXI 466f.). – Kartenlektüre in einem so pontifikal-poetischen Tonfall ist hier auch Intermezzo ironischen Spieles, wie man es mustergebend etwa in die Parabelwelt des Platonischen *Phaidros* eingeblendet antrifft. Sie weist darauf hin, daß in den Wüsten allenthalben die Bilder des Paradieses verschlüsselt sind, sich hier zu dessen ‚Tempel' aber auch die ‚Schlüssel' finden, die „bei näherer Betrachtung" „Linien und Punkte" zeigen, welche „das Heft" zu lesen und „diese Figuren zu enträtseln" einladen (473). Keine der vielen ‚Reiseerzählungen' Mays, in der nicht dazu aufgerufen wird. Spurenlesen! Und jede von ihnen ist ein Lehrgang in investigativer Emblematik. In einem frühen erzählerischen Paralipomenon heißt es: „Ich hatte die Augen natürlich sofort auf den Figuren."[23] Das hat May allüberall: wo auch immer man sein episches Werk aufschlägt, geht es um „Figuren, die irgend etwas Bestimmtes zu bedeuten haben mußten" (XXXII 355): um Sicht- und Lesbarmachung von ‚Zeichen', um Decodier- und Umrechnungstabellen, „damit der Leser etwas hinzufügen oder abziehen, erweitern oder einmengen kann – entsprechend des Schlüssels seiner Seele und seines Interesses".[24] Das ist um so mehr nötig, als der Roman – man vergleiche etwa die Gespräche Kara Ben Nemsis mit dem Mir von Ardistan, Scheindiskurse, die eine supponierte Zweierbeziehung zum Vorwand autistischer Projektion nehmen – nirgends der autobiographischen, confessionellen Perspektive entkommen kann und im parabolischen Gewand einer phantastischen Reiseerzählung die Kunst narrativer Selbstausweidung – unzähligen Sprechblasen eingegossen, die häufig bis zum Platzen mit Pathos gefüllt sind – in einer Form perfektioniert, wie sie passionierter das Sprach-Harakiri heutiger Bekenntnisliteratur kaum zu bieten hat. – Bilder führen zum „eigenen Innern", um in der Katabasis zu den Toten das Wasser des Lebens zu gewinnen (331). Die Deutung solcher eminent psychoanalytischer ‚Bilder' ist hauptsächliches Geschäft des Romans. So wird die Dechiffrierung von Botschaften schon einleitend in der Erstfassung von *Ardistan und Dschinnistan*, dem *Hausschatz*-Abdruck *Der 'Mir von Dschinnistan* thematisiert:

„Aber diese Schrift ist nicht Schrift, sondern mehr. So, wie hier auf diesem Schilde, schreibt man nur in Sitara, dem Land der Sternenblumen, und diese Schrift kann nur der lesen lernen, der mich, die Herrin dieses Landes, kennt. Versuche, ob es Dir möglich ist, Effendi! Der Unterricht hierzu wird Dir werden, indem Ihr miteinander durch das gefahrvolle Ardistan reitet."
Das war meine ganze Instruktion. (DH 14)

„Aber diese Schrift ist nicht Schrift". Was sonst? Wie ist diese offenbar semiotische Instruktion zu verstehen? Vielleicht so, daß ihr Mehrwert ein kartographischer ist, wie sich später in der ‚Stadt der Toten (DH 249, 251) herausstellt, und damit auch ein hieroglyphischer, „etwas Unsichtbares sichtbar [zu] machen" (DH 249): die Welt als Palimpsest deutbar werden zu lassen. Wirklichkeit als Gang in das Innere der Seele gerät so zum psychischen Design, und „jedes wahrhaft so zu nennende Gemälde" soll „eine Hieroglyphe, ein göttliches Sinnbild"[25] sein. In diesem Sinne ein ‚Designer des Wortes', reiht sich May in die Phalanx jener Theoretiker und Autoren ein, die seit der Mitte des zwölften Jahrhunderts mit der *chiffrierten* Darstellung von Realität experimentieren. Die Linie läßt sich von den Renaissance-Künstlern, den Dichtern und Philosophen des Barock – Leibniz vor allem, der „eine Art Alphabet der menschlichen Gedanken ersinnen und durch die Verknüpfung seiner Buchstaben und die Analysis der Worte, die sich aus ihnen zusammensetzen, alles andere entdecken und beurteilen lassen"[26] wollte – über Hamann und Herder bis zu den Romantikern ziehen. Hier zielt Friedrich Schlegels Forderung, „merkwürdige Werke ganz neuer Art hervor[zu]bringen: Hieroglyphen, wahrhafte Sinnbilder, aber mehr aus Naturgefühlen und Naturansichten oder Ahndungen willkürlich zusammengesetzt als sich anschließend an die alte Weise der Vorwelt"[27], auf die Surrealisten (und letzten Endes die Informatiker). In deren Schaffen wird die emblematische Technik der Humanisten, das ‚Bilderlesen' – ‚visual literacy', wie es im heutigen Wissenschaftsenglisch heißt – zumindest zitiert: ‚Wahlsprüche' (Devisen) durch ‚Sinnbilder' zu erläutern bis hin zur Schichtung und Überblendung von Denkbildern, die sich als die Entfaltung der Sichtbarkeit des Unsichtbaren entlang der „zackige[n] Demarkationslinie zwischen Physis und Bedeutung" definieren läßt, die „am tiefsten der Tod [eingräbt]"[28] – wo „rätselvolle, aber enthüllbare Zeichen einer sonst zum Stummsein verurteilten transzendenten Macht"[29] eine „algorithmische Sprache" sprechen, „in der jede gewünschte symbolische Kalkulation notiert werden kann"[30]: „Lebensprobleme [...] im Gewand der Sage und des Märchens erscheinen, weil sie sonst unfaßbar bleiben würden" (XXXII 311).

In seinem Vorgehen nun, „wodurch wir aber die ausgestorbene Sprache der Natur von den Todten wieder auferwecken [sollen]", orientiert sich May verblüffend genau an den Vorgaben des nordischen Magus. – „Durch Wallfahrten nach dem glücklichen Arabien, durch Kreuzzüge nach den Morgenländern, und durch die Wiederherstellung ihrer Magie, die wir durch alte Weiberlist, weil sie die beste ist, zu unserer Beute machen müssen"[31] – wozu Marah Durimeh mit ihrem Auftrag an Kara Ben Nemsi Hand bietet. Die Schrift, die man in ‚Sitara, dem Land der Sternenblumen' nutzt, mit den Mitteln metaphysischer Botanik les-, die siderische Anthoglossie verstehbar zu machen, ist das ‚romantische' Projekt, an dem Karl May, ein sächsischer ‚Magus', gleichsam ausgerüstet mit der astralen Botanisiertrommel eines kosmischen Linné, in seinem späten Roman *Ardistan und Dschinnistan* arbeitet. So wird die Lektüre zur Hieroglyphendeutung, zum ikonologischen Spurenlesen, zum gleichsam archäologischen Umgang mit der Welt, wo allenthalben lebendige Urmuster unterschwellig wirksam sind. Groß ist deshalb die Gefahr, mit der „Schere der Begriffe das Leben zu Papierblumen"[32] zurechtzustutzen. Denn nicht um „Papierblumen" geht es bei der gattungsmäßigen Zuordnung der Gewächse von Sitara, der Sternenblumen, sondern – ganz im Sinne des Platonischen ἀστήρ – um den Menschen als Liebenden und Geliebten und – entsprechend der gnostischen Katalogisierung dieser Flora – um Geist und Körper, wie sie – „ans Feldkreuz geschrieben" – der Vers Brentanos in Konjunktion setzt: „O Stern und Blume, Geist und Kleid". Hier ist sie schon präfiguriert: die Sternenblume als romantisches Emblem, welches die subscriptio als Verschlüsselung von „Lieb, Leid, und Zeit und Ewigkeit"[33] ausgibt. „Du sprichst in Bildern?' fragte ich. ‚O nein', antwortete sie. ‚Es soll sich hier nicht um Bilder, sondern um Wirklichkeiten handeln.'" (XXXI 22) In der Tat, darum handelt es sich in *Ardistan und Dschinnistan*, um eine Schule im Durchschauen der Embleme des Scheins, um Trauer- und Wiederbelebungsarbeit, um eine Rekonstruktion der der Schöpfung eingravierten göttlichen Schrift durch Magie, um ‚magischen Realismus'.

Das motivische Arsenal dieses Romans ist entsprechend weitgreifend. Die Platonische Anamnese, die Schau des Göttlichen, das ‚Sich-nicht-satt-sehen-Können' daran, im *Phaidros* gleichnishaft thematisiert, in der *Divina Commedia* inszeniert, die Gnosis, die Apokatastasis-Vorstellung des Origenes, die Goethesche Farbenlehre, all das spielt hier hinein. Ein Ausverkauf abgebrauchter Requisiten eines ästhetischen Konventionalismus also? Auch das – und dennoch: Nichts Geringeres findet hier statt als europäische Kultur in ihrem ideologischen Versuch, „dem ununterbrochenen Stammbaum der bürgerlichen Zivilisation und der ewigen Wahrheit der imperialen Vorherrschaft des Abendlands Gestalt zu verleihen"[34], auf den Prüfstand der Kritik zu setzen.

III

Böcklinsche „Groteske"

Den Zustand des „Stammbaum[s] der bürgerlichen Zivilisation" behandelt in einem der Tragödie vorangestellten zynischen Satyrspiel eine Folge von grotesken Momentaufnahmen, deren Schauplatz Ussulistan abgibt. Einerseits ist die ganze Szenerie Ussulistans Gegenbild einer industrialisierten Welt, ist Flucht in vorindustrielle Utopie und verbindet das magische mit dem surrealen Element in einer algorithmischen Operation, die ersteres durch letzteres transparent macht. Surrealismus – so der prominente Exponent des ‚magischen Realismus' Ernst Jünger – überwindet „Maschinenwelt zugunsten des Lebens".[35] Dieser Vitalismus hat die Neigung, der Seele eingängige Vereinfachungen des Mythos als Sedativa zu verschreiben, damit aber den Verstand zu narkotisieren. „Je materialistischer die Wissenschaft wird", drohte schon 1855 der mit William Morris eng befreundete präraffaelitische Maler Edward Burne-Jones, „um so mehr Engel werde ich malen."[36] In den Einbandillustrationen zu Mays Werken hat der Jugendstilkünstler Sascha Schneider diese Drohung ebenso verwirklicht wie der Autor des *Ardistan*-Romanes in der Brunnenarchitektur seiner hochsymbolischen Landschaften. May versucht, in dieser die Verabschiedung der Teleologie durch die seinerzeit sehr einflußreiche monistische Philosophie Ernst Haeckels rückgängig zu machen, die telosfreie „Geltung der ‚ewigen, ehernen, großen Gesetze, im ganzen Universum", es sei nämlich „die Substanz überall einer ewigen Bewegung und Umbildung unterworfen"[37], im Engelbild als dem Zielpunkt der Weltschöpfung allegorisch umzuwerten. Ungefährlich ist dazumal die Beschwörung der Engel als metaphysischer Trostspender allerdings nicht mehr. Denn 1908 sind solche Palliative gegen die Schmerzen der Epoche offenbar nur um den Preis schrecklicher Ahnungen und Träume zu haben, in denen Karl May seinen Kara Ben Nemsi die ‚Stadt der Toten', Alfred Kubin seinen Patera ‚Perle' als „die andere Seite" der Zivilisation bereisen läßt und Franz Kafka sich halbtags in eine Assekuranzassel verwandelt. In diese Richtung eines ‚Unbehagens in der Kultur' etwa zielt, daß Ardistan ganz im Sinne Kafkas als Reich einer dämonischen Entomologie definiert wird: als „Land der Flöhe, der Läuse, der Wanzen und der Soldaten" (XXXI 33), in dem Kreaturen à la Gregor Samsa die seelische Norm setzen und plötzlich „etwas eigentümlich Urwelt-Elementares" in die „Szene" bricht, das stolze Beduinenvölker in „eine verlorene Schar von Pygmäen" verwandelt, „die von unwiderstehlichen, riesigen Gewalten zermalmt und vernichtet werden" sollen (XXXII 36). Ussulistan, dergestalt ein Reservat der Regression, ist ebenso das Land der Mütter wie das einer parodierten Vatererfahrung, überhaupt des Ursprungs, der sich in der Ikonographie von Pferd, Frau und Haar allerdings als fraulich dominiert offenbart.

Und dazu passen andererseits die über ganz *Ardistan und Dschinnistan* verteilten ‚Gnorismata', die daran erinnern, daß Ussulistan der erzählerischen Topographie des Romanes das chaplineske Element liefert, welches sich aus dem existentiellen Zwang speist, die Urangst und mit ihr das Böse in der Welt durch Parodie zu bewältigen. Immer wieder montiert der Autor hier Spolien aus der Asservatenkammer von Mythos und Märchen zur Karikatur. Freilich gelingt ihm dabei häufig nicht, das Flach- und Schwemmland, die Niederungen des „einverständlichen Humors" zu meiden, jene persiflierende Anbiederung an das Publikum, die Fritz Kortner einmal „die Pestilenz in der Kellnersprache des Rampendienstes"[38] geheißen hat. In dieses Formenarsenal eines Spaßmachers, der sein Publikum mit Gewohntem im Parterre zur Teilnahme am Außergewöhnlichen in der Beletage zu überlisten trachtet, gehört neben vielem Unsäglichen etwa der Lassofang des Feindes als Variation auf das Zaubermärchen – vergleichsweise – vom *Gestiefelten Kater*, dessen sich auch Wagner im *Rheingold* als dramaturgischen Kunstgriffs, Alberich zu bändigen, bedient. Das potentielle Opfer selbst – im Verhältnis zum Täter meist ein Goliath – zeigt ahnungslos, wie es anzufangen ist, seiner habhaft zu werden: „Seine Feinde fangen, mit so einem Riemen! Das ist ja herrlich!" (XXXI 81) Das ist aber eher Beiwerk. Semiotisch tiefer greift zum Beispiel die Parodie auf die ‚Vaterangst', das Chronos-Syndrom des die eigenen Kinder fressenden Vaters, in dem sich nichts anderes verbirgt als das Wirken der in der ‚Zeit' zur Anschauung gelangenden Bewegung. Die Bewältigung der Angst gelingt hier, indem der Autor mit Hilfe der Parabel auf der Ebene der Kunst Entmythologisierung betreibt: den Albtraum von Chronos oder Goliath als großen (Über-Gott-)Vatertraum ebenso entzaubernd wie er in der Schilderung Ussulistans den Wilhelminismus in all seinen bombastisch-bramarbasierenden Eigenschaften der Lächerlichkeit preisgibt. Das führt in den Szenen, die May mit Hinweis auf Böcklin als „rätselnde Groteske" (65f.) staffiert, häufig zu einer versteckten Kultur des Absurden, einer schrägen metaphysischen Komik, die „mit den Ohren besichtigt" (96); erweist sie aus dem Geist Gargantuas, Lilliputs und des roi Ubu gezeugt – gerade im Umgang mit der Vaterangst.[39] Die Begegnung mit dem Scheik der Ussul, dessen Name Amihn von Ussulistan nach Uganda zielt und den Auftritt onomastisch für den heutigen Leser um so mehr als Parodie auf den ‚großen Diktator' legitimiert, macht das auf der Folie jenes berühmten anderen Vater-Textes, Kafkas *Brief an den Vater*, deutlich. Glänzend phantasiert sich May hier eine parodistische Glossierung jener Albtraumwelten aus Kafkas imaginativem Kosmos.

Noch nach Jahren litt ich unter der quälenden Vorstellung, dass der riesige Mann, mein Vater, die letzte Instanz fast ohne Grund kommen und mich in der Nacht aus dem Bett auf die Pawlatsche tragen konnte und dass ich also ein solches Nichts für ihn war.[40]

Schon von der Erscheinung her gleicht der Scheik in den Augen des reisenden Ich diesem Vaterbild:

Er kam bis heran zu mir geritten und stieg von seinem Urpferde. Nun sah man erst, was dieser Mann für Füße, für Schenkel, für Arme hatte! Seine Hände waren fast noch einmal so groß als die meinigen. Diese Breite der Schultern! Ich stand fast wie ein Zwerg vor ihm! Er faßte mich hüben und drüben an den Oberarmen und drehte mich zweimal um mich selbst. Ich ließ mir dies ruhig gefallen, doch nicht etwa aus Angst (XXXI 71).

Im Dementi liegt wohl das Gegenteil beschlossen, in der Furcht vor der väterlichen Umarmung die Sehnsucht nach ihr. „Der Scheik war ein guter, lieber und zudem auch hochinteressanter Mensch, den ich weder verletzen noch gar töten durfte. Ich mußte im Gegenteil danach trachten, mir die Zuneigung der Ussul zu gewinnen." (80) Das Ende des Romans legt die erotischen Wurzeln dieser Vaterangst vollends bloß. Die Angst des „Knirps", daß ihm der Vater „mit diesen Fäusten den dummen Kopf zusammen[drückt]" (78), korrespondiert mit der Sehnsucht nach seiner Berührung. Der Dschirbani möchte den Schech el Beled „umarmen und [sich] fest, fest an ihn drücken" und transfiguriert dieses Verlangen sogleich in die „tiefe Ehrfurcht vor ihm, daß es mir wie ein Vergehen erscheint, mich ihm in dieser rein körperlichen Weise zu nahen" (XXXII 604). „Ehrfurcht" kombiniert Begehren nach Gnade und eben ‚Furcht'. Die körperlichen und seelischen Nöte des heroischen Personals von Ardistan finden ihre groteske subscriptio in der szenischen Paraphrase Ussulistans, und diese hat bei May den chaplinesken Charakter, wie er sich wenige

Jahre später filmisch kongruent in der Überformung von eingefrorenem Panel durch bewegte Bilder entwickeln wird und dessen Ausgestaltung dem Autor hier quasi pathos-travestierend, antiböcklinisch gelingt.

„Das ganze Land, von der Küste des Meeres an bis dort hinauf, wo [...] die Wüste [...] beginnt, ist mein Eigentum. Alles, was in diesem Lande wächst, wohnt und wandert, gehört mir. Also auch du! Hast du das verstanden?"
„Ja," nickte ich.
„Wenn mir der Mann gehört, so versteht es sich ganz von selbst, daß mir auch Alles gehört, was er besitzt. Gibst Du das zu?"
„Ja." (XXXI 70f.)

Im Aberwitz des anschließenden Dialogs verbirgt sich geschickt sokratisch aufgeputzt und satirisch überdreht Kritik am zeitgenössischen Kolonialismus, dem ehrwürdigen Thema der *Winnetou*-Romane. Freilich ist auch in diesen Szenen der Ton eines karikierten Totalitarismus nicht zu überhören mit seinen unterschwelligen Anspielungen auf eine terroristische épuration – wie sie ja, wenn es etwa gilt, „die Hauptstadt [...] von allen zweifelhaften Charakteren zu säubern" (XXXII 533), expressis verbis als fundamentalistisches ‚Reinhaltegebot' in der Ardistan-Welt ebenfalls präsent ist. Es ergibt sich, ein irrlichterndes Widerspiel der Fiktion vom Übermenschen und Reflex der Nietzsche-Lektüre Mays, hier ironisch gebrochen, die grotesk-makabre Konjugation eines Heilslehren-Paradigmas aus dem Munde einer travestierten Siegfried-Figur, die der mit seinem Speer gestikulierende Scheik ja gleichfalls ist:

„Wir dulden keine Gegenwehr. Wir verlangen Gehorsam. Und so ein Zwerg, der sogar noch kleiner ist als du, wenn der es wagt, uns widerstehen zu wollen, so machen wir es kurz, sehr kurz mit ihm. Die Erde braucht keine Zwerge. Sie sind unnütz. Alles, was zu klein ist und was krank ist, steht dem Großen, dem Gesunden im Wege. Es hat zu verschwinden." (XXXI 79)

Der Urmensch Ussulistans, der, bei Nietzsche in die Lehre gegangen, die ‚Fröhliche Wissenschaft' doziert und die Schwachen und Siechen zur Selektionsrampe der Kraftnaturen weist, als faschistische Eulenspiegelei? Jedenfalls lauert in dieser Komik kalkuliert der Terror des Melusinen- und Gulliver-Effektes: ein Verhältnis, das Chaplin so ingeniös im Slapstick zu inszenieren wußte. Denn lachen zu können verlangt stets nach der präzisen Darstellung des Bösen. Allerdings weniger auf der Basis psychologischer Elaboriertheit: viel eher nach dem Instant-Verfahren, wie es der Animationsfilm pflegt, mit dessen Formenarsenal nach Disney-Manier avant la lettre vieles in der Darstellungstechnik Ussulistans, vor allem in den Smihk-Episoden, korrespondiert. Diese sind in der erzählerischen Technik der Comics gestaltet, der inhaltlichen Verkürzung bei gleichzeitiger Übertreibung. Das Denkbild des Scheiks der Ussul zieht die Register dreier Ebenen: der Kafkas (Vater-Paradigma), Wagners (der Schcik ist zugleich auch die Parodie des Jung-Siegfried) und surreal der Goliath-Ebene und der sie wohl reflektierenden hochgemuten Übermenschentravestie Nietzsches. Übrigens: das parodistische Spiel mit kafkaesken Motiven erfährt auch im Verhältnis des Scheiks zu seinem Pferd Smihk, will heißen des Pferdes zum Autor, dadurch eine Amplifizierung ganz im Sinne der „eigenartigen Logik" (85) des Aberwitzes, der Ussulistan regiert, daß die „Ohrfeige" als Zeichen des Liebesbeweises gilt (72). Die Ohrfeige dient dem Liebeserwerb und der Annektion des Geohrfeigten-Geliebten. Und das im Scheik verkörperte Väterliche gewinnt im Pferd die mütterliche Ergänzung zum parentalen Prinzip, für das die ausdrücklich erwähnten „Kentauren" (66) stehen, Sinnbilder der Androgynität. So viel symbolistische Kulissenschieberei im Detail läßt allerdings leicht den veritablen Ideenroman vergessen, der sich in *Ardistan und Dschinnistan* ein ‚Internet' von überredender – Farbe, Duft und Klang umfassender – synästhetischer Qualität schafft.

IV

Biblische und Platonische Flora: Papilionaten und ’αστήρ

Und nun schossen wir über ein Meer von Wohlgerüchen dahin, welches niedrigen Papilionaten entströmte, die einen schmalen, sich lang hinschlängelnden, baumlosen Strich ausfüllten. Es waren zwei Arten der orientalischen Genista, die eine hochgelb, die andere metallisch weiß blühend. Diese letztere wird auch in der Heiligen Schrift erwähnt. Die gelbe glänzte genau wie Gold, die weiße wie reines, schmelzendes Silber. Ob beiden oder nur einer von ihnen der herrliche Duft entströmte, das war bei der Eile, die ich hatte, nicht festzustellen. (XXXI 88)

Schon hier: in der Materialisierung der Farben, der Zuordnung von ‚gelb' zum ‚Gold' und von ‚weiß' zum ‚Silber', in der Qualifizierung von Farben als etwas Kostbarem, der floralen Heraldik des göttlichen Bereichs Zugehörigem, wie es, in bedeutsamen Doubletten sich steigernd, den Reisenden inmitten ihres Aufstiegs nach Dschinnistan am Engpaß von Chatar wiederbegegnet, wo die Schmetterlingsblumen, nun zu „herrliche[n] Wesen" gewandelt, auftreten, deren „Farbe die des leuchtenden Goldes und weißer, duftiger Rosen" ist (515), und gegen Ende dann am Dschebel Allah als vulkanische Feuergarbe des ‚Sohns' sich zeigt, deren Krone „die Farbe der Pfirsichblüte [hat], durcheilt von goldsilbernen Blitzen und Funken" (XXXII 584) – schon hier künden sich jene Farben- und Duftspuren an, die als ein Netz von Knotenpunkten heroischer Heraldik Bahnen aus ‚Gold und Silber' durch ganz Ardistan spannen. Ein „Meer von Wohlgerüchen" (XXXI 88), eine „Menge des Lichtes" (XXXII 212), „Millionen und Abermillionen goldener Strahlen" (517) apostrophieren immer wieder das Geschehen: in den Sümpfen Ussulistans, in der Domkuppel von Ard, auf den Höhen über der Stadt. Eine Ästhetik der Synästhesie führt Regie. Über eine „goldig silberne Bahn" (XXXI 89) aus Papilionaten reiten die Reisenden in Ussulistan ein. Ihr zu „folgen" bedeutet auf dem Pfad des Heils die Pilgerschaft nach Dschinnistan auf sich zu nehmen. Dieser Bahn entspricht auf dem Höhepunkt der Handlung der ‚goldfarbene Bach', jene optische Täuschung, verursacht durch die Hilfstruppen aus El Hadd. Der goldene ‚Bach' trägt – als österliche Hieroglyphe – zur Wiederbefruchtung Ardistans, dieses *ariden* Terrains, bei, so wie auch die weihnachtliche „Fülle des Lichtes" (XXXII 207) im Dome von Ard das „Gold und Silber" der abgebrauchten „geistlichen Waffen", der „Röhrenknochen und Schädel verstorbener Lamas" (208) – Symbole für sklerotisch gewordene religiöse Tradition – überglänzt. Die goldenen Papilionaten weisen nach Ardistan, auf den Weg der Wiederbelebung und geistigen Anastylose dieser ausgedörrten Welt, auf den goldenen ‚Bach' jener Reiter von El Hadd, der das aride Areal neu zu befruchten bestimmt ist. Diesem Bach aus Menschen ist aufgetragen, „die Wüste der Kultur zurück[zugewinnen]" (452) – ein mönchisches Gebot, Wildnis urbar zu machen.

Besonders gewinnen aber in diesen Bildern von ‚goldenen' Pflanzen und Gewässern die Farben eine objektive Qualität und versehen doch eine besondere denkerische Vermittlung. Es waltet eine Ethisierung der Farbe, wie sie sich so nur bei Goethe nachlesen läßt. „Das Haar der Frau" z. B. „war fein, dicht und goldig blond, [...] von jenem mittelfarbigen, lebenden Gold, welches echt und edel ist" (XXXI 126). Wo Gold erscheint, leuchtet symbolisch ein höchster Wert auf, hier die Bereitschaft und Fähigkeit zur Liebe. Wer goldenen Schmuck trägt, ersehnt sich etwas von diesem höchsten Wert, zu dem Kara Ben Nemsi in Ussulistan unterwegs ist, wenn er über die Pfade reitet, die mit goldfarbenen Papilionaten bestanden sind, ihm die rettenden Reiter von El Hadd als Vision eines Baches erscheinen, „der noch heller schimmerte, fast wie von goldenen Blitzen durchzucktes Silber" (XXXII 476), und er schließlich vor „dem nächtlichen Hintergrund" der „hellstrahlende[n] Bergeskuppe" des Dschebel Muchallis ansichtig wird, „deren goldene Konturen langsam abwärts liefen und sich wie niederfallende Feuerwerksfäden verzweigten" (645). Die lichten, seelisch-geistigen Aspekte dieser Werte lassen sich mit Weiß ausdrücken, das gleichfalls die Schmetterlingsblumen „metallisch" färbt, die als ‚Sendboten aus der Bibel' den Heilsweg des Reisenden säumen. Gold erfährt in der Ausstattung Taldschas sein Korrelat in Blau, beides prominente heraldische Farben; ganz ungewöhnlich in blaues Leder ist die Gattin des Scheiks gewandet, doch nicht nur als Accessoire begegnen wir dieser Farbe an ihr, sie ist auch ihrer Physis eigen, den blauen Augen. Und auch da offenbart die Farbsymbolik die Androgynität der Erscheinung; denn: „Blau ist das männliche Prinzip, herb und geistig"[41], die Farbe des Schech el Beled (553), und es

„ist als Farbe eine Energie", wie Goethe in der *Sechsten Abtheilung. Sinnlich-sittliche Wirkung der Farbe*[42] seiner *Farbenlehre* notiert. May spricht von „mehr seelischen als körperlichen Farbenreflexen" (DH 91). In gleichem Sinne entwickelt Wassily Kandinsky, der 1912 *Über das Geistige in der Kunst* nachdachte, den Gedanken von der Autarkie der Farbe, daß die Farbe über den „Sinn des Auges und durch dessen Vermittlung direkt auf das Gemüt" wirke und zwar „ohne Bezug auf Beschaffenheit oder Form eines Materials, an dessen Oberfläche wir sie gewahr werden".[43] Was die Wirkung des ‚Blau' betrifft, greift hundert Jahre zuvor der Naturforscher Goethe auf den Unsagbarkeitstopos des Dichters zurück, den May, der ihn sonst inflationär gebraucht, gerade in den Farbkapiteln des *Ardistan*-Romanes auffällig und mit künstlerischem Gewinn meidet. „Die Farbe macht für das Auge eine sonderbare und fast unaussprechliche Wirkung."[44] Diese weiß May für den Auftritt Taldschas nun allerdings so beredt zu nutzen, daß sie in ihrer blauen Ledermontur etwas vom Charisma engelhafter Repräsentanten einer jenseitigen Sphäre vermittelt[45], hier im irdischen Bereich freilich noch in der Verpuppung begriffen – worauf die Schmetterlingsembleme auf ihrem Gewand hinweisen: Versprechen einer Grals-Welt, aus der das Haar – numinoses Element auch das und zugleich erotisches Zeichen der Melusinen und Melisanden – als „goldig schimmernde Flut" herüberwallt „mit den Federn des Paradiesvogels geschmückt" (XXXI 126), in welchem Emblem sich die Sehnsucht nach dem höchsten Sein in nicht mehr zu überbietender Form komprimiert; und diese ist auch – wie der Blick auf ethnologische Sachverhalte lehrt – die Sehnsucht nach Androgynität. Mit der Bemalung ihrer Körper eifern die Huli-Männer auf Neuguinea bei den Hochzeitsriten der Aufmachung des Paradiesvogels nach. Rot und Gelb figurieren als Zeichen des Wohlbehagens, Weiß gegen die sengende Sonne, Schwarz, um Kampfesbereitschaft zu demonstrieren.[46] „Schwarzgewappnet" erscheinen die „Scharen des Mir von Dschinnistan": ihr „geflochtener Lederanzug [war] schwarz. Für den Zweck, den sie verfolgten, nämlich die Niederlage des Feindes vorzubereiten oder, unfachmännisch ausgedrückt, ihn zu verführen, war diese dunkle Farbe die geeignetste" (XXXII 543). Die Farbensymbolik entbehrt nicht der transsexuellen Delikatesse. Diesen Legionen, die sich aus „Sternenblumen" rekrutieren, verleihen die engaliegenden Monturen aus schwarzem Leder den androgynen Reiz des Vamps, und es möchte die Spekulation – „unfachmännisch ausgedrückt" – wohl dahin gehen, daß sie den „Feind verführen" und in ähnlicher Weise – ‚Fleurs du Bon' – das Böse um seine Beute bringen können wie weiland die „Heerscharen Gottes" – „Von hinten anzusehen!"[47] – den Mephisto um Fausts Seele. Ohne Koketterie bezeugt hingegen die blaufarbene Montur der Lanzengerüsteten von Halihm ihren Wohnsitz in lichten Höhen. Das „violettierende Blau" (497) der Lederuniform, in die Merhameh während des militärischen Zeremoniells in der ‚Stadt der Toten' gekleidet ist, korrespondiert steigernd mit dem einfachen „Blau" der Ledergewandung, die Taldscha, Merhamehs Schwester im Geiste, bei ihrem ersten Auftritt trägt und deren Wirkung, „metallisch silbern" ‚erhöht' (XXXI 126), im blauen Silberglanz die ‚Heilserscheinung' Lohengrins assoziiert, als dessen Blaupause wohl auch der geheimnisvolle Schech el Beled, der Vertreter des Mir von Dschinnistan, zu sehen ist, dem „blaue Schleier" (XXXII 553) das Gesicht unkenntlich machen und der selbst Hand an das Räderwerk im Brunnenengel von El Hadd legt, um das blaue Wasser nach Ardistan zurückkehren zu lassen. Gleichzeitig wirkt die transzendente Qualität der Farbe Blau einheitsstiftend in einem ganz besonderen Sinne. Das „Himmelsblau, an dem [über Ikbal] die ersten Sterne zu glänzen begannen" (XXXI 13), wie der Vorschein des Paradieses, den die Lanzenreiter von Halihm „von den Bergen herab, die gen Himmel ragen" (XXXII 493), in die ‚Stadt der Toten' bringen („von jenem tiefen, beruhigenden, ein wenig violetten Blau, welches der Himmel zeigt, wenn man aus einer tiefen, schmalen Schlucht zu ihm aufschaut und nur einen Streifen von ihm sieht", 495), aber auch das „herrliche, blauwallende Wunder" (XXXI 508) des Meeres, dem die Reisenden auf dem Engpaß von Chatar begegnen, gleichsam ein Reflex jener Woge blauer Legionen, deren himmlische Legitimation die „ganz oben unendlich fein blau gefärbt[e]" (XXXII 583) kelchförmige Feuersäule des Vulkans ‚Sohn' erbringt – diese ‚blauen' Phänomene signalisieren, daß in dieser Welt, soweit sie harmoniefähig ist, buchstäblich alles „mit der Natur im Bunde" steht, ein ökologischer Eudaimonismus in den Lebewesen gleichsam wie in kommunizierenden Röhren wirkt. L'amour bleu als Vorgriff auf das Paradies, als dessen Sendboten die Hunde Aacht und Uucht auftreten.

Sie, wie überhaupt der Tierpark von *Ardistan und Dschinnistan*, gehören in die emblematisch-legendarische Sphäre der Erzählung, wo es genügt, Bilderzeichen abzulesen, und in die immer wieder naturgesetzliche Empirie interferiert, um die Schilderung als herkömmliche ‚Reiseerzählung' zu bestätigen. – „Auch ihre Farbe war ganz eigenartig. Ich kann sie nicht besser beschreiben, als indem ich sie mit jener Art von Pferden vergleiche, die man Schwarzschimmel nennt, nur daß bei diesen Hunden das Schwarz einen frappierenden Uebergang zur blauen Farbe zeigte." (XXXI 397f.) Pferd und Hund ergeben allein in dieser Schilderung eine Potenzierung nobler Zoologismen, die in Anspielung auf Taldscha und die Ussul insgesamt ein metempsychisches Muster menschlich-tierischer Kohabitation entwerfen und sozusagen himmelsfarben kolorieren, wenn es weiter heißt: „Hierzu kam, daß ihre sehr feine, seidenweiche Behaarung" – im Gegensatz zu dem „dicken, nie gekämmten Felle" (274) von Hi und Hu – „eine mittellange, nicht eine kurze war, was die Seltsamkeit dieser Färbung ungemein erhöhte. Sie waren wirklich vornehme, fast möchte ich sagen, königliche Tiere!" (398) Und als solche stehen sie in Konjunktion mit Taldscha und dem Dschirbani, dessen „königliches Geschlecht" der Autor emphatisch betont: „Schau her, und liebe ihn; er ist von königlichem Geschlecht!" (275) Hier liefert der Roman ganz offenkundig einen Index kynologischer, aber auch hippologischer Patterns, ein als adeliges Bestiarium parodiertes Musterbuch von Verhaltensformen, gleichzeitig aber auch einen zoologischen Spiegel, in dem sich die Bildungs- und Veredlungsfähigkeit des Menschen, die May zu propagieren nicht müde wird, im Umgang mit dem Tiere abbildet. Man vergleiche nur etwa Kara Ben Nemsis Begegnung mit den Hunden Hu und Hi (273f.). Gerade an dieser Stelle gewinnt das Motto „mit der Natur im Bunde" eine übertragene, ins Weltanschauliche zielende Bedeutung, deren immer wieder instrumentierte Requisiten, daß der Mensch, das Kind gar, friedlich beim wilden Tiere liege, die Mayschen Tierbändigungsszenen in eine interessante Parallele zu Goethes *Novelle* setzen. „Gott und Kunst, Frömmigkeit und Glück", heißt es dort, „müssen das Beste tun", nämlich die Geschöpfe „dem eigenen friedlichen Willen [anheimgeben]".[48] Oder mit den Worten Kara Ben Nemsis: „ihre[r] hauptsächlichste[n] natürliche[n] Eigenschaft", der „Gutmütigkeit" (263). Nicht mit der Flöte, eher wie Herakles, den Nemeischen Löwen bezwingend, tritt dieser auf. Doch wie in der Burgruine der Knabe dem Löwen gebietet, so gesellen sich im Dornenzwinger die Hunde wie „gutherzige Knaben" (274) Kara Ben Nemsi und später Halef zu, der in ihrer Umarmung – sie „von den Armen des Schläfers zärtlich umfangen" (351) – seinen Rausch ausschläft. Gerade diese Episode nimmt sich aus wie ein possierlicher Protest gegen die Dämonisierung des Tieres durch den Menschen. Auch hier geht es darum, im Zusammenleben des Menschen mit seinen Mitgeschöpfen, auf ökologischem Terrain sozusagen, „die Wüste der Kultur zurück[zugewinnen]": Die Protagonisten des Romans missionieren im Namen einer Art ‚grünen Politik'.

Ökologisches Harmoniebedürfnis setzt den Rahmen, innerhalb dessen eine gefällige Farbregie waltet, läßt sie „doch alles so trefflich passen, klappen und zusammenstimmen" (XXXII 497), und die heraldischen Interjektionen von Gold, Silber und Blau, die den Weg Kara Ben Nemsis nach Dschinnistan begleiten, sammeln sich als ein Gewässer, „fast wie von goldenen Blitzen durchzucktes Silber", in dessen „Kaskaden" die Hilfstruppen „von den jäh abfallenden Felsenhöhen" (476) eines dschinnistanischen ‚Monsalvat' herabsteigen; verdichten sich zu „Abermillionen goldener Strahlen", einem „Jubel" (517), der den „Strahlenjubel" des Engels am Engpaß von Chatar, dort noch „in unzählbare, zeitlich kurze Minuten und Sekunden [differenziert]" (XXXI 479), nun voll „fluten" läßt (XXXII 517); und doch ist, was hier eine Ewigkeit verheißt, nicht mehr als „der erste, aber zuversichtliche, prophetische Schimmer einer neuen, glücklichen Zeit", hinter dessen Tarnfarben, „weiß und goldig" aufleuchtend in den „Scharen der Panzerreiter" (517), der Pfad aus „Papilionaten", „die einen schmalen, sich lang hinschlängelnden, baumlosen Strich ausfüllten", die „goldig silberne Bahn, der ich folgte" (XXXI 88f.), in ein Bad in der Menge mündet, wo dem Reisenden „eine so allgemeine und herzliche Liebe entgegenflute[t]", daß in deren Emulsion die Tarnung der Farben sich auflöst, die Menschen einander nicht mehr fragen, „welcher politischen Farbe sie noch vorgestern und gestern angehört hatten" (XXXII 518), und jede farbliche Differenzierung im „Unisono" der Farblosigkeit allgemeiner Harmonie aufgehoben ist. Die farbtheologische Emblematik verweist hier 1909 über die Innungen der Reiter von El Hadd und Halihm auf das Jahr 1912, wo Leonhard Ragaz den Friedenskongreß der Internationalen in Basel als eine Congregation von „Weltleuten" feiert: „inmitten einer Welt, die bereit ist, sich im Nationalhaß zu zerfleischen, sind sie ein Reich von solchen, die sich als eine brüderliche Gemeinschaft wissen, ein *neues Reich*", das sich in einem „*gewaltigen Erlebnis*" manifestiert, vor dem „wir alle still geworden [sind]. Denn was wir da sahen, war mehr, viel mehr als sich äußerlich darstellte; da mußte das *geistige Auge* viel mehr Arbeit tun als das körperliche. Das äußere Geschehen verwandelte sich in ein *Gleichnis*: Vergangenheit und Zukunft flossen darin zusammen, die Wirklichkeit wurde zum Sinnbild".[49]

In diesem visionären „Unisono" eines „neuen Reiches" ist der Zustand der Trennung, Spaltung, des Andersseins, der Differenz, der im Wesen des Farblichen liegt, investiert in die Tarnung einer farbtheologischen Maskerade, die ihre Bestätigung in der semantischen Identität von ‚color' und ‚hehlen' findet, ist dieses gemeinsame Etymon von ‚color' und ‚hehlen' getilgt, die Lüge in der Parusie des Paradieses vaporisiert. Getilgt ist nicht die tiefe Kontingenz dieses Versuches, Dschinnistan farbtheologisch gegenwärtig zu machen, die im Wissen liegt, daß alles immer noch Utopie ist und der finale „Jubel" die Botschaft und die sie kontrapunktierende Skepsis begreift. Die Frage nach der „Farbe" (517) wird überflüssig, verflüssigt sich buchstäblich im Mythenspiel eines goldenen Zeitalters, einer ‚aurea aetas'; aber schon im Epitheton meldet sich die Doppeldeutigkeit zurück, daß das goldene auch den Gedanken an das silberne und eiserne Zeitalter zwingend bedingt, stellt das Potential der Kontingenz die im erlösenden Eschaton verankerte Utopie immer wieder in Frage.

Zu ähnlichen theologisch zu deutenden Sinnbildern führen auch die verschiedenen Duftspuren, die May auslegt. Eine dieser Duftfährten zieht sich von Sitara quer durch Ussulistan ins Reich von Ardistan und ist als Motiv im Gesamtwerk Mays vorgebildet: Gerüche und Düfte sind in seinen Abenteuererzählungen häufig von lebensrettender Wichtigkeit. Hier erhält die odoristische Thematik zudem die Qualität einer synästhetischen Anamnese, „ein[es] Grußes aus glücklicher Zeit" (XXXII 536) – an ihrem Duft erkennt der Dschirbani die verstorben geglaubte Mutter; überall bricht die einfache Wahrheit einer Proustschen ‚mémoire involontaire' durch: „ein unbeschreiblich feiner, belebender, ja entzückender Duft um uns her. Ich kannte ihn nicht, ich hatte ihn noch nie und nirgendwo gespürt. Sein Name stand in keinem Verzeichnisse aller Wohlgerüche der Erde geschrieben. Und dennoch war es mir, als hätte ich ihn schon gespürt, vielleicht schon oft, aber aus unendlich weiter Ferne." (XXXI 381) „Wo war ich schon einmal und war so selig? / Dahin muß ich zurück und wärs mein Tod"[50], singen 1911 die Duftverliebten im Palais Faninal. „Und folge dieser Duftspur auf dem Weg nach Dschinnistan", möchte man hinzufügen. Denn „du hast den Gestank dieser Verwesung in Duft zu verwandeln" (382). Das ist einer der zentralen Imperative des Romans und der Zeit, die zu durchwandern er ein Vademecum darstellt: als ein Geburts- und Auferstehungswerk. Denn die weihnachtliche Lichtsymbolik (XXXII 212) erfüllt sich hier in der odoristischen des Osterfestes, im Auftritt der totgeglaubten Mutter des Dschirbani im Schloß von El Hadd; spektakulärer aber in der ‚Stadt der Toten', wo sie den „feinen, süßen Duft" (504) verbreitet, „ähnlich dem Dufte der Kätzchenblüten zur Osterzeit, wenn sie an Altären die Palmenweihe erhalten" (431). Ihr Kommen vollzieht sich als Lichterscheinung: „im äußersten Winkel und in der äußersten Finsternis [...] tauchte jetzt ein kleines, winziges, wehendes Flämmchen auf" (425). Bedenkt man in diesem Zusammenhang die österlich-eschatologische Richtung, der das Romangeschehen verpflichtet ist und der es sowohl auf einer Farb- wie Duftroute folgt, so liegt ein Vergleich mit der kabbalistischen Symbolik des *Sohar* nicht fern.[51] Was bei oberflächlicher Betrachtung als „abergläubisches Schamanenspiel" (464) sich selbst disqualifiziert, ist – nimmt man die Strukturen der ‚Gebets-Szene' des Mir von Ardistan ernst – nicht mehr und nicht weniger als eine ‚Apokatastasis', eine Rückkehr des abgefallenen Geistes im österlichen Duft zu den göttlichen Ursprüngen: dorthin, wo „die Menge des Lichtes, die den weiten Raum erfüllte, [...] hörbar geworden zu sein [schien]" (212). Der Duft gibt Taldscha, hinter deren Haarschleier das Antlitz nicht zu erkennen ist, synästhetisch das Gesicht. Und dieses Gesicht leuchtet, ist Licht: „Urlicht"[52], wie es in der Auferstehungs-Symphonie Gustav Mahlers aufglänzt.

„Es gibt unendlich wenig Seelen, die es verstehen, diesen Duft im Körper festzuhalten. Wenn Du einen solchen Körper triffst, mag er noch so häßlich sein, so *traue seiner Seele, denn sie stammt aus dem Licht*" (XXXI 142, Hervorhebung J. H.).

Das liest sich wie eine Paraphrase der Celan-Verse „Am Lichtsinn / errätst du die Seele"[53], hinter deren rhythmischem Sprachgitter das Farbgitter des Goethe-Mottos „Am farbigen Abglanz haben wir das Leben"[54] aufleuchtet und sich mit der Vorstellung des Origenes verbindet, daß Gott Licht sei (1. *Joh.* 1,5), das unseren Verstand erleuchtet.[55] Sinn für das Licht haben, darin äußert sich, in der Sehnsucht nach der Klarheit, die Seele.[56] An dieser Stelle zeigt sich eine andere Variante der allegorischen Instrumentalisierung, die das ‚Licht' im *Ardistan*-Roman erfährt. May erweist sich hier als Regisseur des Lichts, dem er eine barocke Metaphorik abgewinnt im Sinne von geistlichem Theater, von ‚sacra rappresentazione', auf die hin der ganze *Ardistan*-Roman aufgebaut ist. Er erscheint, so betrachtet, antiindividuell wie *Faust II* oder die Deutung der Wagner-Opern durch Wieland Wagner. „Die sichtbaren Vorgänge dieses Mysteriums sind nur Gleichnisse, die handelnden Personen nicht bestimmte Individualitäten, sondern Symbole für die Menschheit überhaupt."[57] ‚Ardistan' wäre dann eine barocke Trauminszenierung, die Aufgabe dieses Theaters, das „entrückte Bild in der Unnahbarkeit einer Traumerscheinung" zu zeigen.[58]

Die odoristischen Verweise auf Sitara, darauf, daß die Frau des Scheiks der Ussul die Aura mit den Gärten der Sternenblumen teilt, werden in ihrer Beschreibung durch das Oxymoron, durch eine Visualisierung des Duftes noch besonders betont: „Es war, als ob ich diesen Duft schon jetzt, aus der Entfernung, mit den Augen spüre" (XXXI 127), heißt es, bevor der Autor sie uns in der Erzählung realiter vergegenwärtigt. Während des Ritts an Taldschas Seite dann „fiel es mir mit einem Male ein, daß dieser Duft, der die Frau des Scheiks umfloß, der Duft der Sternenblumen war", was zugleich – wie könnte es auch anders sein – allegorisch in Szene gesetzt wird. Mit der Anspielung auf den orientalischen Mythos, „daß die Schwingen der Engel aus Blumenduft gebildet seien" (142), erhält die Duftmandorla Taldschas jenen Engelcharakter, dessen Androgynität einerseits auf das mütterliche Element verweist, wie es May in seinem Gedicht *Des Kindes Seligkeit* beschwört, wo es von der Mutter heißt, daß sie „mein Engel, o mein Engel sein" wird[59] – für den Autor Psychopompos ins Reich der Seligen –, und auch für das dieser Mutter unabdingbar eigene Attribut der Reinheit: „Die Mutter ist so fromm; sie ist so rein", findet sich in der Beschreibung Taldschas die Entsprechung himmlischer Hygiene: „rein, unbefleckt, natürlich, lauter, so war der Eindruck, den ich gleich beim ersten Blick auf sie von ihr erhielt" (127), und der der Erscheinung das Marienhafte einer Immaculata verleiht. Andererseits erinnern die ‚Sternenblumen' – über das initiatorische und pädagogische Motiv des ‚per aspera ad astra' hinaus – an das Platonische Moment der Knabenliebe – ἀστήρ, die Sternenblume, ist der in den Platonischen Dialogen[60] vom Lehrer geliebte Knabe, dem eindeutig auch ein engelhafter Schein eignet, wie er übrigens durchaus unbekümmert und für Mays Werk in nicht unbedenklichem Maße typisch in den Einbandillustrationen Sascha Schneiders zitiert wird. So mischen sich in der Figur Taldschas, in den Assoziationen, die der von ihr ausgehende Duft vermittelt, mütterlich sorgende und väterlich erziehende Elemente; was sich in der begleitenden Farbensymbolik gleichsam noch als Doublette verstärkt findet. Nicht daß – auf der Folie der Platonischen Dialoge gedeutet – die Metapher der Sternblume homoerotisch konnotiert ist, hat so sehr Bedeutung als vielmehr, daß in der Kulisse des ‚Landes der Sternenblumen' das Muster der pädagogischen Provinz auftaucht, auch das jener Bünde und Geheimgesellschaften, die in Mays Erzählungen – im Spätroman unter veränderten Vorzeichen der Mysterienkulte – eine so wichtige Rolle spielen. In der Figur Taldschas verschlüsselt sich also auf der ersten Deutungsebene das mütterliche und väterliche Muster, hinter dem – androgyn – das des Engels auf zweiter Ebene auftaucht, um auf dritter im Bild des Geliebten zu konvergieren; der Bogen spannt sich von der familiären zu der bei May mit ihr stets verbundenen paradiesisch himmlischen Ebene – so auch am Ende des Romans in der Anagnorisis-Szene im Schlosse von El Hadd (XXXII 635) –, um letztlich in der narzißtischen des Egos zu enden, freilich nicht jener der pathologischen Verblendung, sondern der jener Selbsterkenntnis, die Sokrates von seinem Schüler fordert. Aster ('αστήρ), die Sternblume, das ist der Geliebte, das ist der Autor selbst, der sich in „diesen hellen, klaren, außerordentlich ehrlich blickenden blauen Augen" – ‚Sternenblumen' – „die jetzt auf mich gerichtet waren" (XXXI 135), als Wahrheit erkennt.

Soweit die irdische Dimension und ihre Inventarisierung durch das Emblem; die himmlische erschließen der Traum und die ihm zugeordneten Okulare. Nun sind auch Träume – und die *Ardistan*-Romane geben sich, wie May mehrfach im Laufe der Erzählung hervorhebt, als Traumerzählungen – ausschweifende Hieroglyphen, sie fordern in ihrer Rebusexistenz zur Deutung heraus. Viele der großen Parabelexkursionen in *Ardistan und Dschinnistan* bedürfen in diesem Sinne der Umsetzung und verweisen die erzählerischen Gefilde Mays in die Topographie supralunarer Welten Swedenborgs: auf diesen ist aufmerksam zu machen, wenn es um die geistigen Ziehväter jenes ‚alumnus' geht, der sich auf dem Ritt durch Ardistan nach Dschinnistan bewegt: ‚in extasibus vigilibus', ein nächtlicher Phaethon, galoppiert Kara Ben Nemsi durch den Sternenhimmel, durch die ‚Arcana coelestia', wobei sich ihm die Verbindung zu den Geisterwelten herstellt. „Indem mein Auge an ihnen [den Sternen] hängen blieb, schien sich mir zu ihnen ein lichtglänzender Weg zu ziehen", auf dem „sich die Seele jetzt unterwegs nach Dschinnistan und dem Paradiese [befand]" (XXXI 224f.). May variiert hier die vierte Art der Verbindungen zur Geisterwelt, die Swedenborg in seinem *Geistigen Tagebuch*[61] aufführt und die eintrete, wenn der Mensch von seinem Körper getrennt und „im Geiste" „in die Himmel und zu den Erdkörpern im Weltall" geführt wird, während der „Körper an seinem Ort bleibt".[62] „Solche Eindrücke giebt es nur während jener ungestörten, sich selbst gehörenden Stunden, in denen die Seele den Körper ganz und restlos beherrscht" (224f.). Das tut sie den ganzen Gang der Handlung der *Ardistan*-Romane ausgesprochen: und nutzt dazu Perspektive, durch die sich ihr der Kosmos geordnet um den ‚Centralstrahl' einer ‚Sehpyramide' darstellt, die im „Auge", „wie es als Symbol Gottes, des Vaters, gebraucht zu werden pflegt" (XXXI 491), zentriert ist. Der Autor greift, den großen Traum von Dschinnistan zu strukturieren, auf ein bewährtes Illusionsmuster der Renaissance zurück: auf das ‚Sehpyramiden'-Modell des Leon Battista Alberti, des Perspektiven-Theoretikers des fünfzehnten Jahrhunderts. Das Gebirgspanorama Ardistans und Dschinnistans erwächst gleichsam aus dem Blick der Renaissance und lenkt ihn in die virtuellen Welten des Cyberspace. 1909 konzentriert sich in Mays Romankonzeption eine Sehweise, die zwischen der getreuen Abbildlichkeit der Ikone der Renaissance und dem Illusionismus der Postmoderne dieses Jahrhunderts in den Spielräumen einer gnostischen Welt oszilliert.

V

„Schamanenspiel"[63] in „Coppolas Perspektiv"

Zur notwendigerweise kosmisch ordnenden Illustration dieses Künstlertraumes werden folgerichtig die Okulare optischer Instrumente dienstverpflichtet. Diese ‚Fernrohre' holen die Welt hinein in eine „Sehpyramide", deren „Basis die gesehene Fläche sein [wird]. Die Seiten der Pyramide sind jene Strahlen, welche ich äussere nannte. Die Spitze, d. i. der Endpunkt der Pyramide, steht innerhalb des Auges [stà drento all' occhio], dort, wo der Winkel der Dimensionen [sich befindet]".[64] In die „Dimensionen" dieser „Sehpyramide" ist der gesamte Erzählraum *Ardistan und Dschinnistans* gefaßt, mit der Spitze verankert im „Handzeichen und Siegel des Mir von Dschinnistan", dem „Auge" „als Symbol Gottes" (XXXI 491), wie es sich – in seiner geflügelten Form – Alberti zum Emblem gewählt hat: „oculus alis aquilae insignis [...] ut quasi deus sit".[65] Direkt auf dieses Auge zielt der „Centralstrahl" der „Sehpyramide" – „si puo dire principe de razzi"; auf ihm betreten die Reisenden Ussulistan und reiten, ihn verfolgend, den Höhen Dschinnistans entgegen: „auf dem schmalen, von Schmetterlingspflanzen bewachsenen Strich [...]. Er wirkte für unsere Augen fast wie ein Fernrohr. Seine Richtung war hier schnurgerade. Das Dunkel der Baumreihen hüben und drüben hielt die Lichtstrahlen fest und klar zusammen. Die Perspektive ließ dieses Rohr scheinbar immer enger werden." (XXXI 165) Indem der Roman so optische Instrumente und Verfahren zitiert, das ‚Objektiv', die ‚Linse', und mit ihnen operiert, konstituiert er in der Begegnung mit der Welt eine Heuristik der Okulare. May bedient sich programmatisch technischer Innovationen seiner Zeit, spielt mit ihnen, instrumentalisiert sie narrativ: Das Bild hinter der „Linse" sagt es: „Sie [die Reiter] waren aus der Lichtung nach dem schmalen Weg gekommen, sahen in diesen langen

Weg hinein und berieten, ob sie ihm folgen sollten oder nicht" (166). Die Szene, als Allegorie genommen, stellt – unabhängig davon, daß handlungssituativ es hier das Böse ist, das durch das Objektiv, „Coppolas Perspektiv"[66], in das Geschehen reitet – die Scheidewegsituation des Prodikosgleichnisses nach und glossiert ein Grundmotiv Mayscher Erzählstrategie: ‚freie Lichtung', ‚schmaler, dunkler Weg', „ob sie ihm folgen sollten oder nicht". Ganz auffällig wird auf die Seelentopographie von „Oberbewußtsein und Unterbewußtsein" (164) angespielt und das Thema des Lebens als Traum angeschlagen, Biographie und Werk des Autors als ‚Pilgrim's Progress' nochmals rückblickend und programmatisch für den ganzen *Ardistan*-Roman imaginiert als ein ‚Passagen-Werk' „im fernen und doch so nahen Lande des Menschen-Inneren" (111), wo der Königsweg über den Tempel von Ussula und das Grab auf der Insel der Heiden „von Gleichnissen umgeben" (328) ist, „der Weg, den wir [...] zu reiten haben. Der Weg vom Lande der Ussul hinauf nach Dschinnistan" (427). Auf ihm „sieht man, was ein Bild doch kann!"[67] Er ist nämlich ein hermeneutischer Pfad in einem Llano estacado besonderer Art; als der – pars pro toto für die Lebensreise – die Wüste der Tschoban erscheint. Es nutzt die „Mannakammern" (567) gleich hermeneutischen Überlebenshilfen, wer auf diesem Terrain operiert; und sich in seiner Equipierung mit Hermaia zurechtzufinden, bedarf des Kundigen in Piktogrammen, den „Zeichen, welche auf der Karte des Dschinnistani Wasser [bedeuten]" (568). Denn letzten Endes führt dieser Weg vom Buchstaben zum Bild, vom Lesen zum Schauen. Er endet in Bildern, und Orientierung hier benötigt der besonderen Ikonosierungsschulung in einer sich von Swedenborg über Shelley bis zu den Kosmikern der Jahrhundertwende spannenden Tradition. Die Reise lenkt die Teilnehmer perspektivisch durch den Raum der ‚Sehpyramide' Albertis. Ihre Seitenlinien können das ‚Auge Gottes', aber auch – in Umkehrung der Sphären – das Antlitz des Schauenden zum Konvergenzpunkt haben, etwa wenn „mein Auge an ihnen [den Sternen] hängen blieb" und „sich von mir zu ihnen ein lichtglänzender Weg zu ziehen [schien]" (224) oder „zwei [...] klarste Strahlen" des Mondes „mir gerade in das Gesicht [fielen]" (XXXII 536) und die Amplituden sublunarer Handlungsmöglichkeiten bezeichnen. Das Ziel für die Mitglieder der Expedition liegt in jenem goldenen Punkt, der „reine Sensation ist, die nichts zu verstehen, aber viel zu erfahren gibt".[68] Als ‚Deuter der Sorgen' seiner Zeit behauptet May in jener Reihe pontifikaler Dichter von Vergil über Dante bis zu Hölderlin den Platz in einem Prozeß, der in den Cyberspace-Visionen des technischen Zeitalters seine Fortsetzung bis hin zur Auflösung des Reflektierten im Geschauten, bis zum Ersetzen des Gedachten durch die Vision, die Bilderflut erfährt. Mays Roman ist ein früher Beleg für die Ablösung des im Wort Erfaßten durch das im Bild Erfüllte, für die apokalyptische Erlösung der Reisenden im Cyberspace durch die ‚Endlösung, im Bild: über die „goldig silberne Bahn" (XXXI 89) von Schmetterlingsblütlern „im himmlischen Licht in Erfüllung gehen zu sehen", „was sie im irdischen Dunkel glaubten" (XXXII 563). Dem Verstand – auf diesem Weg a parte – bleibt nur die Fußnote mystischer Ironie, die subscriptio im ‚Auge-Gottes'-Emblem Albertis: „Quid tum"?[69]

Kartographiert wird diese ganze gnostische Welt im *Ardistan*-Roman nun in den Installationen eines Cyberspace, der sich den Koordinaten der Perspektivität Albertis entlang orientiert. Die Renaissance-Perspektive erscheint in die elektronischen Welten des modernen Medienzeitalters verlängert, und diese füllen sich mit Derivaten gnostischer Kosmologie. Das hat im übrigen auch nicht zu übersehende theologische Folgen: denn es geht hier eindeutig um Theologie, nur daß die hermeneutische Arbeit pragmatisch überstrahlt wird vom elektronischen Flüssigkristallglanz mobiler Bildschirme. Auszugehen ist davon, daß Dschinnistan das Werk eines Demiurgen der Zentralperspektive ist, der in dieser extraterrestrischen – also nicht irdisch lokalisierbaren – Region als dem Fluchtpunkt einer ‚Sehpyramide' die Grenzlinien des den Roman erfüllenden ‚Spielraumes' konvergieren läßt. Die Topographie dieser Welt ist buchstäblich als spiegelbildlich gnostischer ‚Spielraum' determiniert: als bespielter Raum, in dem so berechnende wie berechenbare Mächte die „Kegel" schieben, zum einen in Wirklichkeit die „feste, unzerreißbare Schnur" (XXXI 582) des himmlischen Puppenspiel-Intendanten die menschlichen Protagonisten, „Spielzeug in der Hand Gottes"[70], leitet, zum anderen diese ihm als „Kegelknaben" auf seine Schübe nur reagierend dienen:

> Es war, als ob es hoch oben im Norden eine mächtige, starke Hand gebe, die uns die Ereignisse wie Kugeln zuschob, mit denen sie Kegel spielte. Wir aber hier unten dienten als Kegelknaben. Wir hatten weiter nichts zu tun, als jeden Kegel zur rechten Zeit an die richtige Stelle zu setzen. (590)

Die emblematisch zu wertende Situation des ‚Kegelsetzens' – gewiß eine biographisch sehr sprechende Kindheitsreminiszenz des Autors – spielt nur mit einer im erzgebirgischen Wirtshaus situierten Heteronomie, deren rücksichtslose Dekonstruktion und Verwandlung – qua Wunschtraumerfüllung – zu einer virtuellen Autonomie in einem zitatengebastelten ‚Global Village', das in seinem Ludothek-Charakter ausgesprochene Züge des Cyberspace trägt, Mays ‚gesammelte Reiseromane' erzählen. Und so wie er die Handlung dieser späten Epopöen konzipiert, liegt es auf der Hand, daß eben diese „Kegelknaben" im Spiel den kosmischen Apparat, indem sie auf seine Anweisungen reagieren, auch agierend programmieren. Denn in seinem Fluchtpunkt liegt sowohl „Gottes Auge" als auch das „Auge der Menschheit" (564). Spiegelbildlich dazu findet es sich auf der Platte des Brunnenengels „als Symbol Gottes, des Vaters" und identisch damit als „Siegel des Mir von Dschinnistan" (491). Die „Ereignisse", „wie Kugeln" von himmlischer Kraft, der „mächtigen, starken Hand", geschoben, spielen nicht nur „Kegel" mit den irdischen „Kegelknaben", sie leuchten auch das Spielfeld kreisförmig aus und definieren die Installation des Aufstiegs, der Anabasis nach Dschinnistan, in Form einer ‚Sehpyramide'. Der „Kegel" des Spiels, den die „Kegelknaben" „zur rechten Zeit an die richtige Stelle" setzen, erscheint sowohl auf die „Kegel" (XXXII 574) der Vulkane des Dschebel Allah projiziert – symmetrisch zu ihnen entsteigt „dem Krater des ‚Sohnes'" eine kegelförmige „Kelchfontäne" im Durchmesser unten von zwanzig, oben „von gewiß hundert Metern", deren „überirdische Erscheinung" (583f.) eine Licht- und Farbenbrücke in den Himmel baut – als auch, dazu korrespondierend, dem Innenraum des Tempels der Totenstadt hineinkonstruiert. Dieser ist in der „Form eines Kreiskegels, also eines Zuckerhutes" (370) als geometrische Chiffre für die ‚Sehpyramide' gebildet, in der „Gottes Auge" die Welt umfaßt, und es ist, „als sei er mitten in den Himmel hineingebaut und als könne man von Licht zu Licht bis direkt vor Gottes Thron gelangen" (373). Spielerisch – im Sinne moderner Bildschirmmedien – verschränkt sich in dieser Kohabitation allegorischer Elemente das Triviale mit dem Erhabenen, löst sich Irdisches im Himmlischen auf: werden die Übergänge zwischen den Sphären gleitend. Denn der „Kegel" in seiner ursprünglichsten Bedeutung als „Pfahl"[71] verweist – Emblem für das Orientierungsinstrument in den Llanos des Lebens, das er ist – gleichzeitig auch auf die Weltachse[72], die in der Spitze jenes kosmischen Kegels verankert liegt, von dem der Tempelraum in der Totenstadt die verkleinerte Spiegelung abgibt. In diesen verschiedenen Spielarten wird die „Kegel"-Form zur Evokation spiritueller Sublimation, bildet sich in ihr more geometrico die gesamte Romanhandlung ab als Refiguration des Heiligen durch die Mathematik. Denn „die auf eine Spitze zustrebende Form des Kegels [erscheint] als Urbild der geistigen Entwicklung; sie symbolisiert die Bewegung von der zerstreuten Hingabe an die Vielfalt der Materie weg und hin zu Konzentration, Identität und Selbstfindung."[73] Hier garantiert das ‚Spiel mit dem Kegel', im Spielraum der himmlischen Zentralperspektive, sozusagen im Vorhofe Gottes, das Erreichen des Zieles ganz im Gegensatz zur barocken ‚spes aulica', die das Kegelspiel emblematisiert, wo

> spes aulicis in rebus haud est certior:
> Cum tempus, ac sumptus profundas maximos.[74]

Das Geschehen in der Welt zu Füßen der Berge Dschinnistans vollzieht sich als ein imponierender Rückkoppelungseffekt in einem gnostischen System, in dem ein Weltzustand radikaler Verelendung der Sphäre gottgleicher Reinheit entgegengesetzt erscheint, die alle Merkmale jener virtuellen Welt aufweist, die heute unter dem Begriff Cyberspace figuriert. Cyberspace ist ein mediales Phantasma, welches das Prinzip der unbegrenzten Verfügbarkeit realisiert. Der Gehalt der medialen Phantasmen, die Cyberspace ausmachen, ist nicht eine Welt des Scheins, sondern der Vollendung, nach Baudrillard die ‚Perfektion' der Wirklichkeit.[75] Cyberspace ist damit auch mediale Omnipräsenz. Alle Positionen sind für den in diesen Raum Eingeschleusten disponibel, auch die des ‚Auges Gottes'; der ‚Surfende' ist nicht mehr nur – wie noch das Emblem Albertis voraussetzt – unter, sondern – wenn er will – auch *im* Auge Gottes, somit in der Position Gottes selbst. Nirgends wird das deutlicher als in der Relation der Brunnenengel zueinander. Die am Engpaß von Chatar (XXXI 491/501) und auf dem Gelände des Maha-Lama-Sees in der ‚Stadt der Toten' (XXXII 324) tragen das ‚Auge Gottes' als das Emblem des Mir von Dschinnistan und seiner Allgegenwärtigkeit; der strategisch wichtigste Brunnenengel im Schloß von El Hadd jedoch, in dessen Innerem das für die Wasserversorgung Ardistans verantwortliche „Räderwerk" zwar „dasselbe" ist, „aber viel, viel größer und stärker, und keine Schöpfgefäße und Tröge" (635) besitzt, wo also auch das durch diese symbolisierte Zeitkontinuum, indem nämlich „mit dem befruchtenden Wasser der Vergangenheit die Gegenwart und Zukunft" durchtränkt werden (XXXI 503), aufgehoben ist, mithin Zeitlosigkeit herrscht, trägt dieses Emblem nicht mehr. Hier befinden die Reisenden sich offenbar im ‚Auge Gottes' und der ihm wesenseigenen Ewigkeit: so abbildbar ist das alles eigentlich nur in einer Welt des Cyberspace.

Diesem Phänomen liegt ein technisch-semiotischer Konstruktivismus zugrunde, der keine Interferenz mit der Materie kennt, keine Vermischung mit der opaken Welt der Stoffe und Leiber, wo die technische Umsetzung des alten Traumes, den Leib und das irdische Jammertal in Richtung auf das mephistophelische ‚Eritis sicut deus' zu überschreiten, durch eine die Erde in Licht atomisierende Simulation jede Referenz auf Reales kassiert, der babylonische Turm mithin sich endlich in Gebilden vollendet: die „unten massig geschlossen, sich nach oben hin immer feiner und feiner filigranisierten, so daß ihre Spitzen sich in Aether zu verwandeln und ganz in ihm zu verschwinden schienen" (XXXII 92); und wo im technisch Virtuellen sich alles selbstidentisch gibt, gewissermaßen eine schattenlose Welt aus nichts als Licht, in der die Protagonisten in ihrer Funktion als Erdgebundene doch im materiefreien Raum der coelesten Zeichen ‚surfen' und einen schwerelosen Heroismus und divinen Dandyismus zelebrieren:

> Indem mein Auge an ihnen [den Sternen] hängen blieb, schien sich von mir zu ihnen ein lichtglänzender Weg zu ziehen, der so breit war, wie sie scheinbar auseinander standen. Auf diesem Wege schienen die Gedanken, die mich beschäftigten, zu kommen und zu gehen. Solche Eindrücke giebt es nur während jener ungestörten, sich selbst gehörenden Stunden, in denen die Seele den Körper ganz und restlos beherrscht. Infolge

der Sage befand sich die Seele jetzt unterwegs nach Dschinnistan und dem Paradiese. Vor dem körperlichen Auge lagen die beiden Sterne. Die Seele bemächtigte sich ihrer. Dort, von woher die beiden leuchtenden Welten strahlten, sah meine Phantasie das Tor, aus dem der Erzengel trat, und die Mauern, auf denen seine Scharen erschienen, um nach dem Frieden auszuschauen. Ich sah dann auch Gott selber kommen. (XXXI 224f.)

‚Und reichte ihm die Hand', hätte ein Paul Virilio ‚cool' zu sagen sich nicht verkneifen können. Aus der Zukunft schaut dieser auf das Jahr 2050 zurück und in seinen Worten dürfte sich Mays Traumerfahrung wohl so ausnehmen:

Dann werde ich meinen Datenanzug überstreifen. Er ist mit Detektoren, Sensoren, Chips und dem ganzen technischen Arsenal der Telekommunikation ausgestattet. Wie bei den Rüstungen der Ritter schließe ich das Visier, das zum Bildschirm geworden ist. Ich habe Lust nach [Dschinnistan] zu reisen. Dazu drücke ich die Taste [‚Erzengel-Tor'] und umgehend bin ich dort. Wo ich den Erzengel treffe. Wir begrüßen und umarmen uns.[76]

Freilich hat in der Verspiegelung der kosmisch-terrestrischen Erzählräume das „Paradies" auch auf Erden seine Stützpunkte: den von Christen erbauten Palast des Mir von Ardistan z. B., der in einer „Folge von immer tiefer herabsteigenden Kuppeln, Türmen und Türmchen" (XXXII 92) an so wunderliche Werke des Glaubens anklingt wie die mächtigen Klosteranlagen von Borobudur oder den ‚Pogost' auf der Insel Kishi im Onegasee, einen Zentralbau, gekrönt von zweiundzwanzig in sechs Etagen emporstrebenden Zierkuppeln, und so geradezu als Petrifizierung himmlischer Macht den Tempel der Totenstadt zitiert, dessen durch Lichterspiralen illuminierte „Kreiskegel"-Form (370) an die Schwedagon-Pagode in Rangun, die größte der Welt, und die Lichtspiele ihrer goldenen tropfenförmigen Kuppel erinnert; ebenso begegnet als paradiesische Tätowierung das geflügelte Auge, dessen sich Kara Ben Nemsi zu seinen interstellaren Exkursionen bedient, auf dem Deckel des Engelbrunnens: „Das Auge ist das Zeichen für den Brunnendeckel" (XXXI 492). Der „höchst wahrscheinlich sehr tief hinabgehende Brunnenschacht" – „Es führten Stufen hinunter, feste, steinerne Stufen, von rechts nach links in den harten Fels gehauen" (499f.) – darf als rechteckig, wenn nicht quadratisch angenommen werden. „Die quadratisch ummauerten Brunnen arabischer Länder [aber] gelten verschiedentlich als Sinnbilder des Paradieses."[77] Und in die dominierende Zentralperspektive einbezogen erhebt sich ein „Wasserengel" auch in der ‚Stadt der Toten', mit dem „Engel der Landenge Chatar [...] ganz genau auf einer und derselben leitenden Schicht erbaut" (XXXII 321f.), von dem der Blick nach „Norden" schweift, wo das „Auge Gottes" sich in die nicht minder symbolträchtige „Feuersäule" verwandelt und „den rastlos arbeitenden Vulkanen gerade jetzt zahlreiche Feuersäulen entstiegen, die infolge der Perspektive eine einzige zu sein schienen und so hoch emporstrebten, als ob sie bestimmt seien, den ganzen Himmel zu erobern und den Glanz aller Sterne in sich aufzunehmen" (395f.). Besonders auffällig gelingt die Überblendung von Auge- und Feuersäulen-Emblem dort, wo die „Flammengluten" am „nördlichen Himmel" – „Sie waren es ja, die unsern Brunnen speisten" (374) – als ‚Wimpern' gleichsam eines großen flammenden Auges – hier erweist es sich von Bedeutung, daß am „Auge Gottes" auf dem Brunnendeckel „auch die oberen und unteren Wimperhärchen angebracht waren" (XXXI 491) – himmlische Virtualität und irdische Realität verbinden und die ganze Reziprozität veranschaulichen, in der beide Welten, sub- und supralunarische, zueinander stehen: letztere ein Schnürboden zum irdischen Theater der ersteren. „Wir werden geleitet; wir werden geführt. Wir sind [...] nicht allein!" (XXXII 415) Denn: „So führen feste, wohltätige Fäden im Menschenleben aus der Unbegreiflichkeit in das Begreifliche, vom Himmel zur Erde, vom Schöpfer zum Geschöpf und – – – und wieder zum Schöpfer zurück, sobald wir nur wollen!" (374f.) Schöpfertum also aus unserem ‚Wollen' heraus. An entscheidender Stelle heißt es: „Du kannst, wenn du willst! Nur wollen, wollen, wollen!" (352) Und es ist gerade der Cyberspace-Effekt, der die Verquickung des Gegensätzlichen, von Schaffen und Geschaffenwerden – „Wir leben hier nicht, sondern wir werden gelebt; wir denken hier nicht, sondern wir werden gedacht; wir wollen nicht, sondern wir werden gewollt" (414f.) – spielerisch befördert und letzten Endes in den Zustand der Entropie überführt. Es gibt eine Cyberspace-Installation, bei welcher der Planet Erde weit unter einem Betrachter schwebt, der – versehen mit einer Bildschirmbrille und einer Art elektronischem Finger Gottes – sich schichtenweise zu jedem Punkt der Erde hinunterscreenen kann, gleichsam die Kurve gnostischen Seelenfluges simulierend. In der magischen Welt Ussulistans findet sich diese Installation präfiguriert. Kara Ben Nemsi steigt mit den Lichtern des Kronleuchters zu der Plattform des Tempels von Ussula auf:

Am letzten Haltepunkte unter der Plattform angekommen, gab die Priesterin das Zeichen, den Leuchter wieder hinabzulassen. Als er zu sinken begann, sagte sie:
„Wir sind von Gleichnissen umgeben. Aus Himmelsnähe steigt unser Licht hinunter in die Tiefe. So verläßt die Offenbarung ihre Heimat, um nach der Erde zu trachten. Und je mehr sie sich ihr nähert, desto kleiner und ärmer und schwächer scheint sie zu werden, bis sie fast ganz in Finsternis verschwindet. Schau hinab! [...] Wer da hinunter sieht, der hält es wohl für möglich, daß es Gott um seine Liebe, welche er zur Erde schickt, zuweilen angst und bange wird. Kommt laßt uns unsern Himmel sehen!" (XXXI 328)

Ihn zu betrachten, vollzieht sich auf dem Gebiet der Totenstadt mitten im Tempel („in Form eines Kreiskegels, also eines Zuckerhutes" – und somit an eine große Pagode erinnernd – „ganz aus dem Fels gehauen", XXXII 370) die Gegenbewegung, die eindrucksvoll den gnostischen Charakter der Cyberspace-Installationen enthüllt:

Aus dieser Finsternis stieg grad von da aus, wo ich stand, die Lichterlinie empor, einen immer weiter aufwärts dringenden, sich scheinbar unendlich oft wiederholenden und doch niemals zu sich selbst zurückkehrenden Kreis beschreibend. Daß dieser Kreis immer kleiner und enger wurde, kam mir nicht als Wirklichkeit, sondern wie eine optische Täuschung vor und verdoppelte, verzehnfachte, ja verhundertfachte die wirkliche Höhe des Tempels. Es war, als sei er mitten in den Himmel hineingebaut und als könne man von Licht zu Licht bis direkt vor Gottes Thron gelangen. Und diesen Weg stieg ich jetzt hinauf! (372f.)

Auch die „akustische Wirkung" (371) beruht auf gnostischer Gegenläufigkeit: die Anabasis des Lichts, deren Kara Ben Nemsi im Anblick der Tempelwölbung teilhaftig wird, endet für ihn im Verstummen:

Ich sah, wie die Zahl der brennenden Lichter wuchs. Ihre Linie wurde immer länger und länger und stieg immer höher und höher, bis sie die Spitze des Tempels erreichte. Wie ich später erfuhr, drang meine Stimme mit größter, reinster Deutlichkeit bis dort hinauf; das aber, was sie [die Lichtträger] erwiderten, mußte oben bleiben; es konnte nicht herunter zu mir. Um mich gab es nur tiefes, lautloses Schweigen.

Gleichzeitig wird der symbolische Charakter des Bauwerks und der optischen wie auch akustischen Phänomene betont: „War das vielleicht eine gewollte Symbolik derer, die einst diesen Tempel aus dem toten Felsen schlugen? Ich glaubte, dies bejahen zu müssen, denn man unternimmt kein so schwieriges, zeitraubendes Werk, ohne über die Wirkung desselben nachgedacht zu haben." (372) Das gleiche ist wohl von der parallelen Konstruktion der himmlischen ‚Sehpyramide' im Kuppelbau des Domes zu Ard, dem Duplikat des Tempels in der ‚Stadt der Toten', zu sagen. Sie stellt ein verkleinertes Emblem der Theodizee und des eschatologischen Systems dar, das die Welt von *Ardistan und Dschinnistan* ordnet:

Ich stand von der Orgelbank auf, um nun erst jetzt den Anblick des Raumes, dem ich bisher den Rücken zugekehrt hatte, zu genießen. Hoch oben leuchtete der ‚Stern von Bet Lahem'. Die ganze, als Firmament der Davidsstadt gedachte Kuppel erglänzte von seinem Lichte. All die unzähligen, kleinen, flackernden und flimmernden Lichter der Erde strebten, von grünen Bäumen, Aesten und Zweigen getragen, ganz unten beginnend, über alle Chore und Emporen, von Bank zu Bank, von Platz zu Platz zu diesem Sterne und zu diesem Firmamente hinauf. [...] Es war, als ob ich mich an einem überirdischen, mir völlig unbekannten, innerlich mir aber doch vertrauten Orte befinde und nicht etwa in einem Hause, von Menschen gemacht. Denn die Mauern und Wände waren unter dem Tannengrün verschwunden. Hinter den Bäumen, weit über sie hinaus, schien eine neue, heilige, zauberische Welt des Lichtes zu liegen, eine Welt der gelösten Rätsel, der aufgeklärten Geheimnisse, der erfüllten Hoffnungen und Wünsche. (206f.)

Die weihnachtliche Feier, die hier geschildert wird, entgrenzt sich zum kosmischen ‚Lichtspiel', dessen virtueller Charakter sich aus dem „Es war, als ob" ergibt. Bäume und Wände entschwinden in den Schnürboden des Lichtes und geben den Blick frei auf die Kuppel des himmlischen Jerusalem, die „neue, heilige, zauberische Welt des Lichtes", die Strahlenschale des Paradieses, Ort der „gelösten Rätsel, der aufgeklärten Geheimnisse, der erfüllten Hoffnungen und Wünsche"; eine ‚Zurschaustellung' des theosophischen Weges zu Gott, wie ihn die vierte und fünfte Sefira des kabbalistischen Buchs *Sohar* beschreibt. „Hinter den Bäumen, weit über sie hinaus" erglänzt das „Urlicht, das nach dem Talmud am ersten Tag strahlte, um bis zur Erlösung verborgen zu werden, wenn das Licht der Gnade wieder ganz ungehemmt durch alle Welten und die Finsternis [bricht]."[78] Es kann nicht entgehen, wie sich die kabbalistische Welt der Lichtströme mit jener der virtuellen Welt des Cyberspace überlagert, die sich auf dem Bildschirm der Finsternis als ‚window' öffnet:

> Ich lag in völliger Finsternis. Die unbeweglichen Gestalten der Dschemma waren durch die eigenartige Lichtwirkung wie in weite Ferne gerückt. Das täuschte mein Auge; es vervielfachte ihre Größe. Sie erschienen mir gigantisch. Es war mir, als ob ich aus unserer Welt der Dunkelheit in ein überirdisches Dasein schaue, dessen Geheimnisse soeben begonnen hatten, sichtbar zu werden. (423f.)

Das ist die Position des Jüngers vor dem Bildschirm vor dem Antritt der Reise in die virtuelle Welt. Freilich vollzieht dieser sich im Indikativ: „schaue", „begonnen hatten". Die Maysche Grammatik ist hier als Realitätsindikator ernstzunehmen. Nicht weniger allerdings die konjunktivische Ambivalenz der ‚Lichtspiele' des Cyberspace, die immer emblematische Metapher bleiben und als solche polyvalent. Hinter der „als Firmament der Davidsstadt gedachte[n] Kuppel erglänzte" Jahrzehnte später im Finale von Leni Riefenstahls Olympia-Film eine ins Gigantische verweisende Leuchtkuppel über dem Berliner Stadion, wo in einer Form fataler Kongruenz die Schönheit des Ritus mit der Überblendung auf die Menge der Gläubigen, die Bewegung vom Einzelnen mit der zum Ganzen, die auflösende Stille des Lichts mit seiner Kristallisation im Klang korrespondierte. „Ich sah, wie die Zahl der brennenden Lichter wuchs. Ihre Linie wurde immer länger und länger und stieg immer höher und höher" (372). Daß diese Bahn den Pilger nach Dschinnistan nicht als einen modernen Phaethon in die Lichtkatarakte von Hiroshima führte, hängt mit seinem Sensorium für die Qualität der optischen Erscheinungen zusammen. Die „Figuren", denen er als Führern gehorcht, hatten in der „allgemeinen Fülle des Lichtes [...] nicht mystisch, sondern erklärend und überzeugend" (207) zu wirken. Dschinnistan bedeutet Aufklärung, und es ist symbolisch gesehen ja der Weg nach Dschinnistan, den der Reisende über die Pfade goldener Papilionaten betreten hat und hier in einem Akt der Virtualität über die Steuerungen einer Cyberspace-Installation, die ‚Stauwehre' sonnenvergoldeter Kapitelschlüsse (517, 595, 650), verläßt: hinein „in flüssiges, ganz plötzlich wie vom Himmel niedersinkendes Gold, und das ganze Gebirge und die ganze um uns sichtbare Welt stand in hellem, glücklichem Tagessonnenlichte" (595).

Hinter dieser hochdifferenzierten Lichtemblematik, dem Entwurf auch der ‚toten Stadt', diesem „geheimnisvollen, unvergeßlichen Orte" (506), seiner Addition von „Tausenden und aber Tausenden" (286) von architektonischen Würdeformen, den die Reisenden im Zeichen zoroastrischer Lichtmagie von „Feuerstrahl" und „Feuergarbe", im Ohr den Weckruf: „Wacht auf! Steht auf! Wir haben gesiegt!" (515f.), verlassen, steht doch wohl auch dieses Muster der Apokatastasis, wie sie Origenes versteht: als vollständige Wiederherstellung des Anfangs[79], in der sich *Ardistan*- und *Faust*-Symbolik treffen, die sich aber auch sonst durch die Sprache gleicher ‚Zeichen' vernetzt sehen. Die Sentenzen, aber auch der ganze welthaltige Faschingszug von Emblemata, der diese utopische Erzählung ausmacht, gewinnen den Charakter jener „unbeugsamen Gnomik"[80], von der Richard Alewyn im Zusammenhang mit dem Helena-Akt gesprochen hat. Und was dem Mir von Ardistan in der ‚toten Stadt' widerfährt, das vollzieht sich – wie Albrecht Schöne in seiner gründlichen Ausdeutung der Bergschluchten-Szene für das ‚Unsterbliche' Fausts gezeigt hat[81] – jenseits aller christlichen Orthodoxie nach dem Modell der Wiederbringungslehre des Origenes, der Apokatastasis-Theologie (Apokatastasis = Wiederherstellung, Neuordnung), nach der alles, was von Gott ausgegangen ist, einst zu ihm zurückkehren wird, so weit es auch von ihm abgeirrt sein mag. Auch der *Ardistan*-Roman enthüllt das Panorama poetischer Bilder für das Unsagbare und Unbeschreibliche, in denen jener Prozeß des Aufstiegs und der seelischen Vervollkommnung einsetzt, den so viele Interpreten mit Fausts ganzem Lebensweg verbunden haben. So wenig das für diesen gilt, so wenig für den Mir von Ardistan; denn dieser ‚Vertikalsturm' der Apokatastasis führt die Seele im Zeichen der rettenden Liebe in jene ‚höheren Sphären' jenseits der Grenzen des Dramas – das hier im Medium des Romans seine liturgische Fassung findet –, für die der Mensch keine Sprache mehr besitzt, so daß der Dichter zum Unsagbarkeitstopos des Chorus mysticus greifen muß: „Das Unbeschreibliche, / Hier ist es getan".[82] „Der Anblick dieses unbeschreiblichen Schauspiels ergriff und packte mich" (XXXI 338). Einer solchen Rückkehr also öffnet sich das Paradiesestor über den Bergen, durch der Weg nach Dschinnistan zu nehmen ist. Freilich nicht für alle: immerhin äußert Origenes in diesem Zusammenhang seine Zweifel:

Nun muß man wissen, daß einige von denen, die von dem einen Ursprung, von dem wir sprachen, herabgesunken sind, sich in solcher Schande und Schlechtigkeit gestürzt haben, daß sie unwürdig wurden jener Erziehung, die das Menschengeschlecht durch das Fleisch mit Hilfe der himmlischen Mächte erfährt, sondern daß sie im Gegenteil sogar zu Feinden und Widersachern derer werden, die eine Erziehung erhalten.[83]

Mays Erzählung entwickelt den Weg der Läuterung durch Erziehung, freilich nicht ohne eine gewisse manichäische Maieutik. In dem Lichte allerdings des Origenes gesehen erhält *Ardistan und Dschinnistan* sogar den Status eines

‚Erziehungsromans', eines ‚itinerarium mentis ad summum bonum'. Verbunden ist damit ursächlich die Frage der Bekehrung des Teufels als Gegenmacht. Sie läßt der Roman in seiner ersten Fassung als ‚opus apertum' – auch hier ein ästhetisches Kind seiner Zeit – ‚offen'. „Das Weitere liest man später. – – –" (DH 322) endet er enigmatisch. Bedeutet Paradies, daß die Welt am Ende dem Anfang gleicht, wäre Geschichte also ein mächtiger Regressionstrip ad ovum? Oder gar in mütterliche Bereiche? Wie sie für die Imagination und seelische Topographie des späten May so signifikant sind? Für die Offenheit des *Ardistan*-Schlusses, wie auch für manche kosmische Spekulation an sich gibt Origenes eine verblüffende poetologische Folie:

Denn zweifellos wird man feststellen, daß ihr [der Welt] Ende noch immer mit viel Unterschiedlichkeit verbunden ist, und diese Unterschiedlichkeit am Ende dieser Welt wird wieder Gründe und Anlässe geben für die Mannigfaltigkeit in einer anderen Welt, die nach dieser kommt, so daß das Ende dieser Welt der Anfang einer künftigen sein wird.[84]

Die Apokatastasis-Idee ist wohl eine der beiden religiösen Ideen, die sich mit der Simulation himmlischer Welten verbinden und deren Patenschaft sich die Cyberspace-Theologie verdankt. Sie liefert die Raumvorstellung, in der die andere Idee, die des Gottesauges, wirksam wird. Sich zu jedem Augenblick an jedem Punkt der Welt virtuell einklinken zu können, in dieser Eigenschaft wiederholt die Cyberspace-Installation nur, was die Metapher des Gottesauges ausdrückt: vor Gott ist die Welt in völliger Transparenz gegeben. Insofern ist Gott ständig, aber virtuell, anwesend, wenn auch real abwesend. Es braucht nun keiner besonderen Sophistik, um zu zeigen, daß diese Idee leitend ist für die Architekturphantasien der Welt von Ussulistan und Ardistan, besonders die der ‚Stadt der Toten'. Kara Ben Nemsi setzt sie dem Mir von Ardistan, der sich über die segensreiche Subversion, die der Mir von Dschinnistan in seinem Lande betreibt, folgendermaßen auseinander: „So ist es eben sein Geheimnis gewesen, das Geheimnis des Mir von Dschinnistan, der mitten unter euch wohnt, ohne daß ihr es wißt, mitten unter euch waltet, ohne daß ihr es ihm erlaubt und euch alle von innen und von außen kennt, ohne daß ihr ihn jemals gesehen habt!" (XXXII 324)

Gerade die ‚Stadt der Toten', die der Autor in ihrem Wesen als ein „Panoptikum" anlegt, das Vergangenheit und Gegenwart simultan zur Anschauung bringt, und auch als solches bezeichnet (404), läßt sich als eine Allegorie auf den Panoptismus der modernen Kontrollgesellschaft deuten, in dem durchaus auch die augustinische und protestantische Dimension des Panopticons spürbar ist, das seinerseits eine Allegorie der absoluten Auslieferung der Welt an das Auge Gottes ist. Diese Vorstellung hat gut alttestamentarische Tradition, die sich gerade auch im Entwurf ‚Dschinnistans' ‚Raum schafft'. Das Emblem des ‚Gottesauges' annonciert die Gegenwart Gottes unter den Menschen, seine

Nachbarschaft im Sinne einer Vernetzung, die wie auf einem Bildschirm durch Knopfdruck Gottes Interferenz ins Spiel bringen kann. „Die Vorstellung von Gottes Wohnen im Himmel besagt zugleich die Verantwortlichkeit des Menschen vor Gott, denn der Himmel ist der Ort, von dem aus der Bereich des Menschen sichtbar wird."[85] „Vom Himmel her blickt Jahwe, / sieht alle Menschenwesen. / Von der Stätte seines Thrones schaut er / auf alle Bewohner der Erde" (Ps 33, 13-14).

Das tut der im Cyberspace Navigierende nun selbst. Denn das Modell des fliegenden Auges im Cyberspace weist alle Merkmale der klassischen Schamanenreise auf und vermittelt den Blick durch das Okular Gottes. Der Cyberspace wird zum Raum, da männliche Omnipotenz sich auslebt, das Internet gedeiht zu einer modernen Version des mittelalterlichen Paradieses, vergleichbar einem Kirchengebäude, das als Abbild des Himmels konzipiert ist, und Mays später Roman mutatis mutandis zu einer ‚pocket cathedral'.[86] Kara Ben Nemsis Aufstieg im großen Tempel der ‚Stadt der Toten' gleicht in gewissem Sinne einer Himmelsreise der Seele. Darin sind ihm die neuen Schamanen im Internet nicht unähnlich, die als Artisten des Immateriellen, ohne es zu wissen, sich unter dem Emblem Leon Battista Albertis versammeln: dem geflügelten, flammenden Auge. Ihnen fehlt freilich – wozu Kara Ben Nemsi das „Siegel des Mir von Dschinnistan" im Inneren der Brunnenengel anhält – jener Selbstzweifel, die Demut und das Wissen um die eigene Abgründigkeit, welches im Emblem Albertis durch die subscriptio „Quid tum" anklingt.

VI

„Den ‚Panther' aber sah kein Auge jemals wieder"

Das mit erstaunlicher Stringenz durchgeführte Emblemprogramm, das aus vielen Bildern ein Weltbild montiert: monumental, panoramaartig, im Flutlicht der Inbrunst ohne jede Rücksicht auf eine Diätetik von Rechnung und Aufwand, hat freilich seinen ästhetischen Preis. Aus Platzgründen muß hier auf dessen Diskussion verzichtet werden. Aber May war sich des erzählten Autismus seines Werkes und eines durch ihn beförderten höchst zwiespältigen Totalitarismus der Ideale durchaus bewußt. Die von ihnen forcierte Bedeutungsschwere verhindert allzuoft, daß ihr metaphysischer Mehrwert, die „ehrlich[e] und rührend[e]" „Anstrengung", „die es dem Künstler gemacht hatte, seinen Glauben darzustellen," gerade die ästhetischen Bilanzen des Werkes saniert, deren Defizit darin besteht, daß „seine Kunst noch selbst zu erlösen war" (XXXII 198).

Und dieses ästhetische Defizit liegt wohl im utopischen Potential der Erzählung beschlossen. Skepsis gegenüber Utopien ist immer geboten. Erich Voegelin sah in ihnen – mit Recht – die Quelle für die Aberrationen der Neuzeit. In ihrem Glanz erstrahlt das „internationale und interzivilisatorische Feld der Politik, auf dem jeder ein Ideal wie ‚Utopia' hat und sich infolgedessen berechtigt fühlt, die Prinzipien der Gerechtigkeit für jeden anderen festzulegen – mit der daraus folgenden Rationalität der Kriegsführung im Dienste des Ideals".[87] May ist diese Thematik ja nicht fremd, „daß der uneigennützigste, reinste und edelste Mensch aus enthusiastischer Anhänglichkeit an seine Vorstellung von Tugend und hervorzubringendem Glück sehr oft ausgesetzt ist, ebenso willkürlich mit den Individuen zu schalten als nur immer der selbstsüchtigste Despot".[88] Diese tödliche Kontingenz der Tugend verbirgt sich in der Sage vom verschwundenen Fluß Ssul, in der eschatologischen Drohung: „Und wehe euch, wenn ihr ihn durch die Waffe zwingt, zu euch zurückzukehren!" (XXXI 220), ebenso wie in Kara Ben Nemsis fataler Apologie des „heiligen Krieg[es], den Gott gesegnet hat und immer segnen wird! Das ist der Krieg, in dem die Menschheitsseele in eigener Person zum Schwerte greift, um den Entwickelungsgang der Sterblichen zu schützen" (419). In Mays spätem Roman irrlichtert ein letzter Abglanz jenes mit den Humanisten einsetzenden Wandels von der christlichen zur revolutionären innerweltlichen Eschatologie – die christliche Erlösung wird zur Teleologie einer ganz und gar irdischen Vollendung im fernen, die Phantasie befeuernden ‚Nirgendwo' Dschinnistans. Es ist keineswegs so, daß May dabei mit der „animalischen Hälfte des Menschen"[89] nicht rechnet, die er ja im ‚Panther' so drastisch wie klischeegebunden in die Allegorie umsetzt. Aber sein Umgang mit ihr ist eben doch allegorisch, und so cyberspace-ludothekhaft wirkt denn auch seine Verabschiedung aus dem Reich des Guten. Er wird freilich nur virtuell eskamotiert.

„Den ‚Panther' aber sah kein Auge jemals wieder" (XXXII 649). So mit einem Satz, gleichsam per Mausklick im Videospiel, läßt sich das Übel nicht aus der Welt schaffen. Das erscheint nur als Romanschluß definitiv und wird doch gleich durch die Fermate, auf der der *Mir von Dschinnistan* ausklingt, zurückgenommen: „Das Weitere liest man später. – – –" Es handelt sich auch hier um eine Fortsetzungsgeschichte, die die Frage im Futurum exaktum stellt, ob der ‚Panther' nie wieder gesehen worden sein wird. Denn offenbar steckt in diesem zoologischen Emblem immer noch das ‚Fortsetzung folgt', die Botschaft von der Unausrottbarkeit des Übels: seine jeweilige epochale Erscheinungsform spülen die Fluten des Flusses Ssul, die die Zwischenkriegsintermezzi der Kleio zu stauen gestatten, zwar fort. Der ‚Panther' selbst aber bleibt als unzerstörbares Existenzklischee hinter den Lichtkatarakten von Dschinnistan nur ausgeblendet. Was da ein Dichter ist, weiß, daß eine solche Löschung des Bösen nicht seine Tilgung auf der Festplatte der Schöpfung bedeutet, und erschaut hinter den Lichtvorhängen der Apokatastasis, die seine ‚Wiedereinbringung' und Erlösung im göttlichen Ursprung verspricht, „ein irrsinniges Tier", in der Perversion des *Vaterunser* „Satan, der du bist in der Hölle".[90] Und dieses Böse bewegt sich weiterhin. „Das Rad steht" (638) eben noch nicht, wie Marah Durimeh es sich für das Ende aller Zeiten wünscht, „daß das Begonnene sich vollendete und das Gehoffte sich erfüllte" (644). Das Fazit der nach Dschinnistan unternommenen Reise, um „neue, goldene und diamantene Reifen" für die „Helden [...] des wahren Glaubens und der edlen Menschlichkeit" (633) zu erringen, ist ernüchternd. Sie harrt der Fortsetzung. Vorerst bleibt es bei den alten eisernen. Die ‚aurea aetas' ist allenfalls als virtuelle Welt und „mächtige[s] Ahnen meines Innern, also meiner Seele" (635) in Sicht: abgebildet in einem Ricordo aus den Werkstätten, die Natur als Imagination verarbeiten. El Hadd ist solch ein monumentaler lieu de mémoire, in dem sich soziale Erinnerung an vergangene Naturmythen und Kulturbilder konserviert. Es empfiehlt sich bei alledem, auf die versteckten Verlautbarungen aus dem Untergrund Ardistans zu hören, auf die subtile Verfremdung jener ‚Stimme von oben' aus dem Finale des ersten *Faust*-Teils. „Gerettet" – rief der Mir. „Oho!" zweifelte Halef. (305) Die Interpunktion verleiht Halefs Zweifel Gewicht. Der Narr bleibt – wie immer – im Recht.

Anmerkungen

1 XXXII 574.
2 *Della pittura di Leon Battista Alberti libri tre.* In: Hubert Janitschek: *Leon Battista Albertis kleinere kunsttheoretische Schriften.* Wien 1877, S. 117.
3 Ebd., S. 61.
4 Johann Wolfgang Goethe: *Die Wahlverwandtschaften.* In: ders.: *Sämtliche Werke.* Bd. II. Leipzig, Wien o. J., S. 958.
5 Robert Müller: *Tropen. Der Mythos der Reise. Urkunden eines deutschen Ingenieurs. Herausgegeben von Robert Müller Anno 1915,* hg. u. mit einem Nachwort v. Günter Helmes. Paderborn 1990, S. 111.
6 Werner Künzel/Peter Bexte: *Maschinendenken – Denkmaschinen. An den Schaltstellen zweier Kulturen.* Frankfurt/M. 1996, S. 155.
7 Ebd., S. 156.
8 Wir bewegen uns – dank IBM – durch die Innenräume der Dresdener Frauenkirche, bevor diese überhaupt aufgebaut ist: gleichsam im Jahre 2006.
9 Walter Benjamin: *Gesammelte Schriften.* Bd. II.2. Frankfurt/M. 1980, S. 622 (*Traumkitsch*).
10 Michel Tournier: *Der Flug des Vampirs.* In: *Sinn und Form*, Jg. 45, 1993, H. 4, S. 543.

11 Hermann Glaser: *Die Kultur der Wilhelminischen Zeit. Topographie einer Epoche.* Frankfurt/M. 1984, S. 16.
12 Publius Ovidius Naso: *Fasti – Fastenkalender.* Zürich 1995, S. 6.
13 Stefan George: *Der siebente Ring.* Berlin 1920, S. 122 (*ENTRUECKUNG*).
14 Thomas Mann: *Der Zauberberg. Roman.* 2 Bde. Berlin 1924. Bd. II, S. 623.
15 Wassily Kandinsky: *Über das Geistige in der Kunst.* Bern 1963, S. 143.
16 Hellmut Seeman in: *Okkultismus und Avantgarde. Von Munch bis Mondrian 1900–1915.* Frankfurt/M. 1995, S. 10.
17 Ebd., S. 9.
18 Ludwig Wittgenstein: *Tractatus Logico-philosophicus.* London 1961, S. 150.
19 Elias Canetti: *Masse und Macht.* Frankfurt/M. 1994, S. 174.
20 Karl May: *Der 'Mir von Dschinnistan.* In: *Deutscher Hausschatz*, Jg. 34 u. 35, 1907-09 (Reprint Hamburg, Regensburg 1976); zitiert wird nach der Paginierung des Reprints unter der Sigle DH.
21 Johann Georg Hamann: *Aesthetica in nuce.* Stuttgart 1968, S. 129.
22 XXXI 489.
23 Karl May: *Unter der Windhose.* In: *Das Buch der Jugend.* Stuttgart 1886, S. 92.
24 Karl Mannheim: *Heidelberger Briefe*, zit. nach Dirk Hoeges: *Kontroverse am Abgrund: Ernst Robert Curtius und Karl Mannheim.* Frankfurt/M. 1994, S. 30.
25 Friedrich Schlegel: *Dritter Nachtrag alter Gemälde.* In: ders.: *Werke in zwei Bänden.* Bd. 2. Weimar 1980, S. 314.
26 Gottfried Wilhelm Leibniz: *Hauptschriften zur Grundlegung der Philosophie.* Übers. v. A. Buchenau, hg. v. Ernst Cassirer. Leipzig 1904-1906. Bd. I, S. 32.
27 Schlegel [Anm. 25], S. 314.
28 Susan Buck-Morss: *Dialektik des Sehens. Walter Benjamin und das Passagen-Werk.* Frankfurt/M. 1993, S. 204.
29 Georg Lukács: *Die Theorie des Romans.* Darmstadt, Neuwied 1981, S. 22.
30 Künzel/Bexte [Anm. 6], S. 215.
31 Hamann [Anm. 21], S. 129.
32 Ernst Jünger, zit. nach Joachim Fest: *Würde auf engstem Raum. Zum hundertsten Geburtstag Ernst Jüngers.* In: *Frankfurter Allgemeine Zeitung*, 25. 3. 1995, Nr. 72.
33 Clemens Brentano: *Werke in zwei Bänden*, hg. v. Friedhelm Kemp. München 1972. Bd. I, S. 250: „Ich darf wohl von den Sternen singen / Mich hat die Blume angeblickt [...]".
34 Buck-Morss [Anm. 28], S. 42.
35 Ernst Jünger in einem Gespräch mit Gertrud Fussenegger. Vgl. *„In der guten Strömung schwimmen."* In: *Bücher-Pick*, März 1995, S. 20-23.
36 Zit. nach Frances Spalding: *Burne-Jones und die Viktorianische Malerei.* Berlin 1979, S. 27. Idiosynkratisch gegen den materialistischen Zeitgeist entwickelt Burne-Jones ein künstlerisches Programm: „in an age of materialism [...] to venture all on the unseen" (zit. nach Martin Harrison/Bill Waters: *Burne-Jones.* New York 1973, S. 6). Damit befindet er sich im Gefolge der 1848 gegründeten ‚Bruderschaft' jener Präraffaeliten, die – dem ‚Psychodrom' des heraufziehenden Kapitalismus zu entkommen – in eine mittelalterlich-heroische Phantasiewelt auswanderten: „that strange land that is more true than real" (zit. nach David Cecil: *Visionary & Dreamer. Two poetic painters: Samuel Palmer & Edward Burne-Jones.* London 1969, S.

187). Als sein eifriger Kartograph und Diarist der hier gelebten „daydreams" (ebd.) darf sechzig Jahre später mit seinem Spätwerk auch Karl May verzeichnet werden.
37 Ernst Haeckel: *Die Welträtsel. Gemeinverständliche Studien über monistische Philosophie.* Leipzig o. J., S. 173. „Unten der nackte Fels des einstigen Wasserbettes, der kein einziges Hälmchen trug, als solle er dokumentieren, daß die Seele des irdischen Gesteines kein anderes Verlangen habe als nur nach Wasser, Wasser, Wasser. Und dennoch auf ihm aufgebaut die sämtlichen Terrassen und Daseinsstufen des Erdentums bis hinauf zu dem Engelsbilde, welches hoch in die Wolken ragt und das ersehnte Wasser nicht nur regelt, sondern auch spendet" (XXXII 613). Ein ewiger Kreislauf auch hier, dem der Engel gleichsam als Sinndeterminante einprogrammiert ist: Allegorisierung des – von Haeckel (ebd.) als moral-ästhetisches Surrogat der Schöpfung supponierten – „reinen Kultus des Wahren, Guten und Schönen".
38 1967 zu Adorno; zit. nach Klaus Völker: *Theater für Herzen und Hirne: der Regisseur Fritz Kortner.* In: *Neue Zürcher Zeitung*, 7. 5. 1996, Nr. 105, S. 46.
39 Ein Blick auf die nahezu zeitgleiche Schöpfung Alfred Jarrys ergibt einen im Vergleich recht lehrreichen Befund. Und die „Harmlosigkeit" dieser „antedeluvianischen" Pastoralen ist alles andere als einem „heiteren Spiel" (XXXI 97) verpflichtet. Schon mit dem Auftritt des ‚Sahahr', des Zauberers, wird das Licht über Ussulistan zweideutig.
40 Franz Kafka: *Brief an den Vater. Faksimile*, hg. u. mit einem Nachwort v. Joachim Unseld. Frankfurt/M. 1994, S. 121.
41 Franz Marc am 12. 12. 1910 an August Macke. In: Wolfgang Macke (Hg.): *August Macke – Franz Marc. Briefwechsel.* Köln 1964, S. 28.
42 Johann Wolfgang Goethe: *Zur Farbenlehre.* Tübingen 1810 (Reprint Dortmund 1982), S. 294f.
43 Kandinsky [Anm. 15], S. 64.
44 Goethe: *Zur Farbenlehre* [Anm. 42], S. 294.
45 Vgl. Kandinsky [Anm. 15], S. 92: das ‚Blau' „ruft [...] den Menschen in das Unendliche, weckt in ihm die Sehnsucht nach Reinem und schließlich Übersinnlichem".
46 Roland Mischke: *Die wildeste Insel der Welt.* In: *Neue Zürcher Zeitung*, 15. 2. 1996, Nr. 38, S. 65.
47 Johann Wolfgang Goethe: *Faust. Texte*, hg. v. Albrecht Schöne. Frankfurt/M. 1994, S. 453.
48 Johann Wolfgang Goethe: *Märchen und Novellen.* Bielefeld, Leipzig 1905, S. 161 u. 163.
49 Leonhard Ragaz: *Friede auf Erden – Eindrücke vom Friedenskongress der Internationale in Basel.* In: ders.: *Eingriffe ins Zeitgeschehen. Reich Gottes und Politik. Texte von 1900–1945*, hg. v. Ruedi Brassel u. Willy Spieler. Luzern 1995, S. 175f.
50 Hugo von Hofmannsthal: *Gesammelte Werke. Dramen V.* Frankfurt/M. 1979, S. 48.
51 Gershom Scholem: *Die Geheimnisse der Schöpfung. Ein Kapitel aus dem kabbalistischen Buche Sohar.* Frankfurt/M. 1992, S. 40.
52 Gustav Mahler: *Symphonie Nr. 2* (Partitur). Wien 1952, S. 128.
53 Paul Celan: *Ausgewählte Gedichte.* Frankfurt/M. 1969, S. 60 (*Sprachgitter*).
54 Goethe: *Faust* [Anm. 47], S. 206.

55 Lothar Lies: *Origenes „Peri Archon'. Eine undogmatische Dogmatik.* Darmstadt 1992, S. 46.
56 Als ‚malerische' Parallele treten dieser Entwicklung 1905 bis 1911 die holländische Bewegung des ‚Luminismus', der Tradition der Lichtregie Rembrandts mit ihren Helldunkelmodulationen verpflichtet, in ihrer Forderung nach einem ‚Aufbruch zur Farbe' zur Seite, vor allem aber die ‚orphistischen Bilder', die der tschechische Maler František Kupka ab 1909 schafft, in denen weiße Flächen die religiös empfundene Erregung vom Zentrum aus zu strahlenden ‚Lichtbildern' steigern. Hier erinnert der synästhetische Versuch einer ‚symphonischen Malerei', die orchestrale Beherrschung der Farbe, an das Bemühen Mays, in seinem Roman religiöse Frenesie in ‚gesungenem Licht' zu gestalten (XXXII 212).
57 Frederic Spotts: *Bayreuth. Eine Geschichte der Wagner-Festspiele.* München 1994, S. 241.
58 Ebd., S. 65.
59 Karl May: *Himmelsgedanken. Gedichte.* Freiburg i. Br. [1900], S. 107.
60 Den Bezug stellt Joachim Köhler (*Zarathustras Geheimnis. Friedrich Nietzsche und seine verschlüsselte Botschaft.* Hamburg 1992, S. 261) her, unter Verweis auf Diogenes Laertios III, 23.
61 Emanuel Swedenborg: *Das geistige Tagebuch.* Zürich o. J., § 65.
62 Emanuel Swedenborg: *de coelo et eius mirabilibus, et de inferno ex auditis et visis. Himmel und Hölle. Visionen & Auditionen.* Zürich 1992, § 192.
63 XXXII 454.
64 Alberti [Anm. 2], S. 60.
65 Leon Battista Alberti: *Intercoenalium Anuli.* In: ders.: *Opera inedita*, hg. v. Hieronymo Mancini. Florenz 1890, S. 228f.
66 E. T. A. Hoffmann: *Der Sandmann.* In: ders.: *Sämtliche Werke.* Bd. 3. Berlin 1909, S. 29.
67 Richard Wagner: *Der fliegende Holländer.* Berlin o. J., S. 90.
68 Felix Philipp Ingold: *Schreien, Flüstern, Zischen, Glucksen. Eberhard Blums puristische Exzesse.* In: *Du*, H. 5, Mai 1996, S. 58.
69 Frontispiz in Leon Battista Alberti: *Opere volgari.* Bd. 1, hg. v. A. Bonucci. Florenz 1843.
70 Platon: *Nomoi* VII 803 c. In: ders.: *Sämtliche Dialoge.* Bd. VIII: *Gesetze.* Übersetzt u. erläutert v. Otto Apelt. Hamburg 1988, S. 286.
71 Jacob und Wilhelm Grimm: *Deutsches Wörterbuch.* München 1984, Bd. 11, Sp. 388.
72 Udo Becker: *Lexikon der Symbole.* Freiburg i. Br. 1992, S. 216.
73 Ebd., S. 146.
74 Arthur Henkel/Albrecht Schöne: *Emblemata. Handbuch zur Sinnbildkunst des XVI. und XVII. Jahrhunderts.* Stuttgart 1978, Sp. 1308.
75 Vgl. Jean Baudrillard: *Das perfekte Verbrechen.* München 1996.
76 Zit. nach Jürg Altwegg: *Paul Virilio. Die Geburt der Technik aus dem Geist des Krieges.* In: *Frankfurter Allgemeine Magazin*, 16. 8. 1996, H. 859, S. 14.
77 Becker [Anm. 72], S. 48.
78 Scholem [Anm. 51], S. 40.
79 Lies [Anm. 55], S. 82.

80 Richard Alewyn: *Goethe und die Antike*. In: ders.: *Probleme und Gestalten*. Frankfurt/M. 1974, S. 269.
81 Johann Wolfgang Goethe: *Faust. Kommentare* v. Albrecht Schöne. Frankfurt/M. 1994, S. 788ff.
82 Goethe: *Faust* [Anm. 47], S. 464.
83 Origenes: *Vier Bücher von den Prinzipien* (*Peri Archon*), hg. v. Herwig Görgemanns u. Heinrich Karpp. Darmstadt 1992, S. 225.
84 Ebd., S. 291.
85 Werner H. Schmidt: *Alttestamentlicher Glaube in seiner Geschichte*. Berlin 1981, S. 289f.
86 Edward Burne-Jones in einem Brief an Charles Eliot Norton; zit. nach Giorgiana Burne-Jones: *Memorial of Sir Edward Burne-Jones*. 2 Bde. London 1904. Bd. 2, S. 56.
87 Erich Voegelin: „*Die spielerische Grausamkeit der Humanisten*". Studien zu Niccolò Machiavelli und Thomas Morus. München 1995, S. 120.
88 Friedrich Schiller: *Briefe über Don Carlos*. In: ders.: *Sämtliche Werke*. Säkular-Ausgabe, Bd. 16. Stuttgart 1905, S. 89.
89 Voegelin [Anm. 87], S. 87.
90 Peter Weiss: *Die Verfolgung und Ermordung Jean Paul Marats*. Frankfurt/M. 1964, S. 45.

Bibliographie

Aufgenommen sind Publikationen, die monographisch oder themenübergreifend Karl Mays *Ardistan und Dschinnistan* behandeln. Die mit * gekennzeichneten Titel sind im vorliegenden Band abgedruckt.

Arlinghaus, Hans Uwe: *Karl Mays „Ardistan und Dschinnistan". Interpretation und didaktische Reflexionen.* Masch. Staatsexamensarbeit, Münster 1972.

Bartsch, Ekkehard: *Ardistan und Dschinnistan. Entstehung und Geschichte.* In: JbKMG 1977, S. 81-102.

Becker, Sibylle: *Karl Mays Philosophie im Spätwerk.* Ubstadt 1977.

Berg, Britta: *Religiöses Gedankengut bei Karl May.* SoKMG 47 (1984).

* Biermann, Joachim: *Das ‚wilde' Tier. Überlegungen zur Darstellung des Bösen bei Karl May.*

Bonin, Werner F.: *Karl Mays Pilgrim's Progress.* In: MKMG 16 (1973), S. 3-6; MKMG 18 (1973), S. 7-13.

Cl[auß], W[olfgang]: *Ardistan und Dschinnistan* (Werkartikel). In: *Kindlers Literaturlexikon.* Bd. 1. Zürich 1964, S. 1150f.; aktualisiert in: *Kindlers Neues Literatur Lexikon.* Bd. 11. München 1990, S. 401f.

Cornaro, Franz: *Ein Herold der Vereinten Nationen.* In: *Karl-May-Ausstellung des Museums für Völkerkunde in Wien* (1949). Wien o. J., S. 35-44.

Dietze, Joachim: *Der Wortschatz Karl Mays. Ein Frequenzwörterbuch zum „Waldröschen" und zu „Ardistan und Dschinnistan".* Hildesheim, Zürich, New York 1999.

Friedrich, Horst: *War der Autor von ‚Ardistan und Dschinnistan' ein Verehrer der Shakti?* In: MKMG 110 (1996), S. 40-43.

Grumbach, Gernot: *Das Alterswerk Karl Mays. Ausdruck einer persönlichen Krise.* SoKMG 32 (1981).

Hahn, Jürgen: *„Da klebte ich zwischen Himmel und Erde". Betrachtungen zu Karl Mays Alterswerk.* In: JbKMG 1992, S. 299-317.

* Ders.: *„aber ich kenne die Schrift und das geheime Zeichen des letzten Wortes". Prolegomena zu einer Sprache der Zeichen und Bilder in Karl Mays Roman ‚Ardistan und Dschinnistan'.*

Ders.: *‚Verschroben und privat' – Panoptikum und Schamanenspiel. Karl Mays Roman ‚Ardistan und Dschinnistan' als groteskes Modell kaleidoskopischer Permutation des Zeitgeistes oder eines ‚Dinosauriers in schwieriger Zeit'.* In: JbKMG 1998, S. 321-388.

Ders.: *Die Kelchallegorie aus ‚Ardistan und Dschinnistan'.* In: MKMG 116 (1998), S. 3-13; MKMG 117 (1998), S. 3-11.

Ders.: *Last Exit to ‚Dschinnistan'. Ein Beitrag zur Konstruktion des ‚Neuen Menschen' um 1900.* In: JbKMG 2004, S. 157-203.

Hatzig, Hansotto: *Karl May und Sascha Schneider. Dokumente einer Freundschaft.* Bamberg 1967.

Ders./Roxin, Claus: *Vorwort.* In: Karl May: *Der Mir von Dschinnistan* (Hausschatz-Reprint). Hamburg, Regensburg 1976, S. 2f.

* Ders.: *Der 'Mir von Dschinnistan. Karl Mays Textvarianten.* In: MKMG 30 (1976), S. 23-32 (erweiterte Neufassung im vorliegenden Band).

Ders.: *Register zu Karl Mays Reiseerzählungen. Mit Anmerkungen und Zitaten.* Ubstadt 1995, S. 377-403.

Ders.: *Vorwort zur Neuauflage.* In: Karl May: *Der Mir von Dschinnistan* (Hausschatz-Reprint). 2. Auflage. Hamburg, Regensburg 1997, S. 5f.

Hintz, Hans: *Liebe, Leid und Größenwahn. Eine integrative Untersuchung zu Richard Wagner, Karl May und Friedrich Nietzsche.* Würzburg 2007, S. 346-348, 360f., passim.

Hofmann, Franz: *J. H. Pestalozzis politisch-pädagogisches Bekenntnis in seinen ‚Nachforschungen' als Zeitgemälde in einem Triptychon hoch- und spätbürgerlicher Geschichtsphilosophie und Anthropologie.* In: *Pädagogische Rundschau* 34 (1980), S. 143-162.

Ders.: *Die „große Unität" und das ‚Gesetz von Sitara'. Visionen einer Weltordnung.* In: JbKMG 1993, S. 78-91.

Ilmer, Walther: *Karl May – Mensch und Schriftsteller. Tragik und Triumph.* Husum 1992.

Jeziorkowski, Klaus: *Empor ins Licht. Gnostizismus und Licht-Symbolik in Deutschland um 1900.* In: *The Turn of the Century. German Literature and Art, 1890-1915*, ed. by Gerald Chapple and Hans H. Schulte. Bonn 1981, S. 171-196.

* Keindorf, Gudrun: *„Für mich sind Sagen heilig". Zu Idee und Programm der Sagen in ‚Ardistan und Dschinnistan'.*

Dies.: *Weibliche Seele – Männlicher Geist? Zur Rollenverteilung im Spätwerk Karl Mays.* In: JbKMG 2002, S. 181-233.

Kittler, Udo: *Karl May auf der Couch? Die Suche nach der Seele des Menschen. Eine literaturpsychologische Studie zur Rezeption der „Lehre vom Unbewußten" im Spätwerk Karl Mays.* Ubstadt 1985.

Klußmeier, Gerhard/Plaul, Hainer: *Karl May. Biographie in Dokumenten und Bildern.* Hildesheim, New York 1978; aktualisierte und erweiterte Neuausgabe (*Jubiläums-Bildband*) Hildesheim, New York 1992.

Dies.: *Karl May und seine Zeit. Bilder, Texte, Dokumente. Eine Bildbiografie.* Bamberg, Radebeul 2007.

Koch, Eckehard: *Mit Karl May von Ardistan und Dschinnistan über Timpetill nach Südamerika.* In: MKMG 148 (2006), S. 30-33.

* Koch, Wilhelm: *Karl Mays Baukunst und ihre Symbolik.* In: KMJb 1918, S. 113-125.

Kosciuszko, Bernhard (Hg.): *Großes Karl-May-Figurenlexikon.* Paderborn 1991; zweite, verbesserte, überarbeitete und erweiterte Auflage Paderborn 1996; dritte, verbesserte u. ergänzte Auflage (*Das große Karl May Figurenlexikon*). Berlin 2000.

* Krenski, Werner v.: *Der Weg nach Dschinnistan*. In: KMJb 1928, S. 419-428.

Lieblang, Helmut: *Dschinn, Dschinnistan. Geographische Bemerkungen zu Mays mythischem Kontinent*. In: JbKMG 2000, S. 252-260.

Lorenz, Christoph F.: *Von der Messingstadt zur Stadt der Toten. Bildlichkeit und literarische Tradition von „Ardistan und Dschinnistan"*. In: *Karl May*, hg. v. Heinz Ludwig Arnold. Sonderband text + kritik. München 1987, S. 222-243.

Ders.: *Vielsagend oder unsäglich? KMG-Mitglieder diskutieren über das Spätwerk Karl Mays*. In: MKMG 79 (1989), S. 22-25; MKMG 80 (1989), S. 21-23.

* Ders.: *Die Weihnacht des Gewaltherrschers. Symbole, Motive, Assoziationen aus dem Weihnachtsfestkreis in Karl Mays ‚Ardistan und Dschinnistan'*.

Lowsky, Martin: *Karl May*. Stuttgart 1987.

Ders.: *„Paris oder London". Weltstadt und Weltstädtisches in Karl Mays Ardistan*. In: JbKMG 1992, S. 183-198.

* Ders.: *Geometrie und Utopie. Über Abstrakta in Karl Mays Altersroman ‚Ardistan und Dschinnistan'*.

Ders.: *Abdera, Oberon und anderes. Zur Präsenz Christoph Martin Wielands bei Theodor Fontane, Karl May, Arno Schmidt*. In: Zettelkasten 16. Frankfurt/M. 1997, S. 163-190.

May, Klara: *Marah Durimeh. Wie hätte Karl May die Fortsetzung von „Jenseits" und „Ardistan und Dschinnistan" gestaltet?* In: KMJb 1921, S. 115-119.

Meichsner, Klaus R.: *‚Unbewußte' Motive und ‚gewollte Symbolik' in Karl Mays „Ardistan und Dschinnistan"*. Masch. Staatsexamensarbeit, Heidelberg 1974.

* Nemo [d. i. Franz Sättler]: *Ardistân und Dschinnistân*. In: *Oesterreichische Volkszeitung*, Warnsdorf, Unterhaltungsblatt, Nr. 2/1910, S. 15f.; auch in: *Driburger Zeitung*, 22. 1. 1910.

Oel-Willenborg, Gertrud: *Von deutschen Helden. Eine Inhaltsanalyse der Karl-May-Romane*. Weinheim, Basel 1973, S. 120-122.

* Ozoróczy, Amand von: *Neues von Karl May*. In: *Augsburger Postzeitung*, Nr. 76, 6. 4. 1910.

Plaul, Hainer (Hg.): Karl May: *Mein Leben und Streben*. Hildesheim, New York 1975.

Ders.: *Illustrierte Karl-May-Bibliographie*. Unter Mitwirkung v. Gerhard Klußmeier. Leipzig 1988.

Rother, Werner: *‚Ardistan und Dschinnistan' als Werk der Postmoderne*. In: JbKMG 2000, S. 130-146.

Sahlberg, Oskar: *Therapeut Kara Ben Nemsi*. In: *Karl May – der sächsische Phantast. Studien zu Leben und Werk*, hg. v. Harald Eggebrecht. Frankfurt/M. 1987, S. 189-212.

Schlüter, Willy: *„Ardistan und Dschinnistan": – eine Denkerbotschaft*. In: KMJb 1923, S. 64-75.

Schmid, Euchar Albrecht [recte Wilhelm Koch]: *Der Schlüssel*. In: Karl May: *„Ich"*. Radebeul 1916, S. 569ff. [später in veränderter Form in das Kapitel *Gestalt und Idee*, Abschnitt *„Symbolik'*, des Bandes *„Ich"* eingegangen: Bamberg [38]1992, S. 403-416].

Schmid, Roland: *Nachwort zur Reprint-Ausgabe* v. Karl May: *Ardistan und Dschinnistan I*. Bamberg 1984, S. N1-N29.

Schmidt, Arno: *Abu Kital. Vom neuen Großmystiker*. In: *Dya Na Sore. Gespräche in einer Bibliothek*. Karlsruhe 1958, S. 150-193; heute in: Arno Schmidt: *Dialoge 2 (Bargfelder Ausgabe*, Werkgruppe II/2). Zürich 1990, S. 31-59.

Ders.: *Vom neuen Großmystiker (Karl May)*. In: Arno Schmidt: *Dialoge 1 (Bargfelder Ausgabe*, Werkgruppe II/1). Zürich 1990, S. 207-233.

Ders.: *Sitara und der Weg dorthin. Eine Studie über Wesen, Werk & Wirkung Karl May's*. Karlsruhe 1963, S. 304ff., passim; heute in: Arno Schmidt: *Bargfelder Ausgabe*, Werkgruppe III/2. Zürich 1993, S. 242ff., passim.

* Schmiedt, Helmut: *„Ardistan und Dschinnistan', Seite 1–3*.

Schönthal, Walter: *Christliche Religion und Weltreligionen in Karl Mays Leben und Werk*. SoKMG 5 (1976).

Scholdt, Günter: *Sitara und die Marmorklippen. Zur Wirkungsgeschichte Karl Mays*. In: JbKMG 1982, S. 158-169.

Schwab, Hans-Rüdiger: *Der Sieg über den Panther. Karl Mays Auseinandersetzung mit Friedrich Nietzsche*. In: JbKMG 2002, S. 235-274.

Serden, Karl: *Karl May klagt an*. In: MKMG 108 (1996), S. 5f.

Steinbrink, Bernd: *Vom Weg nach Dschinnistan. Initiationsmotive im Werk Karl Mays*. In: JbKMG 1984, S. 231-248.

Stolte, Heinz: *Der Volksschriftsteller Karl May*. Radebeul 1936, S. 99-104.

Ders.: *Ardistan und Dschinnistan I-II*. In: *Karl-May-Handbuch*, hg. v. Gert Ueding. Stuttgart 1987, S. 308-320.

* Ders.: *Karl Mays „Ardistan und Dschinnistan' und sein Weltfriedensgedanke*. In: JbKMG 1988, S. 83-98.

Ders./Lowsky, Martin: *Ardistan und Dschinnistan I-II*. In: *Karl-May-Handbuch*, 2. erweiterte u. bearbeitete Auflage, hg. v. Gert Ueding in Zusammenarbeit mit Klaus Rettner. Würzburg 2001, S. 255-265.

Sudhoff, Dieter: *Christoph Martin Wielands Dschinnistan-Märchen*. In: MKMG 36 (1978), S. 36-38.

Ders./Steinmetz, Hans-Dieter: *Karl-May-Chronik*, Bd. 4 u. 5. Bamberg, Radebeul 2005/2006.

Dies. (Hg.): Karl May: *Briefwechsel mit Friedrich Ernst Fehsenfeld*, Bd. 2. Bamberg, Radebeul 2008.

Tippel, Werner/Wörner, Hartmut: *Frauen in Karl Mays Werk*. SoKMG 29 (1981), S. 46-49.

Ueding, Gert: *Die langandauernde Krankheit des Lebens*. In: JbKMG 1986, S. 50-68.

Ders.: *Leben aus der Totenstadt.* In: *Frankfurter Allgemeine Zeitung,* 30. 1. 1987.

Vinzenz, Wilhelm: *Randbemerkungen zu Therese Keiter, Otto Denk und zum 'Mir von Dschinnistan.* In: MKMG 78 (1988), S. 24-31.

Vollmer, Hartmut: *Marah Durimeh oder Die Rückkehr zur ‚großen Mutter'.* In: *Karl May,* hg. v. Heinz Ludwig Arnold. Sonderband text + kritik. München 1987, S. 177-205.

Ders.: *Die ‚eigentliche Aufgabe' des Künstlers. Karl May und der Symbolismus.* In: JbKMG 1992, S. 218-237.

Wagner, Wolfgang: *Der Eklektizismus in Karl Mays Spätwerk.* SoKMG 16 (1979).

Wiedenroth, Hermann: *Editorischer Bericht.* In: Karl May: *Ardistan und Dschinnistan II* (Karl Mays Werke V.6), hg. v. Hermann Wiedenroth. Bargfeld 2007, S. 525-589.

Winter, Ingmar: *„Schweigen" in Ardistan.* In: MKMG 78 (1988), S. 41f.

Wörner, Hartmut: *Wüste und Wasser. Ein Ritt nach der Stadt der Toten.* In: JbKMG 1985, S. 152-159.

Wohlgschaft, Hermann: *Der Mir von Dschinnistan und Marah Durimeh oder Steht Gott unter dem Schutz der Menschheitsseele?* In: MKMG 84 (1990), S. 8-11.

Ders.: *Stimmen zu: „Steht Gott unter dem Schutz der Menschheitsseele?"* In: MKMG 87 (1991), S. 56-59; MKMG 88 (1991), S. 48-50.

Ders.: *„Ich sah dann auch Gott selber kommen". Theologisches zu ‚Ardistan und Dschinnistan'.* In: JbKMG 1993, S. 281-337.

Ders.: *Große Karl May Biographie. Leben und Werk.* Paderborn 1994, S. 503-518 u. 682-711.

Ders.: *Karl May. Leben und Werk. Biographie,* Bd. 3. Bargfeld 2005, S. 1713-1779.

Ders.: *„...und wandeln durch die Gärten von Ikbal, um alles Leid der Erde zu vergessen." Zum Garten-Eden-Topos in Mays literarischem Werk.* In: JbKMG 2008, S. 49-87.

[Wollschläger, Hans:] *Nachwort.* In: Karl May: *Der Mir von Dschinnistan.* Bamberg 1955 (51.-70. Tausend), S. 469-483.

Wollschläger, Hans: *Das Alterswerk.* In: Karl May: *„Ich".* Bamberg [21]1958, S. 353-370.

Ders.: *Karl May in Selbstzeugnissen und Bilddokumenten.* Reinbek b. Hamburg 1965, S. 117f.; Neufassung: *Karl May. Grundriß eines gebrochenen Lebens.* Zürich 1976, S. 145f

Ders.: *Das „eigentliche Werk". Vorläufige Bemerkungen zu ‚Ardistan und Dschinnistan' (Materialien zu einer Charakteranalyse III).* In: JbKMG 1977, S. 58-80.

Ders.: Karl May: *Briefe an Karl Pustet und Otto Denk (Einführung).* In: JbKMG 1985, S. 15-18.

Ders. (unter Mitarbeit v. Schmitt, Franziska): *Editorischer Bericht.* In: Karl May: *Ardistan und Dschinnistan II* (Karl May: *Das Alterswerk. Kritische Ausgabe nach den Manuskripten*), hg. v. Hans Wollschläger unter Mitarbeit v. Franziska Schmitt. Bamberg, Radebeul 2006 [recte: 2007], S. 963-1098.

Worm, Heinz-Lothar: *Ardistan und Dschinnistan* – ein Bildungsroman Karl Mays? In: MKMG 106 (1995), S. 20-27.

Zahner, Silvia: *Karl Mays ,Ich' in den Reiseerzählungen und im Spätwerk. Eine erzähltheoretische Analyse.* SoKMG 123 (2001), S. 79-88.

Die Karl-May-Studienbände im Igel Verlag

Karl Mays „Orientzyklus". KMS Bd.1
Br. 312 S., 21,- €; ISBN 978-3-927104-19-8.
Karl Mays „Im Reiche des silbernen Löwen". KMS Bd. 2
Br. 380 S., 24,90 €; ISBN 978-3-86815-505-1; Neuauflage 2010.
Karl Mays „Old Surehand". KMS Bd. 3
Br. 384 S., 24,90 €; ISBN 978-3-86815-509-9-1; Neuauflage 2010.
Karl Mays „Ardistan und Dschinnistan". KMS Bd. 4
Br. 222 S., 24,90 €; ISBN 978-3-86815-504-4; Neuauflage 2010.
Karl Mays „Satan und Ischariot". KMS Bd. 5
Br. 281 S., 24,- €; ISBN 978-3-89621-099-9.
Karl Mays „Und Friede auf Erden!" KMS Bd. 6
Br. 318 S., 24,90- €; ISBN 978-3-89621-135-4.
Karl Mays „Im Lande des Mahdi". KMS Bd. 7
Br. 297 S., 24,90 €; ISBN 978-3-86815-506-8; Neuauflage 2010.
Karl Mays „El Sendador". KMS Bd. 8
Br. 324 S., 24,- €; ISBN 978-3-89621-207-8.
Karl Mays „Weihnacht!" KMS Bd. 9
Br. 320 S., 24,- €; ISBN 978-3-89621-222-1.
Karl Mays „Winnetou". KMS Bd. 10
Br. 432 S., 24,- €; ISBN 978-3-89621-223-8.